Knaur

Über den Autor:

Josef F. Blumrich wurde in Steyr in Österreich geboren und wanderte 1959 in die USA aus. Dort begann er seine Karriere bei der NASA, leitete zunächst die Gruppe für Konstruktionsforschung und war dann Leiter der Abteilung Projektkonstruktion. Er galt als einer der führenden NASA-Ingenieure und wurde mit der Medaille *Exceptional Service* der NASA ausgezeichnet.

J. F. Blumrich

Kásskara und die sieben Welten

Die Geschichte der Menschheit in
der Überlieferung der Hopi-Indianer

Aus dem Amerikanischen von Stasi Kull

Knaur

Besuchen Sie uns im Internet:
www.droemer-knaur.de

Dieses Buch wurde auf chlor- und säurefreiem Papier gedruckt.

Taschenbuchneuausgabe August 1999
Droemersche Verlagsanstalt Th. Knaur Nachf., München
Alle Rechte vorbehalten. Das Werk darf – auch teilweise –
nur mit Genehmigung des Verlages wiedergegeben werden.
Copyright © 1985 der deutschsprachigen Ausgabe
Droemersche Verlagsanstalt Th. Knaur Nachf., München
Umschlaggestaltung: Peter F. Strauss
Druck und Bindung: Ebner Ulm
Printed in Germany
ISBN 3-426-86212-3

2 4 5 3 1

Inhaltsverzeichnis

Vorwort   9

Teil I

Die Überlieferungen der Hopi   15
1. Einleitung   17
   Der Weiße Bär   17
2. Die alten Zeiten   19
3. Die Dritte Welt   19
   Kásskara   19
   Atlantis   21
   Die Zerstörung der Dritten Welt   25
   Über die Kachinas   27
   Die Wanderung in die Vierte Welt   30
   Das Schicksal der Atlanter   35
4. Die Vierte Welt – Tóowákachi   36
   Táotoóma, das Land   36
   Die Stadt Táotoóma   38
   Neue Wanderungen   40
   Die Wanderungen des Bären-Clans   41
   »Die Alten, die vom Himmel kamen«   44
   Palátquapi   47
   Die Große Schule der Gelehrsamkeit   48
   Verfall und Unglück   53
   Háhäwooti   57
   Der Kampf zwischen dem Schlangen-Clan und dem Bogen-Clan   60
   Zersplitterung   63
   Casas Grande   64
   Oraibi   66

Húck'ovi	70
Die Ankunft der Spanier in Oraibi	73
5. Legenden	75
Yucca-Boy	75
Die Suche	85
6. Über die Energie	96
7. Über die Symbole	97
8. Ein Schlußwort	100

Teil II

Widerspruch und Bestätigung	101
Vorwort	103
A. Auf der Suche nach den Anfängen	105
1. Unsere gegenwärtige Lage	105
2. Die Geographie der Kulturen	107
3. Tiahuanaco, das verwirrende Problem	112
4. Jenseits der Ruinen	115
5. Die spanischen Chronisten	117
6. Die Männer und ihre Berichte	119
a) Garcilaso	119
b) Molina	127
c) Cieza de Leon	131
d) Avila	140
e) Salcamayhua	142
f) Andagoya	144
g) Acosta	145
h) Ondegardo	150
7. Die Viracochas	150
8. Erste Erkenntnisse	159
9. Weiter zurück in die Vergangenheit	164
10. Der Fluß der Ereignisse	167
11. Die Zielgerade	172
12. Rückschau und Ausblick	176

B. Die Spuren von Kásskara — 178
  1. Tatsachen und Theorien — 178
  2. Spuren — 181
    a) Ozeanien — 181
      Die Steine — 181
      Legenden aus Ozeanien — 183
      Die Pflanzen — 187
    b) Außerhalb Ozeaniens — 189
      Europa — 189
      Südostasien — 190
      Die Japanischen Inseln — 192
  3. Zusammenfassung und Schlußfolgerungen — 195
C. Die Dritte Welt — 198
  1. Hintergrund — 198
  2. Sünden und Steine — 200
  3. Geographie und gemeinsame Geschichte — 204
  4. Kásskara — 206
    a) Staat und Kontinent — 207
    b) Das Kernland — 208
    c) Die herrschende Gruppe — 211
    d) Ihre Technik — 213
    e) Ihre Gesellschaft — 216
    f) Die Gesamtbevölkerung — 218
  5. Taláwaitíchqua/Atlantis — 219
  6. Das Unabwendbare — 226
  7. Die Explosion — 228
    a) Das Ende und die Erben von Taláwaitíchqua — 229
    b) Die Auflösung Kásskaras — 232
D. Der Weg der Armen — 239
E. Zwischenspiel — 244
  1. Zwischen den Ereignissen — 244
  2. Über Kontinente und Ozeane — 246
  3. Die Azteken und die Maya — 253
    a) Die Azteken — 254
    b) Das Popol Vuh — 263
    c) Ein Ereignis – drei Aussagen — 268

F. Die Vierte Welt	275
1. Táotoóma	275
a) Das aufsteigende Land	275
b) Der neue Kontinent	278
c) Der Große See	281
2. Tiahuanaco, die Stadt Táotoóma	288
a) Vorbereitungen	288
b) Entwicklung	292
c) Die Terrassen	294
d) Die Hauptstadt	297
e) Die Wohnung des Schöpfers	299
f) Zeitliche Abläufe	301
g) Der Zorn des Schöpfers	305
h) Wann?	308
i) Veränderungen	310
3. Epoche ohne Zentrum	312
4. Das Zeitalter von Palátquapi	316
5. Das Schicksal der Kachinas	322
a) Die erste Phase	324
b) Die zweite Phase	325
c) Der verborgene Weg	326
d) Der letzte Versuch	334
e) Das Ende	338
f) Ein paar Daten	341
g) Die dritte Phase	342
6. Je weiter man geht…	343
G. Über die Geschichte und die Kachinas	348
Anhang A	357
Anhang B	358
Anmerkungen	360
Personenregister	372
Sachregister	374
Bildnachweis	384

Vorwort

In unserer Geschichte gab es Männer, die deutlich erkannten, wie wenig sie wußten. Es gab auch andere, die glaubten, alles zu wissen. In der heutigen Zeit triumphieren die Differentialgleichung, das Computermodell und die Statistik. Harte Tatsachen bedeuten alles. Wissen, das aus dem Glauben kommt, ist nicht mehr wert als eine Seifenblase.

Es gibt jedoch Strömungen, die von der Schönheit dieser Seifenblase ausgehen und zu überraschenden Schlußfolgerungen führen. Veränderungen kündigen sich an und werfen ihre Schatten voraus – oder sollten wir sagen: ihr Licht? Es gibt Ansätze zu Erkenntnissen, die uns klarmachen, daß unsere harten Tatsachen nicht bis an die Oberfläche reichen, daß sie unzulänglich und manchmal irreführend sind. Und es gibt aufkeimende Einsichten in Verbindungen, Beziehungen, Wahrheiten, die weit tiefer liegen als unsere harten Tatsachen und die deshalb weit grundsätzlicher, weit einflußreicher und folgenschwerer sind.

Die gläubigen Anhänger der sogenannten hellwachen, klardenkenden Welt beginnen, ein klein wenig unsicher zu werden. Anzeichen liegen in der Luft, die auf Grenzen der Meßbarkeit, der Analysen und unserer von den Griechen begründeten Logik hindeuten. Es gibt Rätsel, die unseren wohlfundierten Lösungsversuchen widerstehen, und es befriedigt uns nicht, sie vor uns herzuschieben, außer acht zu lassen oder abzuleugnen. Ihre große Zahl macht den Teppich, unter den wir sie gerne kehren, zu uneben, zu bucklig, um noch bequem zu sein.

Die ehrlichen Wahrheitssucher unter uns werden deshalb vielleicht auf Worte aus Quellen horchen – oder wenigstens anfangen zu horchen –, die von unserer Art der Logik, unserer Denkweise und unseren Überlieferungen unbeeinflußt sind. Es sind Worte, die von Menschen gesprochen werden und doch aus einer weit entfernten, uns gänzlich fremden Welt kommen. Sie klingen vertraut und doch seltsam, sie erreichen uns, doch wir können sie nur festhalten und bewahren, bis unser Streben nach Verständnis zum Erfolg führt.

Vielleicht entsteht in uns der Eindruck, daß nicht alles, was von uns kommt, ganz so unumstößlich und allgemeingültig sein muß. Vielleicht räumen wir die Möglichkeit ein, daß es andere Wege und andere Werte gibt, die in ihren Bereichen ebenso gültig sind, wie es die unseren für uns sind.

Vielleicht möchten wir dann Verbindungen herstellen, Brükken, Wege von hier nach dort, so daß man auf der einen Seite versteht, was auf der anderen gesprochen wird. Wenn es hier wie dort ein Maß von Wahrheit gibt – wenn auch beide Seiten ihre Begrenzungen haben –, warum sollte das nicht möglich sein?

In sehr bescheidenem Maße möchte dieses Buch zum Bau solcher Brücken beitragen. Meine Liebe zu beiden Seiten dieses besonderen Schauplatzes läßt mich den Versuch unternehmen, eine Verständigung herbeizuführen. Das »Book of the Hopi«[1] gab mir die bestmögliche Einführung in die Welt der Hopi. Es ließ mich die feinen Fäden erkennen, die so tief unter der Oberfläche unserer harten Tatsachen verborgen liegen. Ein paar Umstände, die man Zufälle nennen könnte – ich glaube nicht an sie –, führten dann meine Frau und mich zum Weißen Bären und seiner Frau Naomi. Es folgte eine lange Zeit – sie erscheint lang, obwohl sie nur ein paar Jahre dauerte –, bis das gegenseitige Vertrauen hergestellt war. Endlich begann der Weiße Bär zu sprechen. An mir war es, ihm nicht nur zuzuhören, sondern auch eine mir gänzlich neue Welt verstehen zu lernen.

Erwartungsgemäß war der Versuch eines Brückenschlags zwischen zwei so fremden Welten wie der des Indianers und der unseren von Verständigungsschwierigkeiten begleitet. Es erscheint mir jedoch, als sei unsere Beziehung aus verschiedenen Gründen vom Glück begünstigt gewesen. Die Familiengeschichte des Weißen Bären zusammen mit seiner Rolle bei den Vorarbeiten für das »Book of the Hopi« gab ihm einen Einblick in die Überlieferungen seines Volkes, der wahrscheinlich umfassender ist, als ihn heute irgendein anderer Hopi besitzt. Sein künstlerisches Einfühlungsvermögen befähigte ihn, Symbole und Wandbilder zu zeichnen und zu malen, die auf andere Weise nicht zu beschaffen waren. Die Jahre seines Lebens, die er in unserer westlichen Gesellschaft verbrachte, machten es ihm oft leichter, Erklärungen in Form vergleichender Beispiele zu geben, zu denen ich von meiner Seite dieses kulturellen Zwischenbereichs aus Zugang hatte. Solche Klarstellungen waren notwendig, um seine Ausdrucksweise für uns Außenstehende verständlich zu machen.

Auf der anderen Seite verführte seine Vertrautheit mit unserer Welt den Weißen Bären jedoch nicht dazu, von den Überlieferungen seines Stammes abzuweichen. In seiner Darstellung von Tatsachen, Ereignissen und Einzelheiten war er unbeirrbar. Hierin liegt kein Widerspruch, denn in allem, was seinen Stamm, seine Traditionen oder Religion betrifft, ist er von tiefem Ernst erfüllt. Wenn ich jemals einem Mann begegnet bin, der seine und seines Volkes Wurzeln und Überzeugungen leidenschaftlich und tief liebt und bewahrt, so ist es der Weiße Bär. Diese seine Gesinnung ist eine der Hauptstützen meines Glaubens an seine Integrität, die natürlich auch nachgewiesen werden mußte.

Ich entdeckte einen grundlegenden Unterschied zwischen der Denkweise des Weißen Bären und meiner eigenen, der nicht nur unsere gegensätzliche Herkunft widerspiegelt, sondern auch ein Schlaglicht auf eines der Probleme der Gegenwart wirft. Es ist der Unterschied – und der Konflikt – zwischen Wissen aus dem Glauben heraus und Wissen aufgrund greifbarer Beweise. Der folgende Vorfall machte das klar.

Ich war der Aussage der Hopi über die Inseln nachgegangen, über die sie nach Südamerika gekommen sind (wie sie sagen), und hatte tatsächlich die weiter unten geschilderten Bestätigungen dafür gefunden. Ich war ganz aufgeregt über diese Entdeckung, und als ich Gelegenheit hatte, dem Weißen Bären darüber zu berichten, erwartete ich von ihm eine ähnliche Reaktion. Statt dessen sah er mich mit seinen ruhigen, klaren Augen an und sagte: »Nun, ich habe dir doch gesagt, daß wir auf diesem Weg gekommen sind, nicht wahr?«

Es sei erwähnt, daß unsere Arbeit streng auf historische Entwicklungen und ihre Deutung gerichtet war und keinerlei Absicht bestand, ein Gegenstück zu dem bemerkenswerten »Book of the Hopi« zu schaffen.

Der in Teil I wiedergegebene Text ist ausschließlich die Erzählung des Weißen Bären. Er stammt von Tonbandaufnahmen, die er eigens für diesen Zweck herstellte, und aus unseren aufgezeichneten Gesprächen, die zur Klärung, Vervollständigung und Abrundung des Bildes erforderlich waren. Allerdings habe ich mit ihm zusammengearbeitet, wie zuvor angedeutet, um Formulierungen und Beispiele zum leichteren Verständnis zu suchen; dies war meine Aufgabe als Vermittler. Abgesehen davon, bestand mein Beitrag zu diesem Teil in der Bearbeitung, um seinen Inhalt in eine gut lesbare Form zu bringen. In gesprochenen Texten, soweit sie nicht von einem sehr geübten und gut vorbereiteten Sprecher stammen, wird es immer Unebenheiten, unvollständige Sätze und Wiederholungen geben. Diese habe ich ausgemerzt und Angaben über bestimmte Themen zusammengefaßt, die in dem in vielstündiger Arbeit aufgezeichneten Text verstreut vorkamen. Die eigenen Worte und die Sprechweise des Weißen Bären sind soweit wie möglich erhalten geblieben. Wo ich eingriff, geschah es, um die Schreibweise seiner Betonung beim Sprechen anzupassen. Außerdem stammt natürlich die Einteilung in Kapitel und Unterabschnitte von mir, um die verschiedenen Phasen und Themen leichter auffindbar zu machen.

Was ich zum Schreiben des ersten Teils dieses Buches beigetragen habe, war von meiner bedingungslosen Absicht geleitet, Inhalt und Form der Aussage des Weißen Bären unverändert und soweit wie möglich in seinen eigenen Worten wiederzugeben.

Im Gegensatz dazu war der Weiße Bär in keiner Weise an der Untersuchung beteiligt, deren Ergebnisse in Teil II dieses Buches erscheinen. In diesem zweiten Teil werden Parallelen zu den Hopi-Überlieferungen aufgezeigt, wie sie in verschiedenen Zweigen unseres heutigen Wissens zu finden sind, das übrigens keineswegs immer klar und unumstritten ist. Die oft weit auseinandergehenden wissenschaftlichen Schlußfolgerungen und die sich daraus ergebenden Meinungsverschiedenheiten zeugen von dem Kampf, in dem wir mit unserem Intellekt liegen, von dem Kampf um Erkenntnisse aufgrund greifbarer Beweise. Unser unvollständiges, aber wachsendes Wissen trifft hier mit dem der Indianer zusammen, das zwar auch unvollständig ist, aber in jeder Beziehung viel tiefer geht, als wir voraussehen konnten oder vielleicht bereit sind anzuerkennen. Der zweite Teil zeigt daher die Konflikte und Bestätigungen, die sich aus einer behutsamen Verschmelzung dieser beiden Arten der menschlichen Erkenntnis ergeben.

Frühjahr 1979
J.F. Blumrich

Teil I

Die Überlieferungen der Hopi

1. Einleitung

Der Weiße Bär
Dies ist die Geschichte meiner Ahnen und der Clans, die auf diesen Erdteil gekommen sind. Der Kontinent, auf dem mein Volk lange Zeit gelebt hatte, versank im Meer, und die Menschen mußten ihn verlassen. Sie mußten zu einem neuen Erdteil wandern, der östlich von ihnen aus dem Meer aufstieg, damit sie eine neue Welt für sich hatten und einen neuen Anfang machen konnten. All dies geschah wegen ihres Verhaltens in bestimmten Angelegenheiten. Ich will dir hier erzählen, weshalb es so geschah, wie sie auf den neuen Erdteil kamen, den wir die Vierte Welt, Tóowákachi, nennen, und wie es ihnen danach erging.

Aber zuerst möchte ich sagen, daß ich den vielen Menschen sehr dankbar bin, die mir das Wissen und Verstehen gegeben haben. Einiges wurde mir schon in den frühesten Kindheitstagen erzählt, an die ich mich erinnern kann. Einiges erfuhr ich später als junger Mann und einiges erst, nachdem ich selbst schon viele Jahre älter geworden war. Und alle diese Jahre hindurch wurden die großen Zeremonien gefeiert, mit denen mein Volk die Erinnerungen aus unserer Geschichte wachhält.

Wie du weißt, folgen wir Hopis in unseren Familien und Ahnenreihen der mütterlichen Linie. Ich gehöre deshalb zum Clan meiner Mutter, dem Coyoten-Clan, und ich verdanke einen großen Teil meines Wissens meiner Mutter und Großmutter[2] und meinem Onkel aus diesem Clan. Sie haben mir gute Unterweisung gegeben[3].

Aus dem Bären-Clan, aus dem mein Vater stammt, sind Jahrhunderte und Jahrhunderte hindurch die Anführer und Häuptlinge von Oraibi gekommen. Was ich von meinem Vater und meinem Onkel, dem Häuptling Tawáquaptíwa[4], erfahren habe, stammt also aus ihrer unmittelbaren Kenntnis der Geschichte des Bären-Clans und der anderen Clans, die sich hier angesiedelt haben.

Und es gibt noch viele andere Leute, die mir von ihrer Weisheit und Kenntnis gegeben haben und denen ich sehr dankbar bin. Sie alle gehören zu den Clans, die jetzt hier leben. Diese Clans bewahrten ihre Erinnerungen durch die Mühsal ihrer Wanderungen hindurch, die sie als Teil ihrer Verpflichtungen auf sich nehmen mußten, um nach Oraibi zu kommen und es aufzubauen, um die Pläne des Schöpfers zu erfüllen.

Es ist nun die Zeit gekommen, daß wir davon sprechen und die Wahrheit darüber sagen, wer wir sind und warum wir hier sind – in der Hoffnung, daß uns eines Tages jemand verstehen wird. Und obgleich ich es bin, der hier spricht, ist es Hopi-Wissen, das ihr erfahrt. Aus der langen, langen Geschichte meines Volkes kommt für euch andere eine Warnung. Ihr werdet später verstehen, was ich meine, wenn ich meine Geschichte erzähle. Aber das ist der Grund, weshalb ich jetzt spreche. Es geht uns alle an. Vielleicht kommt die Warnung nicht zu spät.

Wenn ich dir unsere Geschichte erzähle, mußt du daran denken, daß die Zeit nicht soviel zu bedeuten hatte. Heutzutage erscheint die Zeit wichtig, Zeit macht alles kompliziert, Zeit wird zum Hindernis. Aber in der Geschichte meines Volkes war die Zeit eigentlich nicht wichtig, ebensowenig wie für den Schöpfer selbst. Was wirklich zählt, ist die Schönheit, die wir in unser Leben bringen, die Art, wie wir unsere Verantwortung und unsere Pflichten gegenüber unserem Schöpfer erfüllen. Die materiellen Dinge dieser Welt sind für die Hopi-Menschen nebensächlich, wie du sehen wirst, wenn du in meinem Land bist und siehst, wie die Geschichte entsteht, die wir, die Hopi, leben.

Wenn du in unseren Dörfern und unter unseren Menschen bist, wirst du anfangen zu begreifen, daß diese alten Männer und Frauen, die unsere heutige Geschichte gemacht haben, niemals die alte Geschichte vergessen werden, die in ihren Herzen geschrieben steht. Und so wie diese Geschichte mir offenbart wurde, will ich nun versuchen, sie weiterzugeben, so getreu ich kann.

2. Die alten Zeiten

Nach unserer Überlieferung haben wir in zwei anderen Welten gelebt, bevor wir in die Dritte Welt kamen – und dann in die Vierte Welt, in der wir jetzt sind.

In der Ersten Welt erschuf die Gottheit Táiowa den Menschen. Táiowa hat alle Dinge in diesem Weltall erschaffen. Es gibt nichts, was er nicht gemacht hat. Den Ort, wo er ist, nennt man »Die Höhe«; viele Menschen nennen ihn den Himmel. Niemand weiß, wo das ist, aber von dort aus lenkt er das Weltall. Er gab dem Menschen den Verstand, er gab ihm Wissen, er gab ihm alle Dinge, die er für sein Leben braucht. Und er gab ihm das Gesetz und die Pflichten, die er in diesem Weltall zu erfüllen hat.

Die Erste Welt wurde durch Feuer zerstört, weil die Menschen böse geworden waren. Aber unser Volk, diejenigen, die in späteren Zeiten die Hopi werden sollten, überlebte die Zerstörung, weil es erwählt war, die Kunde davon zu bewahren und durch die Zeiten bis in die Gegenwart und darüber hinaus zu überliefern.

Die Zweite Welt wurde durch Eis zerstört. Wieder überlebte unser Volk und kam in die Dritte Welt, den dritten Erdteil.

Alle diese und spätere Geschehnisse sind noch heute in unseren religiösen Bräuchen lebendig.

3. Die Dritte Welt

Kásskara
Der Name der Dritten Welt war Kásskara. Wenige Menschen kennen heute die Bedeutung dieses uralten Wortes; ich habe sie von Otto Péntewa erfahren, der sich daran erinnerte. Es bedeutet »Mutterland«. Wir nennen es auch »Land der Sonne«, weil wir uns gern auf die Sonne und die Erde berufen, die uns am Leben erhalten.

Kásskara war ein Erdteil. Vielleicht war es der gleiche, der jetzt Mu oder Lemura genannt wird. Der größte Teil des Erdteils lag südlich des Äquators, nur ein kleiner Teil lag nördlich. Es war ein sehr schönes Land. Verglichen mit heute war es fast ein Paradies. Wir mußten arbeiten, aber wir brauchten nicht schwer zu arbeiten. Seit unseren Anfängen in der Ersten Welt waren wir dem Plan unseres Schöpfers gefolgt und hatten unsere Nahrung selber angebaut. In jener frühen Zeit hatten wir Mais zu unserer Hauptnahrung gewählt, und wir brachten ihn mit in die Zweite Welt und lebten weiter davon in der Dritten Welt. Wie du weißt, bauen wir heute noch Mais an. Wenn du unseren Mais siehst, denke daran, daß die Hopi ihn seit langer, langer Zeit haben, schon seit der Ersten Welt.

Die Kenntnis, die wir suchten und die uns gegeben wurde, war über Pflanzen und Tiere. Wir wollten wissen, was die Blätter grün macht und die Blumen bunt. Wir konnten uns mit Pflanzen und Tieren verständigen. Wir hatten das, was ihr wissenschaftliche Kenntnisse nennen würdet, aber wir benutzten sie nicht zur Herstellung von Dingen, die man braucht, um andere Menschen zu unterwerfen.

Die Menschen hatten Achtung voreinander. Die Clans hatten ihre eigenen Anführer, aber sie standen alle unter einem großen geistigen Oberhaupt. Im Hopi-Leben erhält immer ein Clan für eine bestimmte Zeit die Oberherrschaft, um dafür zu sorgen, daß wir unseren Pflichten und Verantwortungen nachkommen, und um über unsere Lebensführung zu wachen. Als wir jenen Teil der Welt erbten, war diese Macht dem Bogen-Clan gegeben worden. Deshalb war der Häuptling des Bogen-Clans der Herrscher von Kásskara.

Am Anfang war lange Zeit alles gut in Kásskara. Viel später begannen die Menschen allmählich, die Achtung voreinander zu verlieren, zuerst ein paar, dann mehr und mehr. Du siehst, wir sind genau wie andere Menschen. Ich kann das mit den Dingen vergleichen, die heute in den Organisationen geschehen: Die Leute wollen Rang, Macht, sie wollen ihren Anteil. Das gleiche geschah in Kásskara. Ganz besonders war es so im Bogen-Clan, doch die obersten Anführer dieses Clans blieben gut.

Bevor wir nun mit der Geschichte von Kásskara fortfahren, muß ich dir sagen, daß wir natürlich nicht allein auf der Erde waren. In anderen Ländern lebten auch Menschen.

Atlantis
Es gab einen Kontinent östlich von uns, den wir deshalb das »Land im Osten« nannten – Taláwaitíchqua. In der Hopi-Sprache heißt tíchqua »Land«, die Oberfläche eines Kontinents, und der erste Teil des Wortes bedeutet »Morgen« oder »Sonnenaufgang«.

Zwischen diesem Erdteil und uns lag eine große Wasserfläche. Heute wird der Erdteil Atlantis genannt, und ich will bei diesem Namen bleiben, weil er dir geläufiger ist.

Am Anfang der Dritten Welt waren die Menschen von Atlantis so friedlich wie wir. Wir kamen ja alle aus dem gleichen göttlichen Ursprung. Sie hatten sogar die gleichen Symbole wie wir. Aber im Laufe der Zeit veränderten sie sich mehr als wir. Sie begannen, die Geheimnisse des Schöpfers zu erforschen, die der Mensch nicht kennen darf. Weißt du, es gibt Geheimnisse, die nur für die Gottheit bestimmt sind, und als die Menschheit sie zu ergründen begann, verletzte sie dieses Gesetz. Der Mensch hat im wesentlichen die gleiche Macht wie der Schöpfer, aber der Schöpfer behält Geheimnisse für sich, die der Mensch nicht ergründen darf.

Diese Sache mit den Geheimnissen ist sehr, sehr ernst. Laß uns von unserer eigenen Zeit sprechen, damit du verstehst, was ich sagen möchte. So wirst du einen Begriff davon bekommen, was die Hopi glauben. Ihr habt viele Dinge entwickelt, zum Beispiel Flugzeuge. Als mein Onkel mich nach Oraibi zu der Steinzeichnung eines Düsenflugzeugs führte, das natürlich viel älter ist als eure heutigen Düsenflugzeuge (Abb. 5), sagte er zu mir: »Es wird sehr schön sein, wieder durch die Luft zu fliegen, wie es unser Volk schon früher getan hat. Wenn es irgendwo weit entfernt eine Katastrophe gibt, kann man den Menschen dort Nahrung und Medizin und Werkzeuge bringen. Aber man wird die Flugzeuge auch benutzen, um Menschen Hunderte von Meilen entfernt zu töten. Damit verletzt man das göttliche Gesetz.« – Wie könnt ihr diese beiden Dinge trennen, wenn ihr Geheimnisse erforscht, von denen die Menschen noch nicht den richtigen Gebrauch machen können? Denke an dich selber: Angenommen, du hättest auf dem Gebiet der Raketen eine wissenschaftliche Entdeckung gemacht und teiltest sie anderen mit und jemand mißbrauchte deine Entdeckung? Du selber würdest das nicht tun, aber es ist deine Entdeckung. Weißt du wirklich, wo deine Verantwortung beginnt und endet?

Und jetzt versuchen sie, künstlich Leben zu erzeugen – und eines Tages auch Menschen. Das gehört zu dem, was wir Erforschung des Blutes nennen. Und es ist nicht gut, das zu tun!

Natürlich könnt ihr das Arbeiten eures Körpers untersuchen, um zu wissen, was euch gesund macht und euch ein langes Leben gibt. Der Schöpfer will sogar, daß wir das tun. Er will, daß wir das Leben hier genießen und sowenig Mühsal haben wie möglich, daß uns alles Gute, alle Freude, alles Glück dieser Welt zuteil wird. Aber diese anderen Dinge dürft ihr nicht tun, nein!

Wir können das alles in zwei Sätzen zusammenfassen: Der göttliche Schöpfer hat zu uns gesagt: »Wenn ihr meine Kinder sein wollt, dürft ihr euer Wissen nicht benutzen, um zu unterwerfen, zu zerstören, zu töten oder bösen Gebrauch von irgend etwas machen, was ich euch gegeben habe. Wenn ihr dieses Gesetz nicht befolgt, seid ihr nicht meine Kinder.«

Gegen Ende der Dritten Welt hatten sie eine Frau als oberste Führerin in Atlantis. In unserer Sprache könnten wir sie eine Kickmongwúity nennen, eine Hohepriesterin, nach euren Begriffen war sie einfach eine Königin. Sie war eine sehr mächtige und sehr schöne Frau. Sie hatte ihre Macht und die Schönheit ihres Körpers benutzt, um sich die Anführer des Volkes untertan zu machen. Sie bekam so viel Schmuck von ihnen, daß wir sie die Türkisfrau nennen. Unter diesen Persönlichkeiten waren sogar sehr gelehrte Männer, aber wir würden sie als fragwürdige Anführer bezeichnen; ein hochgelehrter Mann ist nämlich nicht automatisch auch ein guter Mensch. Sie hatte also sehr viel Erfolg bei diesen Männern, und so wurde sie Herrscherin über den ganzen Kontinent. Atlantis weitete seinen Einfluß aus und unterwarf Völker in den Ländern, die weiter östlich lagen, die wir jetzt Europa und Afrika nennen. Obwohl es kein großes Land war, hatte es also sehr viel Einfluß. Du kannst es mit England vergleichen. Das ist auch ein kleines Land, aber welchen Einfluß hat es gehabt!

Die Atlanter hatten auch die Geheimnisse des Schöpfers erforscht, die sie nicht kennen durften, wie ich dir gerade sagte. Sie erfuhren zu früh davon, denn sie waren geistig noch nicht weit genug; sie gebrauchten ihr Wissen, um andere Völker zu unterwerfen. Damit verletzten sie die göttliche Ordnung. Manche verloren dabei sogar ihr Leben. Außerdem erforschten sie auch die Planeten. Sie flogen zu ihnen hinauf, konnten aber dort nicht wohnen, weil es alles tote Planeten waren. So mußten sie auf der alten Erde bleiben.

Dann wendeten sie sich gegen Kásskara. Sie wußten, daß wir geistig und moralisch viel stärker waren, und das machte sie neidisch. Deshalb wollte ihre Königin auch unser Land erobern und sich unser Volk untertan machen. Sie drohte unserem Herrscher, sie würde alle ihre Raumschiffe über unserem Erdteil versammeln und uns von dort oben vernichten. Aber er weigerte sich, ihr nachzugeben. Es kam eine lange Zeit der Gespräche, die man auch Konferenzen nennen könnte. Alle großen Männer jener Zeit hielten Versammlungen ab.

Wie ich schon sagte, waren einige unserer Leute gierig nach Rang und Macht geworden. Ihr religiöser Glaube wurde schwächer, und die Menschen hatten nur noch wenig Achtung voreinander. Wir waren in einer Lage, die man gut mit der gegenwärtigen Lage vergleichen kann.

Im Laufe der Zeit führte der Einfluß dieser Frau zu einer Spaltung in unserem Volk. Sie begann, einige auf ihre Seite zu ziehen. Das waren die machthungrigen Menschen, von denen ich schon sprach. Sie gingen heimlich von unseren Gesetzen ab und sagten zu sich selbst: »Wenn wir es mit den Atlantern halten und ihre Forderungen unterstützen, bekommen wir vielleicht später einen guten Anteil.« – Die Bösen gewannen die Oberhand. Sie hatten viele Geheimnisse des Schöpfers erforscht, die die Menschheit nicht wissen darf, aber wir nahmen nicht daran teil. Wir wollten das friedliche Volk sein und bleiben, als das wir zu jener Zeit bekannt waren. Ich glaube, in Wirklichkeit war es der Schöpfer, der seine Macht gebrauchte, um uns von diesen Dingen abzuhalten, und der sie von uns fernhielt.

Wieder und wieder kamen die Anführer zusammen. Doch die Gruppe der wissenschaftlich Gesinnten war weit stärker, und sie kamen, um mein Volk mit den Produkten ihrer Macht, mit ihren Erfindungen anzugreifen.

Alles, was ich dir erzähle, und auch die späteren Geschehnisse habe ich von meiner Großmutter erfahren. Aber ich habe auch mit einem Mann gesprochen, der als letzter noch über den Bogen-Clan Bescheid weiß. Ich habe das getan, weil es in der Geschichte heißt, der Bogen-Clan habe die schlimmsten Dinge getan. Er bestätigte, was geschehen war, und sagte: »Ja, wir haben es getan.«

Von hoch oben in der Luft richteten sie ihre magnetische Kraft auf unsere Städte. Aber diejenigen aus unserem Volk, die den wahren Weg des Schöpfers nicht verlassen hatten, wurden in einer bestimmten Gegend zusammengerufen, um gerettet zu werden.

Gestern hat es in einer Versammlung in einem Shongópovi Kiwa eine lange Diskussion über unsere Lage gegeben. Wir sehen jetzt dieselben Dinge geschehen wie kurz vor der Zerstörung der Dritten Welt. Der Grund unserer Sorge ist, daß wir wissen, was geschehen wird. Es wurde in dieser Versammlung klar, daß das Hauptproblem der Hopi heute das Landproblem ist, und es war auch ein Landproblem, das zu jener Zeit in unserer Dritten Welt die Raumfahrer zu uns führte. Wir wissen, daß wir den Punkt erreicht haben, von dem es kein Zurück mehr gibt.

Wir sprachen auch von Kásskara und der Königin von Atlantis und von der Dritten Welt und wie sie zerstört wurde. Ich mußte an meine Großmutter denken, die mir gesagt hat, daß uns das gleiche geschehen wird, was vor langer Zeit geschah.

Die Zerstörung der Dritten Welt

Unsere Menschen hatten Kenntnisse, die man mit denen der Leute von Atlantis vergleichen kann, aber sie gebrauchten sie nur für gute Zwecke. Wie ich dir sagte, hatten wir die Geheimnisse der Natur erforscht, die Macht des Schöpfers in den lebenden Dingen.

Sie verteidigten sich nicht, als sie angegriffen wurden. Und sie hatten recht!

Wenn dir das seltsam erscheint, dann sieh, was die Hopi jetzt tun, heute. Die Regierung der Vereinigten Staaten hat uns ein Reservat gegeben. Stell dir vor, wie konnten sie uns etwas geben, das uns schon gehörte? Dann sind sie gekommen und haben Stücke davon abgeschnitten. Sie haben es kleiner und kleiner gemacht. Unser Land! Aber wir verteidigen uns nicht mit Gewalt. Jedesmal, wenn die Regierung so etwas tut, sagen wir: »Das ist nicht recht«, wie es uns unser Schöpfer vorgeschrieben hat. Wir wissen, wir werden nicht vernichtet werden, es wird ihnen zuerst geschehen.

Aber wenn wir uns auch nicht aktiv verteidigten, so hatten wir doch den Schutzschild. Ich kann dir nicht wissenschaftlich erklären, was der Schild war und wie er wirkte. Aber meine Großmutter hat es mir so erklärt: Wenn ein Blitzstrahl kommt, geht er nur bis dahin, wo der Schild ist, und explodiert dort. Er dringt nicht durch.

Ich kann mich genau erinnern, wie mir meine Großmutter vorführte, wie der Schutzschild wirkt. Eines Tages, als ich noch ein Kind war, nahm sie bei unserer Mahlzeit eine leere Schüssel, drehte sie um und sagte: »Du bist hier unter der Schüssel. Wenn irgend etwas auf sie fällt, wird es dir nicht wehtun.« Vielleicht sollte ich hier erwähnen, daß ich ihr alle Geschichten, die sie mir erzählte, wiedererzählen mußte. Wenn ich etwas Falsches sagte, unterbrach sie mich und wiederholte, was sie vorher gesagt hatte. Deshalb weiß ich alles so genau, was mir meine Großmutter erzählt hat.

So sind also alle Bomben, oder was es war, weit oben explodiert, und der Schild schützte alle Menschen, die gerettet werden sollten und in einem bestimmten Gebiet zusammengerufen worden waren. Doch nur wir wurden gerettet. Die Städte wurden angegriffen, und dort wurden Menschen getötet.

Und dann hat – wie meine Großmutter sagte – jemand auf den falschen Knopf gedrückt, und beide Kontinente versanken. Es war keine große Flut, nicht die ganze Erde wurde zerstört und nicht alle Menschen getötet. Atlantis versank sehr schnell im Ozean, unsere Dritte Welt ging sehr langsam unter.

Laß mich erklären, warum es so geschah. Angenommen, ich wollte jemanden töten und hätte einen Komplicen. Wir sind uns einig, es zu tun. Selbst wenn ich den Mord verübe, ist er damit einverstanden und tötet in Gedanken. Aber er ist nicht so schuldig wie ich. Er bekommt eine neue Chance durch Wiedergeburt, ich aber nicht. Deshalb der plötzliche Untergang von Atlantis: Sie planten den Angriff. Wir, oder einige von uns, arbeiteten nur zusammen mit den Atlantern bei ihrem Angriff auf Kásskara. Deshalb war die Schuld auf unserer Seite geringer, und unsere Gruppe erhielt noch einmal eine Chance. Wären wir so schuldig gewesen wie Atlantis, wären wir ebenso schnell ausgelöscht worden.

Die Macht, die weit jenseits aller menschlichen Fähigkeiten liegt, wollte nicht zulassen, daß dieses Volk des Friedens vollständig vernichtet wurde. Diese Menschen waren Reinkarnationen von anderen, die in der alten Zweiten Welt, Tókpa, gelebt und die Gesetze des Schöpfers eingehalten hatten. Es war sein Beschluß, denen, die gerettet werden sollten, die Mittel dazu zu geben.

Ich weiß, daß viele Menschen anderer Meinung sein werden – aber wir SIND das auserwählte Volk. Wir wurden gerettet und kamen hierher, weil wir seit der Ersten Welt stets dem Gesetz gehorcht hatten.

Wir wollen sehen, was dann geschah und welche Rolle die Kachinas spielten, die uns auf diesen Kontinent brachten, in die Vierte Welt. Aber zuerst muß ich dir einiges über die Kachinas selber sagen.

Über die Kachinas

In der Dritten Welt und schon immer seit der Ersten Welt haben wir mit den Kachinas in Verbindung gestanden. Kachina bedeutet »hohe, geachtete Wissende«. In früheren Zeiten hießen sie Kyápchina, doch da sich unsere Sprache mit der Zeit verändert, sagen wir jetzt Kachina. Eigentlich bezeichnet Kyápchina einen einzelnen; wenn mehrere gemeint sind, heißt es Kyákyapchina, das ist die Mehrzahl. Das Wort Chínakani bedeutet Sproß, ein neuer Trieb an einer Pflanze, und es bezeichnet hier das geistige Wachstum, das sie uns geben. Die volle Übersetzung des Namens würde daher lauten: »Hohe, geachtete Wissende im Wachstum.«

Die Kachinas können sichtbar sein, aber manchmal sind sie auch unsichtbar. Sie kommen zu uns aus dem Weltenraum. Sie kommen nicht aus unserem eigenen Planetensystem, sondern von anderen, weit entfernten Planeten. Unsere Astronauten würden Generationen brauchen, um dorthin zu gelangen. Der Hopi-Name für diese Planeten ist Tóonáotakha; das bedeutet, daß sie eng zusammengehören, nicht im körperlichen, sondern im geistigen Sinne, weil alle ihre Bewohner die gleiche Verantwortung tragen, sie arbeiten alle eng zusammen. Deshalb können wir, glaube ich, das Wort mit »Bund der Planeten« übersetzen. Und da wir wissen, daß es zwölf dieser Planeten gibt, können wir sie auch »Bund der zwölf Planeten« nennen.

Die Kachinas können sich sehr schnell fortbewegen. Während ich diesen Satz spreche, legen sie weite Strecken zurück, sie brauchen nur Sekunden. Ihre Schiffe fliegen mit Magnetkraft, auch wenn sie die Erde umrunden.

Die Ränge der Kachinas richten sich nach ihren Fähigkeiten. Sie heißen alle Kachinas, aber einige werden auch Wú'yas genannt. In eurer Sprache bedeutet Wú'ya eine Gottheit. Das ist eigentlich nicht ganz richtig, denn Wú'ya bezeichnet jemanden, der große Weisheit besitzt, auch einen alten, weisen Mann oder eine Frau. Wenn du die Kachinas und Wú'yas mit euren christlichen Gestalten vergleichen wolltest, würdest du die Kachinas Engel und die Gottheiten Erzengel nennen. Sie sind alle Engel, aber die höheren nennt ihr Erzengel. Oder man könnte die Kachinas mit den Arbeitern und die Gottheiten mit der Oberklasse vergleichen.

Die Gottheiten stehen über den Kachinas, und über allen steht der Schöpfer. Nur die Kachinas stehen in Verbindung mit menschlichen Wesen, aber nicht die Gottheiten. Sie geben den Kachinas ihre Anweisungen.

Kindern gegenüber werden sie zuerst alle als Kachinas bezeichnet. Das tut man, damit sich die Kinder an die Wissenden gewöhnen. Es wäre schwer, ihnen den Unterschied zu erklären. Hier spielen auch die Kachinapuppen eine Rolle, sie machen das Kind vertraut mit ihrem Aussehen, damit es sich nicht fürchtet, wenn es die Tänzer sieht. Auch die Fremden, die kommen und solche Puppen kaufen, wissen nichts davon und nennen sie alle Kachinas.

Ebenso machen wir es mit den San Francisco Mountains. Man kann sie sehen, sie sind hoch, und so kann ein Kind verstehen, daß die Kachinas dorthin gehen, wenn sie uns verlassen. – Denke daran, was ihr euren Kindern über den Weihnachtsmann und das Christkind erzählt.

Aber wenn das Kind unter die Erwachsenen aufgenommen wird, erklärt man ihm den Unterschied. Für den Erwachsenen stammt der Kachina von einem weit entfernten Planeten, und wenn er uns verläßt, geht er dorthin zurück. Und die Männer, die hier die Tänze aufführen, stellen gelehrte Wesen verschiedener Ränge dar, die einst von anderen Planeten zu uns kamen.

Es gibt drei Arten von Kachinas. Die ersten haben mit dem Fortbestand des Lebens zu tun. In unseren Zeremonien erscheinen sie in der Mitte des Winters, wenn in der Natur alles Leben schläft. Sie geben uns die Gewißheit, daß das Leben wiederkehren, weitergehen wird. Und weil die Wiedergeburt zum Fortbestand des Lebens gehört, bedeutet es auch, daß wir wiedergeboren werden, daß wir die Möglichkeit haben, besser zu werden.

Die zweite Gruppe sind die Lehrer. Von ihnen lernen wir, wer und wo wir sind, woher wir kommen, welche Einflüsse auf uns wirken und was wir tun sollen.

Die dritte Gruppe sind die Hüter des Gesetzes. Man kann sie auch Mahner nennen, denn lange Zeit werden sie mit uns sprechen und uns warnen, aber die Zeit wird kommen, wenn sie uns nicht mehr ermahnen, sondern strafen werden für das Böse, das wir getan haben.

Es wurden Kinder geboren infolge einer Art mystischen Verbindung zwischen Kachinas und unseren Frauen; ich werde dir Legenden darüber erzählen. Unsere Leute konnten die Kachinas berühren, es gab also physische Nähe zwischen ihnen und menschlichen Wesen. Aber so seltsam es klingen mag, es hat niemals Verkehr gegeben, keine geschlechtliche Vereinigung. Die Kinder wurden auf mystischem Wege empfangen. Solche Kinder hatten, wenn sie aufwuchsen, große Kenntnis und Weisheit und manchmal übernatürliche Kräfte, die sie von ihren geistigen Vätern erhalten hatten. Es waren wunderbare, mächtige Männer, die immer zum Helfen, aber nie zum Zerstören bereit waren.

*

Die Kachinas sind körperliche Wesen, und deshalb brauchen sie Flugkörper für ihre Reisen in unserer Luft und wenn sie zu ihren Planeten zurückfliegen. Diese Flugkörper haben verschiedene Größen und Namen. Einer davon ist Páatoówa – »das Objekt, das über das Wasser fliegen kann«. Páhu heißt in unserer Sprache Wasser, und Toówata ist ein Gegenstand mit gekrümmter Oberfläche. Wegen dieser Form nennen wir sie auch »Fliegende Schilde«.

Ich will dir erklären, wie sie aussehen. Wenn man einen Flaschenkürbis durchschneidet, erhält man eine Form, die wie eine Schale oder Untertasse aussieht. Und wenn man zwei solche Teile zusammensetzt, erhält man die Form des Flugkörpers, mit dem man damals zu den Planeten fuhr. Wenn man in einem Gebilde wie diesem sitzt, kann es sich nach allen Richtungen bewegen, und man fällt nicht heraus, ganz gleich, wie schnell es fliegt. Deshalb hat es diese Form, und wir nennen es auch Ínioma.

Weil der Flugkörper fast wie ein Kürbis aussieht, heißt er auch Tawúya.

Bei den Hopi weiß man, daß auch einige von uns mit solchen Raumschiffen fuhren und daß sie auch in anderen Ländern benutzt wurden, weil die Atlanter mit ihnen zu uns herüberkamen.

Bei Oraibi gibt es eine Felszeichnung von einer Frau in einem Fliegenden Schild (Abb. 6). Der Pfeil ist ein Zeichen für große Geschwindigkeit. Die Frau trägt die Haartracht der Verheirateten.

Die beiden Hälften werden durch einen Zügel zusammengehalten. Derjenige, der das Raumschiff lenkt, braucht nur diesen Zügel zu betätigen. Dreht er ihn nach rechts, steigt das Raumschiff, und dreht er ihn nach links, geht es abwärts. Das Fahrzeug hat keinen Motor wie unsere Flugzeuge und braucht keinen Kraftstoff. Es fliegt im magnetischen Feld. Man muß nur die richtige Höhe kennen. Will man nach Osten fliegen, wählt man eine gewisse Höhe, will man nach Norden, eine andere Höhe, und so weiter. Man muß nur in die der Richtung entsprechende Höhe aufsteigen, dann fliegt das Schiff in der gewünschten Strömung. Auf diese Weise kann man jeden Ort innerhalb unserer Atmosphäre erreichen und auch die Erde verlassen. So einfach ist das.

Die Wanderung in die Vierte Welt
Nun wollen wir mit den historischen Ereignissen fortfahren. – Lange bevor unser Kontinent und Atlantis untergingen, hatten die Kachinas festgestellt, daß östlich von uns ein neuer Weltteil aus dem Wasser aufstieg. Übrigens hat sich nach unserer Überlieferung die Welt einige Male verändert. Was da auftauchte, war also eigentlich das gleiche Land, in dem wir in Tókpa, der Zweiten Welt, gelebt hatten. Aber wir nennen es jetzt die Vierte Welt, weil sie ein neues Äußeres hat.

Man sagt bei uns auch, daß die Erde einige Male umgekippt sei. Ich meine, daß der Nordpol dort war, wo jetzt der Südpol ist, und umgekehrt. Augenblicklich sind die Pole vertauscht, der echte Nordpol ist im Süden und der Südpol im Norden. Aber in der Fünften Welt wird sich das wieder ändern; dann werden die Pole wieder an dem jeweils richtigen Platz sein. Die Erde ist dabei jedesmal vollständig von Norden nach Süden gekippt und nicht etwa nur zur Hälfte, denn dabei wäre zuviel Schaden entstanden, und das war nicht die Absicht des Schöpfers. In Tókpa, der Zweiten Welt, kippte die Erde zur Hälfte, und alles ist erfroren.

Die Kachinas beobachteten und erforschten das neue Land, und als es über dem Wasser war, trafen sie ihre Vorbereitungen. Die große Wanderung begann.

Das neue Land sollte unsere neue Heimat werden, die wir die Vierte Welt, Tóowákachi, nennen. Wir hatten auch einen anderen Namen dafür, Sistaloákha. Das ist ein Wort für alles, was schnell entsteht, was in vollkommener Form erscheint.

Der Schöpfer hatte also beschlossen, uns zu retten, und die Kachinas halfen uns, den neuen Kontinent zu erreichen.

Unser Volk ist auf drei Arten von der Dritten in die Vierte Welt gelangt. Die ersten, so sagt man bei uns, kamen mit den Fliegenden Schilden. Die waren für die wichtigsten Leute, für die Höchstgestellten. Sie hatten den Vorrang, weil sie die neue Siedlung gründen und alle Vorbereitungen treffen mußten. Und weil sie zuerst kamen, galten sie natürlich als geachtete Menschen. Die Kachinas als Raumfahrer wußten, wo das neue Land lag, und brachten sie herüber. Nur die Kachinas konnten das tun, denn sie hatten die Fliegenden Schilde, unser Volk aber nicht. Wir konnten sie nicht bauen. Aber du wirst dich erinnern, daß die Atlanter Fliegende Schilde besaßen. Sie hatten sie nicht von den Kachinas bekommen, die sie verlassen hatten, sondern die Atlanter mit ihren bösen Kräften hatten sie selbst gebaut; das habe ich dir schon erzählt.

Lange bevor der Kontinent der Dritten Welt im Ozean versank, kamen die ersten Clans hier an. Unter den Clans, die mit den Fliegenden Schilden fuhren, waren der Feuer-Clan, der Schlangen-Clan, der Spinnen-Clan, der Bogen-Clan, der Eidechsen-Clan, der Adler- und der Wasser-Clan. In Wirklichkeit wurden noch mehr Clans mit den Fliegenden Schilden befördert, ich nenne dir hier nur die wichtigsten. Auf der vollständigen Liste steht der Bogen-Clan viel weiter unten, als es hier den Anschein hat, weil er in der Dritten Welt Böses getan hatte. Aber Leute vom Bogen-Clan waren noch immer wichtig, und wenn auch viele von ihnen an der Zerstörung der Dritten Welt mitschuldig waren, so hatten doch nicht alle den wahren Weg des Schöpfers verlassen. Deshalb wurden sie gerettet.

Dann gab es noch eine andere Art, Menschen hierherzubefördern, und zwar mit Hilfe der großen Vögel. Daran erinnert noch die Reifefeier der Powámu im März. Ich habe diese Zeremonie selbst in Oraibi miterlebt, als ich in die Powámu-Gesellschaft aufgenommen wurde. Jedes Kind, das aufgenommen wird, steigt in einen hölzernen Reifen, an dem ringsherum Federn angebunden sind. Es sind dies Federn der starken Vögel: Adler, Falke, Eule und Krähe. Dazu nimmt man nur die stärksten Flügelfedern. Ein Zwillingspaar, Junge und Mädchen, die für diese Aufgabe auserwählt sind, bewegen den Ring viermal am Körper des Kindes auf und ab. Damit wird uns gesagt, daß auf diese Weise ein Teil unseres Volkes auf diesen Kontinent gekommen ist, auf dem Rücken der Vögel, besonders des Adlers.

Aber vor der Zeremonie sang der Häuptling ein Lied von der Welt, die wir verlassen hatten, von der bösen Königin, die den größten Teil der Welt erobert hatte, und wie verderblich ihr Einfluß gewesen war.

Mit den Vögeln kamen diejenigen Menschen herüber, die sich im Übergangsstadium zu den höheren Stufen geistiger Gelehrsamkeit befanden.

In dieser ganzen Zeit hatten die Menschen große Angst, weil der alte Kontinent immer weiter im Wasser versank. Sie hatten Angst, obwohl sie wußten, daß sie gerettet werden sollten. Eine Stadt nach der anderen wurde zerstört. Das Wasser schien zu steigen und zu steigen und bedeckte immer größere Teile des Kontinents.

In der dritten und letzten Gruppe waren diejenigen, die noch am Anfang ihres Strebens nach geistiger Kraft standen. Zu diesen gehörte auch mein Clan, der Coyoten-Clan, das weiß ich von meiner Mutter und ihren Eltern, die zum Coyoten-Clan gehörten. Sie wußten es ganz genau, denn es war sehr wichtig, diese Ereignisse im Gedächtnis zu behalten und als Erbe diesem Kontinent, der Vierten Welt, zu überliefern.

Diese Menschen mußten auf die dritte Art herüberkommen, und zwar mit Booten. Sie hatten lange Zeit sehr schwer zu kämpfen. – Obwohl also in Wirklichkeit viele Menschen hierher geflogen sind, sagt man heute, daß alle schwer zu kämpfen hatten, um auf diesen Kontinent zu kommen. Das tut man, damit wir es nicht vergessen, denn was man sich schwer verdient hat, achtet man höher und bewahrt es im Gedächtnis.

Die Menschen in den Booten gehörten alle zu den geringeren Clans, die wenig Macht hatten. Aus diesem Grund hatten sie unter dem Einfluß des Bogen-Clans mit seinen zerstörerischen Plänen gestanden. Sie beteiligten sich zwar daran, taten aber nichts aus eigenem Antrieb und waren deshalb nicht so schuldig wie der böse Teil des Bogen-Clans. Darum wurde ihnen eine Gelegenheit gegeben, der Zerstörung zu entgehen. Sonst wären sie vernichtet worden, genau wie die anderen.

Während der ganzen Zeit, die diese Gruppe mit den Booten unterwegs war, stand auch sie unter dem Schutz der Kachinas. Jeder Clan hatte einen Kachina, dessen Aufgabe es war, ihn zu begleiten und auf diesen neuen Kontinent zu bringen. So wurde also auch die Gruppe der Bootsfahrer sicher geleitet. Die Kachinas machten sich ihnen verständlich, doch die Menschen hatten nicht den Vorzug, mit ihnen zu sprechen.

Sie fuhren mit ihren Booten etwa in nordöstlicher Richtung von Insel zu Insel. Die Kachinas gaben ihnen Ratschläge und zeigten ihnen den Weg zu den Inseln. Auf jeder Insel konnten sie ausruhen, bevor sie weiterfuhren, und so kamen schließlich auch sie in der Vierten Welt an.

An die Bootsreise erinnert eine Zeremonie, die der Flöten-Clan an einem runden Brunnenbecken feiert, das ein paar Meilen westlich von Oraibi eigens für diesen Zweck gebaut worden ist. Der Name des Beckens ist Muyío Watki. An einem Punkt der Zeremonie steht der Priester in der Mitte des Beckens und blickt nach Osten, weil das die Hauptrichtung der Reise war. Er steht bis zur Taille im Wasser (Abb. 7). Um das Becken herum stehen Leute, die von der Wanderung singen. Der Priester hält in jeder Hand ein geflochtenes Paddel und macht Paddelbewegungen, wenn in dem Gesang von Wasser die Rede ist. Das bedeutet, er ist im Boot. Wenn in dem Lied das Land vorkommt, verschränkt er die Arme vor der Brust und nimmt die Paddel unter die Arme. Das bedeutet, daß er ausruht und sein Volk mit ihm. Wenn wieder vom Wasser gesungen wird, fängt er wieder an zu paddeln. Auf diese Weise ist die Erinnerung an unsere Wanderung von Insel zu Insel, von einem Ruhepunkt zum anderen so lange wachgehalten worden.

Das gleiche Ereignis wird auch durch die Gruppe der sieben Figuren auf der Osterinsel ins Gedächtnis gerufen, oder man könnte sagen dokumentiert. Es sind sieben zum Zeichen für die sieben Welten, durch die wir gehen müssen. Die Osterinsel ist die einzige der Inseln, über die wir kamen, die nicht nach dem Ende unserer Wanderung vollständig im Ozean versank.

Auf diesen drei Wegen wurden alle Menschen auf diesen Erdteil gebracht, um ihre neuen Siedlungen zu gründen. Es ist der Kontinent, der südlich von uns liegt und jetzt Südamerika heißt. Der höchste Teil dieses Kontinents war nun schon seit vielen Jahren über Wasser.

Aber du mußt noch etwas anderes wissen: Nicht alle Menschen, die Kásskara überlebten, konnten hierherkommen. Wir, der Coyoten-Clan, waren die letzten der Auserwählten, die den sinkenden Kontinent verließen und hierherkamen. Diejenigen, die nach uns aufbrachen, wurden durch die Strömungen nach anderen Ländern getragen, weil sie nicht erwählt waren, nach hier zu kommen. Einige landeten auf Hawaii, einem Teil der Dritten Welt, der nicht untergegangen war. Andere kamen auf die Südpazifischen Inseln und einige sogar auf eine Insel, die heute zu Japan gehört, wie ich erst vor ein paar Jahren erfuhr. Damals besuchte mich ein junger Mann von dieser Insel. Er hatte das »Book of the Hopi« gelesen und sagte mir, daß seine Großmutter ihm genau die gleichen Geschichten von den alten Welten erzählt habe. – Es gab also eine ganze Menge Menschen, die nicht hierherkommen konnten, obwohl sie von gleicher Abstammung waren wie wir und vom gleichen Kontinent Kásskara kamen. Deshalb heißen zum Beispiel auf Hawaii die Wissenden Kahuna; das ist das gleiche Wort wie Kachina.

Das Schicksal der Atlanter
Nicht alle Bewohner von Atlantis gingen zugrunde, als ihr Kontinent versank. Diejenigen, die nicht mitmachen wollten, als ihre Königin Kásskara angriff, wurden gerettet. Als ihr Land unterging, wollten sie natürlich auch auf diesen neuen Kontinent kommen. Doch der Schöpfer hatte uns versprochen, daß wir das neue Land lange Zeit ganz für uns allein haben sollten. Obwohl noch keine Hopi auf diesem neuen Kontinent waren, als Atlantis unterging, konnten also die Atlanter nicht nach Südamerika kommen. Der Schöpfer wollte sie nicht hierhaben. Er schickte seine Kachinas, die diese Menschen nicht nach dem Westen ziehen ließen, denn wenn auch die Überlebenden ihren geistigen Anführern nicht gefolgt waren, blieben sie doch Atlanter.

In früheren Zeiten, als die Dritte Welt gegründet wurde, hatten die Atlanter Kachinas wie wir. Aber die Kachinas gingen fort, als die Atlanter sündig wurden. Nun konnten sie also nur nach dem Osten gehen, in die Gebiete, die wir heute Europa und Afrika nennen. Aber ihre Macht war ihnen genommen worden, sie waren erdgebunden, sie konnten nicht mehr fliegen. Sie konnten nur überleben, indem sie in einzelnen, kleineren Gruppen fortgingen – die einen hierhin, die anderen dorthin. Und jede dieser Gruppen nahm nur einen Teil des gesamten Wissens mit, das sie einmal hatten.

Das ist der Grund, weshalb die Menschen dort drüben keine Erinnerung an ihre Geschichte haben, die mit der unseren vergleichbar wäre. Als sie die Dritte Welt zerstörten, stellte der Schöpfer sie kulturell auf eine sehr niedrige Stufe, soweit sie überlebten. Aber nachdem sie viele Jahrhunderte hindurch bestraft worden waren, begannen sie sich wieder zu entwickeln. Denke an die Kultur der Ägypter. Für uns Hopi liegt sie erst kurze Zeit zurück.

Alles dies gehört auch zur Überlieferung unseres Volkes.

4. Die Vierte Welt – Tóowákachi

Táotoóma, das Land

Dies ist nun der neue Kontinent Tóowákachi, die Vierte Welt. Das Wort bedeutet: »Das schöne Land für alle Menschen.« Wir wissen, daß wir als erste hierherkamen und daß der Schöpfer uns versprochen hatte, wir würden lange Zeit hier für uns allein sein.

Mit dieser Vierten Welt sind wir im Zentrum, in der Mitte der Lebensspanne der Erde und der Menschheit angelangt. Wir sind in der Vierten von im ganzen sieben Welten, durch die wir gehen müssen. Drei haben wir jetzt hinter uns, und drei liegen noch vor uns. Diese Tatsache kommt in den unergründlichen Riten zum Ausdruck, die meine Väter, die Häuptlinge, vollzogen haben, und in den Ruinen, die in Mexiko und Südamerika gefunden wurden. Was die Zeit betrifft, so sind wir schon über die Mitte der sieben Welten hinaus, denn ihre Dauer wird mit jeder neuen Welt kürzer.

Der Teil des neuen Kontinents, der zuerst aus dem Wasser aufstieg, heißt Táotoóma. Das ist eine Abkürzung. Wir gebrauchen oft solche Abkürzungen. In eurer Sprache bedeutet der Name: »Der Ort, den der Arm der Sonne berührt hat.« Wir sagen aber in diesem Fall nicht táowa-tóokoni-ma, das heißt »Sonnen-Arm-Berührung«, sondern wir machen es kürzer und sagen Táotoóma. Gemeint ist der Ort, wo der Arm der Sonne, das heißt der Lichtstrahl, die Erde berührte.

Das war der erste Teil des Landes, der aus dem Meer aufstieg. Wie die Hopi sagen, war dies das neue Land, das die Adler gesichtet hatten. Sie wurden von Kásskara ausgesandt, während es unterging, und flogen sehr hoch hinauf, um dann nur noch auf ihren Flügeln zu segeln. Und sie sahen das neue Land. Das ist ein Grund, weshalb wir Achtung vor dem Adler haben.

Und nun waren wir in diesem neuen Land. Schließlich kam auch die letzte Gruppe an, nachdem sie mit Booten von Insel zu Insel gefahren war. Mit ihrer Ankunft war die Wanderung beendet. Als wir an der Küste dieses Kontinents standen, schauten wir zurück und sahen, daß alle Inseln versanken. Die Kachinas gaben uns das Dritte Auge, und wir sahen alles – das Verschwinden des Mutterlandes und der Inseln.

Ich muß dir noch etwas anderes erklären. Nicht alle Menschen, die in die Vierte Welt kamen und in Táotoóma lebten, waren Hopi. Wir sollten besser sagen, daß unsere Ahnen unter diesen Menschen waren. Von den vielen, die nach Südamerika kamen, wurden nur diejenigen Hopi genannt, die schließlich nach Oraibi gelangten, und sie wurden erst dann Hopi genannt, als sie dort aufgenommen worden waren.

Lange Zeit war seit der Ankunft der ersten Menschen in Táotoóma vergangen, jener Menschen, die auf den Fliegenden Schilden gekommen waren. Einige von uns sagen, daß es etwa 3 000 Jahre dauerte, bis alle wieder beisammen waren, aber in Wirklichkeit waren es noch 1 000 Jahre mehr, also ungefähr 4 000 Jahre. Das geschah natürlich alles vor sehr langer Zeit, denn der Anfang der Wanderung, die Ankunft der ersten Clans auf den Fliegenden Schilden, liegt etwa 80 000 Jahre zurück.

In unserer Sprache haben wir eine einfache Art, über große Zeiträume zu sprechen. Wir sagen: Ein Sóomody bedeutet 1 000 Jahre. Sóo heißt Stern – und du weißt, wie viele Sterne es am Himmel gibt. Wir gebrauchen also die Zahl der Sterne für die Zahl der Jahre. 4 000 Jahre sind daher nur vier Sóomody; das war die Zeit, die es dauerte, bis unser ganzes Volk wieder vereinigt war, und es war vor 80 Sóomody, als diese Wanderung begann.

Diejenigen, die hier ankamen, konnten natürlich nur in dieses eine Gebiet, Táotoóma, gehen, das nicht groß war. Es erstreckt sich nur bis zum Ostabhang jener Bergkette. In dieser Gegend mußten sie alle zusammen leben. Das zeigt, wieso mein Volk *weiß*, daß wir die ersten auf diesem Kontinent waren und die einzigen. Es gibt Stämme hier in Amerika, die viel später kamen, nachdem das Eis im Norden geschmolzen war, von dem ich dir später erzählen werde.

Sehr lange, bevor dies alles geschah, hatte uns der Schöpfer die Planeten gezeigt. Er machte uns dieses große Angebot, nachdem er uns zu den lebenden Geschöpfen geformt hatte, die wir sind. Aber wir versagten, wir hielten uns nicht an die Anweisung, die er uns gegeben hatte, wir achteten nicht sein Gesetz. Das ist der Grund, weshalb dieses kleine Stück Erde unser Teil der Welt sein sollte, wo wir wieder lernen mußten, uns zu beherrschen und miteinander zu leben.

Die Stadt Táotoóma
Als die ersten Menschen auf dem neuen Erdteil gelandet waren, kamen sie nicht gleich an den Ort, wo sie einmal ihre erste Stadt erbauen sollten. In unserer Geschichte heißt es, daß sie erst einmal nach Pflanzen und Wasser suchten und dabei große Fußspuren entdeckten. Sie waren erstaunt, denn sie hatten geglaubt, die ersten zu sein. Sie folgten den Fußspuren eine Zeitlang, und dann sahen sie Massáo. Er saß am Fuß eines Felsens und hatte das Kinn in die Hände gestützt. Er hieß sie willkommen und sagte, er sei der Hüter dieses Landes und habe seit Jahren auf sie gewartet. Er sagte auch, sie seien auf der »Átvila«, dem nach Westen abfallenden Teil des Landes. Unsere Leute erzählten ihm, daß sie viel Unrecht getan hätten und daß sie dieses Land nicht auch noch verderben wollten, und sie baten ihn, ihr Anführer zu werden. Er antwortete, daß er das nicht wolle, aber sie dürften trotzdem gerne hier leben. Er würde zu ihnen kommen, wenn sie wieder Unrecht täten. Da gingen sie weiter und bauten ihre erste Stadt.

Die erste Stadt Táotoóma wurde nicht ganz oben auf dem Gebirge gebaut, sondern weiter unten. Diejenigen haben sie gebaut, die auf den Fliegenden Schilden herübergekommen waren. Sie durften diese Flugkörper benutzen, weil sie die neue Siedlung gründen und für die anderen vorbereiten mußten, die später kamen. Heute ist die Stadt nicht mehr zu sehen, weil sie mit Erde und Wasser bedeckt ist. Wie und warum das geschehen ist, werde ich dir noch erzählen.

Die Stadt Táotoóma war sehr groß, größer als alle Städte, die wir in Kásskara gehabt hatten. Sie hatte fast die Ausdehnung der heutigen Stadt Los Angeles. Du kennst doch die Ruinen von Tiahuanaco, nicht weit vom Titicacasee. Tiahuanaco war ein Teil von Táotoóma.

Aber wie ich schon sagte, Táotoóma war nicht sehr groß für die vielen Menschen, die noch kommen sollten. Und du kannst dir vorstellen, daß das Land noch nicht zur Kultivierung geeignet war, nachdem es eben erst aus dem Meer aufgestiegen war. Doch der Schöpfer hatte befohlen, daß alles für uns bereit sein sollte, und da die Kachinas noch bei uns waren, zeigten sie uns, wie wir frühmorgens unsere Felder bepflanzen und bei Sonnenuntergang schon die Ernte einbringen konnten. Das war viele Jahre lang sehr wichtig für uns, bis das Wasser weniger wurde.

Allmählich wurde das Land größer und größer und größer. Das Wasser ging immer weiter zurück, und mehr Land und neue Inseln kamen zum Vorschein. Unser Volk begann, nach Norden, Süden, Osten und Westen zu ziehen. Wir konnten anfangen, den neuen Kontinent zu erforschen, und benutzten das gleiche Beförderungsmittel dazu, mit dem wir herübergekommen waren, den Fliegenden Schild. Einige von uns waren im Rang so hoch aufgestiegen und standen den Kachinas so nahe, daß sie mit ihnen von Ort zu Ort fliegen durften, um zu sehen, wo in Zukunft neue Siedlungen gegründet werden konnten.

Und dann gab es ganz langsam und allmählich doch wieder Leute, die eigene Vorstellungen davon hatten, wie man dem göttlichen Schöpfer zu gehorchen habe. Sie begannen, vom rechten Weg abzuweichen, den ihre Vorfahren gekannt hatten. Darunter waren hochgestellte Leute, die nach anderen Orten gehen und dort führende Stellungen einnehmen wollten. Sie begannen als erste, die Tawúya zu mißbrauchen; niemand von uns hatte das vorher getan. Die Kachinas versuchten sie davon abzuhalten, ins Weltall zu fliegen. Es soll uns verschlossen bleiben, bis wir unsere Aufgaben in unserer hiesigen Welt erfüllt haben. Aber diese Leute glaubten, sie wären schon so weit.

Der Schöpfer wußte, was vorging, und es dauerte nicht lange, da kam er selbst und sagte: »Ihr habt schon bei der ersten Gelegenheit in diesem neuen Land versagt. Ich muß euch bestrafen.« Und er nahm die Stadt, hob sie in die Höhe, stellte sie auf den Kopf und versenkte sie im Boden. In allen Gebäuden ringsum spürte man den mächtigen Luftzug, der dabei entstand, und der Boden zitterte; es war wie ein Erdbeben.

Für unseren Schöpfer war es eine Enttäuschung, daß wir ihm wieder nicht gehorcht hatten. Bei der ersten Gelegenheit! Und nach allem, was geschehen war, beschloß unser Volk fortzugehen und sich nach verschiedenen Richtungen zu verteilen.

So begann die erste Zerstreuung unseres Volkes auf diesem Kontinent.

Neue Wanderungen

Dies alles geschah in etwa weiteren 4000 Jahren, nachdem unser ganzes Volk in der Vierten Welt vereinigt war. Ich erinnere mich, daß meine Großmutter es mir ungefähr 1914 erzählte.

Der ganze Kontinent, auf dem wir jetzt leben, war inzwischen in seiner jetzigen Gestalt aus dem Wasser aufgetaucht. Das Land konnte bebaut werden. Unser Volk war nach und nach von den Ruinen von Táotoóma, der ersten in der Vierten Welt erbauten Stadt, fortgezogen.

Vor allem gingen diejenigen fort, die ihrem Schöpfer gehorsam geblieben waren. Sie wollten sich von den anderen trennen, um sich ihren wahren Glauben zu erhalten und ihre Aufgaben zu erfüllen. Deshalb sind in ganz Südamerika viele neue Siedlungen gegründet worden.

Sie gingen nicht alle zugleich, sondern nach und nach im Laufe einer langen Zeit. Wieder war für jede Gruppe ein Kachina bestimmt, der sie führte. Die Gruppen – wir nennen sie Clans – mußten sich voneinander trennen, um überleben zu können und auch, um der Lehre des Schöpfers zu folgen; dies gehörte zu seinem göttlichen Plan.

Die Kachinas konnten sich untereinander verständigen, und bei dieser Wanderung halfen sie uns in der gleichen Weise wie vorher: Sie lehrten uns, an einem Tag zu säen und zu ernten, ohne monatelang auf das Reifen der Frucht zu warten.

Bei dieser Wanderung entfernten wir uns weiter und weiter voneinander. Bald waren wir viele Meilen auseinander, doch die Kachinas in ihrer Weisheit konnten von einem Clan zum anderen in Verbindung treten. Sie lehrten uns auch während dieser Zeit – oder wenigstens versuchten sie es –, dem wunderbaren Gesetz, das uns am Anfang gegeben worden war, wieder gehorsam zu sein.

Als wir von der ersten zerstörten Stadt fortwanderten, wurden sogar einige Kachinas für manche Jungen und Mädchen bestimmt, die noch gar nicht geboren waren. Diese Kinder waren dazu ausersehen, die wahre Erinnerung an die vergangenen Ereignisse weiterzutragen. In unserer ganzen Geschichte ist das immer wieder vorgekommen. Das Kind empfängt das Wissen schon im Mutterleib. Manchmal wird es auch schon der Mutter gegeben, damit alle ihre Gedanken vor der Geburt in das Kind eindringen. Deshalb braucht das Kind später nichts mehr zu lernen; es braucht nur an das Wissen erinnert zu werden, das es vor seiner Geburt in sich aufgenommen hat.

Was ich dir hier erzähle, ist nicht in kurzer Zeit geschehen. Viele Jahrhunderte waren seit dem Beginn dieser Wanderung vergangen. Doch die Lehren der Kachinas hielten unsere Überlieferungen wach. Oft gingen die Kachinas mit der Geschwindigkeit des Blitzes zum Schöpfer zurück, um ihm zu sagen, was für Fortschritte wir auf unserer Erde machten. Und wie ich schon erwähnte, waren manche von uns so hoch aufgestiegen und den Kachinas so nahe gekommen, daß sie sie auf ihren Flügen über das Land begleiten durften.

Das Wasser war zurückgegangen, und das Land war nun so trocken geworden, daß wir weiterwandern konnten, bis wir unseren jetzigen Wohnort erreichten. Es war sehr schwer für uns, aber die Kachinas führten uns immer wieder in Gegenden, wo wir eine Weile bleiben konnten. Sie taten das trotz unseres Ungehorsams, weil Kinder zur Welt kamen und weiterhin zur Welt kommen würden. Um ihretwillen erinnerten uns die Kachinas ständig an die Vergangenheit.

Die Wanderungen des Bären-Clans
Da die Clans nun in verschiedenen Richtungen auf der Wanderschaft waren, will ich dir die Geschichte eines einzigen Clans erzählen, und zwar des Bären-Clans, zu dem meine Väter gehörten. Ich wähle ihn auch deshalb, weil er zur Führerschaft in der Vierten Welt ausersehen war.

Ich habe das alles von meinem Vater und seinem Bruder erfahren, die über die Geschichte des Clans und über seine Wanderungen bis zu diesem Teil unserer Hemisphäre deshalb so gründlich Bescheid wußten, weil meine Vorfahren seit unserer Ankunft in der Vierten Welt die Anführer des Bären-Clans und der Hopi waren.

Vorher will ich dir aber etwas erzählen, was ich von der Mutter meiner Mutter weiß. Als wir die große zerstörte Stadt verließen, löschten die Kachinas bei denen, die dort blieben, und allen künftigen Generationen jede Erinnerung an das aus, was geschehen war. Niemand, der später in der Nähe der Ruinen lebte, hatte also eine Ahnung, was sich dort zugetragen hatte. Von denen, die fortgingen, wußten es nur die Hopi.

In der Dritten Welt war der Bären-Clan einer der weniger bedeutenden Clans. Er hatte sich nicht an der Zerstörung der vorhergehenden Welten beteiligt; das beweist, daß er kein mächtiger Clan war. Aber gerade weil er keine böse Vergangenheit hatte, wurde er nach der Ankunft in der Vierten Welt zur Führerschaft erwählt. Der Bären-Clan steht also jetzt höher im Rang als der Feuer-Clan, der die Erste Welt zerstörte, oder der Spinnen-Clan und der Bogen-Clan, die die Zweite und die Dritte Welt zerstörten.

Wegen ihrer hohen Stellung als Anführer der Hopi wurde den Leuten vom Bären-Clan ein Kachina vom höchsten Range zugeordnet. In Wirklichkeit war er gar kein Kachina, sondern eine Gottheit. Er hieß Éototo und sollte bei ihnen bleiben, wohin sie auch gingen.

Als sie in Südamerika unter Éototos Führung nach Norden wanderten, hatten sie es sehr schwer. Die Gegend, durch die sie ziehen mußten, war entsetzlich heiß. Sie kamen aus dem Hochland in die dichtbewaldeten Ebenen und brauchten sehr lange, um die Wälder zu durchqueren. Ihr Atem wurde kurz, und ihre Kinder starben oft nach der Geburt an der Hitze. Das waren schwere Zeiten. Sie wollten nach Bergen suchen, um aus der Hitze herauszukommen und frische, kühle Luft zu atmen, doch die Kachinas machten ihnen Mut zum Weiterwandern und beschützten sie auf ihrem langen Weg durch den Dschungel. An diesen Schutz erinnert heute noch eine Zeremonie, die ich dir später beschreiben werde. Die Kachinas hatten das Land schon weit voraus erforscht und zeigten ihnen den Weg.

Wie ich dir schon sagte, hatte eine ganze Anzahl von Clans die große zerstörte Stadt erst nach unserem Clan verlassen. Sie gingen in verschiedenen Gruppen und wußten schon, was ihnen bevorstand, denn die Kachinas der einzelnen Gruppen standen durch Gedankenübertragung miteinander in Verbindung. Die Entfernungen spielten also für sie keine Rolle, wenn sie miteinander sprechen oder sich sehen wollten. Daher wußten die Kachinas, wie die einzelnen Gruppen auf ihrem Weg durch den Dschungel vorwärtskamen.

Es dauerte sehr lange, bis die heiße Zone hinter ihnen lag. Endlich merkten sie, daß es soweit war: Sie fingen an, leichter zu atmen, und ihre Kinder starben nicht mehr an der Hitze und der feuchten Luft. Dadurch wurde unser Volk zahlreicher. Sie wanderten weiter nordwärts und fanden Seen und Flüsse, zu denen ihnen ihre Gottheit Éototo den Weg zeigte.

Nach vielen Jahren kamen sie an eine Wand aus Eis und konnten nicht weiter nach Norden gehen. Das war nicht viel nördlicher als die heutige kanadische Grenze. Éototo sagte ihnen, dies sei eine Tür, die später geöffnet werden würde – für andere, die von dorther kommen und nach Süden wandern würden. – Nun konnten sie umkehren und nach wohnlicheren Gegenden suchen. Aber ihre Reise war noch nicht zu Ende. Zuerst mußten sie in Richtung der aufgehenden Sonne durch Gebiete wandern, von denen das Wasser noch nicht sehr lange abgeflossen war. Eines Tages konnten sie nicht mehr weiter, denn vor ihnen war alles Wasser. Ihre Gottheit sagte ihnen, dies sei Paásso, das Ende der Reise nach Osten. Das war natürlich wichtig. Paáhu heißt »Wasser«, und sóota bedeutet »das Ende«.

»Nun müßt ihr umkehren«, sagte Éototo, »und in der entgegengesetzten Richtung auf die untergehende Sonne zuwandern.« Sie gehorchten und gingen westwärts. Nach vielen Jahren hatten sie wieder Wasser vor sich, und wieder sagte ihnen die Gottheit, dies sei Paásso. Die Hopi setzten ihre Köpfe den heranrollenden Wellen des Ozeans aus und ließen sich von ihnen die Haare waschen. Sie taten das, um sich zu reinigen, damit sie nicht wieder durch Wasser vernichtet würden. Sie hatten ihre Haare im Osten gewaschen und wuschen sie im Westen noch einmal.

Und dann sagte Éototo: »Ihr habt nun eure Wanderung vollendet. Jetzt könnt ihr wählen, wo ihr wohnen möchtet.« Aber der Clan wußte noch nicht recht, wo er sich niederlassen sollte. Es wurden Wanderungen in verschiedene Gegenden gemacht, und nachdem sie viele Teile des Landes kennengelernt hatten, errichteten sie ihr ständiges Dorf hier in dieser Gegend, wo die Hopi seitdem immer gelebt haben.

»Die Alten, die vom Himmel kamen«
Ich sagte schon, daß ich dir eine Zeremonie beschreiben will, die uns an unsere Zeit im Dschungel erinnert. Sie bringt zum Ausdruck, daß den Menschen der Weg gezeigt werden mußte und daß sie Schutz vor den wilden Tieren brauchten. Ich habe diese Zeremonie selber gesehen. Sie wird alle vier oder acht Jahre zur Zeit der Shaátlako, der Hohen Kachinas, gefeiert und ist sehr ungewöhnlich, weil nicht getanzt, sondern nur marschiert wird.

In der Zeremonie wird eine marschierende Gruppe von vier Kachinas begleitet: einer geht als Anführer voraus, einer geht hinter ihnen, und einer geht auf jeder Seite. Bevor ich dir erkläre, was das zu bedeuten hat, will ich dir die wichtigsten Kachinas beschreiben, die vor und hinter der Gruppe gehen. Sie stehen sehr hoch im Rang, das heißt, sie sind Gottheiten und werden Sólawúchim genannt. Sóo heißt »Stern«, wie ich dir schon sagte, la heißt »etwas enthalten«, und wuchim bedeutet, daß sie auserwählt sind. Ihr Name kann also übersetzt werden mit »Die Sterne, die das geheime Wissen besitzen«.

Beide Sólawúchim haben in der linken Hand einen Bogen (Abb. 8 und 9) und über der Schulter einen Köcher aus Jaguarfell zum Zeichen ihrer Macht und Stärke. Die schwarze Linie quer über das Gesicht, die die Augen verdeckt, kennzeichnet sie als Träger des geheimen Wissens ihrer Heimat. Der große schwarzweiße Halsschmuck zeigt ihre Kenntnis der Himmelskörper. Die blaue Farbe ihrer Mokassins bedeutet, daß sie Wissende von weit jenseits der Sterne sind. Wichtig ist auch ein gewebter Beinschmuck, Ruokenapna genannt, der sie als Kachinas von hohem Rang kennzeichnet.

In der rechten Hand hält jeder ein Instrument, das aus den Hüftknochen kleiner Tiere hergestellt ist und beim Auf- und Abschwingen ein rasselndes Geräusch macht. Derjenige, der das Jaguarfell trägt, ist der Anführer. Die Gottheit mit dem »Horn« auf der rechten Kopfseite geht hinter der Gruppe und ist der zweite Befehlshaber. Das blaue Rautenmuster auf dem »Horn« veranschaulicht die elektrische oder magnetische Kraft, die seine Heimatplaneten miteinander verbindet.

Seitlich von der Gruppe gehen Kachinas von geringerem Rang. Sie haben nur Pfeil und Bogen und einen langen Stock, aber nicht die Rasseln.

Es ist sehr wichtig, daß die Gottheiten und Kachinas zum Bogen-Clan gehören, denn damit wird bewiesen, daß der Bogen-Clan die gleichen Erlebnisse hatte wie der Bären-Clan.

Wenn ich dir jetzt sage, was die Zeremonie bedeutet, mußt du wissen, daß ich die Geschichte zum ersten Mal vor vielen, vielen Jahren von Qöch-hongva[5] vom Sonnen-Clan gehört habe, der sie von seinem Vater wußte. Ein Jahr später erfuhr ich, daß diese Sólawúchim zum Bogen-Clan gehören; Qöch-hongva hatte mir das nicht gesagt. Ich setzte mich also mit Tewáletsíwa[6] vom Bogen-Clan in Alt-Oraibi in Verbindung, der als letzter seines Clans darüber Bescheid wußte. In seiner Erzählung kommen die gleichen grundlegenden Ereignisse vor wie in der Überlieferung des Bären-Clans, von der ich gesprochen habe, und auch in den Erzählungen meiner Großmutter. Das bedeutet, daß alle diese Clans, der Bogen-Clan, der Bären-Clan, der Sonnen-Clan und der Coyoten-Clan, in dieser Hinsicht die gleichen Überlieferungen haben. Der Unterschied ist nur, daß die Geschichte des Bogen-Clans am vollständigsten ist, und das ist ganz natürlich, weil nur dieser Clan die Zeremonie der »Alten, die vom Himmel kamen« feiert.

Und nun die Geschichte: Der Bogen-Clan begann seine Wanderung nach Norden durch den Dschungel von einer Stadt aus, die Nebel-Stadt genannt wird, weil es dort oft Nebel gab. Das Hopi-Wort für diese Stadt ist Pamísky. Sie lag hoch oben im Gebirge, aber Tewáletsíwa sagte, er wisse nicht, in welcher Gegend von Südamerika das gewesen sei. Doch er fügte hinzu: »Wenn ich sie sehen könnte, würde ich leicht die Stelle wiedererkennen, wo die Nebel-Stadt lag.« Tewáletsíwa wußte auch über Táotoóma Bescheid.

Die Kachinas hatten dem Clan gesagt, daß er in den Dschungel gehen müsse, und von der Nebel-Stadt aus machten sie sich auf den Weg hinunter ins Tiefland. Ich nehme also an, daß die Stadt irgendwo in Ecuador gelegen haben könnte.

Als der Bogen-Clan bereit war, auf die Wanderschaft zu gehen, kamen die Kachinas, um ihnen durch den Dschungel zu helfen. Sie zeigten ihnen den Weg und beschützten sie auf ihrem Marsch. Schutz brauchten sie vor allem wegen der Kinder. Es kam nämlich keines von denen durch, die vom Hochland gekommen waren, sondern nur diejenigen, die während der Zeit im Tiefland geboren wurden.

Während des Tages führten und beschützten die Kachinas die Menschen so, wie es in der Zeremonie gezeigt wird. Die Gottheiten rasselten mit ihren Instrumenten, und die anderen Kachinas stießen ihre Stöcke auf den Boden. Dadurch verscheuchten sie die wilden Tiere. Erst heute verwendet man Tierknochen für die Rasseln; sie ersetzen die Muscheln, die man früher hatte. Übrigens wird auch heute kein Jaguarfell mehr verwendet, sondern der Anführer trägt bei unserer Zeremonie ein Rehleder. Tewáletsíwa meinte, von den Muschelinstrumenten seien auch magnetische Wellen ausgegangen. Er sprach sehr ernsthaft von den Wellen und dem Geräusch der Muscheln.

Wenn der Clan nachts ausruhte, erhoben sich die Kachinas wie Sterne über dem Dschungel und schützten die Menschen mit ihrem Licht vor den wilden Tieren.

Ich möchte hinzufügen, daß die Bogen der Kachinas nur dem Schutz dienten. Die Hopi töteten keine Tiere, um sich zu ernähren. In Táotoóma hatten die Kachinas sie dazu angehalten, weniger vom Fleisch der Tiere als von pflanzlicher Nahrung zu leben, weil das besser für den hohen Stand ihres geistigen Wissens war.

Die Kachinas blieben bei den Leuten vom Bogen-Clan, bis sie in Palátquapi ankamen.

Die Zeremonie ist wichtig, denn sie belehrt die Hopi über den Kampf, den sie damals im Dschungel zu bestehen hatten.

Palátquapi
Als die Clans lange vor der Gründung Oraibis durch den Bären-Clan noch auf der Wanderschaft durch Süd- und Mittelamerika waren, wollten sich manche von ihnen wieder vereinigen. Sie erinnerten sich an das Unglück in Südamerika zur Zeit der Zerstörung ihrer ersten Stadt und wollten wieder zusammen und in Harmonie mit dem Großen Geist Táiowa leben. Sie hatten ihm nicht gehorcht und waren zersplittert und in alle Richtungen versprengt. Unter dem Einfluß der Kachinas waren sie nun entschlossen, auf den rechten Weg zurückzukehren. Diejenigen Anführer, die noch mit ihrem Dritten Auge[7] sehen konnten, brachten die Clans zusammen, um ein kulturelles Zentrum vom höchsten Stand des geistigen Wissens zu gründen.

Jeder Hopi erinnert sich an diese Gegend. Ich glaube, kein einziger Hopi könnte jemals die Stadt vergessen, die dort gebaut wurde und den Namen Palátquapi trug. In unserer Sprache heißt das »Rote Stadt«. Nach Aussage meiner Großmutter war Palátquapi die erste große Stadt im mittleren Teil der westlichen Hemisphäre.

Die Gruppen, die nicht in dieses Zentrum kamen, sanken während der gleichen Zeit immer tiefer; sie begannen, die Sonne als ihren Gott zu verehren, und sind dabei geblieben. Ich möchte noch hinzufügen, daß der Bären-Clan schon lange vorher durch diese Gegend gekommen war. Er war jedoch weiter nach Nordamerika gezogen, um dieses Land für uns zu gewinnen.

Man hat die Stelle wiedergefunden, wo diese Stadt gestanden hat. Sie heißt jetzt Palénque und liegt in dem mexikanischen Staat Chiápa. Es war eine große Gemeinde. Sie wurde nicht mit Sklavenarbeit erbaut; es kostete gar keine Mühe, sie zu bauen. Die Grundlage aller Arbeit lag im Geistigen. Was auch immer für diese Gemeinde getan wurde, geschah aus geistigen Gründen. Die Menschen hatten das Unglück erlebt, das ihrer ersten Stadt geschehen war, und wollten sich selbst beweisen, daß sie es diesmal besser machen würden. Es war, als wollten sie sich reinwaschen. So wurde diese neue Stadt erbaut, und das war der Grund, weshalb sich alle Männer von hohem Rang dort zusammenfanden. Außerdem wurden die Verbindungen und die Verständigungsmöglichkeiten mit den Kachinas wiederaufgenommen und erneuert.

Die Große Schule der Gelehrsamkeit
In Palátquapi gab es ein Gebäude, das mit besonderer Hingabe gebaut wurde. Es war das wichtigste Gebäude, denn es sollte dem Lernen dienen. Mein Vater erzählte mir schon davon, als ich noch nicht zur Schule ging. Er erzählte mir von den vier Stockwerken des Gebäudes und seiner Benutzung.

Im Erdgeschoß lernten die jungen Leute die Geschichte ihrer Clans und der früheren Welt kennen. Das war mehr oder weniger das gleiche, was man ihnen schon immer beigebracht hatte. Die oberen Stockwerke waren die wichtigen; laß dir von ihnen erzählen.

Im zweiten Stockwerk wurden die Schüler über den Plan des Lebens belehrt. Sie erfuhren alles über die Natur, die uns umgibt. Sie lernten die Pflanzen und Tiere durch den Unterricht und aus eigener Anschauung kennen – wie die Blumen wachsen, woher die Insekten, die Vögel und die anderen Tiere kommen und alles, was im Meer lebt, wie sie heranwachsen und sich zu ihren verschiedenen Arten entwickeln. Hier wurden die Schüler auch dazu angehalten, ihr Drittes Auge zu öffnen und zu benutzen.

Sie lernten auch die chemischen Stoffe kennen, auf denen unser Leben beruht. Der Körper ist aus Elementen zusammengesetzt, die aus der Erde stammen. Wenn wir den Gesetzen nicht gehorchen und die Erde mißhandeln, müssen wir deshalb nicht nur seelisch, sondern auch körperlich leiden. Die Krankheiten, die den

menschlichen Körper heimsuchen, haben die Menschen selbst verschuldet – die übelgesinnten, die wir heute falsch und doppelzüngig nennen. Das setzte sich fort von Welt zu Welt und ist auch heute noch so. Es wird so bleiben, bis der Schöpfer selbst es ändert, aber das wird erst in der Neunten Welt geschehen.
Neben dem Studium erzeugten die Schüler auch die Lebensmittel für die Gemeinde. Man ernährte sich also auf die reinste Art, die es geben kann, und fügte zur körperlichen Nahrung die geistige hinzu.

Auf diese Weise entstand in den jungen Menschen eine große Hochachtung vor allem, was sie umgab. Sie erfuhren, daß es der Ordnung des Schöpfers entsprach, wenn sie Pflanzen und Tiere zur Ernährung ihres Körpers und zum Bau ihrer Wohnungen verwendeten. Es war ihnen erlaubt, das zu tun. Aber vorher mußten sie beten, um das, was sie für sich nahmen, als Geschenk anzuerkennen, und das taten sie. So zerstörten sie nicht, sie nahmen Geschenke entgegen, und das Leben, das sie umgab, blieb so, wie sie es empfingen. Auch heute noch wird jeder geistige gebildete Hopi beten und danken. Das ist sehr wichtig, und unser Volk sollte es auch weiterhin tun.

Diese zweite Stufe war also der eigentliche Anfang ihres Studiums, und sie trugen dieses Wissen mit sich durch ihr ganzes Leben.

Im dritten Stockwerk des Gebäudes waren Männer, die die ersten beiden Stufen des Lernens durchlaufen hatten. Dort waren sie etwa zwölf bis 20 Jahre alt gewesen. Bevor sie die dritte Stufe erreichten, hatten sie also verschiedene Menschen, Gesinnungen und Gedanken kennengelernt. Sie waren alt genug, um Beobachtungen und Erfahrungen gemacht zu haben. Nun mußten sie den menschlichen Körper und Geist und unsere Verbindung mit dem göttlichen Ursprung kennenlernen.

Zuerst beschäftigten sie sich mit dem Kopf. Der Schöpfer hat uns ein wunderbares Instrument des Wissens gegeben, das Gehirn. Dort wirkt unser Denken und Sinnen zusammen mit dem körperlichen Teil des menschlichen Wesens. Sie studierten auch die Struktur des Geistes und das Wirken des Schöpfers auf die

Menschheit und auf alles, was in diesem Weltall lebt. Wer das gründlich in sich aufgenommen hat, kennt keine Sprachschranken mehr. Er kann sich mit allen Pflanzen, mit allen Tieren, mit jedem Geschöpf dieser ganzen Welt verständigen.

Das war der eine Teil dessen, was sie in der dritten Stufe lernen mußten: diesen wunderbaren Geist in Einklang zu bringen mit Gott, wie ihr ihn nennt, oder mit dem Schöpfer, wie er in unserem Volk heißt.

Der zweite wichtige Punkt war die Stimme. Die Schallwellen, die wir erzeugen, sind nicht nur auf diejenigen beschränkt, die uns zuhören, sondern erreichen das gesamte Universum. Deshalb sollten sie harmonisch sein, und wenn sie es sind, preisen wir damit unseren Schöpfer. Aus diesem Grund singt der Hopi in seinen Zeremonien Loblieder auf die Natur, die um uns ist, und auf alle Elemente. Das geschieht in Verehrung der großen Macht des göttlichen Wesens.

Alles, was wir sagen, wird ständig aufgezeichnet, doch was ein Mensch während seines ganzen Lebens spricht, nimmt weniger Raum ein als ein kleiner Stecknadelkopf. Siehst du, wie rückständig, wie altmodisch dein Tonbandgerät hier auf dem Tisch ist? Alle Stimmen, alles, was jemals in der Dritten Welt gesprochen wurde, ist in einer Höhle in Südamerika aufbewahrt. Meine Großmutter hat mir einmal davon erzählt. Sie sagte aber auch, daß niemand mehr weiß, wo diese Höhle liegt.

Dann kam die Belehrung über alles, was mit dem Herzen zu tun hat. Es ist der Sitz unserer Gedanken über andere Menschen; hier finden wir Verständnis und Mitleid, die so wichtig sind.

Die andere wesentliche Seite unseres Herzens ist seine Verbindung mit dem Blut, das unseren Körper erhält. Und weil das Blut von so großer Bedeutung ist, darf der Mensch niemals damit experimentieren. Der Schöpfer hat den Mißbrauch des Blutes verboten[8]. Die große Gefahr dieses Mißbrauchs liegt noch in der Zukunft, so wurde uns gesagt.

Nun kommen wir zum obersten Stockwerk des Gebäudes. Auf dieser Stufe studiert man das Universum, das um uns ist, die Schöpfung und die göttliche Macht.

Die Lernenden wurden über alle Einzelheiten unseres Planetensystems unterrichtet, nicht nur über das, was man sehen kann, sondern auch über seine Ordnung. Sie wußten, und deshalb wissen nun auch wir, daß auf dem Mond feiner Sand liegt, daß die Erde rund ist, daß es kein Leben auf der Venus, dem Mars oder dem Jupiter gibt. Das sind alles tote Planeten, auf denen der Mensch nicht leben kann. Hätten eure Wissenschaftler uns gefragt, hätten wir ihnen sagen können, daß sie feinen Sand auf dem Mond finden würden.

Wir lernten auch, daß es einen allumfassenden Plan des Schöpfers gibt, dem der Mensch zu folgen hat. Wenn er diesen Plan verletzt, ist er nicht mehr das Kind der göttlichen Macht und muß bestraft werden. Das Gebot des Schöpfers klingt sehr einfach und ist doch schwer zu befolgen: Alles, was einem Menschen Schaden zufügt, was den Frieden der Menschheit stört, verstößt gegen das Gesetz. Daraus folgt, daß das schwerste Verbrechen, das man begehen kann, die Vernichtung eines Menschenlebens ist. Es gibt nichts Schlimmeres.

Dann wurden wir über die Achte Welt unterrichtet. Diese Welt ist vorhanden, obwohl niemand weiß, wo sie liegt. Alle Menschen, die sterben, gehen dorthin. Sie besteht aus zwei Planeten, einem für die guten und einem für die bösen Menschen. Wenn die Siebente Welt endet, kommen alle guten Menschen aus der Siebenten und Achten Welt in die Neunte Welt. Die Neunte Welt gibt es also noch nicht; sie wird erst dann errichtet werden, und zwar hier auf unserer Erde. Diese Neunte Welt wird niemals enden, sie wird ewig sein. Die bösen Menschen bleiben für immer auf ihrem Planeten in Blindheit und Finsternis.

In der Neunten Welt wird es keine Rassenunterschiede geben. Du wirst meine Hautfarbe annehmen oder ich die deine, wir wissen es nicht, aber es wird keine verschiedenen Rassen mehr geben. Wir werden zu arbeiten haben, und alles wird wunderschön sein. Aber das, wovon ihr Christen redet – Engel und all die Leute, die auf der Harfe spielen –, wird es nicht geben. Unser Schöpfer ist kein Faulenzer.

Soweit über das Lehren und Lernen. Das Gebäude selbst, mit

seinem stufenförmigen Aufbau vom Boden bis zum obersten Geschoß, versinnbildlichte für unser Volk das zunehmende Wissen, den Aufstieg zu höheren Stufen des Geistes, das wachsende Verständnis für die Wunder unserer Welt. Nach unserer Überlieferung gab es ein solches Gebäude auch in Táotoóma.

Den Unterricht erteilten die Kachinas. Der Schöpfer erfuhr von unseren Fortschritten, da er mit ihnen durch Gedankenübertragung in Verbindung stand. Die Entscheidung, wer diese Schule der Gelehrsamkeit besuchen soll, wird ebenfalls von den Kachinas getroffen, denn sie sind diejenigen, die die Kinder vor ihrer Geburt für dieses Leben des Lernens, der Hingabe und Aufopferung bestimmen. Deshalb können auch nur die Kachinas und nicht die Menschen beurteilen, wer von einer Stufe zur nächsten aufsteigen soll und wer schließlich die letzte Stufe dieser Großen Schule des Lebens erreicht. Einige versagen frühzeitig und kommen nicht auf die nächste Stufe, andere scheiden später aus. Nur wenige erreichen das höchste Ziel. Ihr körperliches und geistiges Leben ist in Harmonie mit dem göttlichen Schöpfer; ich würde sie deshalb »Große Heilige Männer« nennen.

In diesem Zusammenhang muß ich dir von einem Mann erzählen, den ich das Glück hatte zu kennen. Sein Name war Áapa. Er gehörte zum Clan meines Großvaters, dem Dachs-Clan, und war einer der großen Seher unserer Zeit. Solche Seher werden manchmal Medizinmänner genannt, selbst von unseren Leuten, aber das sind sie eigentlich nicht. Die Erlebnisse, die ich mit ihm hatte, und die Dinge, die er ausführte, waren für mich wirklich geheimnisvoll. Oft gebrauchte er sein Drittes Auge. Einmal sagte er, wir könnten von dieser Seite der Welt, dem körperlichen Leben, zur anderen, der geistigen Seite, hinüberwechseln. Die Grenze zwischen beiden sei kaum wahrnehmbar. Jeder, der mit seinem Dritten Auge sieht, könne sie durchdringen.

Áapa zeigte uns auch, wie man mit Hilfe des Mondes (siehe Abb. 10) die andere Seite der Erde sehen kann. Er hat uns viele Dinge gezeigt und gelehrt, die du nicht glauben kannst, wenn du sie nicht selber siehst. Er tat das in Gegenwart meiner Eltern, und als ältester Sohn durfte ich dabeisein. Ich könnte dir mehr von ihm erzählen, aber für jemanden, der nicht selbst Erlebnisse dieser Art hatte, wäre es zu schwer zu glauben oder zu verstehen.

Er sagte uns, daß aus diesem vierten Stockwerk des Gebäudes dieses Wissen zu den Menschen gekommen war und daß er sein ganzes Wissen von seinen Ahnen erhalten habe.

Die Männer, die ihre ganze Zeit dieser wichtigen Aufgabe widmen, wandern natürlich auf einem schmalen Pfad. Auf diesem Weg sind sie vielen Gefahren und Versuchungen ausgesetzt, die an uns Menschen herantreten. Aber es hat immer Männer gegeben, die dieses hohe Ziel erreichten. Heute nennt man einen solchen Mann Náquala; das bedeutet »Förderer« oder »Ratgeber« und verweist auf Verzicht und Einschränkung seines Lebens und auf seine Pflichten als Lehrer seines Volkes. Ein solcher Mann darf sich nichts in den Sinn kommen lassen, was ihn vom Weg der Wahrheit abbringen könnte.

Denjenigen, die dieses Ziel voll erreicht hatten, erwiesen die Kachinas die Gnade, nicht sterben zu müssen; sie konnten diese Erde verlassen, ohne tot zu sein. So etwas ist auch schon in der Stadt Táotoóma geschehen. Diese Menschen verließen uns tatsächlich in körperlicher Gestalt und gingen in das Planetensystem ein, das wir nicht kennen.

Die Kachinas ermutigten uns, viel zu lernen und zum höchsten Rang aufzusteigen. Sie erinnerten uns immer wieder, daß unser Leben vor uns lag und daß wir viel erreichen konnten, wenn wir uns das bewahrten, was wir in der Großen Schule gelernt hatten. Sie sagten uns, irgendwann in der Zukunft werde es wieder Unheil geben und was wir tun müßten, um in der Nähe der göttlichen Macht zu bleiben.

Verfall und Unglück
Jahrhundertelang blieben die Menschen von Palátquapi auf dem rechten Weg. Überall herrschte Harmonie. Im Laufe der Zeit begannen einige der Clans, abzuwandern. Je weiter sich die neuen Siedlungen ausbreiteten, desto weniger Verbindung hatten sie mit unseren Lehrern, den Kachinas. Die Männer, die die höchste Stufe unserer Großen Schule erreicht hatten, wurden als Abge-

sandte in die verschiedenen neu gegründeten Gemeinden geschickt. Diese Männer gebrauchten ihr Drittes Auge, um junge Leute auszusuchen, an die sie ihr Wissen weitergeben konnten. Aber schließlich verloren viele Siedlungen doch den Anschluß an diejenigen, die uns den Weg wiesen, und so gerieten sie auf die falsche Bahn. Innerhalb der Clans und zwischen ihnen entstanden Streitigkeiten, die dazu führten, daß Clans sich teilten und noch mehr Menschen von Palátquapi fortgingen. Sie zogen nach Mittelamerika und Yukatan. Dort und auf den Inseln vor Yukatan bauten sie Städte, in denen ebenfalls große Kulturen entstanden.

Dann war es wieder soweit, daß selbst geistige Anführer auf die Seite der Sünder gingen; damit meine ich, daß auch sie vom rechten Weg abgewichen waren. Und die Zeit kam, da unser Volk aufs neue getrennt wurde.

Die wichtigsten Clans, die Palátquapi verlassen hatten, waren der Schlangen-Clan und der Bogen-Clan. Doch von beiden Clans blieben Teile in der Stadt zurück, und zwar diejenigen, die noch den Gesetzen des Schöpfers gehorchten. Ich muß dir den Aufbau unserer Clans erklären, damit du verstehst, wie sich solche Trennungen auswirkten.

Zum Vergleich stelle dir zwei Brüder vor, die natürlich beide den gleichen Familiennamen tragen. Wenn nun einer von ihnen fortzieht, gibt es den Familiennamen einmal in der Stadt und einmal außerhalb. Wie das bei unseren Clans war, will ich dir am Beispiel des Schlangen-Clans zeigen.

Wie die anderen Clans besteht der Schlangen-Clan aus verschiedenen Gruppen. In diesem Fall sind es sechs ebenfalls als Clans bezeichnete Gruppen, weil wir eine sechsköpfige Schlange haben. Die höchste Gruppe ist der Káatoóya-Clan. Káatoóya ist die Schlange, die nach Westen weist, das ist die Richtung des Sonnenuntergangs, des Todes. Sie ist die ranghöchste Schlange, die nach der Überlieferung des Schlangen-Clans das Urteil über uns spricht, wenn wir die Erde verlassen. Nebenbei gesagt, hier kannst du sehen, wie wir Symbole gebrauchen und von Symbolen sprechen, und viele Leute denken, wir hätten nichts anderes. Das ist nicht wahr, denn wir wissen, was hinter den Symbolen steht. In diesem Fall ist Káatoóya natürlich die höchste Gottheit des Schlangen-Clans, aber wir sprechen von ihr wie von einer Schlange.

Auch für die anderen fünf Richtungen gibt es jeweils eine Schlange und einen Clan. Einige dieser Schlangen-Clans waren ihrer Gottheit Káatoóya in Palátquapi ungehorsam und gingen fort. Doch drei Clans – West, Ost und Nord – blieben bei ihrer Gottheit. Deshalb können wir einmal sagen, daß der Schlangen-Clan die Stadt verließ, und ein anderes Mal, daß der Clan in der Stadt war. Siehst du nun, daß das kein Widerspruch ist? Im Fall des Schlangen-Clans war es sogar so, daß diejenigen, die fortzogen, später Krieg gegen ihre eigene höchste Gottheit führten.

Wie ich schon sagte, die Clans, die von Palátquapi fortgingen, bauten viele Städte. Die Ruinen einiger von ihnen sind jetzt gefunden worden, aber es werden in Zukunft noch weitere entdeckt werden und damit neue Beweise für unsere Überlieferung. Die Hauptstadt des Bogen-Clans war das große Zentrum Tikal. Dort ist eine Steinskulptur eines Kopfes mit einer Schlange im Mund gefunden worden. Das war die Gottheit Saáviki. Später werde ich dir darüber eine Geschichte erzählen (siehe S. 60).

Yukatan wurde größtenteils durch den sehr mächtigen Schlangen-Clan besiedelt. Auch dort wurden viele Städte gebaut, und auf vielen Felsen findet sich die gefiederte Schlange. Die Hauptstadt war Chichen Itza.

Die Anführer dieser Clans waren von Palátquapi fortgegangen, weil sie selbst herrschen wollten, und bald fühlten sie sich ebenso mächtig wie diejenigen in Palátquapi. Sie hatten den rechten Pfad verlassen und eigene Wege eingeschlagen.

Bis zu dieser Zeit und in der Anfangsphase der Trennungen und Abwanderungen war Palátquapi das eigentliche Zentrum, so daß ich die neuen Städte in Yukatan und Mittelamerika als Nebenstädte bezeichnen würde. Aber die Abwanderung schwächte die Macht von Palátquapi, und seine Anführer sahen, daß es zum Krieg kommen würde.

Zur gleichen Zeit gab es viele Clans, die an ihrem Glauben festhielten. Die meisten von ihnen waren in Palátquapi geblieben, doch einige waren auch unter den abgewanderten Clans. Diese konnten auf dem rechten Wege bleiben, weil sie in den ganz alten Zeiten nicht an der Zerstörung der früheren Welten teilgenommen hatten; sie waren die Auserwählten.

Als die hohen Eingeweihten, die das Ziel der vierten Stufe erreicht hatten, die Gefahr sahen, gingen sie in die anderen Städte und machten den Versuch einer Wiedervereinigung, doch sie hatten keine Macht mehr über sie.

Es gab viele kriegerische Auseinandersetzungen in der ganzen Gegend. Der Schlangen-Clan und der Bogen-Clan – diejenigen Teile der Clans, die von Palátquapi fortgegangen waren – lieferten sich viele Kämpfe. Diese Kriege führten schließlich zu einem völligen Niedergang der Städte. Die ständigen Verletzungen der göttlichen Gesetze bewirkten eine solche Verderbnis und Zerrüttung in der ganzen Gegend, daß die Menschen dort einfach nicht mehr bleiben mochten. Alles war beeinträchtigt, sie konnten ihre religiösen Pflichten nicht mehr im wahren und rechten Geist erfüllen. Es blieb ihnen nichts anderes übrig, als ihre Städte zu verlassen und wieder auf die Wanderschaft zu gehen. Einige dieser Clans ließen sich nach langer Zeit schließlich hier in Shingópovi und später in Oraibi und dann in Hotevilla nieder. Aus diesem Grund findet in Hotevilla immer noch jedes Jahr im Februar die Zeremonie der Gefiederten Schlange statt.

Während dieser schlimmen Zeit in Palátquipa und auf Yukatan geschah es, daß die Kachinas uns verließen. Seitdem sind sie nicht mehr bei uns, und wir können sie uns nur noch zum Vorbild nehmen. Als sie fortgingen, sagten sie zu uns: »Von nun an seid ihr auf euch selber angewiesen.«

Vielleicht hast du dich gefragt, warum dieses ganze Unglück in Yukatan und Palátquapi geschehen konnte, obwohl die Kachinas bei uns waren. Laß dir sagen, daß jedesmal, wenn so etwas geschah, es nicht von den Kachinas, sondern von Menschen geplant war. Die Kachinas warnten sie, doch die meisten wollten erobern, Krieg führen. Sie hörten nicht auf die Ermahnungen und verletzten weiter die Gesetze des Schöpfers. Darum sind viele Clans und Völker vernichtet worden. Wenn die Clans tatsächlich Krieg führten, hielten die Kachinas sich heraus. Sie wollten sich nicht einmischen, denn die Erde gehört dem Menschen, er trägt die Verantwortung und bestimmt sein Handeln. Was geschah, taten die Menschen von sich aus. Sie werden die Folgen tragen müssen, aber der Tag der Abrechnung ist noch nicht gekommen. Erst heute, in unserer Epoche, nähert sich die Menschheit der Zeit der Bestrafung.

*

Es gibt verschiedene Legenden über die Kämpfe in dieser Zeit der Unruhe und des Niedergangs. Zwei will ich dir hier wiedergeben, die Geschichte von Háhäwooti und die vom Kampf zwischem dem Bogen-Clan und dem Schlangen-Clan. Die Geschichte von Háhäwooti ereignete sich während des letzten Versuchs, Palátquapi zu erobern, und der Kampf des Bogen-Clans war einer von vielen, der in Yukatan ausgetragen wurde.

Háhäwooti
Eine Gruppe von Clans wanderte nordwärts in Richtung zur Eisgrenze. Als sie dort ankamen, gab es Meinungsverschiedenheiten unter den Anführern. Einige Clans blieben beim wahren Glauben, während andere davon abwichen; die letzteren beschlossen, nicht mehr weiterzuwandern, sondern nach Palátquapi zurückzukehren.

Die Clans, die aus dem Norden zurückkamen, hatten ihre eigenen Ideen und Lehren entwickelt. Als sie schließlich nach Palátquapi kamen, sahen sie die blühende Stadt und die Menschen, die immer noch den schönen alten Lehren folgten, und sie wurden neidisch. Die Menschen von Palátquapi und die Neuankömmlinge konnten wegen ihres unterschiedlichen Glaubens nicht zusammen leben, und so gründeten die letzteren eine eigene Siedlung nicht weit von der Stadt. Sie gehörten zu einem sehr mächtigen Clan, dem Feuer-Clan. Das war der Clan, der in der Ersten Welt die Herrschaft geführt und ihre Zerstörung verursacht hatte. Neid und Eifersucht brachten den Feuer-Clan schließlich dazu, Palátquapi anzugreifen. Unsere Erinnerung an diesen Kampf wird durch einige unserer Zeremonien lebendig gehalten, in denen die Helden dieser Auseinandersetzung auftreten.

Einer der Clans, die in Palátquapi geblieben waren und ihre Wanderung nicht fortgesetzt hatten, war der Aása-Clan. »Aása« ist in meiner Sprache der Senfsamen, der im Winter in der Anfangszeit hier in Oraibi zu unserer Nahrung gehörte. Der Name des Clans wurde später in Ástak-Clan umgewandelt, doch zu jener Zeit war er noch der Aása-Clan. Die Menschen dieses Clans gehorchten ihren Anführern und blieben den Lehren der Kachinas treu.

Unter ihnen war eine Familie mit drei Kindern, einem Mädchen und seinen beiden Brüdern, die wichtige Rollen in diesem großen Ereignis unserer Stammesgeschichte spielen sollten. Das Mädchen hieß Háhäwooti. Sie war sehr eigensinnig und hörte kaum auf ihre Eltern. Hierin zeigte sie genau die Eigenschaften, die zum Niedergang der Stadt und Gegend führten. Aber sie war kräftig, und obwohl sie die Jüngste war, scheute sie die Männerarbeit nicht, wenn ihre Brüder nicht da waren. Der älteste Bruder hieß Cháckwaina und der zweite Héoto.

Palátqui war ringsum von einer steinernen Mauer umgeben und gut geschützt. Die Stadt war schon viele Male angegriffen worden, konnte sich aber immer verteidigen und den Feind vernichten.

Als der Feuer-Clan seinen Angriff begann, lief Héoto, der jüngere Bruder, nach Hause, um es seinen Eltern zu sagen. Die Mutter war gerade dabei, Háhäwooti das Haar zu kämmen. Sie hatte es ihr auf der linken Seite in großen Schlaufen wie eine Rosette hochgesteckt und kämmte nun die rechte Seite. Wenige Augenblicke später kam auch Cháckwaina hereingestürzt und berichtete von dem Angriff. Dann sah er seine Schwester an, die vor ihrer Mutter saß, und sagte: »Du hast immer deinen eigenen Kopf gehabt und den Eltern nicht gehorcht und nicht getan, was unsere Mutter sagte. Nun laß uns sehen, wie tapfer du wirklich bist und ob du helfen kannst, unsere Stadt zu verteidigen.« Háhäwooti antwortete ihrem Bruder: »Ich werde es dir zeigen.« Und bevor ihre Mutter ihr das Haar auf der rechten Seite aufstecken konnte, stand sie auf, nahm Bogen und Pfeile von der Wand und lief hinaus. Deshalb trägt sie in der Zeremonie einen Köcher, Bogen und Pfeile, und ihr Haar ist auf einer Seite offen. Sie bewies tatsächlich großen Mut im Kampf, aber es war ihr ältester Bruder, der sie dazu angespornt hatte.

Alle drei kämpften tapfer. Cháckwaina stand mitten im Kampfgetümmel, umgeben von vielen Feinden, als ihn ein Pfeil von hinten traf. Er schrie laut »Hü – ö«, und genauso schreit er auch heute noch während der Zeremonien.

Háhäwooti führte ihr Volk in die große Schlacht. Sie trieben den Feind aus der Stadt hinaus und so weit fort, daß sie nie wieder angegriffen wurde.

Háhäwooti, Cháckwaina und Héoto sind wegen ihrer Heldentaten zu Kachinas geworden und treten in mehreren Zeremonien auf. In den Tänzen benehmen Cháckwaina und seine Schwester sich nicht ruhig und ordentlich. Sie machen heftige Bewegungen, um uns an ihre Kämpfe zur Verteidigung der Stadt zu erinnern. Und Cháckwainas lautes »Hü – ö« ist die Wiederholung seines Schreis, als ihn der Pfeil traf.

Háhäwooti führt die Kachinas in das Dorf und singt das Lied von ihren Taten im Kampf. Sie trägt einen Köcher auf dem Rücken und Bogen und Pfeile in der Hand wie damals. Sie hat eine Rassel, wie auch damals, als sie in den Kampf lief. Damit machte sie den Kriegern Mut. Deshalb schwingt sie ihre Rassel, bevor der Tanz beginnt.

Zum Zeichen ihrer starken Persönlichkeit und ihres großen Mutes müssen Háhäwooti und Cháckwaina nicht mit den anderen tanzenden Kachinas in einer Reihe bleiben; sie können außerhalb der Formation tanzen. Háhäwooti ist die Hauptfigur des Tanzes, und keiner von den anderen Kachinas darf vor ihr sein; alle müssen hinter ihr zurückbleiben, das unterstreicht ihre führende Rolle.

Sie tragen schwarze Masken, die aber nichts mit der Rasse zu tun haben, sondern zeigen, daß sie nun Wissende und keine Menschen mehr sind. Wegen seines schwarzen Gesichts wird Cháckwaina jetzt manchmal »Geist der Nacht« genannt, aber das ist keine volle Erklärung. In ihrer eigentlichen Bedeutung ist die schwarze Farbe das Symbol für alles Geheimnisvolle, das nur dem Schöpfer bekannt ist.

Auf eine Seite von Cháckwainas Gesicht ist ein Mond und auf die andere Seite ein Stern gemalt. Diese beiden Symbole sind sehr bedeutsam. Der Mond ist, wie wir wissen, weit von der Erde entfernt, aber doch noch sichtbar. Der Mond weist also auf eine große Entfernung im Weltall hin; das führt dazu, die viel größere Entfernung zum Stern zu erkennen. Dieser Stern steht für das Planetensystem, in dem die Kachinas leben. Den Stern und seine Planeten kennen noch nicht einmal die Astronomen unserer Zeit. Sie werden erst gegen Ende der Siebenten Welt entdeckt werden. Dann werden wir auch vom Bund der Planeten erfahren. Heute können wir mit unseren Erkenntnissen noch nicht in diese Regionen vordringen.

Háhäwooti trägt am Hinterkopf noch ein weiteres Symbol, das ein grünes Feld und zwei schwarze Zeichen auf blauem Grund zeigt. Die blaue Farbe stellt das Himmelsblau dar, es erinnert uns an den Weltenraum, und die inneren Zeichen deuten wiederum auf den Planeten hin, von dem Háhäwooti kommt.

Du siehst also, daß in unseren Zeremonien die Taten Háhäwootis und ihrer Brüder eine große Rolle spielen. So zeigt sich, daß wir die Erinnerung an unsere Geschichte bewahren und sehr genau wissen, was geschehen ist.

Der Kampf zwischen dem Schlangen-Clan und dem Bogen-Clan
Dies ist auch eine wichtige Geschichte. Seit dem Kampf ist viel Zeit vergangen, und unser Volk ist weit gewandert, bis es in unsere jetzige Heimat kam. Doch die Erinnerung an diese wahren Ereignisse ist wachgehalten worden, obwohl die Mitglieder eines bestimmten Clans, die noch unter den Hopi sind, nicht gern daran denken. Ich will dir die Geschichte hier erzählen, weil Beweise dafür in Form von Felszeichnungen und Skulpturen gefunden wurden.

Wie ich schon sagte, war zwischen den geistigen Führungspersönlichkeiten eine Spaltung eingetreten. Manche wollten weiterhin die jungen Menschen im Einklang mit ihrem großen geistigen Erbe unterrichten. Der Schlangen-Clan gehörte zu diesen standhaften Gruppen. Doch andere, darunter der Bogen-Clan, wollten nicht auf diese Art weitermachen. Dieser Clan hatte schon früher so gehandelt, als er an Übereinkünften teilnahm, die zur Zerstörung der Dritten Welt führten, was unter den Hopi allgemein bekannt ist.

Wir kennen auch die Form der Energie, die in diesem Kampf verwendet wurde. An solchen Entwicklungen arbeitet die Wissenschaft heute in vielen Ländern.

Der Bogen-Clan behauptete, seine Lebensweise habe ihn mächtiger gemacht und forderte den Schlangen-Clan und andere Clans heraus. Sie nahmen die Herausforderung an.

Bevor ich mit der Legende fortfahre, muß ich dir noch etwas mehr über den Schlangen-Clan erzählen. Wir Hopi haben als einzige das Symbol der sechsköpfigen Schlange. Ein Kopf weist nach Osten, einer nach Norden, einer nach Westen und einer nach Süden. Außerdem zeigt einer nach oben und einer nach unten. Dieses waren die geistigen Richtungen der verschiedenen Schlangen-Clans jener Zeit.

Jede der sechs Schlangen hatte ihre eigene Bedeutung und Aufgabe[9]. Ich will sie hier nicht alle beschreiben, sondern nur von der Schlange sprechen, die in diesem Kampf eine Rolle spielte, und zwar von derjenigen, die nach unten zeigt, die unter der Erdoberfläche wirkt. Wir kennen tatsächlich eine Schlange, die sich im Sand vergräbt und die wir Sandschlange nennen, aber bekannter ist sie unter dem Namen »Sidewinder« (eine Wüstenklapperschlange). Wegen der Macht dieser Schlange wurde der Schlangen-Clan aufgefordert, die Verteidigung der Stadt zu übernehmen, und du wirst bald sehen, warum.

Die Anführer beider Seiten kamen zusammen, um die Kampfregeln festzulegen. Es gab große Streitigkeiten, wie heute unter den Staatsmännern. Man einigte sich, daß der Kampf zwei Tage nach dem Ende der Zusammenkunft beginnen würde und daß jede Seite versuchen sollte, die gegnerische Stadt innerhalb von vier Tagen zu erobern. Der Bogen-Clan wollte durchaus, daß der Schlangen-Clan beginnen sollte, doch der Schlangen-Clan sagte: »Nein, ihr habt uns herausgefordert, deshalb sollt ihr anfangen.« Schließlich einigte man sich nach dem Willen des Schlangen-

Clans, und der Bogen-Clan sollte als erster angreifen. Der Kampf sollte jeden Tag bei Sonnenaufgang beginnen, und er sollte enden, wenn die Sonne den Horizont berührte.

Dieser Krieg wurde nicht wie üblich mit Keulen und mit Pfeil und Bogen geführt. Es war kein Krieg, in dem Mann gegen Mann kämpfte. Die Städte waren etwa 80 bis 100 Kilometer voneinander entfernt, und es entbrannte ein wissenschaftlicher und technologischer Kampf zwischen zwei sehr mächtigen Gruppen. Aus diesem Grund sprechen die beiden Clans selbst heute noch nicht gern davon.

In den folgenden zwei Tagen wurden also alle Vorbereitungen getroffen, und als am dritten Tag die Sonne über dem Horizont aufstieg, begann der Kampf. Der Bogen-Clan bombardierte die Stadt des Schlangen-Clans mit den stärksten, abscheulichsten Waffen, die er hatte. Was sie benutzten, nennen wir heute elektrische Energie; es war ähnlich wie ein Blitzstrahl. Der Schlangen-Clan war darauf vorbereitet. Die Schlange, die ich zuvor erwähnte, half den Menschen, so daß sie unter die Erde gehen konnten und durch einen starken Schild und auch durch eine Art elektrischer Energie geschützt waren. Den ganzen Tag über zeigten sich nur die Anführer kurz über der Erde, aber immer unter dem Schutzschild, um zu sehen, wo die Sonne stand. Es war schwer für alle, und die Erleichterung war groß, als die Sonne unterging, denn tatsächlich wurde alles ruhig. Es donnerte nicht mehr wie jedesmal, wenn diese gewaltige Kraft ihren Schild traf. Dieser wurde entfernt, und jeder konnte ins Freie gehen.

Der Bogen-Clan wußte, daß er dem Schlangen-Clan keinen Schaden zugefügt hatte und daß dieser ihn morgen angreifen würde. Nun mußte sich der Bogen-Clan auf seine Verteidigung vorbereiten.

Der neue Tag kam, und der Schlangen-Clan griff die kilometerweit entfernte Stadt des Bogen-Clans an. Er gab sich alle Mühe; es war fast wie ein Beschuß mit Atomsprengköpfen, so stark waren die Waffen des Schlangen-Clans. Aber auch der Bogen-Clan besaß seinen Schutzschild, denn beide Seiten hatten große wissenschaftliche Fortschritte gemacht. Der Bogen-Clan konnte also diesen Tag überleben, und am dritten Tag gab es wieder keine Entscheidung. Damit hatte der Bogen-Clan seine Siegeschance verloren. Dann kam der vierte Tag und damit die letzte Möglichkeit für den Schlangen-Clan.

Er tat alles, was in seiner Macht stand, konnte aber den Schild des Bogen-Clans nicht durchdringen. Nach vielen Stunden beschloß der Schlangen-Clan, daß er etwas anderes unternehmen müsse, um dem Gegner seine Kraft zu beweisen. Am Nachmittag hörte man auf zu schießen, und dann wurde Gebrauch von den Fähigkeiten der Schlange gemacht, die sich eingraben kann. Sie bauten einen Tunnel unter den Befestigungen des Bogen-Clans hindurch.

Die Leute vom Bogen-Clan wunderten sich, als das Bombardement vor Sonnenuntergang aufhörte. Sie fragten sich, was wohl geschehen sei und ob der Schlangen-Clan etwa aufgegeben hätte. Während sie noch darüber diskutierten, kam der Anführer des Schlangen-Clans aus dem Tunnel heraus und rief ihnen zu: »Ich bin hier, ihr seid besiegt! Wir könnten euch jetzt töten. Wir werden euch nicht töten, doch von nun an muß eure Gottheit Saáviki alle vier Jahre bei unserer Zeremonie eine Schlange im Mund tragen.«

Das war das Ende des Kampfes. Es gibt in unserer Gegend Felszeichnungen von einem Mann mit einer Schlange im Mund[10], und an anderen Orten gibt es Skulpturen, die das gleiche zeigen, z. B. in Tikal. Zum Gedächtnis trägt die Gottheit des Bogen-Clans während der Powámuya-Zeremonie hier in Oraibi eine Schlange im Mund. Dadurch werden die Hopi immer wieder daran erinnert, was vor langer Zeit in Yukatan geschah.

Zersplitterung
Nach den sehr unruhigen Zeiten in Palátquapi und Yukatan entzweiten wir uns. Palátquapi selbst wurde nicht durch Kriegseinwirkung zerstört. Die Menschen waren fortgegangen, Palátquapi hatte seine Macht verloren und wurde schließlich durch ein Erdbeben vernichtet. Das war, als die Schlange heraufkam und die Zwillinge ihre lange Reise begannen[11]. Viele Clans begannen isoliert voneinander wieder zu wandern.

Die Kachinas halfen uns nur dadurch, daß sie uns den Weg zeigten. Es wurden keine Raumschiffe mehr benutzt. Diesmal hatten wir wirklich zu kämpfen. Wir mußten uns dieses Land verdienen, um es zu besitzen.

Die Wanderungen erfolgten nach allen vier Himmelsrichtungen. Die Menschen waren aus dem Süden gekommen und mußten nun auf diesem Teil des Kontinents nach Norden, Osten und Westen wandern.

Unser Volk war in ganz Nordamerika unterwegs. Ruinen und Grabhügel auf dem gesamten Kontinent zeugen von unseren Bewegungen. Wir sind das einzige Volk, das während der Wanderschaft feste Häuser baute. Der Schöpfer wollte es so. Wir schlugen nicht nur Zelte oder leichte Hütten auf, sondern bauten feste Häuser, in denen wir manchmal jahrelang blieben, bevor wir weiterzogen. Solche Siedlungen oder ihre Ruinen zeigen später kommenden Gruppen, daß wir hier waren, daß wir schon lange vor ihnen hier gewesen sind.

Andere Gruppen mißachteten das Gebot. Einige begannen ihre Wanderung und vollendeten sie nicht, andere blieben wohnen, sowie sie eine Gegend fanden, die ihnen gefiel.

Es waren nur noch wenige Gruppen übrig, von denen die Gesetze wirklich noch befolgt und die echten Überlieferungen weitergetragen wurden. Alle anderen hatten nicht mehr die gleiche Religion, und es fehlte ihnen das Wissen, obwohl Táiowa sie alle erschaffen hatte.

Casas Grande

Die Clans verbreiteten sich weit und breit über Mittelamerika und bis nach Nordamerika. Die wenigen Clans, die das Gesetz noch achteten, begannen nach geistiger Führerschaft zu suchen. Sie wünschten sich Lehrer, denn sie wußten, daß sie sich hierbei nicht auf sich selbst verlassen konnten. Sie hatten sich die Achtung vor diesen Lehrern bewahrt und hofften, diese würden wieder Harmonie in ihr Leben bringen.

Wieder einmal beschlossen einige der geistigen Führungspersönlichkeiten, ihre Clans zusammenzuführen, um die junge Generation zu belehren, und ihnen den höchsten Grad des Verständnisses für die Beziehung des Menschen zum Schöpfer zu eröffnen und die wunderbaren Überlieferungen weiterzugeben, die durch alle Wanderungen und Notzeiten hindurch seit der Ersten Welt lebendig geblieben waren.

Damals wurde die herrliche Stadt erbaut, die heute Casas Grande heißt. Nur vier wichtige Clans scheinen dort zusammen gelebt zu haben. Heute finden wir in Casas Grande die Symbole des Adler-Clans, des Schlangen-Clans, des Mais-Clans und des Geister-Clans. Außerdem gibt es dort Überreste, die Symbole weiterer Clans gewesen sein können.

Ich erinnere mich gut, wie ich einmal bei meinem Vater saß, als ich noch zur Schule ging. Er fragte mich, was wir gelernt hätten, und war wohl nicht ganz zufrieden mit meiner Antwort, denn er fing daraufhin an, mir von dieser Stadt zu erzählen.

Als ich das Glück hatte, sie viele Jahre später mit meinem Vater zu besuchen, fand ich sie genauso, wie er sie mir an dem Tag damals beschrieben hatte und wie sie mir auch sein Bruder später schilderte.

Sie waren niemals dort gewesen – wie konnten sie dann alles so genau wissen? Natürlich weil ihre Väter ihnen so oft davon erzählt hatten. Auf diese Weise bewahren wir unsere Überlieferungen.

Die vier Clans und ihre Anführer bemühten sich sehr, andere Clans zum Kommen und zum Lernen zu bewegen, und so wurde die Stadt für einige Zeit zu einem wichtigen Zentrum. Ihr Ende kam, als sie vom Spinnen-Clan angegriffen wurde. Die Clans, die in der Stadt lebten, verteidigten sie tapfer, doch als der Feind den Fluß ableitete, der sie mit Wasser versorgte, mußten sie die Verteidigung aufgeben. Sie kapitulierten nicht, sondern gruben einen Tunnel, durch den sie alle entkommen konnten. Die Kachinas gingen nicht mit ihnen. Wie ich schon sagte, konnten sie sich unsichtbar machen und konnten so die Stadt verlassen, ohne vom Feind gesehen zu werden.

Diese Stadt war der letzte große Sammelplatz unseres Volkes vor der endgültigen Vereinigung in Oraibi.

Oraibi

Es ist bekannt, daß von dort die echte Erkenntnis kommen wird.

Oraibi ist das älteste Dorf auf diesem Kontinent, das seit seiner Gründung ständig bewohnt war[12]. Selbst die Wissenschaftler mußten das bis zu einem gewissen Grade zugeben. Sie untersuchten das Holz, das zum Bau unserer Häuser verwendet worden war, und sie sagen, das Dorf sei um 1150 n.Chr. gegründet worden. Nach euren Geschichtsbegriffen mag das alt erscheinen, nicht aber nach unseren. Das wären ja nur ein paar Jahrhunderte! Schließlich urteilten die Wissenschaftler nur nach dem ältesten Stück Holz, das sie finden konnten. Unter den jetzigen Gebäuden liegen drei frühere Dörfer, und Oraibi wurde in Wirklichkeit vor etwa 4000 Jahren gegründet.

In dem Ortsnamen bedeutet »ora« Fels, und »abvi« bezeichnet einen hochgelegenen Ort. Oraibi heißt daher »Fels am hochgelegenen Ort«, und das stimmt, denn dort oben am Rand des Tafelbergs, ganz nahe beim Dorf, ist ein großer Felsblock. In früherer Zeit hieß es Ojaibi, aber da sich, wie gesagt, unsere Sprache verändert, ist der Name jetzt Oraibi.

Doch Oraibi war nicht der erste Ort, den es in dieser Gegend gab. Das allererste Dorf hieß Shungópovi und lag am Fuß des Felsens des Zweiten Tafellandes, unter dem jetzigen Dorf dieses Namens. Nach einiger Zeit gab es dort Streit zwischen zwei Brüdern wegen der Frau des einen. Der jüngere – sein Name war Machíto – entschloß sich, aus dem Dorf fortzugehen und ein eigenes zu gründen. Er nannte es Oraibi, und Oraibi heißt es noch heute.

Da er zum Bären-Clan gehörte und alle Überlieferungen seiner Vorfahren kannte, brachte er etwas mit, was zum wichtigsten Besitz der Hopi gehört: die vier heiligen Tafeln[13]. Diese Tafeln gaben ihm die Ältesten, als er beschloß, sein eigenes Dorf zu gründen.

Machíto gehörte zum Bären-Clan, und alle seine Nachfolger bis zum heutigen Tage waren vom gleichen Clan. Den Namen Machíto trug er wegen seiner Angewohnheit, Maiskörner zwischen den Fingern zu halten. Wir nennen sie Machíto, und danach hieß er.

Es dauerte Hunderte von Jahren, bis alle Clans angekommen waren, die kommen sollten. Schon lange vor der Gründung Oraibis waren die Clans ausgewählt worden, die sich hier ansiedeln sollten. Doch nicht einmal diese Clans durften dann kommen, wenn sie es wünschten. Ihre Kachinas mußten zu ihnen sagen: »Jetzt ist es Zeit für euch zu gehen«, und dann kamen sie. Das war auch das letzte Mal, daß die Menschen ihre Kachinas, diese großen Gottheiten, sehen konnten. Von nun an wurden andere Kachinas dazu bestimmt, bei den Clans zu sein, aber nur in geistiger, nicht in körperlicher Gestalt, vergiß das nicht.

Jeder Clan, der nach Oraibi kam, mußte sich zuerst einige Kilometer entfernt ansiedeln. Es gibt zahlreiche Ruinen in unserer Umgebung, die einmal solche Siedlungen waren. Nach einer Weile durfte die Gruppe ihre Anführer zu unseren Häuptlingen schicken und um Erlaubnis bitten, sich hier auf die Dauer niederzulassen. Sie mußten ihre ganze Vorgeschichte erzählen, die Geschichte ihrer Wanderungen, wo sie gewesen waren, was sie getan hatten und ob sie den Gesetzen gehorcht hatten. Ihre gesamte Vergangenheit mußten sie meinen Vätern vom Bären-Clan offenbaren.

Aber um aufgenommen zu werden, genügte es nicht, daß sie ihre Wanderungen vollendet hatten. Die Anführer der Clans mußten auch sagen, wie sie sich an der Zeremonienfolge im Jahreslauf beteiligen wollten. Es gibt einen Jahreszyklus, der nur dann vollständig ist, wenn alle Zeremonien der einzelnen Clans vorhanden sind und zusammen passen. Ein Clan, der nach Oraibi ziehen möchte, muß also imstande sein, mit seiner eigenen Zeremonie zu unserem Zyklus beizutragen.

Die ersten Clans, die nach dem Bären-Clan kamen, waren der Geister-(Feuer-)Clan, der Spinnen-Clan und der Schlangen-Clan. Alle Clans zusammen ergaben natürlich keine sehr große Bevölkerungszahl, denn es wurden nur diejenigen Clans ausgewählt, die im Einklang mit dem göttlichen Plan lebten. Das ist immer ein schmaler Pfad, auf dem nur wenige gehen können.

Einige Clans konnten nicht aufgenommen werden. Sie sind von gleicher Abstammung wie wir, aber sie hatten ihre Wanderungen nicht vollendet. Sie ließen sich in der Umgebung nieder und werden jetzt als Pueblo-Stämme bezeichnet. Ich möchte hinzufügen, daß »Pueblo« natürlich ein spanisches Wort ist. Wir selber nennen sie immer bei ihren richtigen Namen, wie z. B. die Si'os, die jetzt meist Zunis genannt werden, oder die Lagunas, die Pawaatees, die Hóotitim und andere.

Manche Clans wurden aus anderen Gründen nicht aufgenommen, z. B. der Aása-Clan. Seine Leute hatten eine Zeitlang im Chaco Cañon gelebt und wollten dann hierher zu uns kommen. Sie führten ihre Zeremonie vor, doch unser Häuptling sagte: »Nein, das können wir nicht gebrauchen.« Sie erinnerten sich an die üppigen grünen Felder irgendwo im Süden und fingen an, dorthin zu wandern. Sehr viel später wurde aus ihnen das große Volk der Azteken. Wie ich dir schon sagte, hieß der Aása-Clan damals Ástak-Clan. Das ist also der richtige Name; nur die Spanier haben aus Ástak Azteken gemacht.

Einige Mitglieder dieses Clans sind in unserer Gegend geblieben, so daß wir immer noch einen Aása-Clan hier haben. Ich möchte dir hier noch etwas anderes erklären: Es soll dich nicht verwirren, wenn du hörst, daß der Aása-Clan in der Hopi-Sprache »Ásnyam« genannt wird. Das Wort »nyám« bedeutet: viele Leute, eine Gruppe, ein Clan. Deshalb sagen wir Ásnyam, wenn wir den ganzen Aása-Clan meinen, ebenso wie wir z. B. Átoknyam oder Kókoknyam sagen. Das Wort »nyám« wird hinzugefügt, wenn der ganze Clan gemeint ist.

Wie gesagt, es dauerte Hunderte von Jahren, bis wir alle beisammen waren. Mein Clan, der Coyoten-Clan, kam als letzter. Wir waren immer die letzten. So war es zur Zeit der großen Wanderungen von Kásskara zu diesem Kontinent, und so war es wieder in Oraibi. Das bedeutet nicht, daß wir langsam sind, sondern wir müssen es als unser Schicksal auffassen. Es ist wie ein Signal: Wenn der Coyoten-Clan kommt, ist Schluß; danach wird niemand mehr aufgenommen. Deshalb nennt man uns auch die »Türschließer«. Es ist auch der Grund, weshalb die Kachinas einen Fuchsschwanz am Rücken tragen. Als wir nach dem großen Lauf[14] von Sikyátki nach Oraibi kamen, waren wir auch wieder die letzten. Niemand kam nach uns nach Oraibi.

Wie du weißt, liegt Oraibi in einer ziemlich trockenen Gegend, und es ist nicht leicht zu verstehen, weshalb wir uns hier endgültig niedergelassen haben. Laß dir den Grund dafür sagen.

Der Bären-Clan ist nicht durch Zufall in diese Gegend gekommen. Es wurde ihnen von ihrer Gottheit befohlen, weil hier der Mittelpunkt des Universums liegt. In Wirklichkeit liegt er etwa drei Kilometer südlich von Oraibi im Tiefland; die Gegend heißt Tuwánassáwi. Leute vom Kachina-Clan haben dort einmal gelebt; es ist noch eine Ruine zu sehen. Mehr sage ich dir nicht, wir sprechen darüber nicht mit anderen Menschen.

Heute verfällt unser großes Dorf, weil wir uns dem Ende eines Zeitalters nähern. Wir werden Oraibi in der Fünften Welt wiederaufbauen, aber das wird natürlich an einem anderen Ort sein. Vielleicht wird unser jetziges Oraibi eines Tages als nationale Gedenkstätte wiederaufgebaut, aber das ist nicht der Wiederaufbau in der Fünften Welt, von dem ich gerade sprach.

Einen wichtigen Punkt will ich hier noch einmal wiederholen: Erst nachdem ein Clan die Erlaubnis erhalten hatte, sich hier auf die Dauer niederzulassen, wurden seine Mitglieder Hopi genannt. Diejenigen, die an den Gesetzen des Schöpfers festhielten, die sehr wenigen Auserwählten, kamen hierher und wurden Hopi. Solange wir noch wanderten, nannte man uns das »Ahlen-Volk«; das heißt in unserer Sprache Móochi. Die Spanier sprachen unseren Namen wieder falsch aus und nannten uns »Moquis«. Wir waren die Jahrtausende hindurch immer nur ein kleines Volk unter all den vielen Stämmen. Es gab immer wieder Prüfungen und Heimsuchungen und Mißerfolge, bei denen viele ausschieden.

Selbst hier hatten wir unsere Probleme, auch noch in der heutigen Zeit. Ich erinnere nur an die Streitigkeiten, die in unserem Volk vor nicht sehr langer Zeit entstanden, genau wie in Palátquapi[15]. Ebenso wie die Streitigkeiten wiederholte sich auch die Trennung von Palátquapi, als Leute von Oraibi fortgingen und Hotevilla und dann Bakávi gründeten oder nach Móenkopi und Kyákotsmovi zogen. Siehst du, wie die Geschichte sich wiederholt?

Von den anderen Ereignissen war natürlich die Ankunft der

Spanier dasjenige, das alles veränderte. Bevor ich davon spreche, will ich dir die Geschichte von Húck'ovi erzählen, denn sie geht uns alle an, die ganze Welt.

Húck'ovi
Ich habe diese Geschichte seit meiner frühen Kindheit oft gehört. Húck'ovi lag auf dem nächsten Tafelberg jenseits des Tieflands, gerade gegenüber von Oraibi (Abb. 12). Die Erinnerung an das Ereignis wird wachgehalten, weil es uns zeigt, was mit der ganzen Welt geschehen wird. Wir werden es wissen, wenn die Zeit gekommen ist, denn wir werden erleben, daß alles sich wieder ereignet.

Das Dorf wurde vom Stirn-Clan gegründet. Das ist einer der drei Clans, die im Zusammenhang mit Hitze und Energie stehen. Es ist die Hitze, die zerstört, und auch die Hitze, die reinigt; deshalb sind diese Clans so wichtig. In der Reihenfolge ihrer Macht kommt zuerst der Feuer-Clan, dann der Sonnen-Clan und dann der Stirn-Clan. Ihre Gottheit ist Macháqua, die Gehörnte Kröte. Darum haben wir die Gehörnte Kröte mehrmals in den Felszeichnungen in den Klippen unten gefunden.

Von den Leuten vom Feuer-Clan weiß man, was sie mit der Ersten Welt taten: Sie zerstörten sie. Der Stirn-Clan erhielt seinen Namen während der Wanderung. Er war der letzte der drei Clans, der am Atlantischen Ozean ankam; die anderen beiden waren viel früher dort. Deshalb mußte sich dieser Clan beeilen, um in unsere Gegend hier zu kommen, und seine Leute konnten ihre Stirn nur eine Nacht am Strand zur Ruhe legen, dann mußten sie zurückwandern. Und weil sie zu spät kamen und eilen mußten, haben sie weniger Ansehen und Macht als die anderen beiden Clans.

Es kam die Zeit, als die Menschen im Dorf ihren Häuptling nicht mehr gelten ließen. Es wurde so schlimm, daß es Widerspruch gab und sie ihn nicht mehr achteten. Nach einer alten Regel kann so etwas nur dadurch in Ordnung gebracht werden, daß man das Dorf verläßt und zerstört. So war es vorher mit der ganzen Dritten Welt geschehen, mit der Stadt Táotoóma, mit Palátquapi, mit Casas Grande – es wiederholt sich immer wieder. Und es wiederholt sich heute in der ganzen Welt; denke nur an den vielen Widerspruch und den Mangel an Respekt. Darum wissen wir Hopi, daß das Ende der Vierten Welt bald kommen wird. Wir sind wieder auf dem besten Wege.

Der Beschluß wurde also gefaßt, und man einigte sich, das Dorf zu zerstören, und zwar durch eine Explosion und ein Feuer nach einer letzten Zeremonie. Einige Leute glaubten nicht an die Explosion und das Feuer und blieben im Dorf, um zu sehen, was geschehen würde. Alle anderen gingen vor der Zeremonie fort.

An der Zeremonie nahmen 30 Frauen und 30 Männer teil. Jede der Frauen trug in ihren Händen eine geflochtene Platte. Darauf lag ein fest zusammengepreßter Haufen Maismehl mit einem Loch in der Mitte, und um das Loch zwei Ringe, einer aus rotem und einer aus gelbem Hämatit. Die gelbe Masse kann auch etwas mit Uran zu tun gehabt haben; ich sagte dir, daß es vor einigen Jahren westlich von uns entdeckt wurde. Aus dem Loch kam eine Flamme (Abb. 13). Wenn die Flamme verlöschte, oder vielmehr wenn sie in das Loch hinunterging, fand die Explosion statt. Aber das kam natürlich erst später.

Die Gruppe von Männern und Frauen kam durch die Klippen auf der Westseite des Dorfes, und die Frauen setzten ihre Platten in einem Kreis auf dem Dorfplatz nieder. Eine Platte wurde dem Häuptling gereicht. Er nahm sie und trug sie in sein Haus, um sie zu segnen. Dann ging er, um diejenigen einzuholen, die schon früher fortgegangen waren, und die Frauen und Männer, die die Zeremonie abgehalten hatten, kamen mit ihm.

Wie gesagt, einige Männer und Frauen glaubten es nicht, als man sie warnte, und blieben im Dorf, um zu sehen, was geschehen würde. In dem Augenblick, als die Flammen in den Löchern verschwanden, gab es eine große Explosion und starke Hitze, und die Menschen und das ganze Dorf wurden vernichtet. Selbst einigen von denen, die früher gegangen waren, schadete die Hitze, so daß die anderen sie tragen mußten.

Die Überlebenden konnten nicht nach Oraibi gehen, weil ihre Zeit noch nicht gekommen war. Wie ich dir schon sagte, konnten sie nur zu einer von ihren Kachinas bestimmten Zeit nach Oraibi kommen. So setzte der Stirn-Clan seine Wanderung fort. Später wurde dieser Clan als letzter der drei Feuer-Clans hier aufgenommen.

Das Ereignis in Húck'ovi fand vor mehr als 3000 Jahren statt. Wir haben noch immer ein Lied darüber. Es wird darin nicht erwähnt, weshalb Húck'ovi zerstört wurde; wir singen nur davon, was nach der Explosion geschah. Ich werde dir später sagen, was es bedeutet, doch höre zuerst das Lied:

> Es ist beschlossen,
> daß dies geschieht,
> es muß sein —
>
> Eure Häuser werden bedeckt sein
> mit roten, wogenden Flammen.
> Von Dorf zu Dorf werden fliehen
> die Überlebenden aus dem Dorf,
> das zerstört wurde.
>
> Es ist beschlossen,
> daß dies geschieht,
> es muß sein —
>
> Hee-a, hee-a, hee-a (das Schluchzen der Kinder).
> Die Kinder werden getragen
> auf den Rücken ihrer Väter,
> die Zuflucht suchen
> in anderen Dörfern,
> Aber sie werden sie nicht finden.

Dieses Lied wird im Zusammenhang mit der Húck'ovi-Legende gesungen, doch es ist als Voraussage und Warnung für die ganze Welt gemeint. Denn hier in unserer Gegend wurde nur dieses eine Dorf zerstört, und alle, die rechtzeitig fortgingen, wurden gerettet. Aber in dem Lied heißt es, daß die Überlebenden ins nächste Dorf gehen – und ins nächste – und ins nächste, um Zuflucht zu suchen, »aber sie werden sie nicht finden«, weil es überall brennt. Nirgends gibt es Hilfe, dies ist das Feuer, das unsere Vierte Welt zerstört. Es wird nicht durch einen Atomkrieg verursacht, sondern durch eine elektrische Waffe, die sie jetzt entwickeln oder bald erfinden werden. Man kann sie nicht zurückhalten, es zu tun. Ich weiß nicht, wie sie wirkt, aber es wird etwas ausgestrahlt werden wie Rundfunkwellen von einem Sender; es geht überallhin.

Die Ankunft der Spanier in Oraibi
Als die Kachinas fortgingen, sagten sie, wir sollten daran denken, daß eines Tages Menschen aus einem anderen Land zu uns kommen und uns Kunde von einem anderen Glauben bringen würden. Meinen Vätern vom Bären-Clan gaben sie einen etwa zwei Meter langen Stab, auf dem sie die Jahre verzeichnen sollten. Der Stab war schwarz gestrichen, und jedes Jahr zur Soyál-Zeit wurde ein weißer Strich darauf gemacht. Die Menschen aus dem anderen Land sollten genau in dem Jahr kommen, in dem unser Stab von oben bis unten mit Strichen bedeckt war.

Die Kachinas sagten uns, wir sollten diese Neuankömmlinge an einem Ort namens Kowáwayma treffen, der am Rio Grande, etwa 50 Kilometer nördlich von Albuquerque, liegt. Dort ist jetzt eine große Ruine mit einem großen, schönen Gemälde darin, von dem ich einen Teil für das »Book of the Hopi«[16] kopiert habe. Das ist übrigens der gleiche Ort, wo die Navajós auf ihrem Rückweg haltmachten, nachdem sie aus der Gefangenschaft entlassen worden waren. Sie zerbrachen dort ihre Pfeile, legten sie in die Ruinen und schworen, den Hopi nie wieder Schwierigkeiten zu machen.

Sollten die Fremden in diesem Jahr nicht kommen, mußten wir noch einmal fünf Jahre auf einem neuen Stab aufzeichnen, und der Treffpunkt sollte dann Sikiá'ova sein, das heißt »Gelber Stein«. Dieser Platz liegt nahe dem unteren Ende der alten Straße, die nach Oraibi hinaufführt. Wenn sie dann noch nicht kämen, sollten wir noch einmal fünf Jahre warten und sie dann an einer Stelle weiter oben an der Straße treffen, die Chiwáwchukha heißt; das bedeutet »Gehärteter Lehm«, eine Art Luftziegel.

Nach weiteren fünf Jahren sollten wir sie an einem Ort namens Nahúyangowasha – »Kreuzfelder« – treffen. Dort waren Baumwolle und Bohnen angebaut worden, und es hatte Streit gegeben, weil die Leute oft kreuz und quer über die Feldergrenzen gingen. Daher der Name »Kreuzfelder«.

Als letzter Treffpunkt nach weiteren fünf Jahren wurde ein Platz an der Oberkante des Felsens östlich von Oraibi bestimmt. Der Name dieses Platzes ist Táotoóma.

Die Fremden kamen nicht, als der erste Stab voll war. Wieder vergingen fünf Jahre, und sie kamen nicht. So ging es weiter, eine Fünfjahresfrist nach der anderen. Nach unserer Überlieferung hätten die Erwarteten durch Pahána, den Bruder, auf unseren Kontinent gebracht werden sollen. Das Wort pahú heißt Wasser, aber wir sprechen es nicht ganz aus, wir kürzen wieder ab und sagen nur »pa«, und die Silbe »ha« bedeutet eine Fahrt auf dem Wasser, also mit dem Boot! Pahána ist also »der Mann, der mit dem Boot über das Wasser kommt«, und das zeigt, daß wir vor Tausenden von Jahren schon wußten, daß sie mit Booten und nicht wie wir auf Fliegenden Schilden kommen würden.

Als so lange niemand kam, waren unsere Leute beunruhigt. Sie fingen an, sich Gedanken zu machen. Die große Verspätung konnte bedeuten, daß nicht die richtigen Leute kommen würden. Endlich, mit 20 Jahren Verspätung, kamen sie wirklich, und wir bereiteten uns vor, sie in Táotoóma zu treffen, wie uns gesagt worden war.

Du wirst dich erinnern, daß Táotoóma auch der Name des Landes war, das aus dem Ozean auftauchte, der Ort, der als erster »vom Arm der Sonne berührt wurde«. Die Fremdlinge kamen also an einen Ort, der ebenso hieß. Vor langer Zeit hatte der Name einen neuen Anfang für uns bedeutet. Er bedeutete auch diesmal einen neuen Anfang.

Wie gesagt, die Verspätung von 20 Jahren beunruhigte mein Volk. Als die Spanier dann kamen, wurde alles zu ihrem Empfang aufgeboten. Unsere Ältesten und religiösen Oberhäupter waren erschienen, um sie zu begrüßen. Die Fremdlinge trugen Rüstungen und alle ihre Waffen, doch wir fürchteten uns nicht, da wir sie immer noch für Brüder hielten, für kultivierte Menschen.

Doch dann begann die Tragödie. Der Häuptling von Oraibi

streckte seine Hand zu einem nakwách aus, dem Zeichen der echten Verbrüderung. Hätte der Mann auf der anderen Seite die Geste und das Symbol (Abb. 14) verstanden, wäre alles gut gewesen. Doch als der Häuptling seine Hand dem Spanier entgegenstreckte, glaubte dieser, er wolle ein Geschenk, und gab ihm etwas wertlosen Tand.

Das war ein schwerer Schlag für die Hopi; die Fremden verstanden sie nicht, sie kannten nicht das Zeichen der Bruderschaft! Unserem Volk wurde klar, daß es von nun an Unglück geben werde. Da die Fremden unserem Häuptling kein Zeichen der Bruderschaft gaben, wußten wir, daß sie keine Brüder waren und daß von nun an viel Leid unter den Hopi sein würde.

Und so war es.

Wir haben es erlebt.

5. Legenden

Yucca-Boy
Es gab eine Zeit, als einige unserer Clans noch in Palátupka lebten, dem Roten Cañon, der heute Cañon de Chelly heißt. Die führenden Clans, die dort siedelten, bevor sie hier in unsere Hopi-Dörfer kamen, waren der Sonnen-Clan, der Mais-Clan und der Wolken-Clan. Zusätzlich gab es dort den Feuer-Clan und den Schilf-Clan. Damals kaum bekannt war der kleine Yucca-Clan mit nur wenigen Menschen. Sie wanderten und siedelten zusammen mit den anderen Clans und hatten sich in einem der Seitencañons niedergelassen.

In einer Familie dieses Clans wurde eine Tochter geboren. Sie wuchs heran und wurde ein sehr fleißiges, hilfsbereites Mädchen, das jeder gern hatte.

Da ereignete sich an einem unbekannten Ort, weit, weit im Westen ein großer Vulkanausbruch[17]. Dunkler Rauch zog über das Land, und es gab drei Jahre lang keinen Tropfen Regen. Mais, Bohnen, Kürbisse und alles andere vertrocknete, nichts wuchs mehr, und die Menschen mußten in die Wüste hinausgehen, um sich etwas zu essen zu suchen. Alle hatten schwer zu leiden.

Die Eltern des Mädchens waren zu alt, um hinauszugehen, und so suchte das Mädchen, das nun schon eine junge Frau war, nach Nahrung für alle drei. Bevor sie ging, füllte sie ihren Krug mit Wasser, das immer noch langsam unter einem Felsen hervorsickerte. Wenn sie an einem Tag nicht genug Nahrung fand, kehrte sie nicht nach Hause zurück, sondern schlief draußen und suchte am nächsten Tag weiter.

Im dritten Jahr war die Hungersnot so groß geworden, daß sie ihre Nahrungssuche sehr weit ausdehnen mußte. Eines Tages nahm sie sich vor, besonders weit zu gehen und eine Gegend zu suchen, wo noch niemand vor ihr gewesen war. Sie wanderte nach Norden auf einen Berg zu und wollte für eine Weile genug zu essen heimbringen. Als sie drei Tage lang gesucht und gesammelt hatte, was sie finden konnte, kam sie an einen schönen Platz mit viel Korn und getrockneten Beeren, die noch eßbar waren. Am späten Nachmittag setzte sie sich und aß von dem, was sie gefunden hatte. In der Nähe war ein kleiner Hügel mit einer niedrigen Felswand, und sie beschloß, die Nacht dort zu verbringen. Als sie sich niederlegen wollte, glaubte sie, ein Geräusch zu hören. Sie schaute sich um, sah aber kein Tier, und so schlief sie im schönen, weichen Sand ein. Es war ihr warm, denn sie hatte ihren Umhang und ihre Decke, die ihr Vater gemacht hatte.

Frühmorgens dachte sie, sie hätte nun genügend zu essen gefunden, und wollte nach Hause gehen. Plötzlich hörte sie wieder das Geräusch vom Abend zuvor. Sie ging auf den kleinen Hügel und sah einen Fremden auf sich zukommen. Es war ein sehr gut aussehender junger Mann in einem wunderschönen Gewand. Natürlich kannte man in ihrem Volk seit langem die Kachinas, doch seit die dunkle Wolke gekommen war, schienen sie verschwunden zu sein. Und nun sah sie diesen Fremdling. Als er näherkam, wußte sie, was sie gestern abend und heute gehört hatte – seine Brust und sein ganzer Körper waren mit Muscheln aus dem Meer behangen, die beim Gehen aneinanderschlugen und das Geräusch verursachten. Das hatte sie also gestern abend gehört!

Nun aber war es Morgen, und sie fürchtete sich überhaupt nicht. Als er herankam, sah sie, wie jung und gutaussehend er war und daß er niemals solche Notzeiten erlebt hatte wie sie und ihr Volk.

Als er bei ihr war, sagte er: »Ich sehe, daß du genug zu essen für deine Familie gesammelt hast.« Seine Stimme klang sehr freundlich, und er schien zu wissen, wie die Dinge standen. Sie antwortete: »Ja, es ist das erste Mal, daß ich so weit gegangen bin, und ich bin froh, daß ich so viel gefunden habe.« – »Das kann ich verstehen«, sagte er, »wir haben euch die ganze Zeit beobachtet. Wir wissen, was geschehen ist.« Sie war überrascht und fragte ihn, woher er käme.

Der junge Mann sah sie an und sagte: »Wir sind die Wissenden, wir leben nicht auf dieser Erde. Wir kommen von einem weit entfernten Planeten, aber wir wachen über dieses ganze Land und beobachten euch. Ihr werdet diese schlimme Zeit überstehen. Was jetzt geschieht, gehört zu den Veränderungen, die sich auf der ganzen Welt abspielen.« Die junge Frau war so überrascht und bewunderte seine Erscheinung so sehr, daß sie keine Fragen mehr stellen konnte. Da sagte er zu ihr: »Ich weiß, du wirst kaum glauben können, daß dort, wo ich herkomme, alles schön und grün ist.« Sie setzten sich nieder, und sie erzählte von ihrem Volk und er von dem seinen. Es war ein wunderbares Gespräch, und die Zeit verging schnell. Einmal fragte er sie: »Du bist heute nicht heimgegangen, machst du dir keine Sorgen um deine Familie?« – »Nein«, sagte sie, »es ist so interessant, jemanden wie dich kennenzulernen und jemanden zu sehen, der so gut ernährt ist.« Er antwortete: »Ich weiß, daß dich das überraschen muß. Wir essen nicht von eurer Nahrung. Wir leben vom Geist, der in der Nahrung ist, und es ist wie der Tau der Schneeglöckchen. Es gibt viel davon im Universum.«

Nun hielt sie ihn natürlich für einen der Wissenden und wünschte, sie könnte etwas von der Nahrung haben, die es in solchem Überfluß geben sollte. Sofort fragte sie der junge Mann, ob sie hungrig sei, und sie sagte ja, sie wolle etwas von dem kochen, was sie gesammelt habe. »O nein, ich habe dir etwas mitgebracht.« Der junge Mann öffnete ein Bündel aus Rehleder, das er an der Hüfte trug, und nahm etwas heraus, was sie schon lange nicht mehr gegessen hatte, »Taupfeffer«. Das ist süßer Mais, der in einer Grube langsam über Nacht gebacken wird. Schon der Duft machte sie glücklich. Er gab ihr einen Maiskolben und bat sie, langsam zu essen, und sie gehorchte. »Später kannst du noch einen Kolben haben«, sagte er.

Sie blieben beisammen, bis es beinahe dunkel war, und der junge Mann meinte: »Wir haben morgen weit zu gehen; ich glaube, wir sollten beide über Nacht hierbleiben.« Bevor sie sich niederlegten, gab er ihr noch einen Maiskolben. Sie aß ihn, und dann schliefen sie ein.

Am nächsten Morgen weckte er sie früh und sagte: »Es ist Zeit, daß du nach Hause gehst. Deine Leute werden sich Sorgen machen.« Die junge Frau war einverstanden, und als sie gehen wollte, gab er ihr vier Maiskolben. Er sagte, einen dürfe sie während des Tages essen, um bei Kräften zu bleiben, aber die anderen drei müsse sie mit nach Hause bringen.

Dann machte sie sich auf den Weg. Als sie ihn das letzte Mal aus der Ferne sah, stand er noch auf dem Gipfel des Hügels. Sie beeilte sich, so sehr sie konnte, um wieder zu ihren Eltern zu kommen. Wie froh waren sie, als sie da war! Sie zeigte ihnen die trockenen Früchte, die sie gefunden hatte und von denen sie eine Weile zu essen hatten. Dann zeigte sie ihren Eltern die drei Maiskolben und erzählte ihnen, was sie erlebt hatte. Mutter und Vater stellten viele Fragen nach dem Fremden, und das Mädchen erzählte ihnen alles und war sehr glücklich.

Jeder von ihnen aß einen Maiskolben. Der Fremde hatte gesagt, sie würden ihnen nicht lange Kraft geben, wenn sie sie schnell äßen, und so aßen sie langsam und kamen wieder zu Kräften.

Die Eltern waren immer noch verwundert und dachten über alles nach, was ihre Tochter ihnen erzählt hatte. Sie sagten keinem anderen Menschen, was geschehen war.

Das Mädchen wollte wieder fortgehen und hoffte, noch mehr Mais zu bekommen. Als die trockenen Früchte, die sie gesammelt hatte, verbraucht waren, ging sie wieder zu dem Hügel, und auch der junge Mann war wieder dort. Später ging sie noch einmal hinaus, doch dann kam der kalte Winter, und jeder wußte, daß es nun noch schwieriger werden würde, Nahrung zu finden.

Als die beiden sich zum dritten und letzten Mal trafen, gab der Fremde ihr einen Krug voller Körner. Er sagte, sie solle ihn im Inneren des Hauses aufbewahren und nur in völliger Dunkelheit etwas davon ausschütten. Sie solle die Körner, die zuerst herausfielen, in einen Korb legen und den Raum verlassen. Wenn sie nach einer Weile wiederkäme, würden die Körner sich vervielfacht haben.

Sie tat, wie er gesagt hatte, und jedesmal gab es eine Überraschung, wenn sie wieder ins Zimmer kam. Manchmal fand sie Bohnen, manchmal Mais oder Kürbiskerne, und immer war der ganze Korb gefüllt. Dieser Krug, den wir den Heiligen Krug nennen, ernährte die Familie den Winter über.

Sie hatten immer noch niemandem erzählt, was geschehen war, deshalb ging das Mädchen wieder hinaus und gab vor, nach Nahrung zu suchen. Im Frühling merkte sie, daß sie ein Kind bekommen würde. Sie war überrascht und erzählte es ihrer Mutter, die sich Sorgen machte, was man den Leuten wohl sagen sollte, wer der Vater sei. Der Fremde war der einzige Mann, den das Mädchen gekannt und gesprochen hatte, aber sie hatten keine Beziehungen miteinander gehabt. Die Mutter wunderte sich immer mehr und schämte sich auch ein wenig, denn »woher sollen wir denn wissen, wer dieser Mensch ist?« Eines Tages meinte das Mädchen: »Wir wollen sagen, daß ich einen Fremden getroffen habe und heimlich mit ihm zusammen war.« Das erzählten sie den Nachbarn, als es Zeit dafür wurde.

Eines Morgens, als der helle Tag anbrach, kam das Kind zur Welt, und es war ein Sohn! Die ganze Familie war glücklich und hieß ihn willkommen. Nach dem 20. Tag wurde es Zeit, dem Kind das Haar zu waschen. Das ist ein wichtiges Ereignis im Leben der Hopi, und die Familie war in Sorge, denn diese Zeremonie müssen die Eltern des Vaters durchführen, aber wer und wo war der Vater?

Und dann geschah etwas sehr Seltsames. Als die Mutter der jungen Frau sich anschickte, selbst dem Kind das Haar zu waschen, zog Nebel in den Cañon! Das war die Antwort: Der junge Mann hatte gesagt, er gehöre zu den Wissenden, die über unser Land wachten. Hier im Tau, im Nebel, in der Feuchtigkeit waren die Wissenden; sie waren gekommen, um dem Kind das Haar zu waschen! Der Nebel war gerade dort am dichtesten, wo die Familie lebte, und wurde fast zu Regen. Die Wissenden waren gekommen, um dem kleinen Buben das Haar zu waschen.

Da die Mutter des Vaters nicht da war, um dem Kind einen Namen zu geben, tat es die Mutter der Mutter und nannte es Silíomoho. Seine Mutter war vom Yucca-Clan, und so gaben sie ihm den Namen der Yucca-Pflanze, die dort viel höher wächst als hier in unserer Gegend.

Der Regen war wiedergekommen, und die Hungersnot war zu Ende. Der Knabe wuchs prächtig heran. Eines Tages, als er schon ein junger Mann war, sagte er zu seiner Mutter, daß er allein auf die Jagd gehen wolle. Seine Mutter und die Großeltern gaben ihm Wegzehrung, seine Decke und seinen Bogen mit Pfeilen.

Er ging nach Norden auf den Berg zu, aber erst am dritten Tag, als er den Fuß des Berges erreichte, gelang es ihm, ein Stück Wild zu töten. Er zerlegte es, um das Fleisch zu trocknen, und bereitete auch für sich eine gute Mahlzeit.

Als er früh am nächsten Morgen erwachte, sah er einen fremden jungen Mann, der bei dem erlegten Tier stand. Der Fremde sagte zu ihm: »Du bist also endlich gekommen, um dein Wild zu jagen.« Seine Stimme klang freundlich, und Silíomoho antwortete: »Ja, es ist das erste Mal, daß ich allein auf die Jagd gegangen bin.« – »O ja«, sagte der Fremde, »ich kenne dich gut.« Silíomoho war überrascht. »Du kennst mich?« – »Ja, ich kenne dich, aber es ist noch nicht an der Zeit für dich zu wissen, wer ich bin.« Dann half ihm der Fremde, das Fleisch zum Trocknen aufzuhängen. Gegen Abend, als es so gut wie trocken war, packten sie es in das Fell des Tieres, der Fremde nahm das Bündel auf den Rücken und befahl Silíomoho, ihm zu folgen. Er führte ihn den steilen Berghang hinauf, und es war beinahe dunkel, als sie auf dem Gipfel ankamen. Dort stand ein Haus, genau wie unsere Kivas[18], nur viel größer. Der Fremde bat ihn herein. Silíomoho hörte Stimmen, und als er die Leiter herunterkam, sah er eine Gruppe von Kachina-Frauen und -Mädchen an der Wand entlang sitzen. Die meisten waren Hahá-i, die freundlichsten der Kachina-Frauen. Sie hießen ihn willkommen, und er setzte sich zu den Männern in die Mitte des Raums. Ein prächtiges Mahl wurde ihm aufgetischt, und dann sagte der Fremde: »Da du nun in unser Haus gekommen bist, will ich dir sagen, daß es viele von uns gibt auf der ganzen Erde. Und ich bin dein Vater.« Silíomoho konnte nicht antworten. Das war also sein Vater, einer von den Wissenden! Kein Wunder, daß seine Mutter und die Großeltern ihm nie gesagt hatten, wer sein Vater war. Er hatte oft darüber nachgedacht, denn alle anderen Knaben hatten Väter, nur er kannte den seinen nicht. Sein Vater fuhr fort: »Es ist noch nicht Zeit für dich, genau zu wissen, wer ich bin und was ich tue. Du bist ein Mensch, du bist noch nicht einer von uns, aber du wirst es eines Tages sein. Und jetzt«, sagte er, »mußt du eine Prüfung bestehen. Wir wollen sehen, ob du sie überlebst.«

Silíomoho war sehr traurig in seinem Herzen. Wie in aller Welt konnte sein Vater, den er eben erst kennengelernt hatte, ihn auf eine so harte Probe stellen? Aber er wußte, daß er gehorchen mußte, und er sagte: »Ja, ich will es versuchen.« – »Dann müssen wir sofort gehen«, sagte sein Vater.

Er führte ihn zu einem hohen Felsen, ziemlich weit entfernt auf einem anderen Berg. Unterwegs bemerkte Silíomoho zum ersten Mal, daß sein Vater nicht ging, sondern über der Erde in der Luft schwebte. Er machte Gehbewegungen, berührte aber nicht den Boden.

»Hier werde ich dich allein lassen«, sagte er, als sie an dem Felsblock ankamen. »Halte Bogen, Pfeile und Messer bereit, denn du wirst die Nacht hier verbringen.« Und ehe Silíomoho sich versah, war sein Vater verschwunden.

Der junge Mann wußte nicht, was er zu erwarten hatte, und kletterte auf den Felsen hinauf. Es war ein schwieriger Anstieg, aber er hatte sich richtig entschieden, denn sobald es ganz dunkel wurde, hörte er die Stimmen wilder Tiere. Sie kamen näher und näher, und es war ihm, als ob Hunderte von Löwen, Wölfen und anderen Tieren, die einen Menschen in Stücke reißen können, zu ihm herauf wollten. Er war bereit, sich zu verteidigen, doch der Felsen war glatt, und das Heraufsteigen hatte ihm selber Schwierigkeiten gemacht. Keines der Tiere konnte ihn erreichen. Aber er hatte große Angst – wo war sein Vater? Er konnte die ganze Nacht nicht schlafen.

Gegen Morgen verstummte das Gebrüll der Tiere, und als die Sonne aufging, war nicht ein einziges von ihnen zu sehen. Er schloß für einen Moment die Augen, und als er sie wieder aufschlug, stand sein Vater neben ihm. »Ich sehe, du hast die kluge Entscheidung getroffen, hier heraufzuklettern. Du hast die Prüfung bestanden. Nun kannst du ausruhen, damit du heute abend für die zweite Prüfung bereit bist.« Sie stiegen hinunter und setzten sich an den Fuß des Felsens. Sein Vater gab ihm frisches Essen von der gleichen Art, wie es ihm die Hahá-i-Mütter am Abend zuvor bereitet hatten. Silíomoho ließ es sich schmecken, und als er satt war, legte er seine Waffen griffbereit und schlief ein.

Diesmal waren keine Tiere da, die ihn störten. Kurz vor Sonnenuntergang kehrte sein Vater zurück. »Da bist du ja«, sagte er, »du wirst heute nacht wieder hierbleiben. Triff eine gute Wahl.« Und er ließ ihn wieder allein. Der junge Mann dachte nach. Er hatte die erste Nacht mit den wilden Tieren überlebt, doch was würde die zweite bringen? Er ging ein wenig umher und dachte: »Wenn mich der Felsen in der ersten Nacht beschützt hat, warum soll er es nicht auch in der zweiten tun?« Die Dunkelheit brach schnell herein, und als er die steile Felswand hinaufschaute, war das einzige, was ihm vielleicht helfen konnte, eine kleine, flache Felsnische auf halber Höhe. Er kletterte hinauf und fand sie sehr unbequem. Außerdem konnten die wilden Tiere ihn hier leicht erreichen, falls sie wiederkommen sollten. Doch es war nun fast dunkel, und er konnte nichts anderes tun, als zu bleiben, wo er war.

Es war eine sehr dunkle Nacht. Und dann kam das Unwetter mit Blitz und Donner! Es war stärker als irgendein Gewitter, das er je erlebt hatte. Am schlimmsten war es, daß er sich in der schmalen Felsnische kaum festhalten konnte. Wäre er abgerutscht und heruntergefallen, wäre es sein Tod gewesen. Gegen Morgen dachte er, es ginge nicht mehr länger, aber irgendwie brachte er es doch fertig, sich in der kleinen Nische festzuklammern.

Als nach endlos langer Zeit der Morgen kam, legte sich das Unwetter, und sein Vater war wieder da. »Komm herunter, junger Mann, mein Sohn«, sagte er, »du hast wieder gut gewählt. Dieser Sturm ist mein Element, deshalb weiß ich, daß du dir einen guten Platz ausgesucht hast, um dich zu schützen.« Doch dann fuhr er fort: »Jetzt mußt du noch eine Prüfung bestehen.« Der junge Mann war traurig. Warum strafte sein Vater ihn so hart? Aber er dachte, da er sein Vater war, müsse er ihm gehorchen. Wie am Tag vorher aß er eine gute Mahlzeit und schlief sofort ein.

Am Nachmittag weckte ihn sein Vater und sagte: »Wir müssen eine Weile wandern, um zum Ort deiner letzten Prüfung zu kommen.« Sie gingen schnell und brauchten eine ganze Zeit, bis sie an einen großen Berg kamen, der von einem Tannenwald bedeckt war. »Das ist der richtige Ort«, sagte sein Vater, »nun mache dich bereit.« Silíomoho sah sich um. Hier gab es keine Felsen oder Klippen, sondern nur Bäume, große, schöne Bäume. Er dachte eine Weile nach, was er tun solle, und kam zu dem Ergebnis, daß ein Baum der einzige Zufluchtsort für ihn sei. Er suchte sich einen aus und kletterte fast bis zur Spitze hinauf, setzte sich auf einen Ast, legte die Arme um den Stamm und faltete die Hände.

Die Nacht kam und mit ihr ein neuer Sturm. Er war noch stärker als der in der Nacht zuvor. Die Tanne schwankte wild hin und her und versuchte, ihn abzuschütteln. Er dachte, die Nacht würde niemals enden. Doch vor dem Morgen legte sich der Sturm, und als die Sonne aufging, war er glücklich. Er hörte seinen Vater sagen: »Komm herunter, mein Sohn, du hast alle Prüfungen bestanden.« Mit dem Rest seiner Kraft kletterte Silíomoho herunter, und sein Vater sagte zu ihm: »Ich habe die ganze Zeit gehofft, daß du überleben würdest, mein Sohn. Ich habe meine ganze Macht gebraucht, um dich zu prüfen, und jetzt weiß ich, daß du stark bist. Du mußt stark sein, denn die Zukunft wird viel Schweres für dein Volk bringen.«

Zusammen gingen sie zurück zum Kiva, in dem sie am ersten Abend gewesen waren. Silíomoho wurde mit großer Wärme empfangen, weil er als menschliches Wesen die Prüfungen bestanden hatte. Alles machte ihm viel mehr Freude nach den drei schrecklichen Nächten. Es gab wieder wunderbar zu essen, und danach kamen viele Kachinas und sangen und tanzten für ihn. Sie feierten sein Überleben und segneten ihn, weil er diese furchterregende Initiation überstanden hatte. Ja, er war nun unter sie aufgenommen! Er schlief glücklich ein, während die Kachinas noch tanzten.

Am nächsten Morgen wachte er erfrischt wieder auf. Sein Vater kam und sagte: »Ich habe schon meine Morgenarbeit getan, ich habe im ganzen Land die Erde mit Tau gesegnet. Nun können wir gehen; deine Mutter und die Großeltern werden sich Sorgen um dich machen.« Die Kachinas gaben Silíomoho zu essen, und dann folgte er seinem Vater die Leiter hinauf aus dem Kiva. Sein erlegtes Wild war noch da und nun völlig getrocknet.

Sein Vater sagte zu ihm: »Ich werde dir einen Teil des Weges helfen, aber ich kann nicht mit dir nach Hause gehen, ich kann nicht bei deiner Mutter und deinen Großeltern wohnen. Doch wenn ich als Nebel oder als Tau komme, wirst du wissen, daß ich da bin.« Dann hob er das Bündel mit dem getrockneten Fleisch auf, und sie gingen.

Als sie in die Nähe von Silíomohos Haus kamen, sagte sein Vater: »Von hier an mußt du allein gehen. Wenn du nach Hause kommst, erzähle deiner Mutter und deinen Großeltern, daß du deinen Vater kennengelernt hast. Und sage ihnen, was sie schon wissen: daß ich nicht bei euch wohnen kann, weil ich zu einer anderen Welt gehöre.« Silíomoho nahm das Bündel mit dem Fleisch und den Geschenken der Kachinas, aber es war so schwer, daß er es nicht auf seine Schulter heben konnte. »Das ist zu schwer für dich«, sagte sein Vater, der es die ganze Zeit mit Leichtigkeit getragen hatte. »Ich werde dir beim Tragen helfen, aber du wirst mich nicht sehen.« Nun konnte Silíomoho es aufheben und tragen, und sein Vater war unsichtbar geworden.

Alle begrüßten ihn freudig, als er heimkam. Als seine Mutter sah, wieviel Fleisch er mitgebracht hatte, gab sie sofort den Nachbarn davon ab.

Und dann erzählte Silíomoho ihnen, daß er seinen Vater kennengelernt hatte und was für furchtbare Prüfungen er durchgemacht hatte. Er berichtete ihnen alles, was sein Vater gesagt hatte: daß er hatte leiden müssen, um seine Kräfte zu beweisen und zu mehren, weil die Zukunft schwere Zeiten für sein ganzes Volk bringen würde. Wenn er das Wissen, das ihm sein Vater gegeben hatte, nicht mißbrauchte, würde er, Silíomoho, in seinem späteren Leben Hüter und Oberhaupt eines Planeten werden. Er sagte ihnen, daß er den Namen seines Vaters erfahren habe; er hieß Hólolo und kam von einem weit entfernten Planeten[19].

Als er seinen Vater Hólolo beschrieb, wie gut er aussah und wie stark er war, erkannte seine Mutter ihn sofort wieder. Er hatte noch etwas anderes zu berichten, was sehr wichtig war. Sein Vater hatte ihm gesagt, daß damals, als er seine Mutter dreimal bei dem Hügel getroffen hatte, keine körperliche Beziehung zwischen ihnen stattgefunden habe. Das war eine späte Bestätigung für das, was seine Mutter ihren Eltern von Anfang an erzählt hatte.

Viele Jahre lang sagten die Leute, wenn Nebel in den Cañon zog, Hólolo käme, der Vater Silíomohos. Und viele von uns bezeichnen heute noch den Cañon de Chelly als Nebel-Cañon.

Silíomoho wurde ein wichtiges Oberhaupt. Seine Fähigkeiten waren eine große Hilfe für sein Volk. Er konnte voraussagen, wann es regnen würde, wieviel Schnee es geben würde, wann sie säen sollten und wie sie ihre Ernte aufbewahren sollten. Das war eine Gabe seines Vaters Hólolo.

Dies ist das Ende der Geschichte von Silíomoho, der im Roten Cañon geboren wurde, der jetzt Cañon de Chelly heißt.

Die Suche
Die Geschichte, die ich dir jetzt erzählen werde, habe ich oft an meinem Geburtsort Oraibi gehört. Sie hat sich vor langer Zeit ereignet. Oraibi war viele, viele Jahre zuvor gegründet worden und hatte sich schon zu einem großen Dorf entwickelt. Viele Menschen lebten dort und hatten Häuser, die zum Teil fünf Stockwerke hoch waren.

Die Leute, die dort wohnten, holten ihr Wasser aus verschiedenen Quellen im Tiefland. Die wichtigste war die Flöten-Quelle, die es heute noch gibt. Sie liegt etwa 800 Meter westlich von Oraibi. Es ist nicht die Quelle, die ich vorher erwähnt habe (siehe S. 33). Es gehörte zu den Pflichten der Frauen, das Wasser für den Haushalt von einer dieser Quellen zu holen, und sie hatten sich angewöhnt, jeden Nachmittag in Gruppen dorthin zu gehen. Unter ihnen war stets ein Mädchen namens Panáyanem; das bedeutet »das Mädchen (oder die Frau), das im Wasser lebt«.

An einem Sommernachmittag war es so heiß, daß alle hinauf in die oberen Stockwerke ihrer Häuser gingen, um im Schatten zu sitzen und den kühlen Wind zu genießen. Sie taten das gern an so heißen Nachmittagen. Im kalten Winter gingen sie hinunter ins Erdgeschoß oder in den Kellerraum, den wir Haus-Kiva nennen, wo es schön warm war, wenn das Feuer brannte.

An diesem heißen Nachmittag saßen also alle Frauen auf den Dächern, doch Panáyanem beschloß, trotzdem zu gehen und Wasser zu holen. Sie nahm den großen Krug, der ungefähr 20 Liter Wasser faßte, und den Flaschenkürbis, den sie zum Füllen des Kruges brauchte, und ging den schmalen Pfad die Klippe hinunter. Niemand war zu sehen, nicht einmal die Kinder spielten unten in den Sandhügeln.

An einer Stelle sind ein paar Stufen in den Felsen gehauen, und dann führt der Pfad an der Klippe entlang und unter einen überhängenden Felsen, der zu dieser Stunde einen tiefen Schatten wirft. Sie wollte sich dort eine Weile ausruhen und abkühlen.

Als sie den schattigen Platz erreichte, saß dort ein junger Mann. Das Mädchen war alt genug, um ungefähr alle jungen Männer der Gegend zu kennen, aber diesen kannte sie nicht. Er war ein Fremder. Und dann die Kleider, die er trug! Um diese Tageszeit war niemand so schön angezogen wie die Kachinas während der Zeremonien. Panáyanem war sehr überrascht. Sie blieb stehen und sagte: »Es ist schön kühl hier, nicht wahr?« Und der Fremde antwortete: »Ja, warum bleibst du nicht einen Augenblick hier und kühlst dich ab?« Sie hatte das schon vorgehabt und setzte sich neben ihn. Es war gerade genug Platz für die beiden im Schatten.

Der Fremde hatte schönes, glattgekämmtes Haar, das ihm fast

bis zur Taille den Rücken herabhing. Eine rote Linie war quer über seine Nase von einer Wange zur anderen gemalt. Über seiner Brust hingen Muscheln in verschiedener Größe, und wenn er sich bewegte, berührten sie sich und gaben einen hübschen Klang. Unter den Knien trug er einen schönen gewebten Beinschmuck und am Arm ein Band, das wie Schneeflocken funkelte. Sie sah alles und wußte, daß er von hohem Rang sein mußte.

Sie sprachen eine kleine Weile miteinander, und vor Staunen und Verwunderung vergaß sie zu fragen, wer er sei und woher er komme. Dann sagte der junge Mann, er werde mit ihr zum Brunnen gehen. Sie war einverstanden, und sie gingen zusammen zur Flöten-Quelle. Einen Augenblick blieben sie dort stehen, und der junge Mann sagte, er müsse nun weitergehen. Erst jetzt dachte sie daran, ihn zu fragen, wo er zu Hause sei. »Das Weltall ist mein Zuhause«, antwortete er. Sie ging die paar Schritte zum Brunnen, und als sie sich dort umwandte, sah sie ihn nicht mehr.

Auch auf dem Heimweg sah sie niemanden. Ihre Eltern waren sehr erstaunt, als sie ihnen erzählte, was sie erlebt hatte, wie hübsch der junge Mann gewesen sei und wie schön seine Kleider waren. Sie sagte auch, daß er nach der Art, wie er sprach, nicht aus einem der umliegenden Dörfer stammen konnte. Sie sprachen noch lange von ihrem Erlebnis und dachten darüber nach, konnten aber keine Erklärung finden.

Das Mädchen wünschte sich sehr, ihn wiederzusehen, doch er kam nie zurück. Eines Tages merkte sie, daß sie ein Kind bekommen würde. Das war sehr seltsam, denn sie hatte sich mit keinem der Dorfburschen getroffen, obgleich viele sie abends besuchten, wenn sie Maiskörner mahlte. Es war auch zwischen ihr und dem Fremden nichts vorgefallen.

Ihre Eltern wollten unbedingt wissen, wer der Vater des Kindes war, denn zu jener Zeit bestand in unserem Volk die strenge Sitte, daß eine Frau, die ein Kind bekam, verheiratet zu sein hatte. Ihre Eltern mußten nun die Schuld auf sich nehmen, ihre Tochter nicht streng genug erzogen zu haben, und auch für das Mädchen war es nicht gut.

Panáyanems Vater beschloß, trotz alledem eine Decke für das

Kind zu machen. Diese Decke ist eines der wichtigsten Geschenke für ein neugeborenes Kind, eines der wichtigsten Besitztümer eines Hopi. Sie heißt Guoquílahoya, die Heilige Decke, und der Hopi behält sie bis ans Ende seiner Tage. Die traditionsbewußten Leute unseres Stammes machen heute noch solche Decken.

Man braucht viel Zeit, um so eine Decke zu machen. Die Samen müssen von der Baumwolle gezupft werden, dann muß man sie waschen, spinnen und färben. Jede Decke hat zwei Farben, und für Jungen und Mädchen gibt es verschiedene Farben und Muster.

Frau und Tochter halfen dem Vater, die Baumwolle vorzubereiten, so daß er bald anfangen konnte zu weben. Alles war fertig zum Empfang des Kindes, als die Wehen begannen. Die Großmutter rief die weiblichen Verwandten zusammen, und kurz vor Sonnenuntergang wurde das Kind geboren. Es stellte sich jedoch heraus, daß zwei Kinder kommen würden. Das zweite wurde Stunden später geboren, es war schon fast Mitternacht. Zwillinge! Und es waren beides Buben. Besonders die Großeltern waren sehr glücklich, denn die beiden würden ihnen in späteren Jahren eine große Hilfe sein.

Die Kinder mußten gewaschen werden, und der Körper der Mutter wurde gereinigt. Alles geschah mit den entsprechenden Zeremonien. Auch die Nabelschnüre wurden präpariert. Ein Teil von jeder wurde um einen Stab gewunden und im Geburtshaus der Kinder aufbewahrt. Die anderen beiden Teile wurden zu einem Schrein gebracht, auf den die Nabelschnüre aller in Oraibi geborenen Kinder gelegt wurden. Dies geschah zum Zeichen für den dauernden Platz des neuen Lebens im Universum.

Als das alles getan war, geschah etwas Seltsames. Über dem Dorf erschien ein helles Licht. Es ging nicht von einer Stelle aus wie das Sonnenlicht, sondern es war ein zerstreutes Licht, wie ein Schleier. Es wurde stärker über dem Haus, in dem die Zwillinge geboren waren, das im Südwestteil des Dorfes fast am Weg zur Flöten-Quelle lag. Für die Eltern der jungen Frau war es der Beweis für das, was ihre Tochter ihnen immer erzählt hatte. Sie begriffen, daß der Vater der Zwillinge erschienen war.

Doch im Dorf gab es viel Gerede über das Mädchen mit den

Zwillingen, deren Vater niemand kannte. Panáyanem hatte sogar einigen Freundinnen von dem Fremden erzählt, aber alle zogen sich von ihr und ihren Eltern zurück, und ihr Leben wurde sehr traurig.

Als die Kinder größer wurden, litt ihre Mutter so sehr unter dem Geschwätz, daß sie anfing, sie zu vernachlässigen. Als sie ungefähr zehn Jahre alt waren und ihre Großeltern beide nicht mehr lebten, war ihre Mutter meist in anderen Dörfern, wo es Tänze gab, und die Buben waren auf die Hilfe einiger freundlicher Nachbarn und auf sich selbst angewiesen.

Es kam ein Tag, als die Mutter wieder einmal zu einem kurzen Besuch im Dorf war und die Kinder sie um Hilfe baten, da antwortete sie ihnen: »Ihr seid nicht meine Kinder, laßt euren Vater für euch sorgen.« Die beiden Brüder hatten schon lange über ihren Vater nachgedacht. Die Mutter hatte nie von ihm gesprochen, nur die Großmutter hatte vor ihrem Tode einmal gesagt, er sei ein sehr ungewöhnlicher Mann. Aber das genügte ihnen nicht. Häufig sprachen sie davon, wo sie ihn wohl finden könnten. Die Kinder und Erwachsenen in Oraibi hatten oft gesagt, die Großen Wissenden kämen von dem Schneebedeckten Berg – Navatikiovi. War ihr Vater vielleicht einer von diesen?

Als der Frühling kam und die Tage wärmer wurden, beschlossen die Zwillinge, zu dem Schneebedeckten Berg zu gehen und nach ihrem Vater zu suchen. Eine freundliche Frau machte ihnen etwas Omi, eine sehr nahrhafte Speise aus Maissprossen, und etwas Pík'ami. Dann nahmen sie ihre Decken und den kleinen Krug, den ihnen die Großmutter gemacht hatte, packten ihre Wegzehrung ein und machten sich auf den Weg nach Westen.

Sie fühlten sich einsam und weinten viel am ersten Tag. Als es Nacht wurde, schliefen sie an einem Platz namens Yungyachaivi – »Wo das Eichhörnchen läuft«. Am nächsten Abend kamen sie bis nach Kachina Point, dem Gipfel einer Felsenklippe gegenüber dem Fluß, und am dritten Tag erreichten sie nach langer Wanderschaft den Wald. Da es Frühling war, lagen viele Nüsse am Boden, die die Tiere vor dem Winter übriggelassen hatten. Davon sammelten sie sich am vierten Tag einen Mundvorrat, bevor sie anfingen, den Berg hinaufzusteigen. Auch am fünften Tag kletterten sie weiter und kamen in einen großen Tannenwald. Sie waren sehr müde und hatten nur ungefähr die Hälfte des Berges erstiegen. Bei Sonnenuntergang erreichten sie die Höhe eines kleinen Buckels. Hier gab es keine Bäume, doch in der Mitte der freien Fläche stand ein Gebäude, das wie ein Kiva aussah. Sie fürchteten sich, weil dort vielleicht böse Menschen wohnten, doch ihr Wunsch, den Vater zu finden, war stärker, und so gingen sie hin, um nach dem Weg zu fragen.

Die beiden Brüder näherten sich vorsichtig und blieben ganz still auf dem flachen Dach des Kiva stehen. Da hörten sie von unten eine freundliche Stimme, die sie einlud, die Leiter herunterzukommen. In dem Raum, den sie betraten, waren mehr Frauen als Männer, alles Kachinas, die die Kinder bei den Zeremonien in Oraibi gesehen hatten. Die Frau, die sie willkommen hieß, war eine Hahá-i-Mutter. Sie bot ihnen eine Mahlzeit an, und die Zwillinge aßen gierig. Das war natürlich kein sehr gutes Benehmen, aber sie waren so hungrig! Als ihre Mägen voll waren, schliefen sie sofort ein.

Die freundliche Hahá-i gab ihnen am nächsten Morgen wieder zu essen und stellte ihnen einige Fragen. Die beiden Brüder erzählten, daß sie auf der Suche nach ihrem Vater waren, der vielleicht einer von den Wissenden sei, und daß sie hofften, ihn hier zu finden. »O ja«, sagte sie, »wir kennen euren Vater. Er war sogar heute nacht hier, aber ihr habt ihn nicht gesehen, weil er früh fortmußte.« Die Zwillinge waren sehr aufgeregt, doch das konnten sie nicht zeigen und fragten nur: »Wo können wir ihn jetzt finden?« Hahá-i sagte, sie werde ihnen helfen, weil sie seine Kinder seien, und weil sie von ihrem traurigen Leben in Oraibi wisse. Sie sagte auch, daß keiner der Kachinas ihnen habe helfen können, weil es noch nicht Zeit zum Eingreifen sei, doch die Zeit werde eines Tages kommen. Aber da sie jetzt hier waren, konnte sie ihnen helfen. »Er geht von Ort zu Ort, um die Erde zu segnen«, sagte sie, »und wenn ihr ihm folgt, werdet ihr ihm begegnen, wenn es an der Zeit ist. Er wird als Geist bei euch sein, weil ihr ein Teil von ihm seid, und deshalb werdet ihr alle Hindernisse überwinden.

Aber er kann sich euch erst später zeigen.« Die Brüder waren sehr froh, als sie das hörten, und faßten neuen Mut.

Vom flachen Dach des Kiva aus zeigte Hahá-i ihnen einen Berg, der nördlich von ihnen lag. Sie konnten eine Wolke darüber sehen, aus der es regnete, und darüber einen geraden, schönen Regenbogen. »Das ist euer Vater«, sagte sie, »es gehört zu seinen Pflichten, das Land hier mit Wasser zu segnen. Es ist ein weiter Weg für euch dorthin, aber ihr werdet es schaffen.«

Der Berg, den sie sahen, war Tokóonavi, der »Erstarrte Berg«. Von weitem sieht er dunkel aus, es gibt kein Leben auf ihm. Nicht weit von seinem Gipfel hatten einige der Wissenden ihren Wohnsitz.

Als die Zwillinge nach fünf Tagen dort ankamen, wurden sie freundlich aufgenommen und bekamen wieder gut zu essen. Doch sie erfuhren, daß ihr Vater in Richtung Osten gegangen war. Am nächsten Morgen nahm die Kachina-Frau sie mit auf das Dach des Kiva und zeigte ihnen einen Nebel weit entfernt am Horizont. Auch eine große Wolke türmte sich dort auf, aber sie sahen keinen Regenbogen. Das war in der Gegend, die bei uns jetzt Salápa und bei euch Mesa Verde heißt. Unsere Ahnen haben dort lange Zeit gelebt. Der Name Salápa heißt »Fichtenquelle«. Dort war also ihr Vater jetzt!

Wieder erhielten die Kinder zu essen und zu trinken für unterwegs, und dann machten sie sich auf den Weg. Die Kachina-Frau hatte ihnen versichert, es werde ihnen nichts geschehen, weil sie nun schon zu den Kachinas gehörten. Diesmal hatten sie kein festes Ziel vor Augen, doch am fünften Tag sahen sie Dunst von der Seite eines Hügels aufsteigen. Dort gingen sie hin und fanden tatsächlich einen Kiva.

Sie wurden mit der gleichen Freundlichkeit empfangen und bewirtet wie zuvor, und wieder hörten sie die gleichen Worte: »Euer Vater ist nicht hier.« Doch die Kachina-Frau sagte: »Ihr werdet euren Vater einholen.« Sie zeigte nach Süden, fast in die Richtung von Oraibi. »Morgen wird er südlich und östlich des großen Berges sein, aber wenn ihr zu dem Platz dort drüben geht, wird er auch dort sein, und ihr werdet ihn treffen. Ihr habt schon von dem Platz gehört, es ist Kíishiva, die ›Quelle im Schatten‹«.

Natürlich hatten sie davon gehört; es war die Quelle, von der man daheim die Fichte für den Kulttanz holte, und sie mußten jedesmal Gebetsfedern dorthin bringen, bevor sie die Fichte nehmen durften.

In den nächsten Tagen mußten die Zwillinge durch schwieriges Gelände gehen, über Flüsse und Berge hinweg, doch sie hatten gut gegessen und waren froh, weil sie wußten, daß sie bald ihren Vater finden würden. Sie wußten auch immer, in welcher Richtung sie gehen mußten, denn sie sahen eine Dunstsäule, die hoch bis in den Himmel reichte, und die Kachina-Frau hatte ihnen gesagt, dies sei ihr Ziel.

Dieser Dunst, der zum Himmel aufstieg, bedeutete auch ihren eigenen Lebensatem und war ein Zeichen dafür, daß sie nun bald anfangen würden, guten Menschen zu helfen.

An der Quelle hatte einmal ein Dorf gestanden, aber es war nun schon lange verlassen. Als die Zwillinge auf dem Gipfel eines nahen Hügels ankamen, fanden sie dort einen Kiva, wie sie sie zuvor gesehen hatten. Der Empfang war freundlich und das Essen herrlich, und müde, wie sie waren, schliefen sie gleich nach der Mahlzeit ein.

Vor Morgengrauen erwachten sie. Die Hahá-i-Mutter gab ihnen wieder zu essen und fragte, weshalb sie kämen und was ihnen geschehen sei. Die Zwillinge erzählten ihre ganze traurige Lebensgeschichte aus Oraibi, daß ihre Mutter sie verstoßen habe und die Großeltern gestorben seien; von den schweren Jahren, die sie erlebt hatten, und ihrem Wunsch, den Vater zu finden.

Am Feuer saß ein alter Mann, der aussah wie ein Kachina-Priester. Als er die traurige Geschichte der beiden Brüder hörte, verzog sich sein Mund, und Tränen begannen ihm über die Wangen zu laufen. Das war der alte Mann Hehéya. Er erscheint seitdem in den Zeremonien in unseren Dörfern mit verzogenem Mund und regenbogenfarbenen Linien von den Augen über die Wangen hinunter als Zeichen für seine Tränen.

Die Brüder hatten gerade ihre Geschichte beendet, als das erste Sonnenlicht am Horizont erschien, und plötzlich gab es über dem flachen Dach ein donnerndes, dröhnendes Geräusch wie eine Explosion. Die Hahá-i-Mutter sagte, als spräche sie mit jemandem: »Willkommen daheim.« Und zu den Brüdern: »Euer Vater ist da. Er ist immer mit solchem Donnergeräusch unterwegs.« Dann sahen sie ihn die Leiter herunterkommen; sein Körper war hell und glitzernd wie eine Schneeflocke, wie Diamanten, und mit dem Klingen seiner Muscheln wirkte er sehr majestätisch. Die Zwillinge waren ängstlich und aufgeregt; dies war also ihr Vater! Sie wollten ihm entgegenlaufen, aber sie konnten es einfach nicht.

Der große, junge Mann trug auch einen Schild, der glänzte und blitzte wie sein Körper. Zwei schmale, schwarze Linien teilten die strahlende Fläche des Schildes in vier Teile[20].

Die Hahá-i-Mutter ging zu ihm, half ihm beim Ablegen seiner glänzenden Ausrüstung und hängte sie in einen Raum auf der Rückseite des Kiva. Dann sagte sie: »Nun geht und begrüßt euren Vater«, und das taten sie und umarmten ihn und waren sehr glücklich. Ihr Vater sagte: »Oh, ich habe schon immer gewußt, was mit euch geschah, aber die Zeit war noch nicht gekommen, um euch zu helfen. Doch nun seid ihr hier. Es gibt nur noch eine Aufgabe für euch, und dann bleiben wir zusammen.«

Die Zwillinge waren froh, bei ihrem Vater zu sein, der nun wie jeder andere Mensch aussah. Sie wußten, daß er morgen wieder in seinem glitzernden Gewand ausgehen würde, und daß wegen seiner großen Macht niemand ihn berühren durfte. Hehéya sprach davon, daß die Zeit für den Kulttanz nahe war, und sagte zu den Zwillingen: »Ich will euch vorbereiten. Ihr sollt ins Dorf zurückgehen, und diejenigen, die euch so schlecht behandelt haben, werden bestraft werden.« Die Zwillinge lernten ein Lied, das sie in Oraibi singen sollten. Es war ein Lied mit einer schönen Melodie, das wir heute noch kennen. Mit den Worten des Liedes wird erzählt, wer sie waren und was sie zu leiden hatten.

Eines Tages ging eine Frau, die wir die Donnerfrau nennen, in das kleine Hinterzimmer und holte einen Krug. Er war nicht weit und so hoch, daß einer der Brüder ihn unter dem Arm tragen konnte. Er war in Rehleder gehüllt. Der Vater zeigte ihnen das Bündel und sagte ihnen, daß es sehr gefährlich sei. Sie sollten es nie zur falschen Zeit öffnen und ohne zu wissen, was darin sei. Dann brachte die Donnerfrau es zurück in das kleine Zimmer.

Für die Zwillinge wurden Kachina-Gewänder gemacht, denn sie gehörten nun zu den Kachinas. Dann kam der Tag, an dem Hehéya mit ihnen nach Oraibi ging. Die Zwillinge hatten begonnen, ihn Onkel zu nennen, und deshalb nennen die Hopi ihn heute auch »Onkel Hehéya«. Als sie nach einigen Tagen in der Nähe von Oraibi ankamen, war der Tanz auf dem Dorfplatz schon im Gange. Sie warteten auf dem Hügel Betátokoóvi gleich nördlich von Oraibi, bis Onkel Hehéya zur Mittagszeit meinte, es sei nun Zeit, hinunterzugehen. Sie gingen jedoch nicht zum Dorfplatz, sondern an der Westseite des Dorfes entlang bis zu dem hohen Felsblock in der Nähe des Hauses, in dem sie früher gewohnt hatten. Hier ließ Hehéya sie allein. Sie standen auf dem hohen Felsen und blickten weit über das Land nach Süden, woher ihr Volk vor so vielen Jahren gekommen war.

Dann begannen sie, ihr schönes, trauriges Lied zu singen, und läuteten dazu mit den kleinen Tonglöckchen, die die Hahá-i-mana in Kíishiva ihnen gemacht hatte. Niemand hörte und sah sie, weil alle Leute dem Tanz auf dem Dorfplatz zusahen.

Eine Frau im Dorf merkte jedoch, daß sie nicht mehr genügend Wasser hatte. Da sie nach dem Tanz Gäste erwartete, nahm sie ihren Krug und machte sich auf den Weg zur Flöten-Quelle. Plötzlich hörte sie einen schönen Gesang, sah sich um und entdeckte die beiden Brüder hoch über sich auf dem Felsen. Sie eilte zur Quelle, so schnell sie konnte, und blieb auf dem Rückweg einen Augenblick stehen, um zu horchen. Als in dem Lied die Mutter der Zwillinge genannt wurde, dachte sie, dieses könnten vielleicht die beiden verschwundenen Brüder sein. Sie lief ins Dorf und erzählte dem Häuptling von den singenden Kindern auf dem Felsen.

Der Häuptling ging mit ihr und sah die Zwillinge, die immer noch sangen. Er erkannte sie sofort wieder und war glücklich, sie zu sehen und daß sie wie Kachinas gekleidet waren. Da sie nun Wissende waren, nahm er Maismehl aus seiner Tasche und bat sie, mit ihm zum Dorfplatz zu kommen. Die Zwillinge hörten auf zu singen und folgten ihm.

Die Kachinas auf dem Dorfplatz hatten inzwischen ihren Tanz beendet und waren fortgegangen. Der Häuptling führte die Brüder zu der Pahóki; das ist ein bedeutender Altar auf den Dorfplätzen aller unserer Dörfer, auf den die Gebetsfedern gelegt werden. Der Pahóki war etwa 60 Zentimeter hoch, und der Häuptling bat die Brüder, hinaufzusteigen, so daß jeder sie sehen konnte. Sie begannen wieder zu singen, und bald standen alle um sie herum, um sie zu sehen und zu hören.

Den Brüdern war in Kíishiva gesagt worden, was geschehen werde, und auf dem Weg zum Dorfplatz hatten sie es dem Häuptling berichtet, so daß er vorbereitet war. Einer von ihnen trug den Krug unter dem Arm.

Sie hatten aufgehört zu singen und waren von der Pahóki heruntergestiegen, als plötzlich ihre Mutter gelaufen kam. Wie man ihm gesagt hatte, nahm der Junge in dem Augenblick, als die Mutter ihre Zwillinge an sich reißen wollte, das Leder von dem Krug. Ein schrecklicher Blitzstrahl fuhr heraus und erschlug die Mutter vor ihren Augen.

Das war es, was Onkel Hehéya ihnen gesagt hatte; die Zeit war gekommen, daß diejenigen bestraft werden sollten, die das Leben anderer nicht achteten. Und nun war ihre eigene Mutter mit dem Tode bestraft worden! Der Häuptling kam und sprach zu allen Leuten auf dem Platz und erklärte ihnen, daß dies eine Warnung für jeden gewesen sei. Der schöne Tag des Tanzes war zu einem traurigen Tag geworden, doch er sollte ihnen eine Lehre sein.

Er fragte die beiden Brüder, wo sie wohnen wollten, und sie sagten, sie würden zu den Wissenden zurückkehren, zu denen sie nun gehörten. Er führte sie aus dem Dorf, denn der Häuptling muß die Kachinas begleiten. Und er bat sie wiederzukommen, nicht im Zorn, denn das Urteil war vollstreckt, sondern um das Dorf zu segnen.

Die Brüder gingen hinunter an der Flöten-Quelle vorbei und wurden in eine Wolke verwandelt, die sich vom Boden erhob und westwärts zu den Schneebedeckten Bergen, Navatikiovi, zog.

Und wenn die Kinder heute zwei Wolken über diesen Bergen sehen, sagen sie: »Die beiden Brüder sehen uns an.«

6. Über die Energie

In Kásskara kam alle Kraft und Energie, die wir brauchten, von der Sonne. Man konnte sie überall gewinnen, und Leitungen waren nicht nötig. Aber ich weiß nicht, wie es gemacht wurde.

Wir hatten ein Gerät, tatsächlich viele davon, mit einem Kristall darin, der nur etwa einen Zoll groß war. Damals brauchten die Menschen nicht tagelang an einem Stein zu meißeln. Sie mußten nur dieses Gerät in einer Weise halten, daß sich die Sonne in dem Kristall spiegelte, und so konnten sie jeden Stein mit Sonnenenergie spalten.

Auch alle Laute wurden in Kristallen gespeichert. Alle diese Aufnahmen aus der Dritten Welt liegen in einer Höhle irgendwo in Südamerika. Meine Großmutter hat mir das einmal gesagt, aber niemand weiß mehr, wo diese Höhle ist. Wenn sie jemals gefunden wird, kann ich alles darin wiedererkennen.

Als wir auf diesem Kontinent einwanderten, brachten wir diese Geräte und unser Wissen natürlich mit. Dort unten in Südamerika konnten die Menschen auch noch gewaltige Felsblöcke heben, indem sie einfach die Hände ausstreckten; sie brauchten sie nicht anzurühren. Heute sind wir erstaunt und verstehen nicht, wie sie solche Städte bauen konnten, aber damals war es einfach.

Die höchste Wirkung menschlicher Fähigkeiten liegt in den Fingern. Sie strahlen soviel Kraft aus und können auch soviel aufnehmen! Denke nur daran, wenn ein Medizinmann seine Finger auf deinen Körper legt und alle seine Schwingungen fühlt. Er fühlt auch die Schwingungen, die nicht dasein sollten, und erkennt, wo die Krankheit liegt.

Es gab auch eine Zeit, als mit Quecksilber gearbeitet wurde, aber ich bin nicht sicher, wofür man es verwendete. Nach der Aussage der Hopi gab es zwei Sorten, eine feste und eine flüssige. Irgendwie scheint es mit Hitze und Gleichgewicht zu tun zu haben; ich weiß nicht, ob dir das wissenschaftlich etwas sagt. Die Zwei-Horn-Leute haben es benutzt; das habe ich von einem Mann vom Bogen-Clan gehört.

Die Menschen waren damals technisch auf einem sehr hohen

Stand, aber sie haben diese Macht nicht benutzt, um Menschenleben zu zerstören. Das Wissen ging allmählich verloren, und so mußten die Menschen viel schwerer arbeiten. Heute sind uns alle diese guten Dinge verborgen, und wir sehen mit Staunen, was damals geleistet wurde. Im Vergleich damit könnte man sagen, daß wir heute im dunklen Zeitalter leben.

7. Über die Symbole

Als wir uns nach unserer Ankunft in Südamerika ansiedelten, fingen wir auch an, unsere Anwesenheit zu dokumentieren. Wir brachten unser geistiges und geschichtliches Wissen durch Symbole zum Ausdruck. Wir tun das heute noch, denn wir haben diese Symbole von unseren Vätern geerbt und kennen den Sinn der Zahlen und Linien. Wir wissen, was sie bedeuten und was man mit diesen Symbolen zum Ausdruck bringen kann.

Wir haben unsere Zeichen überall hinterlassen, wo wir lebten und gewandert sind. Die Beweise unseres Wissens und unserer Anwesenheit sind fast überall von Südamerika bis auf unserem nordamerikanischen Kontinent zu finden: die Felsinschriften, die Keramik und die Gebäude. Manche Leute sagen, wir hätten keine geschriebene Sprache! Aber das ist sie doch – das ist unsere Schrift und unsere Botschaft, die überall auf zwei großen Kontinenten geschrieben steht! Sie ist noch vorhanden, ist noch nicht zerstört worden.

Wir haben unsere Symbole auf Fels geschrieben, weil er nicht so leicht vom Wetter zerstört wird. Wir haben unsere Keramik mit Symbolen geschmückt und tun es heute noch. Immer wenn wir während unserer Wanderungen eine Siedlung nach Jahren verließen, zerbrachen unsere Kinder im ganzen Dorf die verzierten Gefäße und ließen sie dort als Vermächtnis zurück. Keramik kann nicht zerstört werden. Sie kann zerbrechen, aber die Scherben bleiben für immer. Andere Völker und spätere Generationen werden kommen und sie finden, und sie werden wissen, daß wir vor ihnen dagewesen sind.

Dann gibt es die Gebäude, die Ruinen. Man muß auf bestimmte Merkmale achten, dann findet man sie überall von Südamerika bis hierher. Es gibt z. B. Türme, den runden Turm und den viereckigen Turm. Der runde Turm ist das weibliche Symbol, der viereckige das männliche.

Sehr wichtig ist die sogenannte Schlüsselloch- oder T-Form; wir haben sie seit der Ersten Welt. Diese Form ist ein Symbol für den Plan des Schöpfers. Deshalb haben unsere Kivas einen T-förmigen Grundriß. Und da ich gerade von den Kivas spreche, will ich noch andere symbolische Bedeutungen ihrer Bauweise erwähnen. Das untere Stockwerk stellt die Erste Welt dar, der obere Stock die Zweite und der ganze Teil von hinten nach vorn die Dritte Welt. Auf dem flachen Dach des Kiva ist eine erhöhte Plattform, die unsere gegenwärtige Vierte Welt darstellt. Nun wirst du verstehen, weshalb die Kivas so wichtig für uns sind.

Und natürlich gibt es die großen Bauwerke aus der Vergangenheit. Wieviel Symbolismus und Wissen kommt in ihnen zum Ausdruck! Die Bezugnahme auf die vielen Welten findet sich überall; in der Stufenzahl der Pyramiden und in der Zahl der Türen auf den Dächern der Gebäude: die drei früheren Welten, unsere heutige Vierte, die Fünfte Welt und die sieben Welten, durch die die Menschheit im ganzen gehen muß. Auch die neun Welten kommen vor, zu denen auch die beiden zählen, die dem Schöpfer gehören. Und dann die Skulpturen und die Anordnung der Gebäude! Über die Bedeutung der Funde in den mexikanischen und anderen mittelamerikanischen Ruinen könnten wir noch ein weiteres Buch schreiben. Ich habe dir schon von der T-Form in Teotihuacan erzählt, von der Bedeutung der Stufen, warum in dem Bauwerk vor der Sonnenpyramide ein Loch ist und von der Bedeutung der Schlangen zu beiden Seiten der Stufen.

In allem liegt eine Bedeutung, und überall ist Geschichte aufgezeichnet. Wir sind geistig orientierte Menschen, und die Archäologen und Historiker müssen sich klarwerden, daß sie erst uns verstehen müssen, bevor sie die Ruinen erklären können.

In unserer heutigen Zeit tragen wir diese symbolischen Zahlen mit uns oder vielmehr in uns, nicht mehr in materieller Form, sondern auf feinere Art. Wenn z. B. die Kachinas auf dem Dorfplatz tanzen, gruppieren sie sich nur an drei Stellen, um die drei Welten zu zeigen, durch die wir gegangen sind. Sie können nicht viermal ihre Gruppe bilden, weil die Vierte Welt noch nicht vollendet ist.

Auch die Lieder muß ich erwähnen, die während der Zeremonien gesungen werden. Ein solches Lied hat fünf Strophen, die uns sagen, daß wir in die Fünfte Welt übergehen werden.

Daran siehst du, daß der Hopi genau weiß, wo er im großen Weltenplan steht: zwischen der Dritten Welt, die zerstört wurde, und der Fünften Welt, die wir als nächste erreichen werden. Wir wissen, daß wir hier in der Vierten Welt in der Mitte von sieben Welten stehen, durch die wir im ganzen gehen müssen. Doch wir brauchen das nicht auszusprechen, weil es symbolisch in unseren Zeremonien zum Ausdruck kommt. Warum sollte man etwas aufschreiben, was so fest verwurzelt ist und so klar aus unseren Zeremonien spricht?

Der ganze Symbolismus, den der Hopi heute benutzt, erinnert uns an Wahrheiten, die wir vor langer Zeit gelernt haben. Aber nur wir Hopi kennen und verstehen diesen Symbolismus, kein anderer Stamm kann es, obwohl manche von ihnen jetzt auch Hopi-Symbole verwenden. Aber sie sehen nur das Äußere und haben nicht das Wissen.

Wenn du also irgendwo unsere Symbole siehst, in Südamerika, Mittelamerika oder auf diesem Kontinent, denke daran, daß wir heute noch wissen, was sie uns sagen, und denke daran, daß wir dies alles aus der Vergangenheit, von unseren Vätern übernommen haben und weiter lebendig halten.

Denke auch daran, daß das Hopi-Wissen noch viel weiter geht: Wir wissen, daß sich unsere Stimmen, auch ohne Laut, der Atmosphäre eingeprägt haben, und das ist unzerstörbar! Felsen und Ruinen werden einmal vergehen, doch was wir sagen und was auf einer höheren Weltebene in unseren Seelen vor sich geht, wird nie zerstört werden.

8. Ein Schlußwort

Jeder von uns wird mit einer Bestimmung geboren und muß seine Aufgabe in dieser Welt erfüllen. Lange vor meiner Zeugung war beschlossen worden, daß es zu meiner Bestimmung gehört, alle diese Dinge aufzuzeichnen. Deshalb bin ich gekommen, um mit dir zu sprechen.

Ganz zu Anfang dieser Bandaufnahmen sagte ich dir, daß die Geschichte meines Volkes eine Warnung für euch ist. Ich hoffe, du hast diese Warnung nun verstanden. Hast du bemerkt, wie die Geschichte sich immer und immer wiederholt? Und hast du gesehen, daß der Schöpfer die Menschheit bestraft, wenn sie seine Gesetze übertritt und vom rechten Weg abweicht?

Ich habe dir viel über unsere Geschichte gesagt, die Geschichte des auserwählten Volkes. Ich weiß, es unterscheidet sich von dem, was ihr bisher gewußt habt. Natürlich werden uns die Wissenschaftler korrigieren, wie sie es immer tun. Sie verstehen uns nicht und können darum auch nicht unsere Geschichte und unsere Einsichten verstehen. Aber wir Hopi erkennen in den Ereignissen der heutigen Zeit das gleiche wieder, was gegen Ende der Dritten Welt geschah. Wir sehen, was jetzt in dieser Welt vor sich geht, die Korruption, die Morde, und wir wissen, daß wir auf dem besten Wege zu unserer Vernichtung sind. Wir könnten das schreckliche Ende verhindern, wenn wir auf den rechten Weg des Schöpfers zurückkehrten, aber ich glaube nicht daran. Die nächste große Katastrophe ist nicht weit entfernt, nur ein paar Jahre. Das mag alles seltsam anzuhören sein für euch in eurer Welt, aber wir wissen es.

Wir Hopi wissen es.

/ Teil II

Widerspruch und Bestätigung

Vorwort

In den folgenden Kapiteln werde ich die Überlieferungen der Hopi untersuchen, jedoch gehe ich nicht vom Standpunkt unserer westlichen Kultur und Kenntnis aus, sondern werde vielmehr darstellen, was von dieser Kenntnis den Standpunkt der Hopi bestätigt. Ich tue das nicht, um die Überzeugung der Hopi zu stärken (das ist nicht nötig), sondern um uns das Maß an Übereinstimmung zwischen den beiden Seiten aufzuzeigen.

Die Studie ist auf den historischen Gehalt der Überlieferungen ausgerichtet. Die Aufgabe, der wir uns in dieser Hinsicht gegenübersehen, ist so riesig und das bestätigende Material aus unserer Zeit so umfangreich, daß sich die Bearbeitung mit wenigen Ausnahmen nur mit den großen Umrissen der Ereignisse und deren Hintergrund befassen kann. Wir werden sie einleuchtend und ganz überzeugend finden. Ich werde die Ereignisse darstellen, wie sie sich entwickeln, auch dann, wenn ich selbst nicht so ganz überzeugt bin. Durch die historische Orientierung dieses Buches werden technologische Angelegenheiten, so interessant sie auch sein mögen, nur bis zu einem notwendigen Maß hinsichtlich der historischen Entwicklung verfolgt. Das sollte übrigens keineswegs als Mangel an weiteren Forschungsmöglichkeiten ausgelegt werden.

Etwas, was wir im Verlauf dieser Studie nicht tun wollen, ist dies: die Möglichkeit irgendeines der berichteten Vorkommnisse von vornherein zu bestreiten. Das wäre genauso falsch wie blinder Glaube. Wir müssen uns immer bewußt bleiben, daß wir hier eine Welt betreten, in der wir Fremde sind. Wir sollten diese Welt nicht ohne sorgfältige Überlegungen beurteilen und uns ihr mit einem Mindestmaß an Bescheidenheit nähern, die uns sagt, daß auch unser Wissen ohne Zweifel begrenzt ist.

So kann man sagen, daß ich hier als Anwalt der Hopi spreche. Nicht etwa, daß ihre Überlieferungen irgendeine Verteidigung benötigten, sondern vielmehr, um mit unserer Sprache und unserem Wissen Brücken in eine Welt zu bauen, die, wie ich meine, uns viel zu geben hat.

A.
Auf der Suche nach den Anfängen

1. Unsere gegenwärtige Lage

Die Überlieferungen der Hopi mögen zwar sehr anziehend sein; sie für glaubwürdig zu halten, fällt uns jedoch schwer, es sei denn wir fänden Beweise in den Quellen unserer eigenen Kultur und Kenntnis.

Wenn wir den Verlauf der Geschichte der Hopi von der Dritten Welt bis zur Ankunft der Spanier in Oraibi verfolgen, dann zeigt sich, daß das Auftreten der Flüchtlinge aus Kásskara in Südamerika das bei weitem entscheidendste Ereignis war. Diese Ankunft erfolgte in einem Gebiet mit dem Namen Táotoóma. Táotoóma ist einem Brennpunkt vergleichbar: Der Ort ist sowohl ein Ziel für jene, die der Katastrophe entrinnen konnten, als auch ein Ausgangspunkt für die Besitznahme des neuen Landes. Táotoóma ist zur gleichen Zeit ein Ort der Sammlung und der Ausbreitung, und er bedeutet ein Ende wie einen Anfang. Táotoóma nimmt daher einen einmaligen Platz in der Geschichte ein.

Solche Aussagen stehen natürlich in direktem Widerspruch zur herrschenden Ansicht, nach der Amerika auf dem Wege über die Beringstraße besiedelt wurde. Wir stehen hier vor dem vielleicht eindeutigsten, aber auch schwersten Widerspruch zwischen Überlieferungen und Wissenschaft, der denkbar ist. Die Sachlage wird sogar noch verwickelter, wenn wir das Verhalten und den Standpunkt beider Seiten vergleichen. Die Hopi sprechen aus voller Überzeugung, was wir aufgrund unseres eigenen Wissens nicht tun können. Wenn wir unsere archäologischen Kenntnisse, die vergleichende Völkerkunde und ihre Hilfswissenschaften in Betracht ziehen, erkennen wir, daß unser einziger Beweis zugunsten der Beringstraßen-Theorie auf der Tatsache beruht, daß sich auf der Landkarte einfach nichts finden läßt, was für einen anderen Einwanderungsweg sprechen könnte. Dies stellte 1580 bereits Pater de Acosta[21] fest, und auch heute, 400 Jahre später, ist es noch die Grundlage unserer Überlegungen. Unser Gegenbeweis stützt sich also lediglich auf schwache Indizien.

Sollte es uns tatsächlich gelingen, Beweise zu erbringen, die die Angaben der Hopi hinsichtlich Táotoóma bestätigen, dann könnten wir nicht nur den Überlieferungen der Hopi in ihrem entscheidenden Punkt zustimmen, sondern auch die seit langem schwebende Frage der Besiedlung des amerikanischen Kontinents klären. Wir könnten uns dann nicht mehr länger der Erkenntnis verschließen, daß die Hopi ein Wissen haben, das viel bedeutender ist als die Erinnerung an ihre eigene Stammesgeschichte. Wir würden erkennen, daß sie das Wissen um die Geschichte der amerikanischen Indianer im allgemeinen bewahren und dazu einen beachtlichen Teil der Weltgeschichte. Die Bedeutung dieser Möglichkeit kann gar nicht genug betont werden. Natürlich würde das in der Folge auch den Glauben an die Zuverlässigkeit der Hopi-Traditionen auf anderen Gebieten stärken.

Aus diesen Gründen habe ich auf die Suche nach Táotoóma, der Heimat der allerersten Amerikaner, besonderen Wert gelegt. Wir wollen diese Suche bei den Hochkulturen beginnen, die vor der Ankunft der Europäer bestanden.

Bedeutung und Pracht dieser frühen Kulturen sind noch immer nicht völlig erkannt, noch werden sie wirklich verstanden. Unsere Neigung, diesen Mangel an Kenntnissen den Zerstörungen durch die Spanier nach der Eroberung zuzuschreiben, ist nur zum Teil richtig. Die Zerstörungen gehen auch heute noch weiter. In früheren Tagen waren der Fanatismus und das Goldfieber die treibenden Kräfte, heute ist es die nackte Gier, die Sammler und Händler, ja sogar Museen ergriffen hat.

Der Umstand, der in unserer Zeit die Erweiterung unserer Kenntnisse auf amerikanischem Gebiet wahrscheinlich am meisten behindert hat, ist das im archäologischen Denken vorherrschende Interesse an Ägypten und dem Nahen Osten. Lange Zeit überschatteten die dort gemachten bedeutenden Funde alle anderen archäologischen Tendenzen sowohl im öffentlichen Interesse als auch in der wissenschaftlichen Anerkennung. Gefühlsmäßige Gesichtspunkte wie auch finanzielle Probleme waren gleichfalls nicht ohne Einfluß.

In den letzten Jahren hat sich die Lage jedoch geändert und wird zusehends besser. Immer stärker setzt sich die Erkenntnis durch, welche Bedeutung den amerikanischen Frühkulturen zukommt, und immer mehr staunt man über ihren Umfang und ihren hohen Stand. Viele wichtige Fundstätten wurden untersucht oder zumindest verzeichnet, aber zweifellos sind noch viele andere in den weiten tropischen Wäldern verborgen. Die Daten der verschiedenen Kulturen konnten annähernd bestimmt werden, und wenn auch einige Daten umstritten sind, so haben wir doch von der historischen Reihenfolge dieser Kulturen ein annehmbar klares Bild.

Außer diesen archäologischen Ergebnissen verfügen wir über eine Anzahl spanischer Dokumente, die von den Kenntnissen der eroberten Völker über ihre eigene Geschichte vor der Ankunft der Europäer berichten.

In welche Richtung weisen alle diese Informationen?

2. Die Geographie der Kulturen

Wir finden den Menschen vor 12 600 Jahren in der Nähe von Buenos Aires[22], vor 10 200 Jahren bei Sarasota, Florida[23], vor 11 000 Jahren im östlichen und nordöstlichen Nordamerika[24]. In Utah, Wyoming und Nebraska lebte er zumindest vor 9 000 Jahren[25], seine Anwesenheit in New Mexico scheint fast 15 000 Jahre zurückzureichen[26] und in Mexiko selbst etwa 12 000 Jahre[27]. Bedenkt man, wie wenig diese beiden Kontinente wirklich archäologisch erforscht sind, muß man sagen, daß die weitgehende Übereinstimmung dieser Daten überraschend ist.

Sicher gibt es Ausnahmen. Sie beginnen mit dem Menschen von Laguna Beach, der etwa 17 000 Jahre alt ist[28]. Neuere Funde im südlichen Kalifornien gehen sogar 48 000 Jahre zurück[29], und was die Anden betrifft, nimmt man 21000 Jahre[30] an. Es kann durchaus sein, daß dank der wachsenden Anteilnahme an der Archäologie von Nord- und Südamerika und der gleichermaßen verstärkten Forschung noch genaueres Datenmaterial gefunden wird. Das ändert aber nichts an der Tatsache, daß der Mensch jahrtausendelang über diese Kontinente wanderte und sie schließlich langsam besiedelte.

Ohne irgendwelche bis jetzt ersichtlichen Verbindungen mit diesen Frühkulturen erscheinen zu einer verhältnismäßig späten Zeit sowohl in Süd- als auch in Mesoamerika Kulturen auf einer sehr hohen Stufe. Im Gegensatz zu früheren Zeiten zeigen sie dynamische und rasche Entwicklungen und Aufeinanderfolgen.

In Südamerika folgen die Kulturen einander im allgemeinen in der gleichen Region. Es gibt natürlich einige Unterschiede hinsichtlich Umfang und Standort. Am Gebiet des heutigen Peru läßt sich erklären, was gemeint ist. Diese Kulturen beginnen mit Chavín, 1500–500 v. Chr.[31], gefolgt von den Kulturen der Mochíca, Paracás und Nazca ungefähr im Zeitraum von 100 v. Chr. bis 700 n. Chr.[32]. Anschließend kommen die Huari- und Chimúgruppen. Die Geschichte erreicht ihren Höhepunkt und ihr Ende mit dem Inka-Reich, das etwa von 1250 bis zur Ankunft der Spanier im Jahre 1532 dauerte. Wie gesagt, mit kleinen Abweichungen bestanden diese Kulturen alle annähernd im gleichen geographischen Gebiet.

Im Gegensatz zu Südamerika wechseln die Kulturen Mesoamerikas entsprechend ihrer Aufeinanderfolge. Die Hauptgruppen, die wir hier in Betracht ziehen müssen, sind in der Reihenfolge ihres Erscheinens auf dem historischen Schauplatz die Olmeken, die Zapoteken und die Maya, dann die Kulturen von Teotihuacan, der Tolteken und Azteken[33]. Auf der Zeittabelle in Abb. 15 sind diese Kulturen in der Reihenfolge ihrer Entstehung angeordnet. Weiter nördlich verblaßt der in ihren Bauwerken zum Ausdruck kommende Glanz rasch, aber die Verwandtschaft mit der mesoamerikanischen Architektur ist nicht zu bezweifeln. In dieser Region müssen wir Casas Grande im nördlichen Teil Mexikos und Snaketown und Wupatki in Arizona beachten. Die letzteren beiden Fundstätten gehören insofern dazu, als sie beide den für Mesoamerika charakteristischen Ballspielplatz aufweisen. Wupatki war etwa zwischen 600 und 1200 n. Chr. bewohnt; sein Ballspielplatz wurde wahrscheinlich um 1150[34] gebaut. Der entsprechende Zeitraum für Snaketown ist bis jetzt nocht unbekannt[35]. Außerdem sollten die wegen der typischen Formen ihrer Grabhügel (mounds) und Pyramiden in der Nähe von St. Louis gelegenen Fundstätten sowie jene in Georgia und South Carolina berücksichtigt werden[36]. Die kreisförmigen Steinsetzungen in den westlichen Teilen Nordamerikas wie das Big Wheel (das Große Rad) in Wyoming[37/38] seien ebenfalls erwähnt, jedoch ist darüber noch nicht genug bekannt, um von eindeutigen Verbindungen sprechen zu können.

Abb. 16 zeigt die geographische Lage dieser Fundstätten. Eine gestrichelte Linie verbindet sie und setzt sich nach Nordamerika in annähernd nördlicher Richtung fort. Allerdings ist die Verlängerung in ihrer Richtung willkürlich, da die Fundstätten in Nordamerika über weite Gebiete verstreut sind.

In Abb. 17 ist diese gestrichelte Linie in eine gerade Horizontale umgewandelt, auf der die Kulturzentren von Abb. 16 gekennzeichnet sind. Diese waagerechte Linie zeigt uns die tatsächlichen geographischen Entfernungen zwischen den verschiedenen Kulturen, deren Daten auf senkrechten Linien angegeben sind. Schließlich werden ihre Anfänge durch eine verbindende Linie zeitlich eingeordnet.

Damit haben wir eine graphische Verknüpfung von Zeit und Geographie erreicht. Wir sehen, daß die Verbindungslinie nach rechts ansteigt. Das heißt, die Zivilisationen werden jünger, je weiter man nach Norden geht. Mit anderen Worten, hier wurde graphisch gezeigt, daß in der Aufeinanderfolge der Zivilisationen eine zeitliche Verschiebung in nördlicher Richtung erfolgt. Das Ergebnis, das nicht einmal durch die rückläufige Bewegung der Maya-Kultur beeinträchtigt wird, ist von großer Bedeutung für unsere Untersuchung, da wir damit über eine Richtungsangabe verfügen.

Zwei weitere Teilergebnisse bestätigen diesen Trend nach

Norden: In Kolumbien und Ecuador wurde Keramik bereits 500 Jahre früher als in Mesoamerika[39] benutzt. Metallbearbeitung, die in der Chavín-Kultur bereits vor 500 v. Chr. bekannt war, zeigt sich in Mexiko volle 1500 Jahre später[40].

In ihrer Aufeinanderfolge zeigen die Kulturen Südamerikas zwar keine geographische Verschiebung, doch einige der technischen Fähigkeiten vermitteln sehr hilfreiche Aufschlüsse. Ich denke da an Bauwerke in Cuzco, zum Beispiel, wie auch an die Fundstätten der Orakelsteine in Concacha und andere. Es sind dort zwei voneinander unabhängige Fähigkeiten zu beobachten: die Bearbeitung des Steins und die Beförderung besonders schwerer Steinblöcke. Beides erfordert Techniken, wie wir sie heute nicht mehr kennen und für die bis jezt noch keine Erklärungen gefunden wurden.

Die unbegreifliche Genauigkeit der Maurerarbeit in Cuzco, Ollantaytambo, Sacsayhuaman und Tiahuanaco war nur durch eine Verbindung beider Fähigkeiten zu erreichen. Die Technik der Steinbearbeitung fand ihren vielleicht vorzüglichsten Ausdruck an Orten wie Kenko, den Orakelsteinen in Concha, Sacsayhuaman und in der Höhle von Lacco[41]. Bilder und Besprechungen zu den einschlägigen Problemen sind vielfach in der Literatur erschienen, so daß sie hier nicht wiederholt werden müssen.

Das Vorkommen solcher Baukonstruktionen in Südamerika ist auf die Hohen Anden beschränkt. Außerhalb dieses Gebietes gibt es nur eine einzige amerikanische Volksgruppe mit vergleichbaren Fähigkeiten: die Olmeken. Das Behauen und die bildhauerische Bearbeitung der Kolossalköpfe aus Stein, ihre Fähigkeit, diese schweren Blöcke über große Entfernungen zu transportieren, lassen auf eine ähnliche, wenn auch nicht ganz so hoch entwickelte Technik schließen.

Von den Olmeken besitzen wir als Gegenstück zu diesen Riesenobjekten einen Mosaik-Anhänger in sehr kleinem Maßstab. Er besteht aus 354 Pyritstückchen, die auf einen Keramikboden gesetzt sind[42]. Die Pyritstückchen sind von ungleichmäßiger Form und mit solcher Präzision gearbeitet, daß sie an den seitlichen Berührungsflächen sowohl in der Tiefe als auch in der Länge genau aneinanderpassen. Man könnte diesen Anhänger geradezu als ein mikroskopisches Gegenstück zu der berühmten gigantischen Mauertechnik in den Hohen Anden bezeichnen. Sicher ist es kein Zufall, daß die Anzahl der Pyritstückchen der Zahl der Tage im Mondjahr entspricht. Aus diesem und anderen Gründen meint der Autor eines Artikels schließlich, daß damit »das Vorhandensein arithmetischer, geometrischer und technischer Fähigkeiten aus vorgeschichtlicher Zeit von überraschend hohem Rang nachgewiesen ist«, wobei allerdings »der Ursprung der überlieferten Technik und des Wissens, die diesem höchst kunstvollen Erzeugnis aus der Zeit von etwa 1000 v. Chr. zugrunde liegen, unbekannt ist«. Man sollte nicht vergessen, daß sich diese Feststellung auf die allerfrüheste Kultur bezieht, die in Mesoamerika erschienen ist.

Dieses gesamte technische Wissen und Können geht mit den Olmeken verloren. Andererseits hat man entschieden den Eindruck, daß alle mesoamerikanischen Kulturen eine gemeinsame Wurzel haben, daß sie unterschiedliche Äußerungen des gleichen zugrunde liegenden Denkens und Erbes sind. Der einzige Unterschied ist die Technologie, die mit den Olmeken voll entwickelt in Erscheinung trat und mit ihnen unterging. Es muß etwas gewesen sein, was nur den Olmeken, unabhängig vom allgemeinen geistigen Erbe, zur Verfügung stand.

Das erweist sich am Fortbestand und an der Entwicklung der nachfolgenden Kulturen, die ohne die olmekische Technologie auskamen. Ein kennzeichnendes Beispiel für das Weiterleben einer Idee nach dem Verlust der Technik ist der Altar von Chalcatzingo[43]. Chalcatzingo liegt etwa 120 Kilometer südöstlich der Stadt Mexiko im Hochland von Zentralmexiko. Die Maße des Altars sind $4 \times 2 \times 1$ Meter. Damit hat er etwa die gleiche Größe wie die Altäre der Olmeken an der Golfküste. Das ist an sich nicht überraschend, da diese Region mit den Olmeken in kulturellem Kontakt stand. Allerdings gibt es einen grundlegenden Unterschied: Alle olmekischen Altäre bestehen aus einem Block, während der Chalcatzingo-Altar aus 18 Einzelstücken zusammengebaut ist. Und das, obgleich in einer Entfernung von weniger als 100 Meter Felsblöcke von geeigneter Größe zur Verfügung standen.

Ob dieser Altar ebenso alt oder jünger ist als die Altäre der Olmeken, ist für unsere Betrachtung unwesentlich. Es ist auch ohne Bedeutung, ob die Bevölkerung von Chalcatzingo die Technologie der Olmeken verloren hat oder überhaupt nie kannte. Was wir hier bemerkenswert finden, ist die offensichtliche Tatsache, daß die Technologie fehlt, während die Idee überlebte.

Doch zurück zu unseren geographischen Überlegungen. Wie wir gesehen haben, übernahmen die Olmeken bis zu einem bestimmten Maß die technischen Kenntnisse der Kultur der Hohen Anden, aber es gibt hier graduelle Unterschiede: Die geringeren Fähigkeiten finden sich im Norden, die höheren und niemals wiederholten im Süden. Zur Zeit ist eine mögliche Verbindung zwischen den Kulturen reine Vermutung, aber auch hier zeigt sich nichtsdestoweniger die nordwärts gerichtete Bewegung. Ganz allgemein können wir nun unsere früheren Erkenntnisse anders ausdrücken: Je südlicher wir gehen, desto älter werden die Kulturen.

Ein riesiger Kontinent liegt vor uns, wenn wir nach Süden wandern. Wir können sagen, daß alles, was wir in Erfahrung bringen konnten, auf das Gebiet der Hohen Anden hinweist. Der natürliche Schwerpunkt unserer Aufmerksamkeit innerhalb dieser Region ist der auffallendste Ort und die meistumstrittene Kultur: Tiahuanaco.

3. Tiahuanaco, das verwirrende Problem

Unsere Reise durch Zeiten und Kulturen führte uns schließlich nach Tiahuanaco, unserem Ziel, denn in Tiahuanaco wären wir am Ende unserer Suche und am Anfang amerikanischer Geschichte. Nun, da wir hier sind, erscheint uns alles verwirrend. Die »Wahrheit« hängt davon ab, wen wir fragen, und die Ungewißheit, die die Ursprünge Tiahuanacos verhüllt, ist außergewöhnlich. Im folgenden gebe ich eine kurze Übersicht über das, was wir »wissen«. Die Tiahuanaco-Kultur wird von L. G. Lumbrera[44] und der Encyclopedia Britannica[45] auf die zweite Hälfte des 1. Jahrtausends n. Chr. datiert, mit anderen Worten auf etwa zwischen 500 und 1000 n. Chr.

A. Posnansky[46] bringt eine sehr eingehende Darlegung von den Ausmaßen und der Orientierung eines der Bauwerke (Kalasassaya), Merkmale des umliegenden Geländes und astronomische Tatsachen. Die Summe aller maßgebenden und eindeutig vorliegenden Faktoren ergibt als Entstehungszeit dieses Bauwerks etwa 15 000 v. Chr. Da das Kalasassaya während der zweiten Tiahuanaco-Periode gebaut wurde, muß man annehmen, daß der Anfang der ersten Periode etwas früher lag.

Alle drei Informationsquellen kamen ohne Berücksichtigung der einheimischen Traditionen zu ihren Schlußfolgerungen. Tiahuanaco jedoch ist eng verbunden mit der frühen Inka-Geschichte, und deshalb sollten wir nachlesen, was wir in den örtlichen Überlieferungen finden, wie sie nach der spanischen Eroberung niedergeschrieben wurden.

Inka Garcilaso de la Vega[47] erinnerte sich an insgesamt 18 Inka-Herrscher. Er wußte auch die Anzahl der Regierungsjahre jedes einzelnen. So kann die Regierung des ersten Herrschers, Manco Capac, in unserem Kalender festgelegt werden: Es ist das Jahr 1021 n. Chr.

Die andere Quelle dieser Art ist Pater Montesinos[48]. Durch ihn wird das Bild recht farbig und spannend, allerdings weniger durch Montesinos selbst als durch seine Liste der peruanischen Herrscher und den damit verbundenen Meinungsstreit.

Montesinos war ein Priester mit einem Lizentiat in Kirchenrecht. Seine persönliche Geschichte ist schlecht dokumentiert. Er scheint von 1628 bis 1642 in Südamerika gewesen zu sein, davon drei Jahre, 1636–1639, in Lima.

Der Streit über Montesinos ist zweifacher Art. Ihm wird vorgeworfen, allgemeine Kenntnisse und insbesondere die Liste der Könige ohne Quellenangabe von jemand anderem übernommen zu haben. Dieser Teil wirft einen Schatten auf Montesinos' Charakter, nicht aber auf die Königsliste. Höchstwahrscheinlich wird es nicht möglich sein, jemals die einschlägigen Tatsachen zu klären. Hinsichtlich der fraglichen historischen Ereignisse sind derartige Angelegenheiten allerdings gänzlich belanglos.

Sehr wichtig jedoch ist die Bearbeitung der Liste selbst. Sie enthält die Namen von 90 Herrschern, die vor den Inka regierten. Für 70 von diesen wird auch die Dauer der Regierungszeit gegeben; wir können einen Durchschnitt von etwa 32 Jahren ansetzen (die genaue Zahl ist 31,84). Diese Zahl können wir mit einiger Sicherheit auf alle Herrscher anwenden und finden dann, daß der erste König, sein Name war Pirua Pacari Manco, etwa 1900 v. Chr. zur Macht gekommen sein wird. Dazwischenliegende Jahrhunderte von großer Unruhe werden erwähnt, wir wollen aber diese Bemerkung nicht dazu benutzen, den Anfang der Liste auf eine noch frühere Zeit anzusetzen.

Keiner der beiden Chronisten stellt eine Verbindung zwischen irgendeinem der Herrscher und dem Aufbau von Tiahuanaco her. Wir werden später sehen, daß in dieser Hinsicht keinerlei Erinnerungen bestehen. Tiahuanaco war einfach immer da, wie die Berge, der See, das Leben selbst. Mit anderen Worten, diese Bauten gab es schon zur Zeit Pirua Pacari Mancos, und der gänzliche Mangel an Nachrichten über ihre Geschichte führt zu der Überzeugung, daß diese Bauten längst vor diesem ersten Herrscher da waren.

Für einige Historiker (oder Archäologen, wenn Sie so wollen) sind Daten von 1900 v. Chr. für Herrscher in diesem Gebiet und noch ältere Zeitangaben für das Entstehen von Tiahuanaco aus folgenden Gründen ganz unannehmbar: Zu ihrer Zeit wurde die Maya-Kultur für die erste mittelamerikanische Kultur gehalten und der Anfang ihrer wichtigen Phase auf etwa 200 n. Chr. angesetzt. Da die Indianer (natürlich) aus dem Norden kamen, können sie Tiahuanaco erst nach ihrem Aufenthalt in Mittelamerika erreicht haben. Jede Zeitangabe, die mit dieser Meinung im Widerspruch steht, ist zwangsläufig und selbstverständlich falsch. Das Verfahren, das dann angewendet wurde, um Montesinos' Liste dieser Auffassung anzupassen, war sehr geschickt: Erstens wurden alle Herrscher mit dem gleichen Namen für überflüssig erklärt und auf je einen Herrscher reduziert. Stellen Sie sich vor, wie die Geschichte Europas aussehen würde, wenn alle Heinrichs, Karls, Georgs, Ottos usw. auf je einen beschränkt würden, oder versuchen Sie dasselbe Spiel mit den Päpsten! Als das immer noch nicht das gewünschte Ergebnis brachte, wurde die Dauer ihrer Regierungszeit »verbessert«. Die durchschnittliche Regierungsdauer der restlichen Herrscher wurde von über 30 auf etwa 20 Jahre vermindert. Endlich paßte das Ergebnis in die Berechnung hinein! (Diesmal enthalte ich mich der Quellenangabe.) Unnötig zu erwähnen, daß dieses Ergebnis hier nicht berücksichtigt wird.

Um auf Inka Garcilaso und Montesinos' Liste zurückzukommen, können wir sagen, daß ihre jeweiligen Daten als der Anfang der Tiahuanaco- und Anden-Kultur angesehen werden können. Betrachtet man alle erwähnten Daten, dann erkennt man, daß sie sich ungefähr zwischen 15 000 v. Chr. und etwa 1000 n. Chr. verteilen. Diese Unstimmigkeit hat sehr wenig Aussicht, in naher Zukunft archäologisch bereinigt werden zu können. Tatsächlich mag das überhaupt nicht möglich sein. Tiahuanaco ist wirklich ein problematischer Ort.

Die einzige Spur, die wir haben, ist die früher erwähnte Technologie. Wir wissen, daß die Fähigkeit, schwere Steinblöcke zu transportieren und jede Art von Gestein sorgfältig zu behauen, in dieser Gegend auf ihrer höchstmöglichen Stufe stand. Damit haben wir das Ende unserer archäologischen Erkenntnis erreicht und müssen uns nun anderen Quellen zuwenden.

4. Jenseits der Ruinen

Die Ergebnisse, die wir mit Hilfe unseres archäologischen Wissens erreicht haben, sind ermutigend, aber nicht genau. Sie geben uns keine eindeutige Antwort auf unsere Frage: Wo hat alles angefangen? Bildlich gesprochen sind wir immer noch zu dem unbekannten Ort unterwegs, wir haben ihn noch nicht erreicht. Um das zu ermöglichen, müssen wir zu Tiefen des Wissens gelangen, die jenseits der Ruinen in menschlichen Erinnerungen vergraben sind.

Da gibt es zwischen dem Wunsch nach einer eindeutigen Antwort und dem Vertrauen auf die Traditionen keinen Widerspruch. Wenn uns auch Überlieferungen in der Regel keine brauchbaren Daten vermitteln, so geben sie doch den Ablauf der Ereignisse wieder. Dieser Ablauf, die Aufeinanderfolge, der Zusammenhang der Ereignisse sind es, die das Wesen der Geschichte ausmachen. Das Schicksal der Nationen und ihrer kleinsten Teile, der menschlichen Wesen, wird geformt durch Haupt- und Nebenströmungen und Strudel der Geschichte, aber nicht durch Daten. Diese stehen mit den Ereignissen in einem Zusammenhang wie die Buchführung mit geschäftlichen Unternehmungen.

In der heutigen Bevölkerung gibt es in dem für unsere Ermittlungen entscheidenden Gebiet zwischen Quito, Ecuador, und La Paz, Bolivien, wenn überhaupt, nur wenig verbliebene Erinnerung. Während der vergangenen vier Jahrhunderte hat zuviel Wandel stattgefunden. Selbst die Hochkultur dieser Region, die Inka, sind verschwunden. Nur einige ihrer Quipus, der Knotenschnüre, sind erhalten geblieben, aber wir können sie nicht entziffern. Es ist eine wenig bekannte Tatsache, daß die Inka noch eine andere Art der Berichterstattung hatten. Sie bestand aus Holzbrettern oder -tafeln mit Zeichen oder Symbolen für die Aufzeichnung ihrer Geschichte. Diese Holztafeln wurden von den Inka sorgfältig aufbewahrt und von den Spaniern ebenso sorgfältig zerstört. Andere Volksgruppen reichten ihre Gebräuche nur mündlich weiter; ihre wie auch die der Inka waren in ernster Gefahr, nach der Eroberung gänzlich verlorenzugehen.

Glücklicherweise jedoch vereinigte sich menschliche Anteilnahme mit menschlichem Gedächtnis, und es gelang, einige dieser Kenntnisse zu bewahren. Wir besitzen eine Anzahl von Büchern, meist während der ersten 50 bis 100 Jahre nach der Eroberung von den Spaniern geschrieben. Einige dieser Bücher entstanden auf Anforderung höherer Instanzen, die Auskunft über soziale Strukturen, Sitten und Religion der kürzlich unterworfenen Völker haben wollten, andere wurden mit dem Wunsch aufgeschrieben, persönliche Erlebnisse und Beobachtungen zu berichten.

Auch wenn es nun gedruckte Bücher sind, basiert ihr Inhalt ohne Zweifel auf mündlichen Überlieferungen, soweit er die Geschichte betrifft. Bedenkt man die vielen Jahre und Generationen, durch die diese Berichte auf uns gekommen sind, dann werden häufig Zweifel am Wert derartigen Materials laut. Ich will hier nicht die wohlbekannte Tatsache herausarbeiten, daß das geschriebene oder gedruckte Wort nicht notwendigerweise zur Wahrheit führt, sondern nur betonen, daß jene, die solche Einwände vorbringen, ganz offensichtlich nicht über die strengen Regeln unterrichtet sind, nach denen solche Kenntnisse von Generation zu Generation weitergegeben wurden und bis zu einem gewissen Grade noch weitergegeben werden.

Wenn wir den Fluß der Ereignisse verfolgen, wie sie sich in diesen Traditionen erhalten haben, dann führt er uns ohne Frage zum wirklichen Beginn der Erinnerungen. Nichts reicht zeitlich weiter zurück, und die Art der Ereignisse läßt keinen Zweifel, daß sie sich auf den Beginn menschlichen Lebens auf diesem Kontinent beziehen.

5. Die spanischen Chronisten

Die Berichte dieser Chronisten sind ungewöhnlich faszinierend. Neben einer Fülle von Einzelheiten über praktisch jede Eigentümlichkeit der einheimischen Bevölkerung vom geringsten Stamm bis zur Inka-Residenz bringen sie Aufzeichnungen über zeitgenössische historische Entwicklungen, persönliche Angelegenheiten und Streitigkeiten. Die Berichte gewähren uns auch einigen Einblick in europäisches Denken jener Zeit. Es ist das große Verdienst der Hakluyt-Gesellschaft, London, die Bücher der Chronisten (und viele andere von großem Interesse) vor mehr als 80 Jahren veröffentlicht zu haben. Es ist nur zu bedauern, daß diese wertvollen Bücher nur in großen Bibliotheken vorhanden und deshalb für den allgemeinen Leser nicht ohne weiteres zu haben sind.

Diese Bücher wurden von Priestern, Advokaten, Offizieren, Soldaten und einem »blaublütigen« Inka geschrieben. Unter den Autoren sind gebildete und gelehrte Männer, andere mit wenig oder keiner Schulbildung. Letzteres sagt allerdings nichts über Intelligenz oder Beobachtungsgabe der Autoren aus. Somit bieten alle diese Bücher wertvolle Unterrichtung.

Unsere Aufmerksamkeit richtet sich natürlich auf die Geschichte und besonders die Überlieferungen der allerfrühesten Ereignisse. Glücklicherweise haben sich die Inka große Mühe gemacht, ihre Abkunft von den ersten großen Persönlichkeiten zu beweisen, die zusammen mit gewöhnlichen menschlichen Wesen aus dem Nebel einer weit zurückliegenden Vergangenheit auftauchen. Diese unbekannten Gestalten, manchmal werden sie Schöpfer genannt, manchmal Männer, besitzen immer außergewöhnliche Macht, Wissen und Weisheit und wurden von den Inka benutzt, um ihren bedingungslosen Führungsanspruch zu unterstützen.

Sie könnten auch seine wirkliche Ursache gewesen sein.

So war es politische Notwendigkeit, was die Erinnerung an diese frühesten Ereignisse lebendig hielt und uns andererseits verhältnismäßig umfassende Informationen vermittelt.

Es sollen hier auch kurz zwei Gesichtspunkte dieser Bücher besprochen werden, die in keinem unmittelbaren Zusammenhang mit unserer Untersuchung stehen. Ein Punkt betrifft die Anpassung europäischen Denkens an die kugelförmige Gestalt der Erde. Wir finden eine Erklärung, warum die Antipoden auf der anderen Seite dieser Kugel keine bedauernswerten Kerle waren, die gezwungen waren, auf dem Kopf zu gehen. Wir erfahren genau, warum es falsch ist, anzunehmen, es würde heißer und heißer, je weiter südlich man ging, und auch, daß die von einigen vermutete »Brennende Zone zwischen den Wendekreisen« tatsächlich nicht existierte. In beiden Fällen wurde auf die Tatsache verwiesen, daß der Autor selbst auf der anderen Seite der Erde war und daß er weder auf dem Kopf gehen mußte noch ganz und gar verbrannte. Hinsichtlich dieser Vermutungen – oder Theorien, wie wir sie heutzutage nennen würden – macht Pater de Acosta[49] die denkwürdige Anmerkung, daß »Erfahrung mehr Wirkung haben sollte als alle philosophischen Beweisführungen«. Acosta behandelt auch heiklere Themen, wenn er z. B. die Idee zurückweist, Peru könnte das berühmte Land Ophir sein, das in der Bibel erwähnt wird, oder daß die Verse 20 und 21 des Propheten Abdias als die Westindischen Inseln gedeutet werden sollten, wie die kürzlich entdeckten Lande seinerzeit genannt wurden.

Es ist faszinierend, in diesen Schriften die Schwierigkeiten zu verfolgen, die dem intelligenten Menschen durch die Entdeckungen jener Zeit entstanden und mit denen zu leben er sich bemühte. Wir werden später sehen, daß solche Gedankengänge auf eine Art und Weise vorgebracht werden können, die uns komisch vorkommt. Wenn wir auch vielleicht über die Wahl der Worte lächeln, wäre es doch ganz falsch, uns über den Kern dieser Gedanken zu belustigen. Wir müssen uns klarmachen (um es noch einmal zu sagen), daß dies die Zeit war, als der Begriff von der Kugelgestalt der Erde feste Formen anzunehmen begann, eine Zeit, in der die Worte der Bibel so heilig waren wie Einsteins Schriften heute.

Schließlich erfahren wir aus diesen Büchern auch von den Unternehmungen der Eroberer, von ihrer Habgier, Niedertracht und Grausamkeit, aber auch von der Besorgnis, den Warnungen und dem Abscheu klardenkender Männer. Sowohl die Greueltaten als auch die Warnungen gehören zu fast allen Eroberungen. Sie sind weder auf die siegreichen Spanier beschränkt noch auf ihre Zeit. Wir wollen uns hier hinsichtlich der Grausamkeiten der wichtigen Frage erinnern, wer es wagen würde, den ersten Stein zu werfen. Denn alle diese abscheulichen Taten, über die wir in den Chroniken lesen, haben sich in ähnlicher Weise auf allen Kontinenten oftmals zuvor und danach ereignet. Und bis heute, während ich das schreibe, haben wir nicht gelernt, ein Leben ohne diese Begleiterscheinungen zu führen.

6. Die Männer und ihre Berichte

a) Inka Garcilaso de la Vega[50] war der Sohn eines spanischen Adligen, Garcilaso de la Vega, und einer Inka-Prinzessin. Sein Vater kam 1531 in die Neue Welt und hatte in den folgenden Jahren vollen Anteil an den gefährlichen Abenteuern dieser ruhelosen Zeit. Seine Mutter war eine Tochter von Hualpa Tupac, einem jüngeren Bruder des großen Inka Huayna Capac. In früheren Jahren mußte sie fliehen, um einem Mordanschlag von Atahualpa zu entgehen. Sie ließ sich taufen und bekam den Namen Isabella. 1539 heiratete sie Garcilaso de la Vega; die beiden wurden wegen ihrer barmherzigen Taten weit und breit bekannt. Ihr Sohn Inka Garcilaso de la Vega wurde 1540 geboren und wuchs in Cuzco auf. Er lebte auf vertrautem Fuß mit den Indianern und dem Inka-Adel, den Verwandten seiner Mutter. Von allen Chronisten hat er besonders gute persönliche Bindungen in der vorspanischen Zeit. Inka Garcilaso verlor seinen Vater, als er noch ein Knabe war. 1560 ging er nach Spanien und kam niemals mehr nach Peru zurück. Unter Johann von Österreich nahm er an einem kurzen Feldzug teil. Anschließend ließ er sich in Cordoba nieder, wo er seine Bücher über Peru und die Inka schrieb. Er starb 1616.

Inka Garcilaso erzählt über die Traditionen der Inka aus sehr früher Zeit [51]: Als er etwa 16 oder 17 Jahre alt war, bat er den ältesten Onkel seiner Mutter, ihm die Geschichte der Inka zu erzählen, über die er von anderen oft gehört hatte. Dieser Onkel begann: »Du mußt wissen, daß in den alten Zeiten die ganze Region, die du siehst, mit Wäldern und Dickicht bedeckt war und daß die Menschen wie wilde Tiere lebten...« Sie befanden sich in einem wirklich primitiven Zustand, bis »Unser Vater, der Sonnengott« entschied, die Menschen zu zivilisieren und sich von ihnen als ihr Gott anerkennen zu lassen. »Mit dieser Absicht setzte er seine beiden Kinder in den Titicacasee.« Die Namen dieser Kinder waren Manco Capac und Mama Ocllo Huaco; sie waren nicht nur Bruder und Schwester, sondern auch Mann und Weib.

Inka Garcilaso erklärt: »Unser Vater, der Sonnengott, war eine Form, um Verehrung und Hochachtung in der Inkasprache auszudrücken. Sie erwähnten auch die Sonne, weil sie stolz darauf waren, von ihr abzustammen.« Aber: »Der wahre höchste Gott, unser Herr ... hieß Pachacámac.« Ein anderer Name für Gott ist Ticiviracocha, »aber weder ich noch sie (die Spanier) wissen, was der Name bedeutet« [52].

Wie Inka Garcilaso sagte, ist dies der Bericht, wie er ihn in Cuzco hörte. Er berichtet auch von zwei anderen Darstellungen, und wir werden später sehen, wie gut sie trotz scheinbarer Widersprüche miteinander übereinstimmen[53]:

»Die Indianer, die in den Provinzen Colla-suyu und Cunti-suyu südlich und westlich von Cuzco leben, geben einen anderen Bericht über den Ursprung der Inka. Sie sagen, daß sich dies nach der Sintflut ereignet habe. Nachdem die Flut zurückgegangen war, so berichten sie, sei ein Mann in Tiahuanaco südlich von Cuzco erschienen, der so mächtig war, daß er die Welt in vier Gegenden aufteilte, die er vier Männern gab, die Könige genannt wurden. Der erste hieß Manco Capac, der zweite Colla, der dritte Tocay, der vierte Pinahua ... Sie sagen, daß aus dieser Teilung der Welt später das entstand, was die Inka zu ihrem Königreich machten, genannt Ttahuantin-suyu. ...« Mit Ausnahme dieser Fassung erzählen sie fast die gleiche Geschichte von Manco Capac, wie sie oben gegeben wurde, auch daß die Inka-Könige von ihm abstammen. Sie wissen aber nicht, was aus den anderen drei Königen wurde.

»Die Indianer nördlich und östlich von Cuzco haben über den Ursprung der Inka einen anderen Bericht, der aber dem obigen ähnelt. Sie sagen, daß am Anfang der Welt vier Männer und vier Frauen, alles Brüder und Schwestern, aus bestimmten Öffnungen in den Felsen bei der Stadt herauskamen, an einer Stelle mit dem Namen Paucar-tampu. Sie nannten den ersten Bruder Manco Capac und sein Weib Mama Ocllo. Von ihnen wird berichtet, sie hätten die Stadt Cuzco gegründet (deren Name in der Inka-Sprache Nabel bedeutet)...«

Mit Ausnahme der allerersten Phase sind alle drei Fassungen in ihren Beschreibungen der gewaltigen Taten und Errungenschaften von Manco Capac und Mama Ocllo im wesentlichen identisch. Diesen beiden gelang es, die Eingeborenen aus den Wäldern herauszuholen und an ein Leben in Dauersiedlungen zu gewöhnen. Inka Garcilaso beschreibt ausführlich, daß die Indianer im Bau von Häusern, in der Konstruktion von Bewässerungskanälen und der Bebauung von Feldern unterwiesen wurden. Alle Formen zivilisierten Lebens wurden ihnen bekannt gemacht, wie auch eine hohe Moral und das Wissen um die Herkunft von Manco Capac und Mama Oclto als Kinder der Sonnengottheit.

Es ist verständlich, daß die Indianer in der Tat »ihre Herrscher für Kinder der Sonne hielten, und das aus dem einfachen Grund, weil der Mann und die Frau, die soviel für sie getan hatten, als Kinder der Sonne vom Himmel gekommen sein mußten. So wurden sie als göttlich verehrt und auch alle ihre Nachkommen...«[54]

Unter den vielen von Manco Capac gegründeten Siedlungen war die Stadt Cuzco. Inka Garcilaso sagt ausdrücklich, daß der Sonnentempel in dieser Stadt »seit der Zeit des ersten Inka besteht«[55]. Wir sollten jedoch beachten, daß Garcilaso über Tiahuanaco keine persönliche Kenntnis hat. In diesem Fall muß er sich auf örtliche Berichte verlassen, und er zitiert Cieza de Leon[56]: »Die Eingeborenen sagen, daß alle diese Bauten vor der Zeit der Inka errichtet wurden, auch daß die Inka die Festung Cuzco nach diesem Vorbild aufgebaut haben. Es ist nicht bekannt, wer sie erbaut hat, sie hörten jedoch von ihren Vorfahren, daß alle diese wunderbaren Bauten in einer einzigen Nacht vollendet wurden.« Er zitiert auch einen seiner Freunde, Pater Diego Alcobasa, der ihm unter anderem erzählte, daß zu dieser Zeit »die Wasser des Sees die Mauern des Königshofes umspülten« und daß »die Eingeborenen sagen, dieses und andere Gebäude waren dem Schöpfer des Universums geweiht«.

Inka Garcilaso verbindet das Wissen der Inka und die aus anderen Quellen gesammelten Kenntnisse und erzählt uns mehr über den Titicacasee, seine Inseln und ihre Bedeutung in religiös-politischen Angelegenheiten. Er weiß, daß[57] »die Colla sagen, ihre Ahnen seien aus dem großen Titicacasee gekommen. Sie betrachten diesen See als Mutter...« Und später sagt er[58]: »Unter den berühmten Tempeln, die der Sonne in Peru geweiht sind und die mit dem Tempel in Cuzco an reichen Ornamenten aus Gold und Silber wetteifern könnten, gab es einen auf einer Insel, genannt Titicaca, was ›der Fels aus Blei‹ bedeutet. Der Name setzt sich zusammen aus titi, ›Blei‹, und caca, ›Hügel‹... Der See, Titicaca genannt, bekam seinen Namen von der Insel... Die Inka sagen, daß die Sonne ihre beiden Kinder, männlich und weiblich, auf dieser Insel niedersetzte, um die damals ungesitteten Menschen zu belehren. Dieser Legende fügen sie eine andere älteren Ursprungs hinzu. Sie erzählen, daß auf dieser Insel und auch auf dem großen See nach der Sintflut Sonnenstrahlen erschienen, bevor sie irgendwo anders zu sehen waren... Pater Blas Valera schreibt, der See berge viel Magneteisenstein, und deshalb könnten keine Schiffe auf seinen Wassern segeln. Darüber jedoch kann ich nichts sagen. Der erste Inka, Manco Capac, nützte die uralte Legende und verfaßte, unterstützt von seiner eigenen Begabung und Klugheit, eine zweite Legende, denn er hatte bemerkt, daß die Indianer den See und die Insel wie etwas Heiliges verehrten. Er sagte, ihr Vater habe sie auf der Insel niedergesetzt, von wo aus sie durch das Land gehen sollten, um die Menschen auf jene Art zu belehren, von der am Anfang dieser Geschichte ausführlich berichtet wurde. Die Amautas, die Philosophen und Gelehrten des Inka-Staates, verbanden die erste Fabel mit der zweiten und verwandelten sie damit in eine Prophezeiung. Sie sagten, die Tatsache, daß die Sonne ihre ersten Strahlen auf diese Insel geschickt hatte, um die Welt zu erleuchten, sei ein Zeichen und ein Versprechen, daß die Sonne ihre eigenen Kinder an demselben Ort niedersetzen würde. ... Mit diesen und ähnlichen Legenden machten die Inka die Indianer glauben, daß sie Kinder der Sonne seien. ... Aufgrund dieser beiden Überlieferungen betrachteten die Inka und alle von ihnen beeinflußten Menschen diese Insel als heiligen Ort; sie ließen einen sehr kostbaren Tempel erbauen, der mit Gold ausgekleidet wurde, und weihten ihn der Sonne. ... Wenn Pater Blas Valera vom Reichtum des Tempels und der dort angesammelten Kostbarkeiten spricht, sagt er, daß die in Copacavana lebenden indianischen Umsiedler erklärten, die Menge der an Gold und Silber aufgehäuften Opfergaben sei so groß, daß man daraus einen weiteren Tempel vom Unterbau bis zum Dach hätte bauen können, ohne irgendein anderes Material zu benutzen. Sobald aber die Indianer von der Invasion der Spanier hörten und daß sie sich aller Reichtümer bemächtigten, die sie finden konnten, warfen sie alles in den großen See.«

Dieser Bericht vom Inseltempel erinnert an Inka Garcilasos Beschreibung vom berühmten Sonnentempel in Cuzco. Natürlich ist dies eine Beschreibung aus der letzten Phase seines Bestehens und als solche nicht von unmittelbarer Bedeutung für uns hier. Um jedoch einen gewissen Eindruck von der wahrhaft phantastischen Ansammlung von Kunstwerken und Kostbarkeiten in diesem und anderen Tempeln zu geben, will ich hier zumindest wiederholen, was er über den Tempelgarten berichtet [59]: »Der Garten, der jetzt das Kloster mit Gemüse versorgt, war zu den Zeiten der Inka ein Garten aus Gold und Silber, wie es auch in den königlichen Palästen der Fall war. Der Garten enthielt viele Gewürze und Blumen mannigfacher Art, viele kleine Pflanzen, große Bäume, viele große und kleine Tiere, gezähmte und wilde, Kriechtiere wie Schlangen, Eidechsen und Kröten wie auch Muscheln, Schmetterlinge und Vögel, und alle diese Pflanzen und Tiere in ihrer natürlichen Art. Es gab auch ein großes Maisfeld, eine Getreideart, die sie quinoa nennen, Hülsenfrüchte und Obstbäume mit ihren Früchten, alles aus Gold und Silber. Auch im Gebäude gab es aus Gold und Silber imitierte Holzklötze, große Gestalten von Männern, Frauen und Kindern sowie Getreidespeicher, genannt pirua, und das alles als Schmuck für die Herrlichkeit des Hauses ihrer Sonnengottheit.«

Für uns ist die folgende Bemerkung über das System von (goldenen!) Rohren, um den Tempel mit Wasser zu versorgen, von unmittelbarem Interesse [60]: »Das Wasser kam von der westlichen Seite des Klosters und kreuzte unterirdisch den Strom, der durch die Stadt fließt. Dieser Strom war in der Inka-Zeit von Mauerwerk eingefaßt, das Flußbett mit großen Steinplatten gepflastert. ... Wegen der Nachlässigkeit der Spanier verfiel er...«, wodurch auch die Wasserleitung zum Tempel zerstört wurde, aber »es wäre nötig gewesen, viele Gebäude einzureißen und sehr tief zu graben, um dem Verlauf der Rohre bis zum Brunnen nachgehen zu können...«

Im Gegensatz zu einer ziemlich weit verbreiteten falschen Meinung regierten die Inka ihr wachsendes Reich weise und waren auf die Wohlfahrt ihres Volkes bedacht. Aber während der gesamten Zeit ihrer Herrschaft gab es immer eine klare Unterscheidung zwischen ihnen und den »Indianern«. Das fand seinen Ausdruck auf verschiedene Weise, wovon Sprache und gewisse Sitten hier Beachtung finden sollen. In Inka Garcilasos Buch finden wir wiederholt die Bemerkung, daß ein bestimmtes Wort »in der gebräuchlichen Sprache keine Bedeutung hat«. P. H. Kuelb[61] stellt unzweideutig fest: »...es gab zwei Sprachen, nämlich eine Gebrauchs- und eine Hofsprache, sowie eine Geheimsprache, die Sprache der Inka, deren Erlernung für jedermann, außer den Inka, streng verboten war.«

Bei Erwähnung der Sprache möchte ich hier auf eine andere fast ungekannte Tatsache verweisen: Die Inka waren vollendete Poeten. Es gab nicht nur Liebeslieder, sondern auch Gedichte und Dramen. Leider blieb nur ein Drama, »Ollanta«, vollständig erhalten[62].

Von größter Bedeutung war es, daß Inka-Blut rein zu erhalten. Inka Garcilaso berichtet uns davon mit einem höchst aufschlußreichen und vielsagenden Satz[63]: »Sie taten das auch, um die Reinheit des Blutes der Sonne zu schützen; denn sie sagten, es sei gegen das Gesetz, dieses Blut der Sonne mit menschlichem Blut zu mischen; alles, was nicht von den Inka war, nannten sie menschlich.« Aus diesem Grund mußte ein Inka-Herrscher seine Schwester heiraten. Es gab zusätzliche Regeln, um die Geburt eines reinblütigen Nachfolgers zu sichern. Neben seiner Schwester-Frau konnte der Herrscher Konkubinen aus seiner Verwandtschaft, aber auch andere haben: »Die Kinder, die der Verwandtschaft entstammten, wurden als legitim angesehen, da sie keine Mischung fremden Blutes hatten, denn die Inka hielten diese Reinheit in großer Verehrung, nicht nur unter den Herrschern, sondern auch unter allen aus königlichem Blut. Die Kinder fremder Mädchen galten als Bastarde, und wenn sie auch als Kinder des Herrschers geachtet waren, so doch nicht mit der tiefen Verehrung, die jene Reinblütigen für sich beanspruchen konnten...«

Wir wollen Inka Garcilasos Bericht mit der Geschichte der Ereignisse beschließen, die sich während der Regierung eines der späteren Inka-Herrscher[64] zutrugen: Inka Yahuar-huacac (Weinendes Blut) hatte einen widerspenstigen Sohn. Um ihn zu bessern, verbannte er ihn vom Hof und befahl ihm, mit den Hirten zu leben. Der Sohn gehorchte, doch nach etwa drei Jahren erschien er ohne Erlaubnis im Palast und erzählte seinem Vater die folgende Geschichte: »...als ich mich heute mittag niederlegte (ich kann nicht sagen, ob ich schlief oder wach war) ... stand ein fremder Mann vor mir, in Kleidung und Erscheinung verschieden von unserem Volk. Er hatte einen mehr als handbreiten Bart und trug ein langes, lose fallendes Gewand bis zu seinen Füßen. Er hielt ein mir unbekanntes Tier an einem Halsband. Er sagte zu mir: ›Neffe, ich bin ein Kind der Sonne, ein Bruder des Inka Manco Capac und der Coya Mama Ocllo Huaco, seiner Frau und Schwester, der ersten deiner Vorfahren; deshalb bin ich ein Bruder deines Vaters und von euch allen. Ich heiße Uira-cocha Inka, ich komme, ausgeschickt vom Sonnengestirn, unserem Vater, um dir eine Ankündigung zu machen, die du dem Inka, meinem Bruder, überbringen sollst. Dieser gesamte Teil der Provinzen ... ist in Aufruhr, und dein Vater sollte bereit sein, diese Gefahr abzuwehren.‹ Dann: ›Und zu dir im besonderen sage ich, in welchem Unglück du dich auch immer befinden mögest, fürchte nichts, denn ich werde dich nicht im Stich lassen, ich werde dir immer helfen, wie meinem eigenen Fleisch und Blut. Darum zögere nicht, ein Wagnis einzugehen, so groß es auch immer sein möge, wenn es dem Ruhm deines Reiches dient, denn ich werde dir immer beistehen und dir Hilfe geben, so du sie benötigst.‹ Nachdem er das gesagt hatte«, fuhr der Prinz fort, »verschwand der Inka Uira-cocha, und ich sah ihn nie mehr. Dann machte ich mich auf, um dir diese Nachricht zu überbringen.«

Es erübrigt sich zu sagen, daß der Vater ihm keinen Glauben schenkte und ihn fortjagte. Nach wenig mehr als drei Monaten entdeckten sie, daß da tatsächlich ein großer Aufruhr war und der Feind kam, um Cuzco anzugreifen. Der alte Inka floh, und der junge vollbrachte ruhmreiche Taten; auch sein Name war Inka Uira-cocha.

b) Pater Christobal de Molina[65] ist für unsere besondere Forschung der nächste in der Reihenfolge der Bedeutung. Er war Priester im Eingeborenenkrankenhaus in Cuzco, sprach fließend Quichua und hatte durch seine Stellung und Arbeit im Hospital eine gründliche Kenntnis der einheimischen Wesensart. Er lernte Häuptlinge und Priester der Eingeborenen kennen sowie gelehrte Männer, die unmittelbare Kenntnisse vom Inka-Reich hatten, seinen Sitten und Überlieferungen. Die Vielfalt seiner Quellen lieferte ihm viel umfassendere Kenntnisse, als sie der Inka Garcilaso, der direkte Nachkomme der herrschenden Inka-Familie, haben konnte. Pater Molina schrieb sein Buch zwischen 1570 und 1584 für Dr. Don Sebastian de Artaum, den Bischof der alten Stadt.

Pater Molina beschreibt erst ganz kurz, wie die Inka ihr Wissen behüteten, und dann beginnt er uns zu berichten, was er erfahren hatte[66]: »Es ist so, daß diese Menschen nicht schreiben konnten. Aber in einem Haus der Sonne, genannt Poquen Cancha, in der Nähe von Cuzco hatten sie das Leben eines jeden dieser Inka-Fürsten mit dem von ihnen eroberten Land aufgezeichnet wie auch ihre Herkunft.« Unter diesen Zeichnungen war die folgende Legende dargestellt:

»Im Leben des Manco Capac, des ersten Inka, mit dem sie sich Kinder der Sonne zu nennen begannen und das Sonnengestirn verehrten, hatten sie einen vollständigen Bericht von der Sintflut. Sie sagen, daß alle Menschen und alle geschaffenen Dinge zugrunde gingen, denn die Wasser stiegen über die höchsten Berge der Welt. Nichts Lebendes blieb erhalten, ausgenommen ein Mann und eine Frau in einer Kiste; als die Wasser zurückgingen, trug der Wind sie nach Huanaco (= Tiahuanaco), das über 500 Kilometer von Cuzco entfernt ist, etwas mehr oder weniger. Der Schöpfer aller Dinge befahl ihnen, dort als Siedler (mitimas) zu bleiben; und dort in Tiahuanaco begann der Schöpfer, die Menschen ins Leben zu rufen und die Völker, die in dieser Region sind, und er machte alle diese Völker aus Lehm und malte die Gewänder, die jeder tragen sollte. Jene, die Haare tragen sollten, mit Haaren, und jene, die geschoren sein sollten, ohne Haare; und jedem Volk ward die Sprache gegeben, die gesprochen werden sollte, die Lieder, die gesungen werden sollten, und die Samen und die Nahrung, die gesät werden sollten. Als der Schöpfer das Malen beendet hatte und besagte Völker und Gestalten aus Lehm gemacht hatte, gab er Leben und Seele einem jeden, Männern wie Frauen, und befahl ihnen, unter die Erde zu gehen. Sodann kam jedes Volk an dem Ort herauf, wo es ihm befohlen worden war. So sagen sie, daß einige aus Höhlen kamen, andere aus Hügeln und wieder andere aus Brunnen oder aus Baumstämmen.«

Hier folgt eine Erklärung, daß dies der Ursprung der Geschichten über die Huacas sei, die örtlichen Geistwesen oder Gottheiten, und aller Legenden, die besagen, daß nach der Sintflut die Menschen aus Höhlen usw. gekommen seien. Dann: »Aber zurück zur Legende. Sie sagen, daß der Schöpfer in Tiahuanaco war und dies sein Hauptwohnort, darum die herrlichen und bewundernswerten Bauten an diesem Ort. An diesen Gebäuden gab es viele gemalte indianische Bekleidungen, und es gab eine Menge Steine in der Form von Männern und Frauen, die in Stein verwandelt worden waren, wenn sie die Gebote des Schöpfers nicht befolgt hatten. Die Legenden sagen, es sei dunkel gewesen, und hier in Tiahuanaco habe der Schöpfer die Sonne geschaffen, den Mond und die Sterne. Und er habe der Sonne, dem Mond und den Sternen befohlen, auf die Insel von Titicaca zu gehen, die in der Nähe ist, und von dort zum Himmel aufzusteigen. Sie behaupten auch, daß die Sonne sehr strahlend als Mensch zum Himmel aufgestiegen sei, und sie habe die Inka und Manco Capac als ihr Oberhaupt berufen und gesagt: ›Ihr und Eure Nachkommen werdet die Herren sein, und Ihr werdet Euch viele Völker untertan machen. Schaut auf mich als Euren Vater, und Ihr sollt meine Kinder sein, und Ihr sollt mich als Euren Vater verehren.‹ Und mit diesen Worten übergab die Sonne Manco Capac den ›suntur-paucar‹ (Inka-Kopfschmuck) und die ›champi‹ (Kampfaxt) und auch die anderen Insignien und Waffen und die übrigen Rangabzeichen wie Zepter, die von den Inka benutzt werden.«

»Es gibt auch eine andere Legende, in welcher gesagt wird, daß der Schöpfer zwei Söhne hatte, einer hieß Ymaymana Viracocha

Abb. 1 oben: Tuvengyamsi (Land der schönen Blüten), die Mutter des Weißen Bären
Abb. 2 unten: Sevenka (mit schönen Farben gemaltes Land), die Großmutter des Weißen Bären

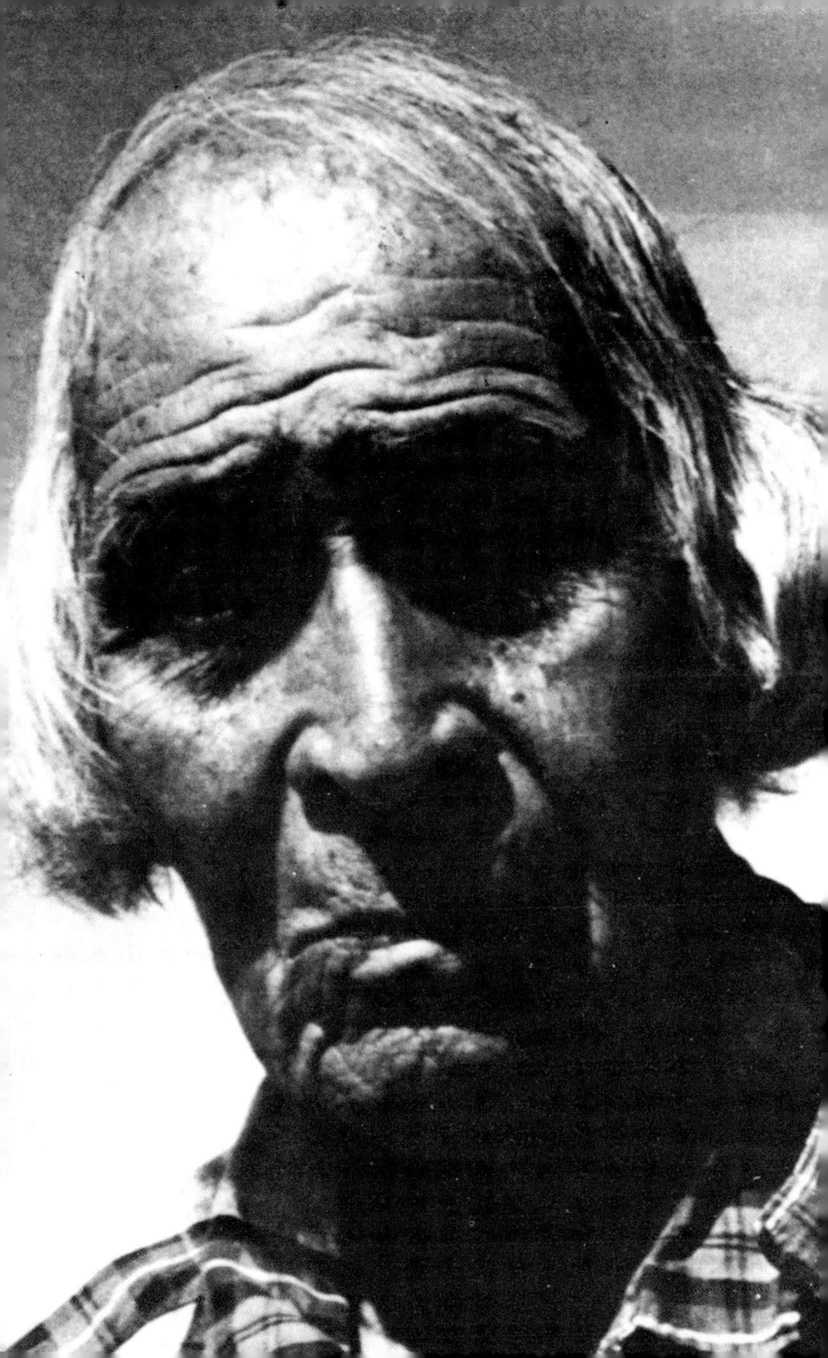

Abb. 3 links: Tuwahoyiwma (Landtiere), der Vater des Weißen Bären
Abb. 4 oben: Tewawquaptewa (Sonne am Himmel), Onkel des Weißen Bären und letzter Häuptling des Bären-Clans
Abb. 5 unten: Felseninschrift für Düsenflugzeuge (in der Nähe von Oraibi); die Linien sind mit Kreide nachgezogen worden, um sie besser sichtbar zu machen

Abb. 6 oben: Frau auf einem fliegenden Schild (Reproduktion einer Felseninschrift)
Abb. 7 unten: Zusammenkunft an der »Flötenquelle«
Abb. 8 rechts: Solawuchim – der Häuptling

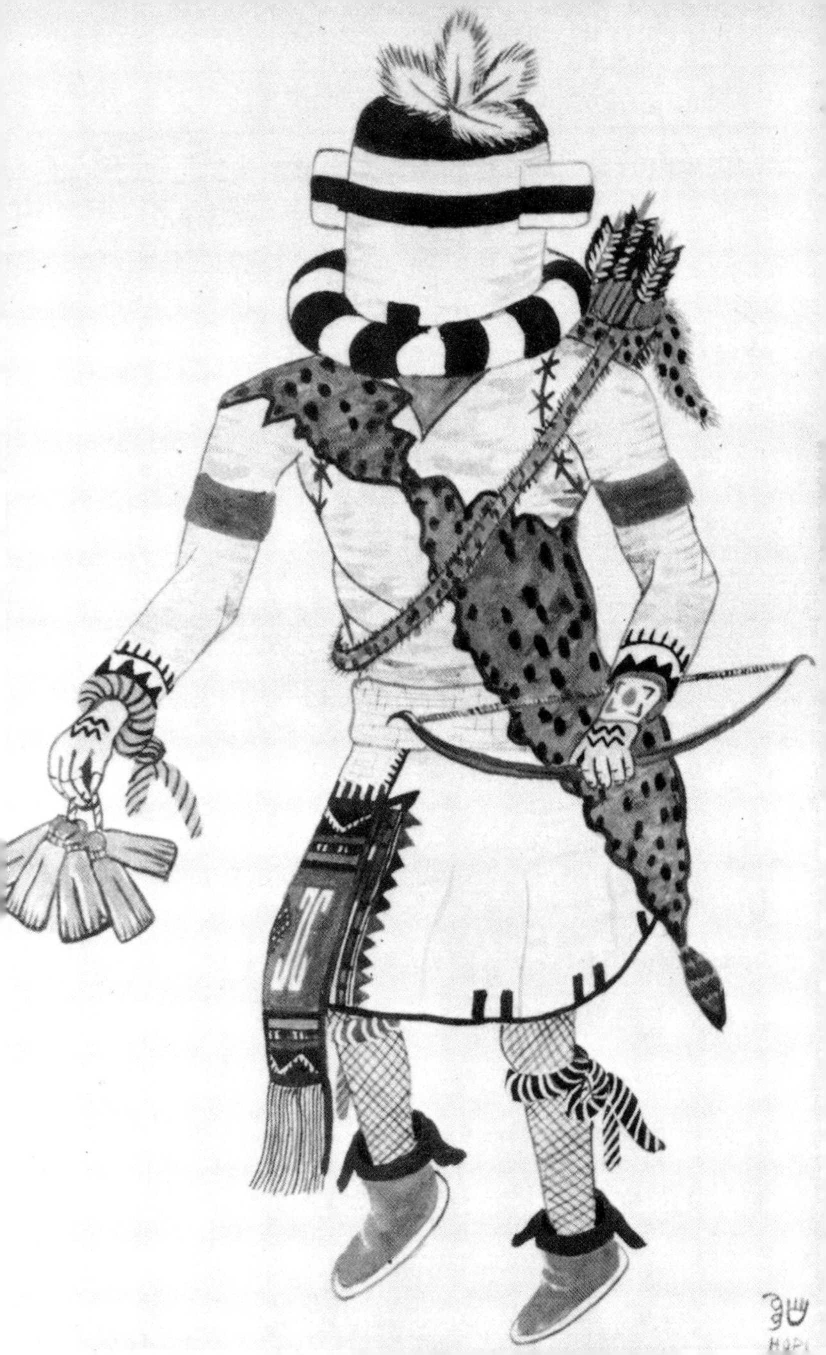
HOPI

Abb. 9: Solawuchim – der Stellvertreter

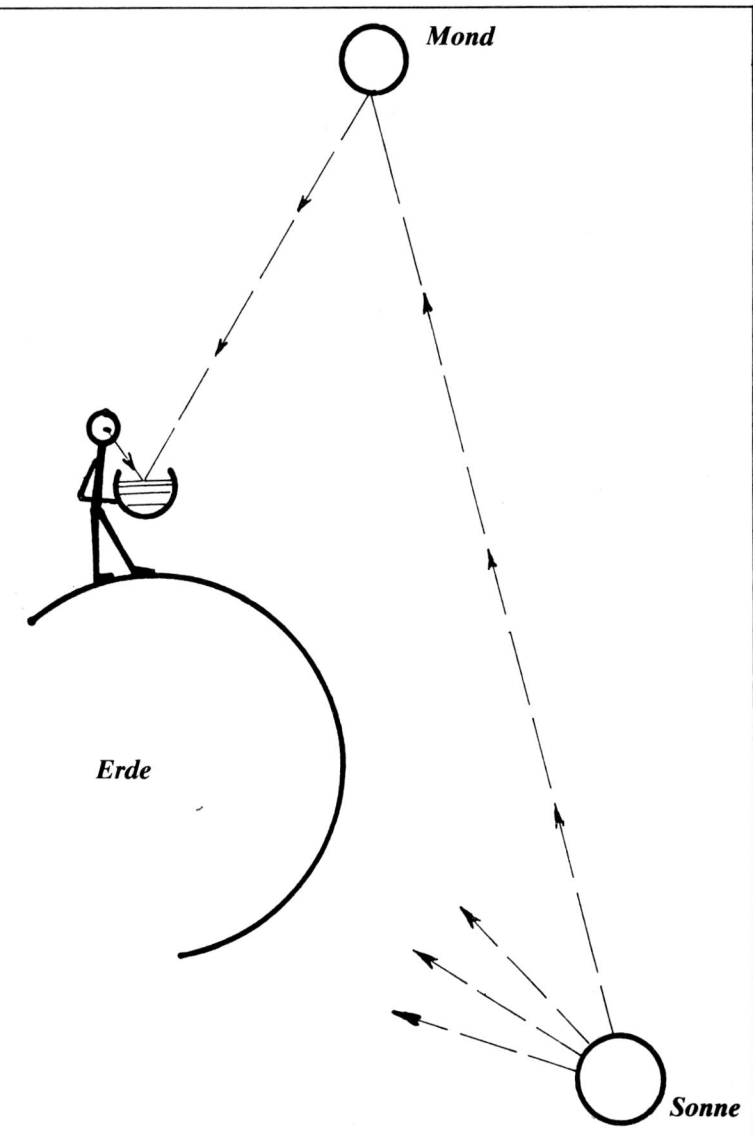

Der hier abgebildete Mann sieht in seiner mit Wasser gefüllten Schale den Mond. Der Mond reflektiert das Licht, so daß es die Sonne erreicht. Die Sonne erkennt, was auf der Erde geschieht. Indem wir so unser Drittes Auge benutzen, sind wir Zeuge dessen, was auf der anderen Seite der Erde vor sich geht.

Abb. 10: Wie man die andere Seite der Erde sehen kann

Abb. 11a oben links: Felseninschrift (Hopi-Reservationsgebiet)
Abb. 11b oben rechts: Saaviki während des Powámuya-Festes
Abb. 12 unten: Der Huck'ovi-Tafelberg
Abb. 13 rechts: Eine Huck'ovi-Frau trägt die »Platte« mit der Flamme

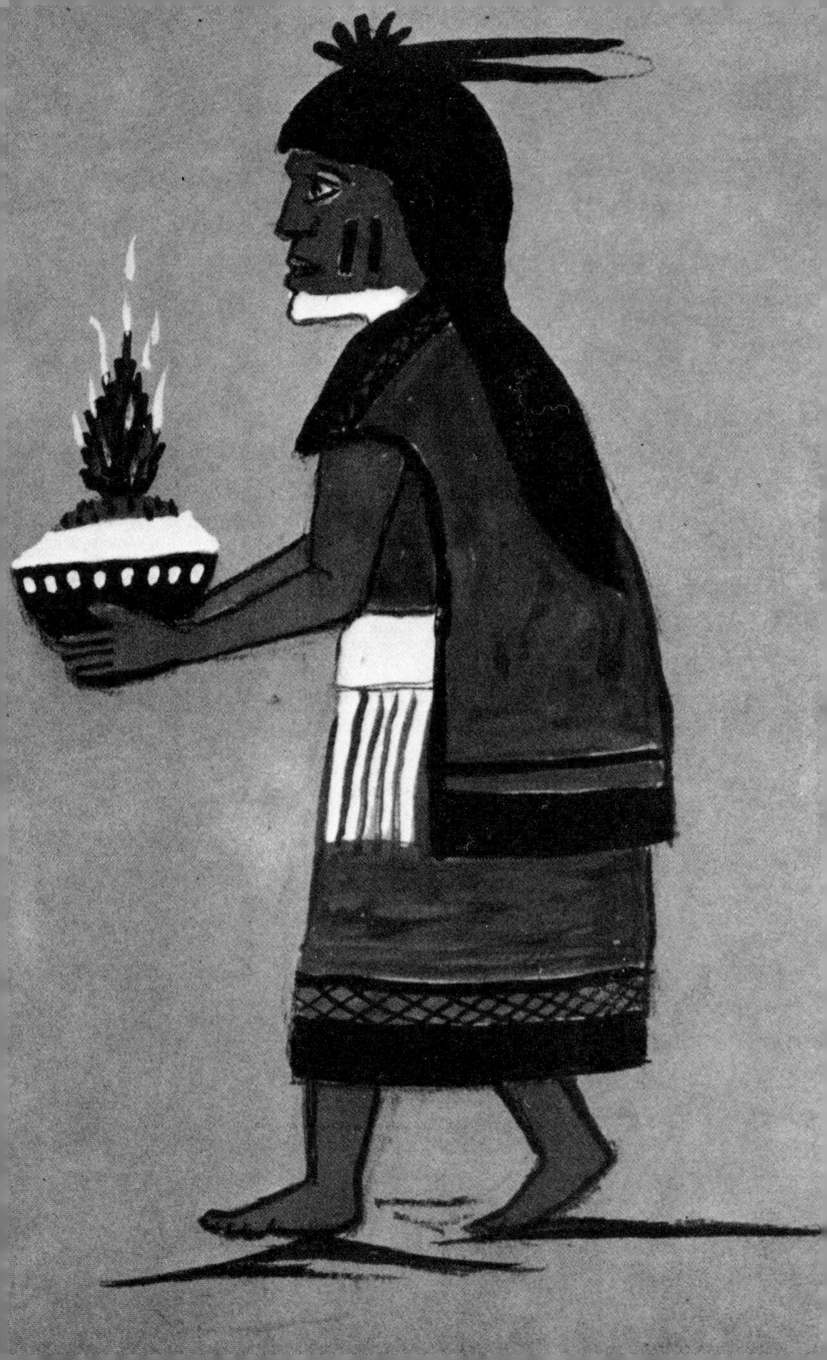

Abb. 14 oben: Nakwách – das Symbol der Wahren Brüderschaft (links: weiblich; rechts: männlich)

Abb. 15 unten: Zeitenfolge zentralamerikanischer und nordamerikanischer Zivilisationen

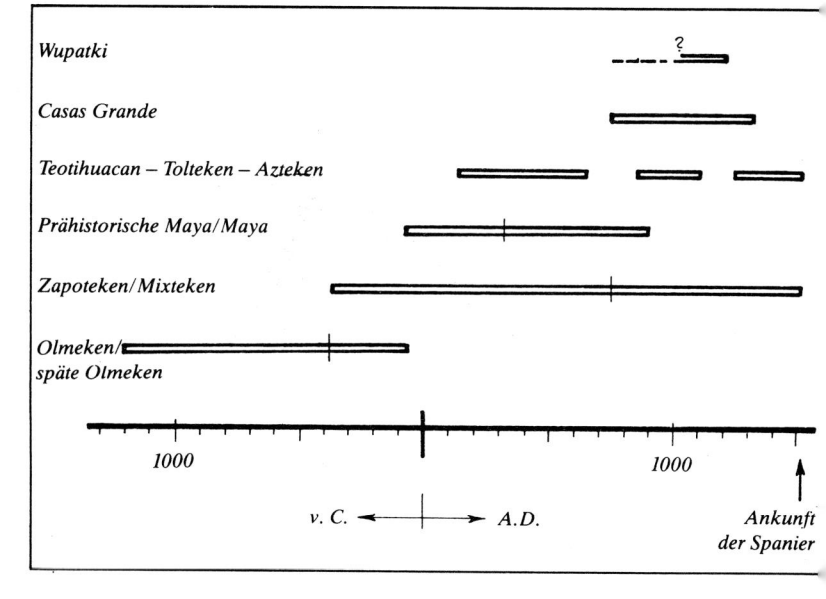

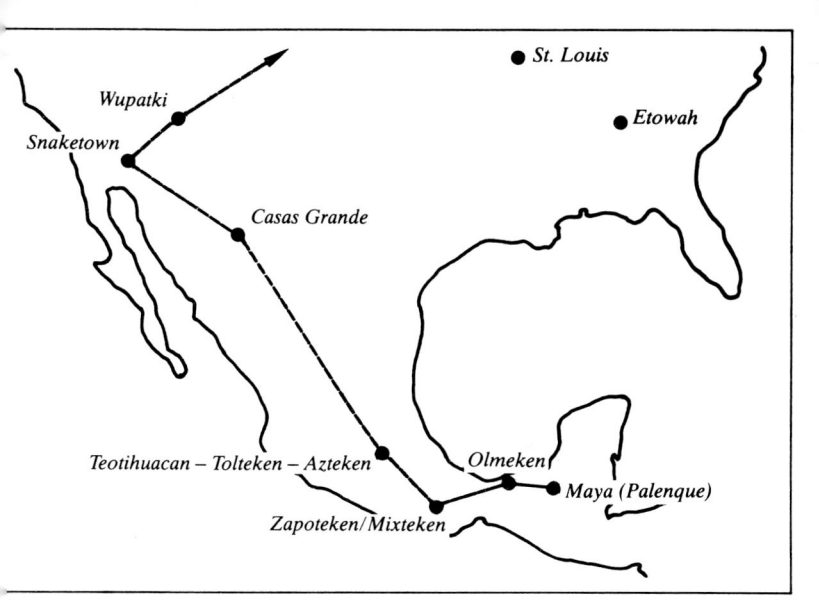

Abb. 16 oben: Geographische Verteilung alter Zivilisationen in Nord- und Mittelamerika

Abb. 17 unten: Das Verhältnis zwischen Niederlassung und Zivilisationszeitpunkt (1519 traf Cortez in Mexiko ein)

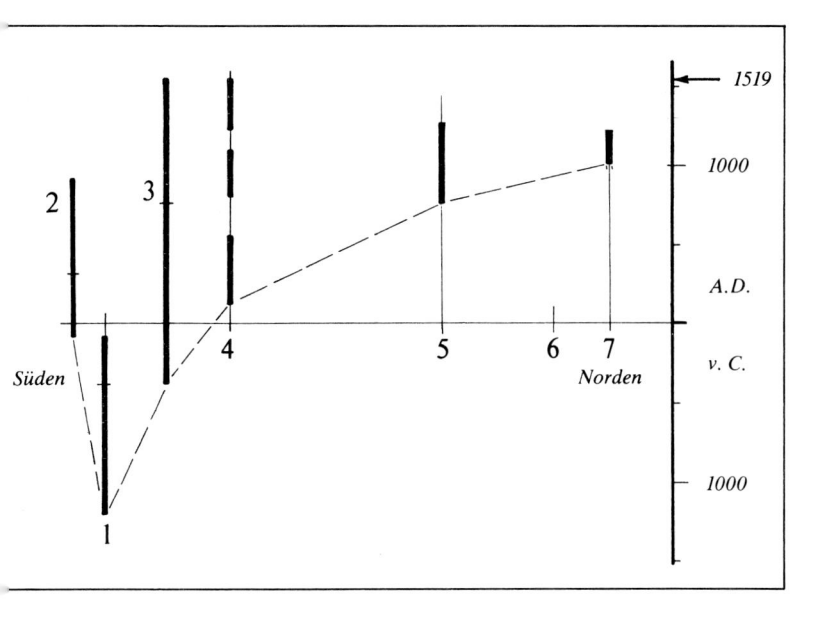

Abb. 18a oben links: Der »Olmeken-Kopf« von Mexiko
Abb. 18b oben rechts: Der »Olmeken-Kopf« von Sumatra
Abb. 19a unten: Typische Helmform (Sumatra)

und der andere Tocapo Viracocha. Nachdem er die Stämme und Völker geschaffen und ihnen Bekleidung und Sprache zugewiesen hatte, sandte der Schöpfer die Sonne zum Himmel hinauf und den Mond und die Sterne, ein jedes an seinen Platz. Der Schöpfer, der in der Sprache der Indianer Pachayachachi (Lehrer der Welt) und Tecsi-viracocha (der unbegreifliche Gott) genannt wird, ging von Tiahuanaco dann über die Berge, um alle Völker zu besuchen und zu betrachten; er wollte prüfen, ob sie begonnen hatten, sich zu vermehren und ob sie seine Gebote befolgten. Er gewahrte, daß einige Völker aufsässig geworden waren und seine Gebote nicht befolgten. Er verwandelte eine große Zahl von ihnen in Steine, geformt wie Männer und Frauen, in der Bekleidung, die sie getragen hatten. Diese Verwandlungen in Steine geschahen an den folgenden Orten: in Tiahuanaco und in Pucara, in Jauja, wo er, so sagen sie, den huaca, genannt Huarivilca, in Stein verwandelte, in Pachacamac und Cajarmarca und an anderen Orten. Tatsächlich sind an diesen Orten große Steinblöcke, von denen einige fast die Ausmaße von Giganten haben. Sie müssen in sehr alter Zeit von Menschen hergestellt worden sein, und infolge verlorengegangener Erinnerung und fehlender Schriften erfanden sie diese Legende, in der es heißt, daß Menschen durch das Gebot des Schöpfers wegen ihres Ungehorsams in Steine verwandelt wurden. Sie erzählen auch, daß in Pucara, das an der Callo-Straße, über 160 Kilometer von der Stadt Cuzco entfernt, liegt, Feuer vom Himmel herniederkam und einen großen Teil der Menschen vernichtete, während jene, die fliehen wollten, in Steine verwandelt wurden.«

Der Schöpfer, von dem gesagt wird, er sei der Vater von Yamaymana Viracocha und Tocapo Viracocha, sandte sie aus, um allen Dingen einen Namen zu geben, den Bergen, Bäumen, Blumen, Früchten und Gewürzen, und die Menschen zu belehren, welche von diesen zur Ernährung oder als Medizin zu nutzen seien. »So gingen sie, bis sie das Meer erreichten, von wo aus sie, nachdem sie alles vollbracht hatten, was sie auf dieser Welt zu tun hatten, zum Himmel aufstiegen.« In der gleichen Legende erzählen sie auch, daß in Tiahuanaco, wo die Menschheit erschaffen wurde, alle die verschiedenartigen Vögel, männlich und weiblich, geschaffen wurden, und allen wurde der Gesang gegeben, den sie singen sollten; jene, die in den Wäldern leben sollten, wurden dorthin geschickt und jede Art an ihren vorbestimmten Platz. Auf gleiche Weise wurden die verschiedenen wilden Tiere geschaffen, männlich und weiblich, und alle Schlangen und Eidechsen, denen man im Land begegnet, und den Menschen wurden die Namen und die Eigenschaften aller dieser Vögel, Tiere und Reptilien genannt. – Diese Indianer waren ganz sicher in ihrem Glauben, daß weder der Schöpfer noch seine Söhne von Frauen geboren waren, daß sie unwandelbar und ewig waren. Die Stämme haben viele andere Legenden, die über ihren Ursprung erzählen, so viele, daß es kein Ende gäbe, wollte man sie alle erwähnen. Ich werde deshalb nur einige dieser Legenden anführen. – Im Königreich Quito gibt es eine Provinz, genannt Canaribamba, nach der die Cañares-Indianer ihren Namen tragen. Diese Cañares sagen, zur Zeit der Sintflut seien zwei Brüder auf einen sehr hohen Berg entflohen, genannt Huaca-ynan. Als die Wasser stiegen, wurde auch der Berg höher, so daß sie niemals von den Wassern erreicht wurden. Nachdem die Flut zurückgegangen war, bauten sie ein kleines Haus und suchten nach Nahrung. Eines Tages, als sie in ihr Haus zurückkamen, fanden sie Nahrung zu essen und chicha (gegorener Maissaft) zu trinken, sie konnten aber nicht herausfinden, wer es ihnen gebracht hatte. Das ging so weiter, zehn Tage lang, und die Brüder beschlossen, daß sich einer in der Nähe verstecken sollte, um zu sehen, wer die Nahrung brächte. – »Bald sah er zwei Vögel ... in unserer Sprache nennen wir sie Makaos (Papagei mit keilförmigem Schwanz). Sie kamen in der Bekleidung der Cañaresen, ihre Haare vor der Stirn befestigt, wie sie sie jetzt tragen. Der verborgene Indianer beobachtete sie beim Vorbereiten der Mahlzeit, die sie mitgebracht hatten. Als sie ins Haus kamen, legte der größere von ihnen einen Mantel ab, wie ihn die Indianer tragen. Als der im Verborgenen sitzende Indianer sah, daß sie schön waren und die Gesichter von Frauen hatten, kam er aus seinem Versteck; aber sobald sie ihn sahen, wurden sie wütend und flogen weg, ohne für diesen Tag etwas zu essen zurückzulassen... Am nächsten Tag entschloß sich der jüngere Bruder, im Versteck zu bleiben und aufzupassen, ob die Vögel zurückkämen. Nach drei Tagen kamen die beiden Makaos zurück und begannen mit der Bereitung des Essens. Die beiden Männer warteten eine günstige Zeit ab, und als die Makaos mit dem Kochen fertig waren, schlossen die Brüder die Tür, und die Makaos waren eingesperrt. Sie waren sehr ärgerlich, und während die Männer den kleineren festhalten konnten, entkam der größere. Dann unterhielten sie ein Liebesverhältnis mit dem kleineren Makao und hatten von ihm sechs Söhne und Töchter. Der Makao lebte lange Zeit mit ihnen auf diesem Hügel, und er brachte Samen, den sie aussäten, und so ernährten sie sich...«

Schließlich gibt es die Geschichte über den Kristall, die einer der frühesten Könige erlebte: »Sie sagen, bevor er den Thron bestieg, ging er eines Tages zu seinem Vater Viracocha Inka, der in Sacsayhuaman war, acht Kilometer von Cuzco entfernt. Als er zu einem Brunnen kam, genannt Susur-puqio, sah er ein Stück Kristall hineinfallen, darinnen war die Gestalt eines Indianers eingeschlossen... Inka Yupanqui erschrak bei seinem Erscheinen und rannte weg. Die Gestalt rief ihn zurück und sagte: ›Komm her, mein Sohn, und fürchte Dich nicht, denn ich bin das Sonnengestirn, Dein Vater. Du sollst viele Völker erobern; sei deshalb stets darauf bedacht, mir Ehrerbietung zu erweisen, und vergiß mich nicht in Deinen Opferungen.‹ – Dann verschwand die Erscheinung, aber das Kristallstück blieb zurück. Der Inka nahm es in seine Obhut, und es wird gesagt, daß er alles darin sehen konnte, was er wünschte.«

c) Pedro de Cieza de Leon[67] wurde vermutlich im Jahr 1519 in Sevilla geboren. Mit kaum 13 Jahren gelang es ihm, auf einem Schiff in die Neue Welt mitgenommen zu werden. Er nahm an Expeditionen in unbekannte Territorien Mittelamerikas teil, wo ihm von den Gefahren und Entbehrungen solcher Unternehmungen nichts erspart blieb. Später hatte er Gelegenheit, wieder als Soldat nach Südamerika zu kommen. Alles in allem war er 17 Jahre in Westindien, wie man diesen Teil der Welt damals nannte. Er beendete seine Aufzeichnungen im Jahre 1550 in Lima und segelte zurück nach Spanien. Sein erstes Buch wurde 1553 veröffentlicht, er starb 1560.

In seinem zweiten Buch finden wir am Anfang der Seite 4 folgendes: »Sie erzählen auch, was ich im ersten Teil aufgeschrieben habe, und zwar, daß es in vergangener Zeit auf der Insel Titicaca Menschen, weiß wie wir, mit Bärten gab. Diese kamen aus dem Tal Coquimbo, und ihr Häuptling, der den Namen Cari trug, erreichte den Ort, wo Chucuito steht, und ging, nachdem er einige Siedlungen gegründet hatte, mit seinem Volk hinüber auf die Insel. Er führte Krieg mit den Einwohnern und tötete sie alle[68].«

»Bevor die Inka in diesen Königreichen herrschten oder bevor man je von ihnen hörte, berichten die Indianer von viel bemerkenswerteren Vorkommnissen als alles bisher Gehörte. Sie behaupten, sie seien lange Zeit ohne Sonne gewesen und hätten schwer unter ihrer Abwesenheit gelitten. Den Göttern wurden feierliche Gebete und Gelübde um das lebenswichtige Licht dargebracht. So standen die Dinge, als strahlender Sonnenschein von der Insel Titicaca im großen See der Provinz Collao ausging, worüber sich jedermann erfreute. Bald danach, so wird gesagt, kam ein weißer Mann von großer Statur aus dem Süden, der durch seine Erscheinung und Gegenwart große Ehrfurcht und Gehorsam hervorrief. Dieser Mann, der solchermaßen erschienen war, hatte große Macht, denn er konnte Ebenen in Berge verwandeln und große Hügel in Täler, und er ließ Wasser aus den Felsen fließen. Sobald diese Macht in Erscheinung trat, nannten die Menschen ihn Schöpfer der Dinge, Prinz aller Dinge, Vater der Sonne. Denn es wird gesagt, daß er auch andere Wunder vollbrachte, er gab den Menschen und Tieren Leben und erwies so den Menschen große Wohltaten. Diese Geschichte, so erzählten mir die Indianer, hatten sie von ihren Ahnen gehört, die sie in ähnlicher Weise aus den Gesängen kannten, die sie aus sehr alten Zeiten übernommen hatten. Es wird gesagt, daß dieser Mann weiterging nach dem Norden und auf seinem Weg über die Berge Wunder wirkte, und sie erzählten auch, daß er nicht zurückkehrte, denn er wurde nie mehr gesehen. An vielen Orten gab er den Menschen Gebote, wie sie leben sollten, und sprach liebevoll mit ihnen, mit viel Güte und ermahnte sie, gut zu sein und einander nichts Böses und kein Unrecht zu tun, auch sollten sie freundlich und barmherzig zu allen sein. Meist wird er Ticiviracocha genannt, aber in der Provinz Collao heißt er Tyapaca und an anderen Orten Arnauan. In vielen Gebieten erbauten sie Tempel, in denen sie Statuen in seiner Gestalt aufstellten, und sie brachten ihm Opfergaben dar. Es wird angenommen, daß die großen Blöcke in Tiahuanaco aus dieser Zeit stammen. Doch obwohl sie infolge des Ruhms der frühen Ereignisse die Dinge erzählen, die ich im Zusammenhang mit Ticiviracocha berichtet habe, wissen sie weiter nichts über ihn, auch nicht, ob er jemals wieder in diesen Teil des Reiches zurückkehren wird.

Weiter sagen sie, daß sie, nachdem eine lange Zeit vergangen war, wieder einen Mann sahen, der dem ersten ähnlich war und dessen Namen sie nicht erwähnen. Von ihren Vorfahren wissen sie ganz sicher, daß dieser Mann, wo immer er hinkam, die Kranken heilte und den Blinden das Augenlicht wiedergab, indem er nur einige Worte murmelte. Wegen dieser guten und nützlichen Taten war er bei allen sehr beliebt. Auf diese Weise durch seine Worte große Taten vollbringend, kam er in die Provinz Canas. In der Nähe des Dorfes Cacha, in welchem der Hauptmann Bartolome de Terrazas eine encomienda besaß, erhoben sich die Menschen gegen ihn und drohten, ihn zu steinigen. Sie sahen ihn auf den Knien mit zum Himmel erhobenen Händen, als wolle er die göttliche Gnade erflehen, ihn aus der Gefahr zu erretten, die ihn bedrohte. Die Indianer berichten weiterhin, daß sogleich ein großes Feuer am Himmel erschien, von dem sie meinten, sie würden davon eingekreist. Voller Furcht und Zittern kamen sie zu ihm, den sie töten wollten, und flehten ihn an, ihnen zu verzeihen. Denn sie wußten, daß ihnen Bestrafung drohte, da sie die Sünde begangen hatten, den Fremden steinigen zu wollen. Alsbald sahen sie, daß das Feuer erlosch, als er es ihm befahl; so wurden sie selbst Zeugen dessen, was geschehen war. Und die Steine verzehrten sich und verbrannten, und große Blöcke konnten mit der Hand aufgehoben werden, als wären sie aus Kork. Weiter erzählten sie, daß der Mann den Ort verließ, wo sich diese Dinge ereignet hatten, und er kam an die Küste des Meeres. Seinen Mantel haltend, begab er sich mitten in die Wellen und ward nie mehr gesehen. Und als er fortging, da gaben sie ihm den Namen Viracocha, das heißt ›Schaum des Meeres‹[69].«

Ich habe C. de Leons Bericht mit obigem Text aus dem zweiten Teil seines Werkes begonnen, da er eine klare und einheitliche Zusammenfassung dessen bringt, was er erfahren hat. Zusätzliche Einzelheiten und Informationen über die Gebiete und Städte, wo er sie erfahren hat, werden in den folgenden Auszügen aus dem ersten Teil gegeben. – Auf Seite 135 lesen wir: »Aus den Berichten, die wir von den Indianern von Cuzco erhalten haben, können wir entnehmen, daß es in alter Zeit in allen Provinzen dieses Königreichs, das wir nun Peru nennen, große Unordnung gegeben hat und daß die Eingeborenen unglaublich primitiv und dumm waren... Während alle Provinzen auf dieser Stufe standen, erhoben sich zwei Brüder. Der Name des einen war Manco Capac... Dieser Manco Capac gründete die Stadt Cuzco und erließ Gesetze für das Volk. Er und seine Nachkommen wurden Inka genannt.«

Aus dem Tal Jauja berichtet Cieza de Leon auf Seite 298: »Diese Indianer erzählen eine sehr freundliche Legende. Sie versichern, daß sie von einem bestimmten Mann (an dessen Namen ich mich nicht erinnere) und einer Frau namens Urochombe abstammen. Diese beiden waren so fruchtbar, daß alle Huancas ihre Nachkommen sind.« Er bringt auch in Erfahrung, daß diese Huancas von einem Schöpfer wissen, der alle Dinge erschaffen hat und den sie Ticiviracocha nennen. Sie glauben an die Unsterblichkeit der Seele.

In diesem Gebiet wird eine Geschichte erzählt, die Elemente vereint, denen wir später wieder begegnen werden: »Die Indianer haben von ihren Vorfahren eine andere Legende gehört, nach der sich einst eine große Zahl von Teufeln in diesen Landesteilen versammelten und an den Einheimischen viel Unheil verübten und sie mit ihrem Aussehen erschreckten. Während dies geschah, erschienen fünf Sonnen am Himmel und beunruhigten die Teufel mit ihrem strahlenden Glanz, da verschwanden sie mit lautem Schreien und Stöhnen. Der Teufel Huarivilca, der dabeigewesen war, ward nie mehr gesehen, und alle Stellen, wo er sich aufgehalten hatte, waren versengt und verbrannt.«

Von der Stadt Guamanga, die etwa 280 Kilometer westlich von Cuzco liegt, hören wir (S. 309): »Der größte Fluß in der Nähe der Stadt heißt Viñaque. Daneben sind einige große und sehr alte Bauten, die nun Ruinen sind, aber lange gestanden zu haben scheinen. Wenn man die Indianer fragt, wer diese alten Monumente gebaut habe, antworten sie, daß die Baumeister bärtige und weiße Menschen wie wir waren, die viele Jahre vor der Regierung der Inka in diese Regionen gekommen waren und eine Siedlung errichtet hatten. Diese und einige andere Bauten in diesem Königreich erscheinen mir nicht wie jene, die die Inka erbauen ließen, denn ihre Gebäude sind viereckig und jene der Inka länglich und schmal. Es wird auch berichtet, daß wirkliche Buchstaben auf einer Kachel in diesem Gebäude gefunden wurden.«

Er schreibt von der Provinz Andahuaylas, die etwa 100 Kilometer südöstlich von Cuzco liegt (Seite 316): »Als ich die Indianer nach ihrem Ursprung befragte, erzählten sie mir eine ähnliche Legende wie jene von Jauja. Sie sagen, ihre Urväter seien einem kleinen See namens Choclococha entstiegen. Von dort hätten sie das Land bis zu einem Ort, genannt Chuquibamba, erobert, wo sie sich niederließen.... Der See, aus dem sie kamen, ist ihnen heilig und war ihr höchster Kultplatz...«

In Cacha, 25 Kilometer südlich von Cuzco, sahen wir folgendes (Seite 357): »Auf der anderen Seite des Flusses gibt es eine kleine Einfriedung, in der einiges Gold gefunden wurde. Dieser Tempel wurde zum Gedächtnis an ihren Gott Huira-cocha gebaut, den sie den Schöpfer nennen. Innen war ein Steinidol in der Größe eines Mannes mit einem Gewand und einer Krone oder Tiara auf dem Kopf.«

In Colla erfuhr er (Seite 362): »Viele dieser Indianer sagen, sie hätten von ihren Vätern gehört, daß es in vergangenen Zeiten eine große Sintflut gegeben habe... Sie behaupten auch, der Ursprung ihrer Ahnen liege sehr weit zurück... einige sagen, ihre Vorfahren seien aus einem Brunnen gekommen, andere aus einem Felsen und wieder andere aus einem See, so daß hinsichtlich

ihres Ursprungs nichts Eindeutiges in Erfahrung zu bringen ist. Aber alle sind sich einig, daß ihre Ahnen in einem primitiven Zustand lebten, bevor sie von den Inka unterworfen wurden...« –
»Bevor die Inka das Land eroberten, so sagen viele der Indianer, gab es zwei große Herren in Colla, einer hieß Sapana und der andere Cari. Sie eroberten viele pucaras, wie ihre Festungen heißen. Sie fügen hinzu, daß einer dieser Häuptlinge die große Insel im Titicacasee betrat und dort viele weiße Menschen mit Bärten vorfand, und sie kämpften derart miteinander, daß alle getötet wurden, und auch daß sie mit den Canas und Canches viele große bewaffnete Auseinandersetzungen hatten. ... Nachdem sie sich gegenseitig bekämpft hatten, suchten sie auch die Freundschaft des Inka Huira-cocha, der damals in Cuzco regierte. Der Inka schloß einen Friedensvertrag mit Cari und ... wurde ohne Kampf Herr eines großen Teils der Provinz Colla.«

»Die Eingeborenen von Colla sagen das gleiche wie alle anderen Leute der Sierra. Sie nennen den Schöpfer der Welt Huira-cocha und wissen, daß sein Hauptwohnort im Himmel ist« (S. 367).

Über den Titicacasee schreibt Cieza de Leon auf Seite 371: »Es wäre möglich, daß dieser See ein Überbleibsel der Sintflut ist. Denn hätte der See Verbindung mit dem Meer, dann müßte sein Wasser salzig sein und nicht süß.« Und später: »Der große See der Colla wird Titicaca genannt, nach dem Tempel, der auf der Insel gebaut wurde. Die Eingeborenen vertreten Vorstellungen, die purer Aberglaube sind. Zur Zeit ihrer Ahnen habe es viele Tage lang kein Licht gegeben. In dieser trüben Dunkelheit habe sich eines Tages wieder die Sonne in all ihrem Glanz von dieser Insel Titicaca erhoben. Daher gilt dieses Eiland als heiliger Ort. Zu Ehren der Sonne errichteten die Inka einen Tempel auf der Insel, der sehr verehrt wurde; in ihm gab es viele Jungfrauen und Priester und große Reichtümer. Wenn auch die Spanier bei verschiedenen Gelegenheiten große Mengen Goldes mitgenommen haben, nimmt man an, daß der größte Teil des Tempelschatzes noch unentdeckt ist.«

Dann kommt ein sehr bedeutungsvoller Text (S. 379): »Ich befragte die Eingeborenen..., ob diese Bauten von den Inka stammten, und sie lachten über diese Frage und versicherten, sie seien gebaut worden, bevor die Inka jemals an der Regierung waren, doch könnten sie nicht sagen, wer sie errichtet habe. Aus diesem Grunde und weil auch von bärtigen Männern auf der Insel Titicaca die Rede ist, welche die Bauten von Vinãque errichtet haben sollen, meine ich, daß vor der Herrschaft der Inka eine intelligente Rasse, die von einem unbekannten Ort gekommen war, diese Bauten errichtete.«

Einige Anmerkungen und zusätzliche Informationen sind erwähnenswert, die C. R. Markham in Fußnoten gegeben hat. Über die Ruinen von Pachacamac, etwa 40 Kilometer südlich von Lima, sagt er zum Beispiel (S. 255): »Einige alte Autoren meinen, daß dieser Tempel lange vor der Zeit der Inka zur Verehrung von Pachacamac – dem höchsten Wesen und Schöpfer der Welt – von einer alten Rasse errichtet wurde. Die Yunga-Indianer sind degenerierte Nachkommen dieser alten Rasse.«

Seine Bemerkung über Smaragde (S. 183) bringt das immer wiederkehrende Problem der Technologie auf: »Man findet sie in den Gräbern der Indianer in Manta und Atacames, sie sind an Schönheit, Größe und Härte jenen von Neu-Granada überlegen. Sie wurden von den Indianern zu kugelförmigen, konischen und anderen Formen bearbeitet, und es ist schwierig zu erklären, wie das ohne Kenntnis von Stahl oder Eisen möglich war.«

Eine weitere Angabe, die große Kenntnisse auf dem Gebiet der Bautechnik enthüllt, findet sich auf Seite 237: »Garcilaso de la Vega berichtet, wie der Inka Huira-cocha einen 4 Meter tiefen und fast 600 Kilometer langen Äquadukt anlegen ließ.« Er erwähnt auch unterirdische Kanäle: In Abständen von etwa 180 Meter sind Einstieglöcher vorhanden, durch welche Arbeiter in die Kanäle hinuntersteigen konnten, um etwaige Hindernisse auszuräumen.«

Eine kurze Bemerkung über die Begräbnisse der Inka-Herrscher ist der Beachtung wert, da diese Sitte bis vor kurzem auch bei den Hopi herrschte: »Die Körper waren mit den Knien am Kopf in Hockstellung...«

Wir wollen unsere Zitate aus Cieza de Leons Chronik mit zwei

Berichten über die Existenz von Riesen beenden. Der erste spricht von ihrem Erscheinen am Kap Santa Elena im heutigen Ecuador (S. 189): »Die Eingeborenen erzählen von folgender Überlieferung, die sie von ihren Ahnen aus längst vergangener Zeit übernommen haben. In Booten aus Schilf, die so lang wie große Schiffe waren, erschien an der Küste eine Gesellschaft von Männern von solcher Größe, daß sie von den Knien abwärts genauso hoch waren wie ein gewöhnlicher Mensch, mag er auch von ansehnlicher Statur gewesen sein. Die Größe ihrer Gliedmaßen stand im Verhältnis zum ungewöhnlichen Format ihrer Körper, und ihre Köpfe waren ungeheuerlich anzuschauen. Ihre Haare reichten bis zu den Schultern, und ihre Augen waren so groß wie kleine Teller. Sie hatten keine Bärte und waren mit Tierhäuten bekleidet, andere nur in der Bekleidung, die die Natur ihnen gegeben hatte, und sie waren ohne Frauen. Als sie am Kap ankamen, errichteten sie eine Art Dorf, und selbst heute noch zeigt man diese Stelle, wo ihre Häuser standen. Als sie aber kein Wasser vorfanden, bauten sie einige sehr tiefe Brunnen. Dieses Werk ist der Erinnerung wert, denn die Brunnen haben solche Ausmaße, daß sie nur von ganz starken Männern angelegt worden sein können. Sie bohrten diese Brunnen durch den gewachsenen Fels, bis sie auf Wasser stießen, und machten dann von oben bis unten eine gemauerte Einfassung, die viele Generationen überdauerte. Das Wasser in diesen Brunnen ist ausgezeichnet und sehr zuträglich und immer kalt und angenehm zu trinken. Nachdem sie das Dorf gebaut und die Brunnen oder Zisternen angelegt hatten, verzehrten diese großen Männer oder Giganten alle Lebensmittelvorräte des umliegenden Landes, deren sie habhaft werden konnten, denn einer von ihnen aß mehr Fleisch als 50 Eingeborene. Als alle Nahrungsmittel, die sie fanden, nicht zu ihrer Ernährung genügten, fingen sie viele Fische im Meer mit Netzen und anderen Geräten. Die Einheimischen verabscheuten die Riesen, denn wenn sie mit ihren Frauen Umgang hatten, töteten sie sie, und auch die Männer kamen um – auf andere Weise. Aber die Indianer waren nicht zahlreich genug, um diese neuen Menschen zu vernichten, die ihr Land besetzt hatten. Sie gründeten große Vereinigungen gegen sie, hatten aber keinen Erfolg. (Der nächste Satz ist zur Übersetzung nicht geeignet.) [70] Alle Eingeborenen erklären, Gott der Herr habe eine Strafe über die Riesen gebracht, die der Größe ihrer Vergehen entsprach. Während sie alle versammelt und mit ihren abscheulichen ... beschäftigt waren, kam mit großem Getöse ein furchterregendes und schreckliches Feuer vom Himmel hernieder, und mitten aus diesem trat ein strahlender Engel hervor mit einem funkelnden Schwert, mit dem er alle Riesen auf einen Streich tötete, und das Feuer verzehrte sie. Übrig blieben nur ein paar Knochen und Schädel, die Gott zur Erinnerung an die Strafe zurückließ. Solches wird über diese Giganten erzählt, und wir glauben dem Bericht, denn in der Gegend fand man riesige Knochen und findet sie noch immer ... und der Ort des Dorfes kann besichtigt werden wie auch die Brunnen und Zisternen, die von den Riesen gemacht wurden.« Dies alles soll sich am Kap Santa Elena ereignet haben.

Eine Fußnote auf Seite 191 in Cieza de Leons Chronik besagt: »Es scheint, daß an diesem Teil der Küste, wo ständig Teile der Felsen abbrechen, versteinerte Knochen riesiger Säugetiere gefunden wurden, und ohne Zweifel entstand dadurch die Geschichte von den Riesen. – Ulloa meint..., dieser Geschichte von den Knochen der Riesen wurde, wie Zárate[71] sagt, bis 1543 wenig Glauben geschenkt. Zu dieser Zeit ließ ein Einheimischer von Truxillo Ausgrabungen machen, und man fand große Rippen und andere Knochen sowie riesige Zähne. Von da an glaubte man den einheimischen Überlieferungen. – Humboldt meint, daß die Funde von Walfischen stammten.«

Der zweite Bericht über Riesen kommt aus der Nähe von Lima, Peru (S. 191): »In diesem Jahr 1550 war ich in der Stadt der Könige und hörte, als der sehr erhabene Don Antonio de Mendoza Vizekönig und Gouverneur von Neuspanien war, hätten sie bestimmte Knochen von Menschen gefunden, die sogar noch größer gewesen sein müssen als diese Riesen. Ich habe auch gehört, daß zuvor in einem sehr alten Grab in der Stadt Mexiko oder an einem anderen Ort dieses Königreiches bestimmte Knochen von Riesen gefunden wurden. Nach alledem können wir annehmen, daß diese

Riesen tatsächlich existierten, da so viele Personen dies gesehen und bestätigt haben.«

d) Dr. Francisco de Avila[72] war Priester in der bergigen Provinz Huarochiri, östlich von Lima. Er schrieb sein Buch etwa 1620. Leider ist es nicht vollständig. Das Gebiet von Dr. Avilas Tätigkeit liegt in der Luftlinie etwa 480 Kilometer von Cuzco entfernt, und trotzdem basieren die von ihm gebrachten Überlieferungen auf dem gleichen Grundgedanken. Avila erfuhr jedoch weitere beachtenswerte Einzelheiten, die sonst nicht berichtet wurden. De la Vega schrieb nur über eine reiche Vegetation im Cuzcogebiet der frühen Zeit, während wir von de Avila Genaueres über eine tropische Vegetation mit tropischen Tieren hören. Und wir erfahren auch etwas mehr über Flugapparate.

Ab Seite 121 lesen wir: »Nach einer sehr alten Überlieferung, die es schon vor der Erinnerung an irgendwelche anderen Ereignisse gab, sind gewisse Huacas oder Idole vermutlich gleich anderen, von denen ich noch sprechen werde, in Menschengestalt umhergegangen. Diese Huacas wurden Yananamca Intanamca genannt. Nach einem Zusammenstoß mit einem anderen Huaca namens Huallallo Caruincho wurden sie von diesem besiegt und vernichtet. Er verblieb als Gott und Herr des Landes. ... Es wurde auch überliefert, daß in jenen Tagen alle Verstorbenen am fünften Tage wieder zum Leben erweckt wurden. Was in diesem Lande gesät wurde, das keimte, wuchs und reifte am fünften Tag. Es wird auch gesagt, daß alle drei Provinzen, die von den Indianern Yunca oder Anden genannt werden, damals sehr heiß waren und daß diese Ernten in den Wüsten und unbewohnten Gegenden wie Pariacaca und anderen zu sehen waren. Sie sagen auch, daß es in diesen Anden eine große Vielfalt der schönsten und leuchtendsten Vögel gab wie Keilschwanzsittiche, Papageien und andere. Die Menschen, die damals das Land bewohnten (und die sich nach ihren Berichten schlecht und böse verhielten), und die besagten Idole wurden durch das Idol Pariacaca in andere Andengebiete verjagt. Von Pariacaca und von dem Kampf, den er mit diesem Huallallo Caruincho führte, werde ich sogleich sprechen.

Es wird auch gesagt, daß es ein weiteres Idol, genannt Coniraya, gab, von dem nicht genau bekannt ist, ob er vor oder nach dem Aufstieg des Pariacaca lebte. Sicher ist jedoch, daß das Idol fast bis zur Zeit der Ankunft der Spanier in diesem Land angerufen und verehrt wurde. Denn wenn die Indianer das Idol anbeteten, sagten sie: ›Coniraya Uiracocha (unter diesem Namen wurde er den Spaniern bekannt), Ihr seid Herr aller Dinge: Euer ist die Ernte, und Euer sind alle Menschen.‹ ... Und da es wahrscheinlicher ist, daß Coniraya der Ältere war, werden wir zunächst von seinem Ursprung und seinem Lebenslauf erzählen und dann von jenem des Pariacaca.«

Avila schreibt im Kapitel zwei: »Es wird gesagt, daß in sehr alter Zeit Coniraya in der Gestalt und Bekleidung eines sehr armen Indianers erschien, der in Lumpen gekleidet war. ... Sie sagen, er war der Schöpfer aller Dinge, auf sein Wort und Geheiß wurden die Terrassen und Felder an den steilen Hängen gebaut und dazu die Wände, die sie stützten. Er brachte auch die Bewässerungskanäle zum Fließen, indem er bloß einen hohlen Stab warf, den wir ein spanisches Rohr nennen würden; und er ging hin und her und regelte viele Dinge...«

Die bemerkenswerte Aussage über das Klima wird auf Seite 134 wiederholt: »Sie behaupten, in den Tagen des Coniraya Uiracocha sei ihr Land ein Yungaland gewesen, die Ernten seien in fünf Tagen gereift.« Dann geht er zurück auf die Zeit nach der Sintflut. »In jedem Distrikt wählten die Indianer den reichsten und mutigsten Mann unter ihnen zu ihrem Häuptling, und sie nennen diese Zeit Purunpacha (purun bedeutet wild, primitiv, unzivilisiert; Purun pacha = wilde, heidnische Zeiten), das heißt die Zeit, als es keinen Herrscher gab. Es wird gesagt, daß in dieser Zeit auf einem Berg im Süden, genannt Condorcoto, ... fünf große Eier erschienen. Um den Berg Condorcoto, auf dem die fünf Eier waren, blies ein Wind, den es vorher nicht gegeben hatte.«

Ein Satz auf Seite 142 erklärt, warum es hinsichtlich Coniraya und Pariacaca einige Ungewißheiten gibt: »Es wird gesagt, daß diese fünf Eier in Condorcoto, von denen eines Pariacaca enthielt, sich öffneten und fünf Falken herausschlüpften. Diese verwandelten sich alsbald in fünf Männer, die anfingen, Wunder zu vollbringen...« Und Pariacaca »sehnte sich danach, überall auf der Welt große und mächtige Taten zu vollbringen, obwohl die Region, die er durchquerte, 100 Kilometer im Umkreis nicht übertraf.«

Im Zusammenhang mit Pariacacas Taten und Abenteuern hören wir nochmals (S. 143): »Es sei bemerkt, daß das ganze Gebiet damals das Land der Yunga war, das gemäß einer irrigen Meinung der Indianer ein heißes Klima hatte.« Schließlich lassen uns Pariacacas Liebesgeschichten und die Beschreibung der Welt, in der sie sich ereigneten, mit Avilas Überzeugung übereinstimmen, daß Coniraya vor Pariacaca lebte.

e) Pachacuti-yamqui Salcamayhua [73] ist ein weiterer Zeuge, dessen Familie ihn mit Peru verbindet. Er war ein Indianer, und seine Vorfahren lebten dort zur Zeit der spanischen Eroberung. Er schrieb sein Buch erst 1620, aber er sagt sehr glaubwürdig: »Ich versichere, daß ich die ältesten Überlieferungen und Geschichten, die Mythen und die Urkultur der heidnischen Zeiten als Kind kennengelernt habe.«

Er ist sehr vorsichtig, was ein Licht auf die zu seiner Zeit herrschende Stimmung werfen könnte, denn er beginnt seine Erzählung erst, nachdem er fast drei Seiten lang seinen katholischen Glauben beteuert. Dann schreibt er, beginnend auf Seite 70: »...daß zu einer Zeit, die Callac-pacha oder Tutayac-pacha (Anfang der Zeit, Zeit der Nacht oder dunkle Zeit) genannt wurde, alle Völker von Tahuantin-suyu ›von jenseits Potosi‹ kamen und geeignete Orte für ihre Siedlungen wählten... Diese Zeit dauerte eine lange Reihe von Jahren. Nachdem das Land bevölkert war, gab es einen großen Raumbedarf, und da das Land nicht ausreichte, gab es Krieg und Streit...« In diesen sehr alten Zeiten gab es Dämonen und Teufel, genannt Hapi-nunus (hapini = ich ergreife, nunu = der Busen einer Frau). Man konnte sie sehen, und sie spazierten über das ganze Land, »und es war nicht sicher, in der Nacht fortzugehen, denn sie schleppten Männer, Frauen und Kinder gewaltsam fort...« Eines Nachts hörte man Geschrei, und die Hapi-nunus verschwanden. »Einige Jahre, nachdem die Teufel, genannt Hapi-nunus, Achacallas aus dem Land vertrieben worden waren, trat in diesen Königreichen Tahuantin-suyu (vier Provinzen in einer, das Reich) ein bärtiger Mann auf. Er war von mittlerer Größe, hatte langes Haar und trug ein ziemlich langes Hemd. Es wird gesagt, er sei nicht mehr ganz jung gewesen, denn er hatte bereits graue Haare, und er war mager. Er reiste mit seiner Gefolgschaft, belehrte die Eingeborenen mit viel Freundlichkeit und nannte sie alle seine Söhne und Töchter. Wie er so durch das ganze Land ging, vollbrachte er viele Wunder. Er heilte die Kranken durch seine Berührung. Er sprach alle Sprachen, besser als die Eingeborenen. Sie nannten ihn Tonapa oder Tarapaca (Adler), Uiracocharapacha yachipachan oder Pachaccan (ein Verwalter oder Haushofmeister; Kammerherr der Inka). Obgleich er predigte, hörten die Leute nicht auf ihn, denn sie hielten nichts von ihm. Er hieß Tonapa Uiracocha nipacachan, aber war er nicht der glorreiche Apostel St. Thomas?« ... »Es wird gesagt, daß er oft auf den Feldern schlief ohne irgendeine andere Bedeckung als das lange Hemd, das er trug, einen Mantel und ein Buch.«

Er besuchte alle Provinzen von Colla-suyu und predigte, aber er hatte keinen Erfolg. In der Stadt Yamquesupa wurde er sehr schlecht behandelt, und »es wird gesagt, daß er diesen Ort verfluchte, deshalb ist er jetzt mit Wasser bedeckt. Die Stätte wird heute Yamquisupaloiga (nicht festzustellen) genannt. Es ist ein See, und fast alle Indianer dieser Zeit wissen, daß dort einst ein Dorf war.« – Nach vielen anderen Vorkommnissen »blieb Tonapa eine lange Zeit auf einem Felsen, genannt Titicaca, und danach kam er in eine Stadt, genannt Tiahuanaco. Das Volk tanzte und trank und hörte nicht auf ihn. Als er diesen Ort verließ, wurden alle Leute, die getanzt hatten, in Steine verwandelt, und so kann man sie bis zum heutigen Tag sehen.« Und dann erfahren wir, »daß dieses Idol gleich einem Wind zu einem Platz in der Wüste flog, der niemals von Menschen besucht wurde«.

Tonapa folgte dann dem Flußlauf Chacamarca, »bis er ans Meer kam. Das wird von diesem sehr alten Inka berichtet«.

Und wieder lesen wir auf Seite 87: »In jenen Tagen erzählten die Curacas von Asillu und Hucuru dem Inka, wie in alten Zeiten ein armer, dünner, alter Mann mit einem Bart und langem Haar in einem langen Hemd zu ihnen gekommen sei, daß er in Staatsangelegenheiten ein weiser Berater war und daß er Tonapa Vihinquira hieß. Sie sagen, er habe alle Idole und Hapi-nunu-Dämonen in die verschneiten Berge verbannt... Die Curacas von den Huancans[74] sagten, daß dieser Tonapa Varivillca auch in ihrem Land gewesen sei und in einem Haus gelebt habe, das er selbst erbaut hatte...«

f) Pascual de Andagoya[75] war einer der Offiziere, die Pedrarias begleiteten, als er 1514 als Gouverneur in die neuentdeckte Landenge zwischen dem nördlichen und dem südlichen Meer ging. Andagoya nahm an verschiedenen Expeditionen teil, und daher sind seine Erzählungen die eines Augenzeugen. Er war der erste, der vom Inka-Reich authentische Berichte erhielt. Die Entdeckung Perus war eine Folge dieser Informationen. Es war tragisch, daß er aus gesundheitlichen Gründen nicht selbst dorthin gehen konnte, denn der Mann, der an seiner Stelle gesandt wurde, war Pizzaro. Andagoyas Bericht über die Inka beruht deshalb nicht auf eigenen Beobachtungen. Zuverlässige Männer, die dort waren, haben sie ihm weitergegeben.

Von den Provinzen an der Landenge in der Nähe von Santa Cruz berichtet er auf Seite 12: »Ich wollte wissen, ob diese Menschen irgendeine Ahnung von Gott hatten, und erfuhr, daß sie von der Sintflut und von Noah wußten, und sie sagten, daß er mit seiner Frau und seinen Söhnen in einem Kanu entflohen sei und daß danach die Welt von ihnen bevölkert wurde. Sie glaubten an einen Gott im Himmel, den sie Chipiripa nannten, der es regnen ließ und alle anderen Himmelserscheinungen sandte. Es gibt keinen Bericht hinsichtlich des Ursprungs dieses Volkes, noch können sie sagen, woher sie kamen; sie wissen nur, daß sie die Eingeborenen des Landes sind.«

Über die Provinz Nata des Staates Panama schreibt er auf Seite 26: »Die Indianer hatten niemals Spanier gesehen und glaubten, diese Menschen seien vom Himmel gefallen, und bevor sie wußten, ob sie sterblich seien oder nicht, griffen sie die Fremden nicht an.«

In einem anderen Gebiet der Landenge stellte er folgendes fest (S. 33): »Eine ihrer Sitten kam dann zur Anwendung, wenn einer der Indianer heiratete. Dann mußte ein Mann, der als Kirchenoberhaupt amtierte und in einem Tempel lebte, mit der Braut in der Nacht vor der Hochzeit schlafen.« Es folgte eine Beschreibung von Menschenopfern und dann: »Die Indianer beichteten gewisse Sünden, die ihnen schändlich erschienen, und sie glaubten, mit der Beichte vor diesem Priester wären sie davon befreit.«

Über die frühe Geschichte der Inka erfuhr er folgendes (S. 55): »Der erste Gebieter, an den es in Cuzco irgendeine Erinnerung gab, war der Inka Viracocha. Dies war ein Mann, der allein in dieses Land gekommen war, doch weiß man nicht, woher er kam, abgesehen von der Tatsache, daß Viracocha in der Sprache des Volkes ›Schaum des Meeres‹ bedeutet. Er war ein weißer und bärtiger Mann, einem Spanier ähnlich. Die Eingeborenen von Cuzco, die seine große Tapferkeit erlebten, hielten ihn für göttlich und nahmen ihn als ihren Häuptling auf. Für die Regierung des Landes erließ er vorzügliche Gesetze und Vorschriften und errichtete die Bauten von Cuzco sowie die hervorragend gebaute Festung. Bis zu Guanacaba gibt es nicht viele Erinnerungen an die Nachfolger Viracochas, denn sie verdienten es nicht, daß man sich ihrer erinnerte. Guanacaba ... ist der beste regierende Fürst, von dem man noch weiß. Er ließ eine sehr breite Straße von Cuzco bis Quito bauen mit einer Mauer auf jeder Seite. Die Straße ist so gut über die Berge geführt und durchweg so gut gepflastert, daß sie wie eine römische Arbeit wirkt.«

g) Pater Joseph de Acosta [76] ist eine Quelle von großer Klugheit. Er wurde 1540 in Medina del Campo geboren, wurde Jesuit und verließ Spanien 1570, um nach Westindien zu gehen. Er kam nach Lima und von dort nach der Stadt Juli an der Westküste des Titicacasees, die zu jener Zeit der Hauptsitz der Jesuiten war. Acosta schrieb während seines dortigen Aufenthalts einige gelehrte Bücher. Später beteiligte er sich am Dritten Konzil der Bischöfe in Lima 1582; er war dort auch der Berichterstatter. 1587 kehrte er nach Spanien zurück.

Acosta dachte sehr gründlich über die Frage der Herkunft der Indianer nach und auf welchen Wegen sie gekommen waren, selbstverständlich unter der Voraussetzung, daß auch sie von Adam und Eva abstammten. Er meint (S. 45): »Es ist nicht wahrscheinlich, daß es eine weitere Arche Noah gab, mit welcher die Menschen in dieses Gebiet kamen, und noch viel weniger irgendeinen Engel, der den ersten Menschen in diese neue Welt getragen hätte, ihn bei den Kopfhaaren haltend wie den Propheten Habakuk.« Er kommt zu der Schlußfolgerung (S. 69), daß die Indianer nicht »geplant« kamen, sondern »daß der wahre, hauptsächliche Anlaß der Besiedlung darauf beruht, daß die Länder und ihre Begrenzungen miteinander verbunden sind und sich bis zu den äußersten Endpunkten der Welt fortsetzen oder ihnen zumindest sehr nahekommen.«

Eine historische Bemerkung, sozusagen! Gestalt und Größe von Nord- und Südamerika waren zu dieser Zeit nicht bekannt, aber Acosta vermutet, irgendwo und irgendwie müßte es eine Landbrücke oder eine Kette von Inseln geben, die Amerika mit einem der bekannten Kontinente verbindet. Das macht Pater Acosta zum Vater der Beringstraßen-Theorie.

Sein Interesse an geographischen Angelegenheiten drückt sich auch in einer Bemerkung über Panama (S. 135) aus: »Einige haben nach einer Beratung den Vorschlag gemacht, diese Landenge von etwa 46 Kilometer zu durchstechen und die beiden Meere miteinander zu verbinden, was die Überfahrt von Peru bequemer und leichter machen würde...«

Acosta nimmt an, »daß die ersten, die ankamen, ziemlich primitive Menschen und Jäger waren...« Er vermutet jedoch, daß ihr Heimatland zivilisiert gewesen sein mag und daß nach ihrer Wanderung »einige Sitten ihrer ersten Länder verblieben sein könnten. Und wenn sie auch aus wohlgeordneten Ländern kamen, ist doch nicht auszuschließen, daß sie im Laufe der Zeit alles vergessen haben. In Spanien und Italien finden wir Gesellschaften von Menschen, die weiter nichts als deren Gestalt und Haltung haben; daraus können wir schließen, auf welche Art diese Neue Welt so barbarisch und unzivilisiert wurde.«

Über die frühe Geschichte der Inka und Indianer erzählt uns Acosta folgendes (S. 70): »Oft erwähnen sie eine Sintflut, die sich in ihren Ländern ereignete. Wir können jedoch nicht beurteilen, ob diese Sintflut weltumfassend war (wovon die Heilige Schrift spricht) oder eine Überschwemmung ihrer eigenen Regionen. Einige Fachleute sagen, in diesen Ländern seien viele beachtliche Zeichen einer großen Überschwemmung. Ich bin ihrer Meinung, die besagt, daß dies nicht Noahs Sintflut war, sondern eine andere Flut, von der Platon spricht, oder eine, die die Dichter besingen. Wie dem auch sei, die Indianer sagen, daß in dieser Flut alle Menschen ertranken. Sie berichten auch, daß aus dem großen Titicacasee ein Viracocha gekommen sei, der in Tiahuanaco blieb, wo heute noch die Ruinen sehr alter und fremdartiger Bauten zu sehen sind. Und von dort ging Viracocha nach Cuzco. Sie zeigen im Titicacasee eine kleine Insel, wo sie vermuten, Viracocha habe sich verborgen und sei bewahrt geblieben. Aus diesem Grunde bringen sie ihm an diesem Ort große Opfer sowohl an Schafen als auch an Menschen. Andere berichten, daß sechs oder auch eine andere Anzahl Menschen aus bestimmten Höhlen herauskamen. Mit diesen begannen sich die Menschen zu vermehren...«

Hinsichtlich des Sees selbst schreibt Acosta aus eigener Erfahrung (S. 151): »Das Wasser ist weder ganz bitter noch salzig wie das des Meeres, jedoch ist es so trüb, daß man es nicht trinken kann.«

Wie alle anderen Chronisten hört er von »Vermutungen, daß diese Menschen lange Zeit hindurch weder einen König noch ein Gemeinwesen hatten, sondern in Gruppen lebten, wie sie es zur Zeit in Florida tun...« Und er erfährt gleichermaßen (S. 429): »Der erste Mann, von dem die Indianer berichten, ist Manco Capac, der erste der Inka. Von ihm nehmen sie an, er sei nach der Flut aus der Höhle Tambo hervorgekommen, die etwa 25 oder 30 Kilometer von Cuzco entfernt ist. Es wird gesagt, von ihm stammten die beiden Geschlechter der Inka ab, eines mit Namen Hanancusco und das andere Vrincusco...«

Über religiöse Angelegenheiten erzählt uns Acosta (S. 301): »Und im allgemeinen bekennen sie sich zu einem obersten Gott und Schöpfer aller Dinge, den die von Peru Viracocha nennen, und sie gaben ihm Namen von hoher Vortrefflichkeit wie Pachacamac oder Pachayachachic, der Weltenschöpfer. Sie brachten ihm Opfer und verehrten ihn. Viracocha nahm im Kult der Inka-Könige den ersten Platz ein. Daher nannten sie die Spanier Viracochas.«

Auf Seite 307 lesen wir wieder: »...der große Ticciviracocha, dem sie die Hauptmacht und den Befehl über alle Dinge zuerkannten...« Eine Fußnote zu dieser Passage sagt, daß Ticciviracocha von »Aticsi-Uiracocha« abgeleitet sei; »atic« bedeutet Eroberer.

Noch einmal sagt Acosta auf Seite 428: »In dem ganzen Reich war das Hauptidol, dem sie huldigten, Viracocha Pachayachachic, der Welterschaffer, und nach ihm die Sonne.«

Die große Verehrung Viracochas, des obersten Herrn, kommt in einer kurzen Bemerkung (S. 430) zum Ausdruck, die den Viracocha Inka betrifft. Von dessen Streit mit seinem Vater hörten wir durch Inka Garcilaso: »Die Indianer nahmen es übel, daß sich der Inka den Titel Viracocha gab, den Namen Gottes. Um sich zu entschuldigen, gab ihnen der Inka zu verstehen, daß ihm derselbe Viracocha im Traum erschienen sei und ihm befohlen habe, seinen Namen zu tragen.«

Von allgemeinem Interesse ist auch eine Stelle, die die künstlerische Arbeit der Indianer zur Zeit des Pater Acosta betrifft. Er beschreibt ein kleines Bild, das ganz und gar aus winzigen farbigen Federn zusammengesetzt war, und fährt dann fort (S. 280): »König Philipp ... überreichte Papst Sixtus V. ein anderes viereckiges Bild, größer als dieses, darauf war die Gestalt des heiligen Franz dargestellt. Man sagte dem Papst, es sei von den Indianern aus Federn gemacht worden. Der Papst wollte das nachprüfen und berührte das Bild mit seinem Finger, um zu sehen, ob es tatsächlich aus Federn gemacht war. Es schien ihm erstaunlich, daß sie so genau zusammengepaßt waren, daß mit dem Auge nicht zu unterscheiden war, ob es die natürlichen Farben der Federn oder künstliche waren, die mit dem Pinsel gemalt waren.«

Wie viele andere, hörte auch Pater Acosta von den berühmten

Städten aus Gold in den Niederungen des Ostens (S. 171): »Ich habe einen aus unserer Gesellschaft sagen hören, einen vertrauenswürdigen Mann, daß er dort große Häuser gesehen habe und die Wege so ausgefahren seien wie jene zwischen Salamanca und Valladolid.«

Und wir hören (S. 454): »Als ich im Jahre unseres Herrn 1586 in Mexiko war, fanden sie einen jener Riesen in einem unserer Bauernhöfe begraben, die wir Iesus del Monte nennen. Sie brachten einen Zahn, der (ohne zu übertreiben) so groß war wie die Faust eines Mannes, und der Rest stand im Verhältnis dazu, das habe ich gesehen und mich über die Größe gewundert.«

Es sollte festgehalten werden, daß Acosta sagt, er habe das ganze Skelett gesehen. Diese Aussage von einem gelehrten und intelligenten Mann hat einiges Gewicht. Obwohl er leider nicht die Länge des Skeletts erwähnt, ist das Beispiel des Zahnes gewiß sehr eindrucksvoll.

Natürlich waren nicht alle Chronisten an den Überlieferungen der sehr alten Geschichte der Inka und Indianer interessiert. Doch auch bei denen, die die Angelegenheit nur kurz berühren, finden sich Äußerungen, die für unsere Zwecke nützlich sind. Francisco Lopez de Gomara z. B. schreibt 1553: »Ihr Ursprung war Titicaca, eine Lagune im Callao, etwa 200 Kilometer von Cuzco entfernt, deren Name ›Insel aus Blei‹ bedeutet.« Von Augustin de Zarate erfahren wir: »...er wurde Inka Viracocha genannt, das bedeutet ›Schaum oder Fett des Meeres‹, denn da sie nicht wußten, woher er gekommen war, glaubten sie, er sei aus dieser Lagune geformt worden.« Und dem Pedro Gutierrez de Santa Clara wurde erzählt, der erste indianische Herrscher kam »...von einer großen Insel, genannt Titicaca, die inmitten einer Lagune liegt, die sehr groß und tief ist...« Dieser indianische Herrscher plante, das Land um den See zu besetzen, und »in dieser Absicht verließ er mit vielen Flößen aus Rohr und trockenem Unkraut mit vielen Menschen die Insel«. Tatsächlich jedoch siedelten diese Leute in der Nähe des Sees, wo der Herrscher »seinen Sitz und königlichen Hof« erbaute [77].

Ich möchte besonders hervorheben, daß alle drei Berichte eine Lagune und nicht einen See erwähnen.

h) Polo de Ondegardo[78] schließlich, der im Jahre 1560 Magistratsbeamter in Cuzco und ein sehr fähiger Staatsmann war, macht einige Notizen über die Arbeitsgewohnheiten während der Inka-Zeit, die uns an die Beschreibung der Arbeit in Palatquapi vom Weißen Bären erinnern. Hinsichtlich der Bodenbearbeitung für die Inka-Tempel sagte er: »Diese Arbeit wurde nicht von einer Gruppe verrichtet, noch wurden Männer dazu aufgerufen, sondern alle Einwohner, mit Ausnahme der Alten und Gebrechlichen, gingen in ihren besten Gewändern an die Arbeit und sangen die zu diesem Ereignis passenden Lieder.«

7. Die Viracochas

In den spanischen Berichten über die sehr frühen Zeiten in Südamerika sind die geschilderten Ereignisse überschattet, wenn nicht beherrscht durch den überragenden Einfluß der Viracochas. Die Viracochas waren damals und sind für uns noch heute in jeder Beziehung rätselhaft. Schon ihre äußere Erscheinung ist erstaunlich: Sie waren weißhäutig, hatten blondes Haar, waren groß und schlank und trugen Bärte. Diese Merkmale waren nicht nur in die Erinnerungen der Inka tief eingegraben, sondern auch bei weit entfernten Stämmen, so daß die Spanier wegen ihrer hellen Haut eine Zeitlang Viracochas genannt wurden[79]. Diese äußeren Zeichen wurden durch die anscheinend übernatürlichen Fähigkeiten und die äußerst hochstehende Moral der Viracochas ergänzt und betont. Wegen ihrer ungewöhnlichen Erscheinung und Wesensart wird es von Nutzen sein, mehr über sie zu erfahren, bevor wir uns den Ereignissen selbst zuwenden.

In diesem Kapitel soll aus den spanischen Berichten das Wesentliche über die Viracochas gebracht werden. Wir wollen versuchen, ohne kritische Beurteilung unsererseits sie und ihr Wirken so zu sehen, wie es den Indianern vor langer Zeit erschienen ist. Das wird nicht nur äußerst wissenswert sein, es ist auch eine unbedingte Notwendigkeit, um ein möglichst klares Bild des Gebotenen zu erhalten, bevor wir beginnen, unseren eigenen Standpunkt darzulegen. Ausführliche Forschungen über die Viracochas folgen in späteren Kapiteln. Wir werden uns dann auch den verschiedenen durch sie hervorgerufenen Problemen widmen.

Aus den spanischen Büchern erfahren wir, daß der Name Viracocha weder überall noch ohne Zunamen angewandt wurde. Er erscheint beispielsweise in Zusammensetzungen wie Ymaymana Viracocha und Tocapo Viracocha. Ein deutlicher Hinweis auf den Schöpfer zeigt sich in der Namensgebung Tecsiviracocha mit der Bedeutung »unbegreiflicher Gott«. Er vollbrachte wunderbare Dinge, »und die Menschen nannten ihn Schöpfer aller geschaffenen Dinge, Fürst aller Dinge, Vater der Sonne«. Andererseits wird auf eine Gestalt wie Tonapa Viracocha einfach als Tonapa verwiesen, was eine ausgeprägt menschliche Richtung andeutet. Verschiedene andere Namen sind überliefert, von denen Ticiviracocha von grundlegender Bedeutung ist, da die Silbe tici oder tiki Verbindungen bis weit hinaus in den Pazifik herstellt.

Diese kurze Übersicht zeigt uns bereits, daß »Viracocha« in der Tat nicht ein Name, sondern eine Bestimmung ist. Die Bezeichnung gilt nicht für eine Einzelperson, sondern dient dazu, eine Einzelperson als Mitglied einer bestimmten Gruppe auszuweisen, was ganz eindeutig durch den bereits erwähnten Tonapa dargestellt wird.

Durch ihr Verhalten »lösten die Viracochas große Verehrung und Gehorsam aus«. Es ist keine Übertreibung, ihr Wissen und ihre Fähigkeiten phantastisch zu nennen. Sie erbauten Tiahuanaco, Cuzco und die »Festung«. Das Land wurde von den Viracochas für die verschiedenen Erfordernisse vorbereitet, denn sie »konnten Ebenen in Berge verwandeln und große Hügel in Täler und Wasser aus dem Felsen schlagen...« Und »auf seinen Befehl wurden Terrassen und Felder an den steilen Hängen der Schluchten angelegt und die Stützmauern errichtet, um den Feldern Halt zu geben. Er ließ auch die Bewässerungskanäle fließen, indem er nur einen Rohrstock schleuderte... Er ging in verschiedene Richtungen und ordnete viele Dinge.«

Andererseits hatten die Viracochas keine Bedenken, ihr Macht zur Selbstverteidigung zu nutzen. Einer der Viracochas, der zum

Beispiel von den Indianern fast gesteinigt worden wäre, ließ ein großes Feuer »vom Himmel« erscheinen, das die »Felsen zerstörte und zu Asche machte«; aber er konnte das Feuer auch kontrollieren und zum Verlöschen bringen.

Bei einer anderen Gelegenheit wurde der Viracocha in einem Dorf schlecht behandelt. Er nahm furchtbare Rache: Er »verfluchte das Dorf, und so liegt es nun unter Wasser. Der Ort heißt jetzt Yamquisupaloiga. Es ist ein See, und fast alle Indianer jener Zeit wußten, daß es einst ein Dorf war und nun ein See ist.« Ein Dorf dieses Namens war niemals nachweisbar. Die Beschreibung gleicht unmißverständlich einer Erzählung der Hopi-Überlieferung von der Zerstörung der Stadt Táotoóma.

Wiederholt wird in sehr sachlicher Art berichtet, daß die Viracochas fliegen konnten. In allen Darstellungen wird nachdrücklich von den Begleiterscheinungen der Flüge berichtet, das Fliegen an sich verursacht wenig oder gar keine Überraschung. In Andagoyas Bericht findet die Selbstverständlichkeit, mit der das Fliegen von den Einheimischen hingenommen wurde, ihren besonderen Ausdruck, wenn er sagt: »Die Indianer, die niemals Spanier gesehen hatten, meinten, diese Menschen seien vom Himmel gefallen. Bevor die Indianer wußten, ob diese Menschen sterblich seien, haben sie sie auch nicht angegriffen.« Man darf nicht vergessen, daß sich dies weit entfernt von Peru im jetzigen Panama ereignete. Diese Eingeborenen waren offensichtlich über das Erscheinen der Spanier überhaupt nicht erstaunt, für sie lag die Ankunft solcher Leute im Bereich des Möglichen, auch wenn sie vom Himmel kamen. Die Eingeborenen wollten nur wissen, ob diese hellhäutigen Fremden ebenso unverwundbar waren wie jene, die zuvor da waren, wer sie auch gewesen sein mögen.

Übrigens gibt es einen ähnlichen Fall von Unverwundbarkeit in den Überlieferungen der Kayapo-Indianer am oberen Amazonas[80]. Keine der dort üblichen Waffen war tödlich für den Mann, der vom Himmel gekommen war.

Es gibt eine einzige Beschreibung eines raketenstartähnlichen Abfluges in einem Bericht von Molina. Er schreibt über die »Gestalt eines Menschen«, der von der Titicaca-Insel zum Himmel aufstieg und von »ungemein strahlendem Licht« begleitet war. Vor dem Abheben sprach dieser »Mann« zum Volk. Das Licht war heller als jedes künstliche Licht jener Zeit und konnte deshalb nur mit dem Licht der Sonne verglichen werden. Wie wir aus eigener Erfahrung bestätigen können, ist das ein durchaus angemessener Vergleich. Es ist nicht unbedingt überraschend, wenn mit der Zeit der Vergleich (»wie die Sonne«) zur Beschreibung eines tatsächlichen Körpers (der Sonne) wurde. Das ändert natürlich nichts am Kern des Ereignisses. Es wird gesagt, ein Mann stieg zum Himmel auf, vorher sprach er zu einigen Leuten, die zusammengekommen waren, und seine Aufwärtsbewegung war von einem sehr hellen Licht begleitet.

In diesem Zusammenhang ist zweierlei von Interesse. Anscheinend hatte sich eine Anzahl von Zuschauern eingefunden, um den Abflug zu beobachten, denn wie sonst hätte der »Mensch« zu ihnen sprechen können. Dazu kommt der auffallende Name der Insel: Fels aus Blei. Inka Garcilaso hat uns die Bedeutung der Worte titi und caca erklärt, so daß die Übersetzung nicht angezweifelt werden kann. Soviel ich weiß, wurde Blei niemals auf der Insel abgebaut. In der Frühgeschichte dieses Gebiets muß Blei aus mehreren Gründen eine bedeutende Rolle gespielt haben, da der See insgesamt, diese große, verehrte Wasserfläche, schließlich nach dem Ort benannt wurde, wo das Blei in Gebrauch war.

Die Beschreibung anderer Flüge ist sehr viel anspruchsloser: Iman Viracocha und Tocapa Viracocha stiegen einfach »zum Himmel auf«, nachdem sie das Meer erreicht hatten. In vielen dieser Beschreibungen finden wir Hinweise auf verschiedenartige Flugkörper. Die Geschichte von den beiden Brüdern erwähnt fliegende Vögel, die sich als sehr reale und sogar schöne Frauen erweisen, wie wir wissen. Ihre Flüge werden wiederholt erwähnt. Und dann gibt es die fünf Eier, die auf dem Berg erscheinen und von nicht näher erklärten Winden begleitet sind. Diese Eier öffnen sich, und fünf Männer kommen heraus, die »erstaunliche Wunder vollbringen«.

Cieza de Leon erfuhr von einem Viracocha, der, nachdem er das Meer erreicht hatte, an das Ufer ging, »wo er sich, seinen

Mantel haltend, mitten unter die Wellen begab und niemals mehr gesehen wurde«. Nimmt man diese Darstellung wörtlich, dann möchte man fast annehmen, daß der Viracocha im Wasser untertauchte und ertrank. Das paßt aber überhaupt nicht ins Bild, und wir müssen uns nach einer anderen Erklärung umsehen. Die von T. Heyerdahl[81] gebrachte Übersetzung der gleichen Stelle lautet: »Er breitete seinen Mantel aus und verschwand für immer zwischen den Wellen.« Das hört sich immer noch etwas dunkel an, bietet aber die Möglichkeit einer ganz anderen Deutung. Bedenkt man die verschiedenen Auslegungsmöglichkeiten der ursprünglichen Chronik, könnte man das »zwischen« vielleicht durch so etwas wie »über« ersetzen. Als erste Annäherung würde das die Wahl freilassen zwischen einem Boot und irgendeiner Art eines Flugkörpers.

Damit kommen wir zur Deutung des Namens Viracocha, die mit »Schaum (oder Fett) des Meeres« gegeben wird. Die Worte Schaum und Fett scheinen nicht das geringste miteinander gemein zu haben. Denken wir an Boote, dann erscheint »Schaum« passender, wie er von einem Schnellboot erzeugt wird. Keines der Boote oder Flöße dieser frühen Zeit war aber schnell genug, um diese Wirkung hervorzurufen. Andererseits hätte jeder Flugapparat, der benutzt worden sein mag, bestimmt beim Abflug oder bei der Landung im Wasser Schaum erzeugt. Ebenso fällt es nicht schwer, anzunehmen, daß etwas Öl (Fett) auf der Wasseroberfläche gewesen sein könnte. Die beiden Begriffe sind miteinander vereinbar, wenn wir an Flugmaschinen denken. Diese Schlußfolgerung stimmt mit dem zuvor erwähnten Bericht von einem ähnlichen Ereignis überein, bei welchem zwei Viracochas »zum Himmel aufstiegen«.

Alle diese bedeutsamen Kenntnisse physikalischer Vorgänge – Erdbewegungen, Terrassenbau, Bewässerungskanäle, Dämme, die zur Verfügung stehenden Flugapparate, die Fähigkeit, verheerende Feuer ausbrechen und verlöschen zu lassen, und der Besitz eines Kristalls, dessen Eigenschaften uns an jene erinnern, von denen uns der Weiße Bär erzählt –, all das findet seine volle Ergänzung in der großen Menschenfreundlichkeit der Viracochas. Sie »sprachen liebevoll zu ihnen ... mahnten sie, gut zueinander zu sein ... sollten einander lieben und barmherzig sein ... Die Kranken wurden durch die Berührung des Viracocha geheilt, und er verfügte viele hervorragende Gesetze und Anordnungen für die Regierung des Landes.« Sie belehrten die Menschen auch über die Pflanzen, »die gut als Nahrung und zur Heilung waren«, wie auch über die Namen der Tiere und den richtigen Umgang mit ihnen.

Die meisten Berichte sprechen nur von einem Viracocha, was den Eindruck hervorrufen könnte, als habe es tatsächlich nur eine derartige Person gegeben. Weiter oben in diesem Kapitel habe ich jedoch darauf hingewiesen, daß die verschiedenen Namenskombinationen, die ihnen beigelegt wurden, bereits einen eindeutigen Hinweis auf mehrere Einzelpersonen geben und daß wir den Namen »Viracocha« als Bezeichnung eines Mitglieds einer bestimmten Gruppe ansehen müssen. Es gibt noch weitere Faktoren, die diesen Anspruch unterstützen.

Zum Beispiel variieren die Beschreibungen einer solchen Persönlichkeit zwischen einer völligen Übereinstimmung mit dem Schöpfer, einem »hellhäutigen Mann von großer Gestalt, der durch Erscheinung und Auftreten große Verehrung und Autorität hervorrief«, und einem »bärtigen Mann mittlerer Größe mit langem Haar in einem ziemlich langen Hemd« – oder »einem armen, mageren, alten Mann mit Bart und langem Haar, einem Umhang und einem Buch«, von dem wir erfahren, daß er »oft im Freien übernachtete ohne irgendeine andere Bedeckung als das lange Hemd, das er trug«. Es wird auch gesagt, »er sei in der Gestalt und Kleidung eines sehr armen Indianers aufgetreten«. Welch ein Umfang äußerer Erscheinungsformen! Es kann keinen Zweifel geben, daß sich diese Beschreibungen auf verschiedene Persönlichkeiten beziehen.

Zusätzliche Beweise bringen Andagoyas Erfahrungen in Panama. Die dort lebenden Indianer »hielten solche Menschen für vom Himmel gefallen«. Wie ich schon erwähnte, waren die Indianer über eine derartige Möglichkeit überhaupt nicht erstaunt, ebensowenig darüber, daß mehr als einer, ja eine ganze Gruppe dies getan haben sollte. Das zeigt, daß für die Indianer die Begegnung mit den Spaniern nicht im Widerspruch zu den Überlieferungen stand. Mit anderen Worten, das Auftreten und die Anwesenheit von Gruppen war ihnen eher vertraut als das von Einzelpersonen.

Durch Cieza de Leon erfahren wir von »einem anderen Mann, der dem ersten ähnelte« und gekommen sei, nachdem der erste Mann fort war, und der die gleiche Macht und das gleiche Auftreten hatte wie jener. Wieder haben wir einen direkten Hinweis auf mehr als einen Viracocha.

Und schließlich erinnern wir uns der beiden indianischen Brüder, die von ZWEI gütigen fliegenden Frauen gerettet wurden. Die Brüder hielten sogar eine von ihnen gefangen; sie blieb bei ihnen und gebar ihnen Kinder.

Um das Bild zu vervollständigen, sollte erwähnt werden, daß es Erinnerungen an hellhäutige Götter auch außerhalb des von mir erwähnten geographischen Gebiets gab. Von besonderem Reiz sind die Erfahrungen des Kolumbus auf seiner ersten Fahrt nach Amerika, über die ich hier einiges aus seinem Tagebuch zitieren möchte [82]. Beispiele aus anderen Regionen sollen in einem späteren Kapitel besprochen werden.

Am Freitag, dem 12. Oktober 1492, landete Kolumbus auf der Watlings-Insel, der ersten, die ihm zu Gesicht gekommen war; er nannte sie San Salvador. Zwei Tage später segelte er an der Küste entlang und berichtet: »Einige von ihnen brachten uns Wasser, andere Lebensmittel. Als sie erkannten, daß ich nicht landen wollte, gingen sie ins Meer und schwammen zu uns. Wir verstanden, daß sie wissen wollten, ob wir vom Himmel gekommen seien. Ein alter Mann kam in das Schiff, und andere riefen all den Männern und Frauen mit lauter Stimme zu, sie sollten kommen und die Männer anschauen, die vom Himmel gekommen seien, und ihnen zu essen und zu trinken bringen...«

Am 6. November 1492 waren sie in einem Dorf mit etwa 1000 Einwohnern an der Nordküste von Kuba. Als sie abfuhren..., »wären, wenn sie jene (Indianer) hätten mitnehmen wollen, die sie zu begleiten wünschten, mehr als 500 Männer und Frauen mitgefahren, denn sie dachten, die Spanier kehrten in den Himmel zurück«.

Am 12. November schreibt er: »...sie aber glauben und wissen, daß es einen Gott im Himmel gibt, und sie sagen, von dort seien wir gekommen.«

Aus Haiti kommt eine bemerkenswerte Beobachtung vom 13. Dezember: »Sie sahen zwei Mädchen, deren Haut so weiß war wie jede, die man in Spanien sehen kann.«

Sonntag, den 16. Dezember 1492: »Am Nachmittag kam der König an Bord des Schiffes, wo ihn der Admiral in gebührender Form empfing. Er ließ ihm sagen, die Schiffe gehörten den Herrschern von Kastilien, den bedeutendsten Fürsten der Welt. Doch weder die Indianer, die an Bord waren und als Dolmetscher fungierten, noch der König glaubten davon ein Wort. Sie behaupteten, die Spanier kämen vom Himmel, und die Herrscher von Kastilien müßten im Himmel sein und nicht auf dieser Welt.« Dies ist eine besonders bemerkenswerte Stelle, denn sie läßt erkennen, daß selbst jene Indianer, die schon zwei ganze Monate mit den Spaniern verbracht hatten, immer noch überzeugt waren, sie seien vom Himmel gekommen. Der nächste Eintrag zeigt uns, daß die Spanier eine solche Denkweise eigentlich nicht ermutigten, sondern im Gegenteil die Indianer von ihrer irdischen Herkunft überzeugen wollten. Selbst wenn sie das nicht getan hätten, gab es doch für die indianischen Dolmetscher, die das tägliche Leben an Bord mit den Spaniern teilten, sicher genügend Gelegenheit zu beobachten, wie »menschlich« die Spanier waren. Am 21. Dezember liest man: »...und (die Eingeborenen) gaben ihnen alles, was sie hatten, denn es bestand für sie überhaupt kein Zweifel mehr, daß der Admiral und alle seine Leute vom Himmel gekommen waren. Das gleiche glaubten auch die Indianer von den anderen Inseln, obgleich ihnen gesagt worden war, was sie denken sollten.«

Wie sehr müssen wir bedauern, daß es weder genügend Zeit noch Interesse gab, um nach den Gründen für solche Überzeugungen zu fragen und die Ereignisse und Geschöpfe ausfindig zu machen, die diese Überlieferungen verursacht hatten. Wieviel ist verlorengegangen!

Die Erlebnisse, die Kolumbus hatte, begannen in den Bahamas und setzten sich auf Kuba und Haiti fort. Andagoya berichtet aus Panama, Avila schrieb über ein Gebiet in den Bergen östlich von Lima. Die ausführlichsten Beschreibungen haben wir aus dem Gebiet des Titicacasees. Der wesentliche Punkt aller dieser Berichte ist immer der gleiche, obwohl sich die Gebiete über Entfernungen von nahezu 7000 Kilometer erstrecken. Es sei übrigens erwähnt, daß uns die geographische Herkunft dieser Berichte keinen unmittelbaren Anhaltspunkt über das zeitliche Verhältnis der betreffenden Ereignisse zueinander gibt. Sie beweisen weder das gleichzeitige noch das nacheinander erfolgende Erscheinen jener hellhäutigen Menschen. Wir werden jedoch später sehen, daß einige Indizienbeweise in der Tat auf geographische Erwägungen zurückzuführen sind.

Zusätzlich zu allen diesen unmittelbaren Zeugnissen gibt es natürlich solche von mittelbarer Art dafür, daß »Viracocha« eine Gruppenbezeichnung ist. Hier muß die Lehrtätigkeit erwähnt werden sowie die Bauarbeiten an den Terrassen usw. Die Belehrung muß Jahre gedauert haben, da sie nicht nur den Anbau von Pflanzen und die Tierzucht betraf, sondern auch die Vermittlung medizinischer Kenntnisse umfaßte. Der entsprechende Bedarf an »Lehrern« liegt auf der Hand. Man muß wohl kaum betonen, daß die Terrassenbauten, die man heute nocch sehen kann und die sich über riesige Berghänge erstrecken, nicht in kurzer Zeit entstanden sein können. Auch wenn wir annehmen, daß die Indianer sämtliche Arbeitskräfte stellten, war für die Planung und Überwachung doch eine erhebliche Zahl von Viracochas erforderlich.

Alle diese Beispiele zeigen unmißverständlich die gleichen Merkmale und lassen nur die Schlußfolgerung zu, daß es eine beachtliche Zahl von Viracochas gegeben haben muß.

Wenn wir darüber nachdenken, was wir über die Viracochas erfahren haben, müssen wir vor allem sagen, daß die Erinnerungen an sie zu verbreitet und zu tief verwurzelt sind, als daß sie in das Reich der Phantasie verwiesen werden oder nur erfunden worden sein könnten, um den weißen Spaniern zu gefallen. Es kann außerdem keinen Zweifel geben, daß »Viracocha« eine Gruppenbezeichnung und nicht der Name eines einzelnen ist. Man muß daher die Viracochas als eine Gruppe oder mehrere Gruppen von Männern und Frauen betrachten. Alles in allem war ihr Kultur- und Wissensstand weitaus höher als derjenige jeder anderen Kultur jener Zeit. (Man muß zugeben, daß sie in vieler Hinsicht damals das übertrafen, was wir heute erreicht haben.) Deshalb sahen die Indianer in ihnen verständlicherweise übermenschliche Wesen, manchmal den Göttern gleich, manchmal halb Gott, halb Mensch wie die griechischen Helden und manchmal auch ganz wie Menschen. Es ist verständlich, daß diese Verflechtung von göttlichen Fähigkeiten mit menschlichen Eigenschaften in den Erinnerungen der Indianer wie auch bei uns Verwirrung stiftet. So ist es auch nicht verwunderlich, daß die Inka ihre direkte Abkunft von den Viracochas geltend machten und daß viele Könige der Inka ihrem Namen das Wort »Viracocha« hinzufügten.

8. Erste Erkenntnisse

Bis zu dem im Rahmen dieses Buches möglichen Maß haben wir die Art dieser erstaunlichen Persönlichkeiten, der Viracochas, erläutert. Wir können nun darangehen, die frühen Ereignisse zu erforschen. Wir fangen bei den Inka-Herrschern an und wollen sie in die Vergangenheit zurückverfolgen. Ob wir Inka Garcilasos kurze oder Montesinos lange Liste befragen oder ob wir auf die verschiedenen Überlieferungen hören, immer stoßen wir auf Manco Capac als den ersten in der Reihe erfolgreicher Herrscher.

Manco Capacs Rolle als erster Herrscher steht somit fest, doch die Berichte über seine Persönlichkeit und die sowohl ihn als auch seine Umgebung betreffenden Ereignisse scheinen zu variieren und sich daher zunächst verwirrend. Die drei wesentlichen Lesarten der Berichte bringt Inka Garcilaso, und wir wollen sie für unsere Untersuchung benutzen. Wie wir gleich sehen werden, ändern sich die Berichte mit den geographischen Örtlichkeiten. Diese Tatsache wird uns helfen, ausfindig zu machen, was wirklich vorgegangen ist.

Von den Inka wissen wir, daß Manco Capac und seine Schwester-Frau Mama Ocllo von ihrem Vater, dem Sonnengott, selbst zur Erde gesandt wurden. Sie landen im Titicacasee, wandern nordwärts, gründen Cuzco usw.; das ist die Fassung, wie sie in Cuczo erzählt wurde.

Nördlich und östlich von Cuczo wird von Manco Capac und Mama Ocllo gesagt, sie seien nur eines von vier Paaren gewesen, die aus »bestimmten Öffnungen in den Felsen« herausgekommen seien. Diese Fassung berichtet weiterhin nur noch von Manco Capac und seiner Frau. Dies ist wahrscheinlich am besten mit der frühen Vorherrschaft der Inka vor allen anderen Gruppen zu erklären, wodurch die Nachfolge der anderen Herrscher beendet und ihre Namen schnell vergessen wurden.

Wenn wir uns nun südwärts zum Titicacasee wenden, so hören wir hier, daß ein mächtiger Mann die »Welt« in vier Gegenden aufgeteilt und diese als Königreiche an vier Männer gegeben habe. Einer dieser Männer war Manco Capac. Wie wir schon gehört haben und später in dieser Fassung erfahren werden, ging Manco Capac in nördlicher Richtung nach Cuczo.

Ein Vergleich dieser drei Geschichten zeigt, daß die dritte die vollständigste ist. Nicht nur enthält sie alle Elemente der beiden anderen Fassungen, sondern verknüpft sie auch geschickt miteinander, indem sie sie mit einem ursprünglichen Ereignis in Zusammenhang bringt: Die ersten vier Könige wurden etwa aus der Gegend des Titicacasees ausgeschickt. Im Laufe der Zeit waren es dann Manco Capacs Nachfolger, die alle anderen Gebiete dem Inka-Reich einverleibten. So gibt uns diese Fassung von allen den einheitlichsten Bericht. Der Sonnengott wird durch einen mächtigen Mann ersetzt, der auf Erden lebt, was die Geschichte auch sehr wirklichkeitsnah macht. Diese Fassung scheint daher den tatsächlichen Ereignissen so nahe zu kommen, wie wir es irgend erwarten können.

Die Hauptgestalt aller drei Fassungen ist Manco Capac. Vom Titicacasee ging er in nördlicher Richtung, gründete Cuzco und viele andere Siedlungen. Wir sollten uns erinnern, daß die megalithischen Bauten, wie wir erfahren haben, nicht von den Inka stammen. So hat Manco Capac nur weitergeführt, was in früherer Zeit erbaut worden war. Cuczo wurde seine Hauptstadt. Er sagte nicht nur allen, daß er und seine Frau direkt von »Unserem Vater, dem Sonnengestirn« abstammten, sondern er brachte es auch fertig, daß jedermann daran glaubte. Der Grund für diesen Erfolg seines Anspruchs könnte in der Tatsache wurzeln, daß die Indianer von sich aus den großen See verehrten. Manco Capacs Anspruch und früher Erfolg hatte Folgen von historischem Ausmaß. Das kann auf zweifache Weise erklärt werden.

Einmal wäre es möglich, ihn für einen starken Mann zu halten, der bei seinem Auftreten in einem Gebiet günstige Möglichkeiten sieht und dann beginnt, seine Herrschaft zu errichten. Eine einheimische Legende nützt er für seine Zwecke. Er behauptet, er sei selbst aus diesem See gekommen, wohin ihn der Schöpfer selbst gebracht habe. Inka Garcilaso sagt das mit geradezu taktlosen Worten, insbesondere wenn man bedenkt, daß er von seinen eigenen Vorfahren spricht: »Mit diesen und ähnlichen Fabeln machte der Inka die Indianer glauben, daß die Inka Kinder der Sonne seien.« Dieser Trick ist zwar ebenso einfach wie wirkungsvoll, doch wird man einen bitteren Beigeschmack nicht los, den diese zynische Täuschung hervorruft. Außerdem scheint ein solches Benehmen Manco Capacs mit seinen Fähigkeiten und seiner Nächstenliebe nicht vereinbar zu sein. Da ist ein Widerspruch, Manco Capacs allgemeines Verhalten ist mit diesem irreführenden Anspruch unvereinbar. Man könnte sich fragen: Warum sollte er so etwas tun?

Die andere Möglichkeit wäre die, den Anspruch im übertragenen Sinne zu verstehen. Darüber wollen wir später reden.

Über das Schicksal der drei anderen Könige wissen wir nicht viel. Jedem war eine Provinz zugeteilt worden. Wir können vermuten, daß einer von ihnen im Tiahuanaco-Gebiet blieb, während die anderen in die ihnen zugewiesenen Bezirke gingen. Letzteres gibt uns ein weiteres Rätsel auf. Die Könige und ihre Frauen kamen nicht einfach an ihren Bestimmungsorten an, sondern sie kamen aus »bestimmten Öffnungen in den Felsen«.   Könnte das heißen, sie kamen aus Tunnels?

Absurd!

Absurd? – Es ist bedeutsam, daß es gerade im Bereich von Tiahuanaco war, wo Molina erfuhr, daß die hier vom Schöpfer erschaffenen Menschen »angewiesen wurden, unter der Erde hindurchzugehen. Von dort kam jedes Volk an dem ihm vom Schöpfer zugewiesenen Ort herauf. Daher, so heißt es, kamen einige aus Höhlen, andere aus Hügeln, wieder andere aus Quellen oder aus Baumstämmen.« Wie die von Inka Garcilaso erzählte Geschichte bringt uns auch diese Fassung den gesamten Ablauf. Auch andere Berichte behandeln die Ankunft der Könige an bestimmten Orten, hier aber erfahren wir nicht nur, daß sie an ihrem Bestimmungsort aus dem Erdboden kamen, sondern es wird auch gesagt, daß sie am Ort ihres Aufbruchs unter die Erde gingen. An sich ist dieser Ablauf klar und logisch. Ob es uns gefällt oder nicht, der Hinweis auf Tunnels ist nicht abzuleugnen.

Die einzige Erwägung, die eine derartige Möglichkeit unglaubwürdig machen könnte, ist natürlich die Frage der Technik, genauer ausgedrückt: unsere derzeitige Kenntnis der Technik. Sicher, es gibt keine Beweise für Tunnels in dieser Region. Persönlich wurde mir von Gerüchten über Tunnels im Tiahuanaco-Cuzco-Gebiet berichtet, aber ohne Beweise. Es bleibt also dabei, daß es sich um unbestätigte Gerüchte handelt.

Andererseits haben wir den Bericht von Juan Morizc mit seiner eidesstattlichen Erklärung über Tunnels und Höhlen[83]. Juan Morizc, der Entdecker, schildert selbst, daß sich »das Tunnelsystem über den ganzen Kontinent erstreckt und zahlreiche Eingänge hat«[84]. Völlig unabhängig von Juan Morizc wurde ein kurzer Artikel über Tunnels in Peru von etwa 100 Kilometer Länge veröffentlicht[85]. Diese Tunnels, so heißt es, beginnen in der Nähe von Otuzco, nicht weit von der alten »Inka-Straße«, und enden unter dem Meeresspiegel nahe der Insel Guanale vor der Küste (etwa 8° 35′ südlich). In dem Artikel wird weiter erklärt, daß der Eingang des Tunnels bereits den frühen spanischen Bewohnern bekannt gewesen sei.

Von einem gelehrten Karmelitermönch, der im frühen 16. Jahrhundert in Westindien war, haben wir folgende Beschreibung zweier Untergrundsysteme im südlichen Mexiko[86]: »Etwa 25 Kilometer von der Stadt Oaxaca entfernt sind die Chichicapa-Minen...; und in der Nähe dieser Minen, an den Hängen einer steilen Hügelkette, ist eine Höhle, eine der eigenartigsten und bemerkenswertesten der Welt. Der Höhleneingang gleicht einem großen Portal; die Türen, die es verschließen, sind aus winzigen Fliesen (tegitas) gemacht, die sehr geschickt miteinander verbunden sind. Im Inneren der Höhle können zwei Männer nebeneinander reiten; der Boden ist mit Steinen gepflastert, und alles ist mit zahllosen alten Gemälden in lebhaften Farben dekoriert. Die Höhle hat eine Länge von etwa 70 Kilometer; der Ausgang ist bei einem Dorf namens Mitla in der Provinz Zapotecas. Sie ist sicher eines der Wunder der Welt und wurde von den Indianern in ihrer heidnischen Zeit geschaffen.«

»Bei den Dörfern Cuertlavaca und Tequiztepec gibt es eine sehr hohe Gebirgskette und an einem der Abhänge eine weitere Höhle. Deren Eingang ist so schmal, daß ein Mann kaum hindurchkommt. Man betritt sofort einen quadratischen, fast 17 Meter hohen Raum. Nach diesem Empfangssaal folgen Treppen, anschließend ein Durchgang mit vielen Windungen gleich einem Labyrinth. Durch dieses geht man an einem Seil, um sich nicht zu verlaufen; das Seil ist am Eingang befestigt. Nach dem Labyrinth kommt ein großer Platz, in dessen Mitte sich eine Quelle mit ausgezeichnetem Wasser befindet... Das Ende der Höhle wurde niemals gefunden. Für die Heiden war es ein heiliger Ort.«

Im gleichen Buch findet sich (auf S. 569) ein Bericht über ein Untergrundsystem, von dem gesagt wird, daß es verschiedene »Inka-Städte« auf der Hochebene miteinander verbindet.

Von Tiahuanaco und den berühmten Bauten anderer Städte in diesem Gebiet her kennen wir sehr wohl die erstaunlichen Fähigkeiten ihrer Baumeister in der Steinbearbeitung. Betrachtet man diese Arbeiten, so hat man häufig den Eindruck, daß die Handwerker den Stein buchstäblich wie Käse schneiden konnten.

Wir selbst sind jedoch nie zu solchen Leistungen imstande gewesen. Erlaubt uns diese Tatsache – unsere Unkenntnis hinsichtlich des Behauens und des Transports – die Zurückweisung des

Gedankens, daß andere Menschen es konnten, daß solche Tunnels in der Tat bestanden?

Das ist natürlich noch kein Beweis für das Vorhandensein dieser Tunnels. Was ich hier zum Ausdruck bringen möchte, ist nur, daß diese Tunnels als Möglichkeit anerkannt werden müssen. Schließlich ist unser Wissen recht unvollkommen; Suche und Forschung werden weitergehen.

Wie auch immer die »Öffnungen in den Felsen« letzten Endes erklärt werden, es ändert sich nichts an dem grundlegenden Ereignis der Ankunft der Könige. Auch Manco Capac kam in Cuzco an; alle diese Ankünfte machen es zur Gewißheit, daß die Viracochas sicher nicht in diesen Orten ihren Ursprung hatten. Die Überlieferungen vom Titicacasee sprechen ergänzend nicht nur von den Ankünften, sondern auch von den dazugehörigen Aufbrüchen.

Es kann keinen Zweifel geben, daß diese Aufbrüche aus der Nachbarschaft dieses Sees erfolgten. Offensichtlich führen alle Ereignisse in diese Region, alles konzentriert sich hier. Langsam können wir annehmen, daß wir der lange gesuchten Antwort nahe sind, dem Höhepunkt dieser Forschung, doch da begegnet uns ein neues Rätsel.

9. Weiter zurück in die Vergangenheit

In den Überlieferungen besteht eine allgemeine Übereinstimmung, daß es vor dem Auftreten Manco Capacs eine lange Periode ohne Könige gab, eine Zeit, in der das Volk auf einer sehr niedrigen Kulturstufe lebte.

Allein die Realität einer solchen Zeit beweist, daß der Beginn der Inka-Herrschaft nicht mit dem Erscheinen menschlichen Lebens in dieser Region zusammenfällt. Einen Hinweis dieser Art bekamen wir bereits, als wir von Manco Capacs Leistungen lasen, darunter auch von der Ansiedlung der Eingeborenen in Dörfern.

Das beweist natürlich, daß es dort viele Menschen gegeben haben muß, wenngleich sie früher nicht erwähnt wurden.

Vom Standpunkt der hochkultivierten Inka der späteren Zeit gesehen, lagen Übertreibungen der Bedingungen, unter denen die Eingeborenen lebten, zweifellos nahe. Man könnte auch sagen, daß es nicht ungelegen kam, wenn solche Geschichten die Segnungen und Wohltaten widerspiegelten, die die Inka-Herrscher den Eingeborenen gebracht hatten. Es scheint mir, daß wir in der Meinung der Römer über das Volk, das sie jenseits der Alpen vorfanden, eine mögliche Parallele finden. Die Römer hielten unsere Vorfahren für abscheuliche Barbaren. (Das betrifft alle meine Leser europäischer Abkunft, ausgenommen die wenigen mit einem alten Stammbaum in der Ewigen Stadt.)

Ganz so schlimm, wie die Inka es ihr Volk glauben machen wollten, kann es nicht gewesen sein, denn wir finden z. B. folgendes: »Bevor die Inka das Land eroberten, so versichern viele der Indianer, gab es zwei große Gebieter in der (Provinz) Colla, der eine hieß Sapana, der andere Cari...« Sie waren recht streitbar und »führten schließlich Krieg gegeneinander, strebten auch nach der Freundschaft des Inka Huiracocha, der damals in Cuzco regierte. Der Inka schloß einen Friedensvertrag mit Cari...«

Zugegeben, das hat sich nicht während Manco Capacs Zeit ereignet, sondern etwas später. Es stellt sich jedoch heraus, daß diese »Barbaren« beachtliche Einrichtungen und Fähigkeiten entwickelt hatten, sogar die Inka bezeichneten sie als »große Herren«. Avila schreibt über die Prä-Inka-Zeit in den Bergen östlich von Lima, fast 1 000 Kilometer von Tiahuanaco entfernt[87]: »...in jedem Distrik wählten die Indianer die Wohlhabendsten und Mutigsten unter ihnen als ihre Anführer...« Die Worte »wählen« und »Distrikt« geben einen ausreichenden Hinweis auf die organisierte und wohlgeordnete Durchführung der Stammesangelegenheiten. Wörtlich genommen und ohne geheimen Vorbehalt müssen wir zugeben, daß die in diesem kurzen Satz gegebene Beschreibung recht gut auf die typischen politischen Abläufe unserer Zeit paßt.

In der Fortsetzung des soeben zitierten Satzes erfahren wir auch den Namen dieser Zeit: Purunpacha, was mit »wilde Zeiten, heidnische Zeiten« erklärt wird. Man darf nicht vergessen, daß die Repräsentanten aller Religionen gerne diejenigen der anderen Bekenntnisse als Heiden betrachten. Auch erzählen Angreifer ihren Soldaten stets, die anderen seien »unzivilisiert«. Somit haben wir einen weiteren Anhaltspunkt, daß der wirkliche Unterschied viel geringer als beschrieben gewesen sein mag.

Salcamayhua schreibt, »diese Zeit habe eine lange Reihe von Jahren gedauert«.

Soweit scheint die historische Entwicklung des Gebiets einwandfrei in das anerkannte Muster zu passen: barbarische Gruppen anfangs, sodann Stämme, dann Gruppen von Stämmen und schließlich Könige, die das Reich gründen. Das ist die typische ansteigende Kurve vom primitiven zum zivilisierten Zustand, die man auf Völker wie auch auf die Menschheit im allgemeinen anwenden kann.

Wenn diese Annahme jemals falsch war, dann ist sie es in bezug auf die frühe südamerikanische Geschichte. Sie ist es wegen der rätselhaftesten, der bedeutendsten Bauten der gesamten westlichen Hemisphäre: Tiahuanaco.

Während unserer ganzen Reise haben wir versucht, ausfindig zu machen, von wem und wann Tiahuanaco erbaut wurde. Wir konnten keine Antwort erhalten, weder von den Inka noch von den Indianern. Sie wußten von den Viracochas, Huacas, den Kriegern und von Flugkörpern, aber sie wußten nichts über Tiahuanaco. Die Inka sagten, es wurde vor ihrer Zeit erbaut. Das bestätigten Indianer und konnten nur hinzufügen, daß sie mehr nicht wüßten: Cieza de Leon fragte sie, »ob diese Bauten in der Inka-Zeit entstanden seien, und sie lachten über die Frage und versicherten, die Bauten seien errichtet worden, lange bevor die Inka jemals regiert hätten, jedoch konnten sie nicht sagen, wer sie gemacht habe«.

Sie waren immer da gewesen, diese großartigen Reste der großartigen Gebäude. Sie waren niemals ganz fertiggestellt worden, sie waren verlassen worden, sie waren zerstört worden, und sie waren stumm. Stumm seit welchen undenklichen, nebelhaften, geheimnisvollen Zeiten?

Mit allen verfügbaren Tatsachen können wir uns der Schlußfolgerung nicht entziehen, daß Tiahuanaco weder in der frühen Inka-Zeit noch in irgendeiner vorausgehenden königslosen Zeit errichtet wurde. Das müssen wir als Tatsache anerkennen. Als weitere Bestätigung können wir aufgrund unserer eigenen Beobachtungen hinzufügen, daß ein belebtes, aktives Tiahuanaco während irgendeiner dieser Perioden einen natürlichen Widerspruch bilden würde. Weder paßt es in die frühe Inka-Geschichte, noch ist Tiahuanaco mit barbarischer Zeit vereinbar.

Glücklicherweise haben wir wenigstens die Ruinen. Hätten wir nur die Überlieferungen über Tiahuanaco, dann könnte man alles als ein weiteres Märchen abtun, denn Tiahuanaco stört, mehr als das, es zerstört das genormte Entwicklungsmuster. Als einzige logische Folgerung, die wir aus den uns zur Verfügung stehenden Erkenntnissen ziehen können, bleibt uns, daß Tiahuanaco älter als selbst die königslose Zeit ist. Tiahuanaco muß vor dem Aufstieg aller bekannten Kulturen Südamerikas floriert haben!

10. Der Fluß der Ereignisse

Wenn Tiahuanaco vor der königslosen Zeit bestanden hat, müßte es möglich sein, eine Nahtstelle zwischen den beiden Perioden zu bestimmen. Es ist ganz klar, daß nur das Ende Tiahuanacos eine königslose Zeit herbeigeführt haben kann. Dieses Ende ist die Naht, die diese beiden historischen Phasen miteinander verbindet. Die Frage ist, von welcher Art ist diese Nahtstelle, wie kann auf eine Hochkultur eine barbarische Zeit folgen?

Hinsichtlich des Endes von Tiahuanaco haben wir verschiedene Spuren. Posnansky[88] fand Beweise für eine Naturkatastrophe. Salcamayhua berichtet, Tonapa Viracocha habe »den Ort verflucht, und nun sei er mit Wasser bedeckt...« Zugegeben, er kennt den Namen des Sees nicht, und der Ort wurde niemals ausfindig gemacht (verständlich, wenn er überflutet ist), aber dieses eindrucksvolle Ereignis paßt zu Posnanskys Entdeckungen. Und natürlich kennen wir die unzweideutige Erklärung der Hopi-

Überlieferungen, die Posnanskys und Salcamayhuas Fassung miteinander vereinigt und bestätigt.

Die tatsächliche Möglichkeit eines derartigen Ereignisses wird in einem späteren Kapitel besprochen. Gegenwärtig sind wir an den Folgen interessiert. Eine heftige Flutwelle, die über das flache Gelände südlich des Titicacasees raste, muß die meisten der dort lebenden Indianer vernichtet haben. Die Beschaffenheit der Bauten Tiahuanacos mag viele oder die meisten Viracochas gerettet haben. Eine ausreichende Anzahl von ihnen scheint überlebt zu haben, doch verschwinden sie aus dieser Gegend – und aus der Geschichte – für lange Zeit. Es gab nur wenige überlebende Indianer, sie hatten ihre gewohnten Herrscher verloren und verfielen natürlicherweise der Barbarei, die das Merkmal der nachfolgenden Jahre bildete.

Diese Katastrophe mit dem Verschwinden der früheren Herrscher und einem großen Verlust an indianischen Menschen erklärt auch das fast vollständige Erlöschen der Überlieferungen. Die Bevölkerung, das heißt was von ihr übriggeblieben war, mußte in einem verwüsteten und veränderten Land verzweifelt um ihr Überleben kämpfen, viele Jahre lang, wahrscheinlich durch Generationen hindurch. Erinnerungen leiden unter solchen Umständen. Als sich die Bevölkerung mit der Zeit vermehrte und in besseren Verhältnissen lebte, gab es nur noch dürftige Spuren von Erinnerungen, die in früherer Zeit einmal Wissen gewesen waren.

Als andere mögliche Erklärung könnte man einen großen Krieg vermuten, der die Mehrzahl der Bevölkerung ausrottete. Die siegreichen Barbaren wären dann ohne Verbindung mit der ehemaligen Bevölkerung gewesen, wodurch sich ein Verlust der alten Überlieferungen ergeben hätte. Gegenbeweise sind nicht schwer zu finden. Einmal geben die vorhandenen Spuren keinen Hinweis auf eine Zerstörung Tiahuanacos durch Kriegseinwirkung, sondern vielmehr durch ein Naturereignis. Außerdem wäre eine Gesellschaft, die Tiahuanaco erbaute, gewiß keine leichte Beute für einen Eroberer gewesen. Und Eroberer, denen es möglich gewesen sein sollte, Tiahuanaco auszulöschen, können keine unorganisierten feindlichen Barbaren gewesen sein. Und schließlich hätten die Eroberer selbst den Sieg in ihren eigenen Überlieferungen verewigt, und davon gibt es nicht die geringste Spur. Diese Möglichkeit kann deshalb ruhig außer acht gelassen werden.

Damit haben wir die Nahtstelle ermittelt, die Tiahuanaco und die nachfolgende königslose Periode trennt und verbindet. Durch ergänzende Untersuchungen können wir mehr Licht auf diese frühesten Zeiten werfen und den Platz Tiahuanacos im Fluß der Ereignisse bestätigen.

Zunächst einmal finden wir die Beschreibungen zweier kennzeichnender Situationen. Die eine wird durch die Überlieferung der Indianer aus der Titicacasee-Region veranschaulicht: der mächtige Mann, der die Welt in vier Königreiche unterteilt. Die andere wurde von Molina geschildert: »...und dort in Tiahuanaco begann der Schöpfer, die Völker und Nationen ins Leben zu rufen, die in diesem Gebiet sind...«

Der erste dieser Berichte bezieht sich auf die Einsetzung von vier Königen und damit auf das Ende der königslosen Zeit. Damals war das Gebiet verhältnismäßig dicht besiedelt, was durch die bloße Tatsache angedeutet wird, daß eine Unterteilung des Landes und der Bevölkerung entweder möglich oder notwendig war. Salcamayhua beschreibt sie sehr klar als ein Erfordernis: »...nachdem das Land besiedelt war, gab es ein großes Bedürfnis nach Raum, und da dieser nicht genügte, gab es Krieg und Streit...«

Eine ganz gegensätzliche Lage wird in Molinas Bericht beschrieben, in dem »Völker und Nationen ins Leben gerufen werden«. In der Annahme, Tiahuanaco habe durch eine Katastrophe geendet, ist man versucht, in dieser Bemerkung die Beschreibung einer Wiederbelebung zu sehen, die auf die drastische Verminderung der Bevölkerung folgte. Doch da gibt es einen Herrscher, der in diesen Entwicklungen die treibende Kraft ist, und wir erfahren von einer planmäßigen Vermehrung der Bevölkerung von einigen wenigen Menschen bis zu einer großen Anzahl. Alles deutet auf eine starke Führung hin, und die Lage, die wir hier vorfinden, ist mit einer königslosen Zeit unvereinbar. Ebensowenig gab es in der späteren Geschichte dieser Region eine Zeit, die dieser Lage entsprochen hätte. Deshalb müssen wir viel weiter in die Vergangenheit zurückgehen, und es ergibt sich die Schlußfolgerung, daß dieser Teil von Molinas Bericht eine Beschreibung der allerersten Phase Tiahuanacos ist. Das ist nicht nur der einleuchtendste, sondern auch der einzig mögliche Platz dieses Berichtes in der Geschichte, denn er beschreibt, wie der Herrscher und sein Volk in diesem Gebiet seßhaft zu werden begannen.

Wieviel Zeit und wieviel Geschichte liegen zwischen diesen beiden Vorgängen!

Die Tiahuanaco-Kultur wurde begründet, sie florierte und wurde durch eine Naturkatastrophe zerstört. Die Bevölkerung fiel ohne Herrscher in die Barbarei zurück, sie entwickelte ihre eigene Stammesordnung, brachte ihre eigenen Kriegsherren hervor. Das war dann die Zeit der Unterteilung des Landes. Die Überlieferungen wissen nur von den großen Marksteinen dieser Abfolge, und je weiter die Ereignisse zurückliegen, desto nebelhafter werden sie. Wir fanden eine Spur von den Anfängen, eine undeutliche Erinnerung an die Katastrophe in der Geschichte des zerstörten Dorfes und dann mehr Wissen über die Aufteilung des Landes. Das entspricht den Überlieferungen; der Lauf der Ereignisse ist sichtbar geworden.

Ein weiterer Beitrag zur Klärung von Tiahuanacos Standort im historischen Ablauf ergibt sich aus der Natur. Heute ist die Landschaft rund um Tiahuanaco großartig, aber sehr rauh. Es ist beinahe eine Wüste ohne nennenswerte Landwirtschaft. Und dennoch, Ackerbauterrassen sind an den steilen Berghängen bis in große Höhen zu sehen. Es liegt ein peinigender, sinnloser Widerspruch in der Tatsache: Terrassen in einer Länge von Hunderten und Hunderten von Kilometern hoch über See und Wüste in kaltem, rauhem Klima. Warum sollte irgend jemand, der bereits mehr als 4000 Meter über dem Meeresspiegel lebt und flaches Land zur Verfügung hat – warum sollte er schwierige und kunstvolle Bewässerungsterrassen an steilen Berghängen in noch größere Höhen hinauf bauen, wo sich die Bedingungen zunehmend verschlechtern?

Das haben sie nicht getan, denn zu der Zeit, als diese Terrassen erbaut wurden, lag Tiahuanaco in üppigem Tropenklima auf Meereshöhe.

Diese Behauptung werde ich später auf geologischer Basis rechtfertigen. Im gegenwärtigen Augenblick will ich sie mit einigen eindeutigen Textstellen aus den Chroniken begründen. Inka Garcilaso spricht davon, wie sein Onkel die Umgebung von Cuzco in den frühen Tagen beschreibt: »Du mußt wissen, daß in alten Zeiten die gesamte Region, die du siehst, mit Wäldern und Dikkicht bedeckt war...« Fast 1000 Kilometer weiter nördlich berichtet Dr. Avila: »...alle drei Provinzen waren damals ein sehr heißes Land, das die Indianer Yunca oder Anden nennen. Und es heißt, daß sich die Ernten in den Wüsten und unbewohnten Gegenden wie der von Pariacaca und anderen zeigten. Auch gab es in diesen Anden eine große Vielzahl der schönsten und farbigsten Vögel...« Er wiederholt seine Behauptung: »...ihr Land war eine Yunca, und die Ernten reiften in fünf Tagen.« Und nochmals: »Es muß festgestellt werden, daß das ganze Land damals Yunca war mit einem heißen Klima, gemäß der falschen Meinung der Indianer.« Wir bemerken, daß Dr. Avila dachte, er wisse es besser als die Eingeborenen. Nach seiner Meinung waren die Indianer von der Küste in die Berge gewandert und bewahrten in ihren Überlieferungen Erinnerungen an die Küste.

So unwahrscheinlich sie auch klingen mögen, das sind sehr bestimmte und sich gegenseitig bestätigende Feststellungen, die man weder übersehen noch zur Seite schieben kann.

Hinsichtlich der Bewässerungsanlagen an den Berghängen gibt es jedoch einen Einwand: Wenn es dort in der Tat warmes oder sogar heißes Klima gab, warum um alles in der Welt unterzogen sich diese Menschen der zermürbenden Arbeit des Terrassenbaus? Warum hatten sie ihre Felder nicht in den Ebenen?

Bevor wir diesen merkwürdigen Umstand erklären, wollen wir kurz den Stand der Dinge beurteilen.

11. Die Zielgerade

Wir begannen unsere Forschung nach den Ursprüngen menschlichen Lebens auf dem amerikanischen Kontinent mit den späten präkolumbischen Kulturen Mittelamerikas. Sie verwiesen uns in den Süden, und wir fanden die nächste Spur in der einmaligen und nie wiederholten Technologie des ehemaligen Inka-Territoriums. Wir verfolgten die Linie der Inka-Herrscher zurück bis auf Manco Capac und ermittelten ihn als den ersten Herrscher einer langen Aufeinanderfolge, der aber nicht am Anfang der dortigen Ereignisse stand. Vor Manco Capac gab es eine Zeit einer niedrigeren Kulturstufe. Wir konnten zeigen, daß es in diesem Gebiet nicht den unbestimmbaren, nebelhaften, schwer faßbaren Anfang gab wie gewöhnlich beim Auftauchen eines Volkes, sondern einen durch ein verhängnisvoll-katastrophales Ereignis klar bestimmbaren Anfang, der allerdings zeitlich nicht datiert werden kann. Dieses katastrophale Ereignis beendete die Hochkultur Tiahuanacos, die folglich vor der barbarischen Zeit und vor jeder anderen Kultur Südamerikas bestand.

Wir sahen außerdem, daß Tiahuanaco zur Zeit des Anwachsens der indianischen Bevölkerung vorhanden war. Und schließlich konnten wir feststellen, daß Tiahuanaco ein warmes oder sogar heißes Klima und eine üppige Vegetation hatte. Über die klimatischen Bedingungen am Ende der Tiahuanaco-Zeit haben wir keine Kenntnis.

So fanden wir Tiahuanacos Bedeutung und seinen gebührenden Platz im Fluß der Ereignisse. Und so stellt Tiahuanaco sich uns dar: Es war mächtig, es war aktiv, und es gab dort Errungenschaften.

Das sagt uns aber auch, was es dort nicht gab: den Anfang.

So müssen wir weitersehen. Molina berichtet, daß »der Schöpfer in Tiahuanaco war und daß dort sein Hauptsitz war«. In den Berichten finden wir den Begriff »Schöpfer« austauschbar mit »Viracocha«, eine Bestätigung, daß Tiahuanaco der Sitz eines mächtigen Viracocha war. Ich habe zuvor nachgewiesen, daß Viracocha kein Name, sondern eine Bezeichnung war; somit kann man die Anwesenheit von mehr als einem Viracocha in Tiahuanaco annehmen. Diese Vermutung wird unterstützt durch eine Übereinstimmung hinsichtlich der Bezeichnung »König« in der Inka-Zeit und in der unseren: Sofern wir nicht die Person des Königs meinen, umschließt das Wort ganz selbstverständlich sein Gefolge, wenn wir z. B. sagen, der König lebt in dem und dem Palast. Mit dieser Wendung meinen wir sicher nicht, daß er dort ganz allein lebt, sondern unsere Bemerkung umfaßt stillschweigend Adlige und andere Gefolgsleute.

Weder die Viracochas noch die Indianer stammen aus Tiahuanaco. Wir erfahren, daß die Viracochas »aus dem großen See« kamen und daß ein Mann und eine Frau in einer Kiste vom Wind nach Tiahuanaco getrieben wurden. Diese beiden Vorfälle ereignen sich nach einer Sintflut und »nachdem die Wasser fielen«. Wenn Wasser fallen, müssen sie vorher höher gewesen sein. Daß es so war, dafür werden wir später greifbare Beweise sehen.

Da beide Gruppen aus dem See kamen, könnte die Vermutung auftauchen, beide Berichte seien in Wirklichkeit nichts anderes als verschiedene Darstellungen des gleichen Ereignisses. Eine andere Möglichkeit wäre es, Mitglieder derselben Gruppe auf verschiedenen Wegen ankommen zu sehen. Jedoch zeigen die auf die Ankunft folgenden Ereignisse den Mann und die Frau eindeutig unter dem Gebot des Viracocha: Sie werden angewiesen, zu bleiben und ansässig zu werden. Das bloße Wort »mitima« (Siedler) besagt, daß sie weder Viracochas noch Einheimische dieser Gegend, sondern von auswärts gekommen waren.

Die Art und Weise der Ankunft der Viracochas wird nur im Zusammenhang mit dem See beschrieben. Später jedoch erfahren wir von Verbindungen zum Felsen aus Blei, dem Start eines Flugkörpers von dieser Insel, und es wird von weiteren Ankünften und Abflügen von Luftfahrzeugen berichtet, so daß diese Beispiele als Andeutungen dienen können.

Der Mann und die Frau wurden vom Wind nach Tiahuanaco befördert. Da sich dieses Ereignis zur Zeit der sinkenden Wasser ereignete, heißt das, der See war damals in der Tat noch Teil des Meeres, er war in Wirklichkeit eine Lagune. Aus diesem Grunde war es so auffallend, in Gomaras, Zaratés und Santa Claras Aufzeichnungen den Begriff »Lagune« zu finden[89]. Soweit deren Texte in Frage kommen, kann ein Fehler in der Übersetzung des spanischen Originals mit Sicherheit ausgeschlossen werden. Auch wenn wir nicht völlig sicher sein können, besteht doch eine große Wahrscheinlichkeit, daß die Quellen, aus denen diese drei Chronisten ihre Kenntnisse bezogen, aus echten Überlieferungen schöpften, ohne Rücksicht auf die geographische Lage zu ihrer Zeit.

Um genau zu sein, die Wasser sanken nicht, sondern der Kontinent hob sich, wie wir sehen werden. Zur Zeit der Ankunft der Viracochas und des Mannes und der Frau war genügend Land emporgekommen, um das frühe Tiahuanaco bauen zu können. Diese Stadt lag anfangs in Meereshöhe. Das stimmt mit den Überlieferungen der Inka und Indianer hinsichtlich des warmen Klimas und der üppigen Vegetation vollkommen überein. Es ist auch die Erklärung dafür, daß die Nahrung für die wachsende Bevölkerung auf Terrassen angebaut werden mußte, die sich höher und höher die Berghänge hinaufzogen, da in Meereshöhe noch nicht genügend Land zur Verfügung stand.

Vor dem Auftreten der Ankömmlinge war die Flut. Nichts reicht darüber hinaus, alle örtlichen Überlieferungen enden hier. Die sehr geringen Spuren, die weiter zurückzugehen scheinen, sind derzeit von bloßen Geschichten, die die folgenden Ereignisse zu erklären versuchen, nicht zu unterscheiden. Wir haben das Ende der uns von den spanischen Chronisten angelegten Fährte erreicht.

Nur die Erinnerungen der Hopi gehen weiter zurück, und wir erinnern uns der Worte von des Weißen Bären Großmuttter: »Als wir die große Ruinenstadt verließen, wurde von den Wissenden alle Erinnerung an das, was sich ereignet hatte, aus dem Sinn der dort Verbleibenden für alle zukünftigen Generationen ausgelöscht. So sollte niemand, der nahe den Ruinen lebte, irgendeine Kenntnis von den vergangenen Ereignissen haben. Von jenen, die weggingen, sollten es nur die Hopi wissen.«

Die Fährte der spanischen Chronisten führte uns unverkennbar zur Ankunft der ersten beiden Gruppen und zu einer folgenschweren Entdeckung: Das Erscheinen der Indianer wie der Viracochas steht in unmittelbarer Verbindung mit dem See. Auf ihre unterschiedliche Art und Weise kamen beide von oder aus dem See!

Dies ist die Ursache und die Rechtfertigung für die Verehrung des Sees durch die Indianer. Auch befreit es Manco Capac von dem üblen Verdacht, ein hinterlistiger Opportunist zu sein; auch seine Ahnen waren vor langer Zeit aus diesem See gekommen. In übertragenem Sinne hatte er deshalb recht, wenn er in Cuzco den Anspruch erhob, von »Unserem Vater, dem Sonnengestirn«, abzustammen.

Nun wissen wir: Es war der See, zu dem wir während unserer Forschungen unterwegs waren, dieses große Gewässer, der Titicacasee. Dieser See gleicht einer Wiege, aus der die ersten Amerikaner kamen. Er sah ihr Kommen und ihren Beginn.

Wir erkennen auch, wie unsere Forschungen uns zeitlich bis zu dem Punkt zurückführten, an dem die örtlichen Überlieferungen in ihrer verschleierten Art in den eindeutigen Aussagen der Hopi aufgehen. Wir haben die Verbindungen zwischen zwei Überlieferungen von unermeßlichem Alter hergestellt. Die eine wurde der Vergangenheit entrissen und in Büchern bewahrt; die andere, immer noch lebendig und für jene, die sie aufbewahren und hochhalten, von besonderer Bedeutung, ist erst jetzt niedergeschrieben worden.

Und damit in unseren Gedanken kein Zweifel verbleibt, sollten wir noch einmal auf die alten Stimmen hören, die uns sagen: »Die Sonne kam mit strahlendem Leuchten aus der Insel Titicaca hervor.« Sonne und Insel sind in einem Ereignis von höchster Bedeutung verbunden, das vom Inka selbst sogar noch eindeutiger beschrieben wird: »...nach der Sintflut wurden die Strahlen der Sonne, bevor sie in irgendeinem Teil erschienen, auf dieser Insel und auf diesem großen See gesehen...«

Dies ist die Region, die sich zuerst aus dem Ozean erhob, sie war die erste, die von den Strahlen der Sonne berührt wurde.

Die überwältigende Bedeutung dieser beide Texte liegt in ihrer praktischen Übereinstimmung mit des Weißen Bären Auslegung des Hopi-Namens dieser Region: »Der Ort, den die Strahlen der Sonne berührten.«

Wir haben Táotoóma gefunden!

12. Rückschau und Ausblick

Als ich mich mit den Überlieferungen der Hopi vertraut machte, wollte ich mich ganz allgemein informieren, ob die Möglichkeit bestanden haben könnte, von einem fraglichen pazifischen Kontinent nach Südamerika zu entkommen. Dieses nicht sehr ausgeprägte Interesse wandelte sich ganz plötzlich, als ich in unserer Zeit hergestellte Karten fand, aus denen eine solche Möglichkeit eindeutig zu ersehen war. Um mich vorab zu informieren, las ich einiges über die präkolumbischen Kulturen, das mir weitere Anhaltspunkte gab, und mein bloßes Interesse wurde zu dem entschiedenen und ernsthaften Wunsch, mehr und mehr über die Hopi und ihre Überlieferungen zu erfahren. Diese ersten Aufschlüsse waren schon so vielversprechend; was würde ich noch alles in Erfahrung bringen können? Nach langer Zeit begann der Weiße Bär zu sprechen.

Da außer den Hopi niemand zusammenhängende Kenntnisse über die Zeit vor der Ankunft in Südamerika hat, war es äußerst wichtig, ausfindig zu machen, was auf unserer Seite von den allerersten Ereignissen auf diesem Kontinent bekannt war. Mit »unserer Seite« meine ich unsere Archäologie, vielleicht in Verbindung mit örtlichen Überlieferungen vom Altiplano (peruanisch-bolivianische Hochebene), wie sie von den verschiedenen Chronisten aufgeschrieben wurden. Mit anderen Worten, es erhob sich die Frage: Können wir oder können wir nicht aus unserem eigenen Fachwissen Auskunft über Entwicklungsspuren aus derart früher Zeit und über den gleichen Ort bekommen? Wenn das möglich wäre, wenn sich unser Wissen mit jenem der Hopi vereinigte, hätten wir eine zufriedenstellende Übereinstimmung von Unterlagen aus voneinander unabhängigen Quellen, dann hätten wir eine Bestätigung.

In diesem Kapitel war es mir möglich darzulegen, daß dies in der Tat der Fall ist. Wir begannen mit der Archäologie, und als die Steine und Artefakte verstummten, wandten wir uns den Resten der örtlichen Überlieferungen zu, wie sie von den spanischen Chronisten niedergeschrieben wurden.

Nun haben wir Táotoóma gefunden und nachgewiesen.

Bildlich gesprochen, gleicht Táotoóma einem Hochgebirgspaß. Da wir ihn erreicht haben, können wir beide Seiten überblicken. Riesige Gebiete erstrecken sich hinter uns und vor uns. Wir kennen den Weg, der uns hierhergeführt hat, und unbehindert können wir erforschen, was vor uns liegt. Nachdem wir wissen, daß wir die Verbindung zwischen zwei Welten hergestellt haben, müssen wir nicht weiter die Spur Schritt für Schritt zurückverfolgen. Statt dessen wollen wir den Zwischenraum unbekannter Zeit überbrücken und mit Kásskara, der Dritten Welt, einen neuen Anfang machen. Wir werden wie zuvor versuchen, die Aussagen der Hopi mit den Kenntnissen zu vergleichen, die wir Nachzügler der Vierten Welt selbst erworben haben. Wir werden nach den Spuren von Kásskara suchen, wir werden die geologischen Gründe für sein verheerendes Ende herausfinden, und wir wollen der dritten Gruppe von Flüchtlingen, den bescheidenen, den armen, auf ihrem Weg ins neue Land folgen.

Wir werden wieder nach Táotoóma kommen, diesmal sozusagen von der anderen Seite, und damit wird sich der Kreis schließen.

Auf unserem Weg werden wir erstaunliche Übereinstimmungen zwischen den Überlieferungen der Hopi und unserem eigenen Wissen finden. Die Rückwanderung in den Pazifik wird sich aufklären, die der Anlaß zu Heyerdahls Forschung und der Kon-Tiki-Fahrt war. Wir werden wirklich weltweite Verbindungen einiger Ereignisse und ihrer Beteiligten erkennen, und wir werden schließlich das Denken der Hopi und ihre Weltsicht zu verstehen beginnen.

B. Die Spuren von Kásskara

1. Tatsachen und Theorien

Alle Probleme und Streitfragen, die im Zusammenhang mit dem pazifischen Kontinent entstanden sind, wurzeln in der einfachen Tatsache, daß er heute nicht mehr existiert. Wo er einmal gelegen haben soll, erstreckt sich heute der größte Ozean unserer Erde mit seinen weit verstreuten Inseln, die unter dem Sammelbegriff »Ozeanien« bekannt sind.

Ein Zoologe hat interessanterweise den ersten Hinweis gegeben, daß es einmal einen solchen Kontinent, wenn auch in einem anderen Ozean, gegeben haben könnte. Es war Philip Lutley Sclater (1829–1913), der zu dem Schluß kam, daß das Auftreten der Lemuren in Asien wie in Afrika nur durch eine frühere Landbrücke etwa von Malaysia nach Madagaskar zu erklären sei. Er nannte diesen Erdteil Lemuria nach den kleinen Tieren, die ihn zu dieser Schlußfolgerung gebracht hatten. Der Ausdruck Mu, der heute ebenfalls verwendet wird, ist nur eine Abkürzung dieses Namens, scheint aber seine ursprüngliche geographische Bedeutung verloren zu haben.

Erstmals wurde 1854 von A. Gould[90] die Möglichkeit erörtert, daß es einen pazifischen Kontinent gegeben haben könnte. Seitdem hat eine Anzahl anderer Autoren die Umstände im Hinblick auf einen früheren Erdteil entweder im Indischen oder im Pazifischen Ozean untersucht. Im allgemeinen sprechen die Ergebnisse zugunsten des letzteren. Es sind sogar mehrere Karten veröffentlicht worden, auf denen verschiedene Formen eines möglichen pazifischen Kontinents dargestellt sind. Es muß jedoch klargemacht werden, daß es die Mehrzahl der Wissenschaftler ablehnt, solche Kontinente irgendwie in Betracht zu ziehen. Bis vor kurzem gab es auf diesem Gebiet keinerlei unmittelbare Erkenntnisse. James Churchward behauptet zwar, im Besitz solcher Erkenntnisse zu sein, doch sein Buch »The Lost Continent of Mu«[91] ist wohl voll von interessanten Aussagen, läßt aber jeden Beweis dafür vermissen.

Eine ausdrückliche Erwähnung eines pazifischen Kontinents enthält das »Book of the Hopi«[92]. Zwar sind die Angaben lückenhaft, doch ist hier nicht nur von einem Erdteil und seinen Bewohnern die Rede, sondern auch von ihrem gemeinsamen Ende.

Erst jetzt sind wir durch den im ersten Teil dieses Buches veröffentlichten Text in den Besitz bestimmter Kenntnisse aus der gleichen indianischen Quelle gelangt, wie wir sie uns nicht genauer und vollständiger erhoffen konnten. In diesen Hopi-Überlieferungen wird der pazifische Kontinent als vorhanden vorausgesetzt, und unsere Aufgabe ist es, nach Beweisen dafür zu suchen.

Das geographische Gebiet, in dem wir unsere Forschungen anstellen müssen, ist gewaltig. Ein paar Zahlen mögen uns helfen, seine Ausdehnung zu erfassen. Die Entfernung von der Osterinsel bis zu den Palau-Inseln am Westende der Karolinen beträgt etwa 13000 Kilometer. Die gleiche Entfernung würde uns von Marokko über Afrika, Arabien, Indien und Indochina bis zu den Philippinen bringen. Die Südspitze von Neuseeland ist etwa 8500 Kilometer von Hawaii entfernt; dies entspricht der Strecke von Washington, D.C., nach Valparaiso, Chile, oder von Sizilien zum Kap der Guten Hoffnung. Flächenmäßig ist Ozeanien größer als der gesamte asiatische Kontinent. Dieser Vergleich schließt nicht den ganzen Pazifik ein, der fast viermal so groß ist wie Asien.

Die noch unbeantwortete Hauptfrage im Zusammenhang mit diesem riesigen Gebiet betrifft die Herkunft der Vorfahren seiner heutigen Bevölkerung. Diese Frage ist eng verknüpft mit dem Vorkommen von Bauwerken, Legenden und selbst von Pflanzen in Ozeanien. Nach heute herrschender Auffassung sind ursprünglich weder Menschen noch Pflanzen dort gewesen, sondern in die Region eingewandert. Wie erwähnt, wird ein früherer pazifischer Kontinent in diesem Zusammenhang überhaupt nicht in Betracht gezogen.

Wir beobachten im Hinblick auf Ozeanien eine Ähnlichkeit mit dem Dilemma der Beringstraße. Es gibt keinen Kontinent im Pazifik, und unsere Karten und Globen zeigen, daß die vermuteten Wanderungen von Asien oder Amerika ausgegangen sind.

Trotz der riesigen Ausdehnung des Gebietes und der Schwierigkeiten, mit denen Forschungsarbeiten dort verbunden sind, gibt es bereits eine große Menge von Erkenntnissen. Viele Tatsachen passen jedoch nicht zu den grundlegenden Auffassungen, und die Debatte über die Richtung der Wanderungen ist noch lange nicht abgeschlossen. Zur Stützung ihrer Argumente ziehen beide Lager Meeresströmungen, Winde, navigatorische Fähigkeiten und Pflanzenmerkmale heran, aber keine Einigung ist in Sicht.

Ohne Frage haben Bootsfahrten tatsächlich eine Rolle gespielt. In diesem Zusammenhang denkt man sofort an Heyerdahls berühmte Reise; er hat überzeugend bewiesen, daß Seereisen über weite Strecken mit Booten möglich sind. Logik und Phantasie wären jedoch überfordert, wollte man solche extremen Leistungen als den normalen Weg betrachten, auf dem Menschen mit ihren Kenntnissen und Kulturgütern die vielen Inseln erreichten. Eine sehr eingehende Computeruntersuchung kam vor nicht langer Zeit zu dem gleichen Ergebnis. Sie zeigte, daß »die alten Polynesier ... die Richtung ihrer Seefahren zielbewußt, wenn auch nicht notwendigerweise hellseherisch gewählt haben müßten, um mit einiger Wahrscheinlichkeit die wichtigsten Schritte zur Besiedlung Polynesiens zu tun«[93].

In bezug auf Thor Heyerdahls bekannte Reise, Forschungsarbeit und Theorie müssen noch einige Worte hinzugefügt werden. In seinem umfassenden Buch »American Indians in the Pacific«[94] zeigt er, daß es um 500 bzw. 1200 n. Chr. zwei Wanderungswellen von Amerika nach Polynesien gab. Ich möchte darauf hinweisen, daß diese verhältnismäßig späten Wanderungen nicht mit den viel früheren in der umgekehrten Richtung verwechselt werden dürfen, von denen die Hopi sprechen. Bei den letzteren handelt es sich um die ursprüngliche Wanderung, während die von Heyerdahl besprochenen Wanderungen sich aus nachfolgenden Entwicklungen ergaben, die später in diesem Buch erörtert werden.

2. Spuren

Das Verschwinden eines ganzen Erdteils kann sich nicht nur auf die betreffende Landmasse und ihre Bevölkerung auswirken, sondern muß sich auch in anderen Teilen der Erde bemerkbar machen. Es handelt sich hier um eine Katastrophe, bei der wie bei einer Explosion die überlebende Bevölkerung in Gruppen unterschiedlicher Größe versprengt wird. Einige werden auf verbleibenden Teilen des Landes weiterleben können, und einigen wird es gelingen, andere Kontinente zu erreichen. Stand die ursprüngliche Bevölkerung auf einer hohen Kulturstufe, so dürfte ihre Versprengung zur Ausbildung von Provinzen ähnlich hoher Kulturen an den Küsten dieser Erdteile geführt haben.

Diese Betrachtungen beziehen sich nicht nur auf den großen Kontinent Kásskara, sondern auch auf seine kleinere Schwester Taláwaitíchqua, das »Land im Osten«, das von verwandten geologischen Vorgängen heimgesucht wurde. In diesem Kapitel wollen wir uns deshalb nicht nur mit Ozeanien befassen, sondern auch sehen, was in den Randgebieten unserer Untersuchung zu finden ist, die im Westen an den Pazifik und im Osten an den Atlantik angrenzen. Abgesehen von einigen allgemeinen Hinweisen, werden die amerikanischen Kontinente hier nicht berücksichtigt, da sie den Schauplatz der übrigen Teile dieses Buches bilden.

Überall sieht man Gebäude und andere Arbeiten aus Stein, die uns die Alten als Erbe hinterlassen haben, ihr Andenken lebt in Legenden und Gebräuchen weiter, und die Pflanzen geben uns Hinweise auf ihre Wanderungen. Über jedes dieser Themen sind zahlreiche Bücher und Artikel geschrieben worden, so daß wir uns hier auf einen kurzen Überblick beschränken können.

a) Ozeanien
Die Steine   Namen wie Tiahuanaco, Cuzco usw. rufen sofort Bilder von Gebäuden ins Gedächtnis, die großartig sind, und zwar nicht nur wegen ihrer Architektur und Größe, sondern mehr noch wegen ihrer Mauertechnik. Sie werden immer noch häufig den Inka zugeschrieben, obwohl es, wie wir gesehen haben, reichlich Beweise dafür gibt, daß sie sehr viel früher gebaut wurden.

Es ist daher überraschend, daß in Ozeanien nicht nur megalithische Bauwerke gefunden wurden, sondern auch eine Mauertechnik, die der südamerikanischen ebenbürtig ist. Wie dort, müssen wir auch hier zwischen den Gebäudetypen und der Qualität ihrer Mauertechnik unterscheiden oder, in anderen Worten, zwischen Architektur und Technik. Die architektonischen Formen finden sich im ganzen Pazifik und darüber hinaus. Im Gegensatz zu dieser sehr weiten Verbreitung gibt es eine hochentwickelte Mauertechnik nur innerhalb der Grenzen Polynesiens. Außerhalb dieser zeigen die megalithischen Gebäude nur eine Vielfalt dessen, was man gewöhnliche Handwerksarbeit nennen könnte. Selbst innerhalb Polynesiens gibt es Unterschiede in der Qualität. Sie erreicht ihren Höhepunkt auf der Osterinsel und ist in anderen Gebietsteilen geringer oder gar nicht vorhanden.

Es gibt eine lange Liste von Inseln und Inselgruppen, auf denen Stufenpyramiden und Maraes[95] bekannt sind, und wir können annehmen, daß zahlreiche andere noch nicht entdeckt worden sind. Auf dieser Liste stehen bekannte Namen wie Hawaii und Neuseeland, Pitcairn und Jap und dazwischen Neuguinea, die Neuen Hebriden, die Gesellschaftsinseln und andere.

Die enge Verwandtschaft der polynesischen und der amerikanischen Pyramiden bringt Heyerdahl wie folgt zum Ausdruck[96]: »...die größeren Stufenpyramiden auf Tahiti, Tonga und die verwandte Form auf Hawaii liegen nach Größe, Form und Art der Ausführung durchaus innerhalb der Grenzen durchschnittlicher vergleichbarer Bauformen des frühen Mexiko und Peru.«

Das beste Beispiel für megalithische Gebäude ohne die hochstehende Technik der Mauerarbeit ist wahrscheinlich Nan Matol auf der Insel Ponape in den östlichen Karolinen[97]. Die Wände seiner Gebäude sind bis zu 15 Meter hoch und bestehen aus langen Basaltkristallen (Blöcken), die wie Brennholz aufgeschichtet sind. In diesen Wänden finden sich Blöcke, die schätzungsweise bis zu 30 Tonnen wiegen, in Höhen bis zu 9 Meter über dem Boden. Die Frage des Transports gibt uns hier die gleichen Rätsel auf wie im 11 000 Kilometer entfernten Südamerika.

Doch wir dürfen nicht nur an Gebäude denken. Auf vielen Inseln sind gepflasterte Straßen entdeckt worden; das ausgedehnteste Netz prähistorischer Straßen findet sich auf der Osterinsel. In Neuseeland, Neuguinea und mehreren Inselgruppen gibt es Bewässerungsterrassen und auf verschiedenen polynesischen Inseln Steinskulpturen, von denen Heyerdahl schreibt[98]: »Wären die polynesischen Statuen ursprünglich in einem ausgestorbenen südamerikanischen Zentrum gefunden worden anstatt an einem durch eine mehrwöchige Seereise davon entfernten Ort, hätten sie kein Staunen erregt, sondern wären lediglich als ein weiteres Zeugnis der frühamerikanischen Megalithkultur hingenommen worden.«

Keine der in Ozeanien lebenden Bevölkerungsgruppen hat seit dem Beginn unserer Bekanntschaft mit ihnen die Neigung oder die Fähigkeit gezeigt, irgend etwas den erwähnten Städten, Bauwerken oder Straßen Vergleichbares zu bauen. Wir wollen sehen, was sie selbst uns zu sagen haben.

Legenden aus Ozeanien Ein Merkmal ist allen diesen Überlieferungen gemeinsam: Die megalithischen Bauwerke wurden nicht von den Vorfahren der heutigen Bevölkerung errichtet. Wir könnten hier alle vorher erwähnten Inseln noch einmal aufführen und würden überall feststellen, daß die Gebäude und Straßen von gottähnlichen Geschöpfen oder von Menschen mit übernatürlichen Kräften gebaut wurden. In Ausnahmefällen, z. B. in Neu-Kaledonien, wird berichtet, die heutige Bevölkerung wisse nichts über die Alten, die dort gebaut haben[99]. Das ist aber wahrscheinlich eher auf einen Mangel an Zutrauen auf seiten der Eingeborenen als auf tatsächliche Unkenntnis zurückzuführen.

Von der großen Zahl der Legenden, die in der Literatur zu finden sind, will ich einige auswählen, die sich auf die Frühgeschichte dieses Gebiets beziehen. Eine lebendige Schilderung der seltsamen Geschöpfe brachte J. Cowan[100] aus Neuseeland mit. Ein alter Maori hatte ihm erzählt: »Vor langer Zeit war die oberste Spitze des Berges Ngongotaha, die Te Tuahu a te Atua (Altar des Gottes) heißt, der Hauptwohnsitz des Feenvolkes dieses Landes. Der Name dieses Stammes der Patu-paiarehe war Ngati-Rua, und die

Häuptlinge des Stammes waren in den Tagen meines Vorfahren Ihenga: Tuehu, Te Rangitamai, Tongakohu und Rotokuhu. Das Volk war sehr zahlreich; es gab tausend oder noch viel mehr Ngongotaha. Sie waren ein iwi atua (gottähnliche Rasse, Menschen mit übernatürlichen Kräften). Im Aussehen ähnelten einige sehr den heutigen Maori, andere der weißen Rasse. Die Farbe der meisten war kiri puwhero (rötliche Haut), und ihr Haar hatte den rötlichen oder goldenen Ton, den wir uru-kehu nennen. Manche hatten schwarze Augen, manche blaue wie hellhäutige Europäer. Sie waren ungefähr ebenso groß wie wir. Einige ihrer Frauen waren sehr schön mit sehr heller Haut und glänzendem, blondem Haar. Sie trugen hauptsächlich rotgefärbte Leinengewänder, die pakerangi heißen, oder auch die groben Gewebe pora und pureke. Im Wesen waren sie sehr friedlich, sie waren kein kriegerisches Volk. Ihre Nahrung bestand aus den Produkten des Waldes, und sie kamen auch an den See Rotorua herunter, um inanga (Weißfisch) zu fangen. Diese Patu-paiarehe hatten eine merkwürdige Eigenschaft: Sie hatten große Angst vor dem Dampf, der von gekochtem Essen aufstieg...«

Cowan betont, daß in den meisten der von ihm gesammelten Legenden die Patu-paiarehe, wie sie gewöhnlich genannt wurden, das Aussehen gewöhnlicher Menschen hatten, aber Zauberkräfte besaßen; unter anderem konnten sie fliegen. Sie bewohnten bestimmte abgelegene Teile der bewaldeten Gebirgszüge, und in mindestens einer Legende wird von einem Kampf zwischen zwei Stämmen der Patu-paiarehe berichtet. Cowan betrachtet sie als »Überreste eines unermeßlich alten, blondhaarigen Volkes, das in den meisten Maori-Stämmen eine Erbanlage von uru-kehu hinterlassen hat«[101].

In diesen Beschreibungen finden wir das Wort »Feen« als Bezeichnung für dieses unbekannte Volk. Cowan benutzte es »in Ermangelung eines treffenderen Ausdrucks«[102]. Mit dieser Bemerkung hat er uns allen einen großen Dienst erwiesen, weil sie unsere Unsicherheit in diesem Zusammenhang betont. Der leider immer wiederkehrende Ausdruck »Götter« läßt ihr Auftreten in einem religiösen Licht erscheinen, das völlig ungerechtfertigt ist.

Der Ausdruck »Feen« kommt der Wahrheit näher, besonders wenn wir ihn in dem Sinne auffassen, daß »die Feen einer Rasse die Menschen einer früheren Rasse sind«[103]. Doch auch »Feen« ist nicht die passende Bezeichnung, da wir sie automatisch mit Märchen und daher mit unwirklichen Ereignissen in Verbindung bringen.

Wir haben eine einschlägige Aussage über »Götter« im alten Indien: »Westwedische Gelehrte betrachten Götter als die Personifizierung von Naturkräften ... Gelegentlich werden diese Götter sehr symbolisch behandelt. Aber nach orthodoxer indischer Auffassung sind alle Gottheiten übermenschliche Wesen mit den Zügen der Sterblichen. Sie spiegeln auch menschliche Gefühle wider«[104].

Die Tatsache bleibt bestehen, daß wir keinen passenden Namen für solche Geschöpfe haben. Im vorliegenden Buch werde ich daher meist den neutralen Ausdruck »Kachinas« benutzen, der körperlich existierende Wesen bezeichnet, die wie Menschen aussehen und uns wenigstens für den Augenblick die Wahl über ihre Herkunft lassen.

Eine Geschichte scheint auf die Ankunft sowohl der Maori als auch des legendären Volkes zurückzugehen. Sie erzählt, daß nach der Ankunft der Maori fremde Gottmenschen auf einem Floß erschienen, die kumara (Süßkartoffeln) mitbrachten. Sie gaben den Maori davon zu essen, diesen schmeckte die kumara, und die Gottmenschen blieben auf der Insel[105].

Dieses Ereignis steht offensichtlich in keinem Zusammenhang mit den späteren Bootsreisen, an die so genaue Erinnerungen vorhanden sind, daß sie zur Rekonstruktion eines Teils der späteren Geschichte Ozeaniens herangezogen wurden. Es bezieht sich auf eine viel frühere Zeit, da keine Namen genannt werden. Wir hören erst von der Ankunft der Maori und dann von derjenigen gottähnlicher Menschen. Letztere hatten eine bedeutsame Veränderung durchgemacht, zwar nicht im Aussehen, doch hatten sie offenbar ihre Macht verloren; sie kamen auf einem Floß! Diese Vorgänge können sich nicht sehr lange nach dem Versinken des »Vaterlandes« abgespielt haben, des oft erwähnten Kontinents, der vor dem Erscheinen der Inseln existierte, denn sowohl die Menschen als auch ihre unbekannten Zeitgenossen waren heimatlos, sie »trieben« auf dem Wasser im wahrsten Sinne des Wortes. Sie waren Übriggebliebene, die um ihr nacktes Leben kämpften.

Obwohl der Großteil der Legenden aus Neuseeland, Hawaii und von der Osterinsel stammt, gibt es natürlich auch anderswo Erinnerungen. Ein samoanischer Mythos besagt z. B., daß die Herrscherfamilie von Wesen abstammte, die im Himmel lebten. Und von Opoa bei Tahiti hören wir, daß ihre Marae der Ort gewesen sein soll, wo Götter und andere übernatürliche Wesen in alter Zeit ihre Wunder vollbrachten [106].

Mit sehr wenigen Ausnahmen waren die Erbauer dieser Stätten weiß- oder sehr hellhäutig und blondhaarig. Heyerdahl berichtet, daß in ganz Polynesien blonde Menschen »die goldhaarigen Kinder Tangaroas« genannt werden. Tangaroa ist ein sehr mächtiger Gott, der auch Tiki genannt wurde. Dieses Wort entspricht dem »Tici« in dem Namen Ticiviracocha aus den spanischen Chroniken [107].

Eine der erwähnten Ausnahmen bezieht sich auf Nan Matol. Seine Gebäude, von denen bereits die Rede war, stammen von einer kleinwüchsigen, dunkelhäutigen Rasse, die den Melanesiern von heute ähnlich sah [108]. Abgesehen davon, wird aber auch in den dortigen Legenden von übernatürlichen Kräften berichtet: Die beiden Brüder Olochipa und Olochepa schafften die schweren Steine für die riesigen Gebäude vom nördlichen Teil der Insel herbei, indem sie sie durch die Luft fliegen ließen [109].

Endlich kommen wir zu dem unglaublichen Fall einer fast wörtlichen Übereinstimmung zwischen einer Hopi-Überlieferung und einer solchen aus dem südlichen Polynesien. Heyerdahl [110] berichtet von der polynesischen Version, in der es heißt, Taaroa (Tangaroa), der Schöpfer der Welt, habe den Menschen wegen ihres Ungehorsams gezürnt. Er stürzte die Welt, warf sie ins Meer, und die Erde versank im Wasser. Ein paar Menschen entkamen auf einem Floß. Dieser Fall muß einer näheren Betrachtung unterzogen werden.

Beide Male haben wir die Zerstörung, den zornigen Gott und die Umstände, die dazu führten. In beiden Berichten ist die Art der Zerstörung die gleiche und wird in den gleichen Worten beschrieben. Selbst die Namen des Schöpfers ähneln sich: Taaroa und Táiowa.

Die beiden Versionen unterscheiden sich in zwei Punkten. Die Polynesier sagen, die Welt sei zerstört worden, während es nach den Hopi eine Stadt war, die den Zorn des Schöpfers zu spüren bekam. Und im ersten Fall hören wir von einigen Überlebenden, die auf einem Floß entkamen, während im zweiten die Stadt allmählich verlassen wurde.

Ohne Zweifel gehen beide Überlieferungen auf die gleiche Katastrophe zurück. Im Grunde erinnern sich die Hopi natürlich sehr gut an den Untergang von Kásskara, doch sie übertragen seine Beschreibung auf die Zerstörung der Stadt Táotoóma, die ebenfalls durch Wasser verursacht wurde. Das bedeutet, daß die Hopi außer der Katastrophe im Pazifik noch eine zweite, ähnliche erlebten. Die Übereinstimmung dieser Vernichtungsschläge erinnert uns an die rhetorische Frage des Weißen Bären: »Siehst du, wie die Geschichte sich wiederholt?« Und wir könnnen selber die Frage hinzufügen: Warum sollte man nicht auch die Beschreibung wiederholen? Durch Übertragung des ehrwürdigen alten Wortlauts auf Táotoóma wurde das neue Ereignis dem älteren an Sinn und Gewicht gleichgesetzt; die Warnung wurde »umdatiert«, sie wurde wieder aktuell. Die weiter zurückliegende Zerstörung Kásskaras konnte nun mit anderen Worten beschrieben werden.

Der polynesische Bericht ist daher im wesentlichen das, was er eigentlich sein soll, nämlich die Erinnerung an das Ende des pazifischen Kontinents. Er enthält den Kern aller von den Hopi im einzelnen beschriebenen Ereignisse, er bestätigt die Überlieferungen über Kásskara.*

Die Pflanzen Unser Interesse gilt hier nicht den Pflanzen selber, sondern vielmehr ihrer geographischen Verbreitung. Da wir uns

---

* Siehe Anhang A Seite 357.

mit der Frühgeschichte des Gebiets befassen, müssen wir außerdem nur diejenigen Pflanzen berücksichtigen, die es vor der Ankunft der Europäer in Ozeanien gab. Aus dem gleichen Grunde können auch Veränderungen der Pflanzenausbreitung, die nach der Entdeckung der Inseln stattfanden, außer acht gelassen werden. Die Pflanzenverbreitung ist von Bedeutung, da sich eine Pflanze nur einmal, nur in einer bestimmten Region entwickelt haben kann. Die Schwierigkeit liegt darin, daß manche Pflanzen ungeheuer weit verbreitet sind und daß es in keinem Fall möglich war, ihren Ursprungsort mit wissenschaftlicher Zuverlässigkeit zu bestimmen.

Zu den Pflanzen, die hier zu betrachten sind, gehören Mais, Kürbis, Süßkartoffeln, Kokosnuß und Baumwolle. Später werden uns einige zusätzliche Namen begegnen, doch die Liste könnte noch erheblich verlängert werden und sogar Blumen und Gräser umfassen. Alle diese Pflanzen kommen in Ozeanien oder in Teilen davon vor, und sie finden sich auch in Amerika oder Asien oder in beiden Erdteilen. Das Problem ist daher fast das gleiche wie das der menschlichen Besiedlung Ozeaniens. Da ein pazifischer Kontinent außerhalb jeder wissenschaftlichen Erwägung liegt, dreht sich die immer noch anhaltende Debatte auch hier um die Frage, ob und in welchen Fällen Asien oder Amerika der wirkliche Ursprungsort ist. Wiederum spielen Meeresströmungen usw. eine große Rolle in den Beweisführungen.

In gewissem Sinne sind die Legenden aufschlußreicher als unsere Erkenntnisse, da sie Verbindungen zwischen den Pflanzen und jenem unbekannten, mächtigen Volk und auch dem alten »Vaterland«, dem versunkenen Erdteil, herstellen.

Die Maori-Legende über die Ankunft der Gottmenschen auf einem Floß (siehe S. 185) besagt z. B., daß es diese waren, die den Maori die Süßkartoffel (kumara) brachten. Diese Überlieferung wird durch die Aussage ergänzt, daß nur »eine Linie« ihrer Vorfahren sich von der Süßkartoffel ernährte. Wenn es eine Linie gab, muß es zweifellos auch andere gegeben haben, und wir entnehmen aus der Bemerkung, daß diese anderen keine Süßkartoffeln gegessen haben. Auf diese Weise erfahren wir von einer unbekannten Zahl von »Linien« (= Stämmen, Völkern), die Seite an Seite lebten und verschiedene Sitten hatten. Wir würden uns zwar anders ausdrücken, müssen aber zugeben, daß dies eine mögliche Beschreibung eines Kontinents ist; man denke z. B. an Europa.

Die Tahitier berichten, ihre Vorfahren hätten die Süßkartoffel seit jeher gehabt. Auf Hawaii kommt sie in den ältesten Liedern und Mythen vor und wird mit den Hauptgöttern in Zusammenhang gebracht. Und sie kam auf die Osterinsel mit dem legendären ersten Volk, das sich dort ansiedelte[111].

Natürlich ist die Süßkartoffel nicht die einzige Pflanze, die erwähnt wird. In einer Überlieferung, auf die weiter unten näher eingegangen wird, heißt es, daß »Mais, Paprika, Tomaten, Amaranten, Bohnen und Körner aller Art, die wir jetzt essen«, nach Südamerika (siehe S. 261) gebracht worden seien, und wir haben gehört, wie sicher die Hopi sind, den Mais von der Dritten in die Vierte Welt mitgenommen zu haben.

Mit diesen Betrachtungen haben wir angefangen, unsere Suche über die Grenzen Ozeaniens hinaus auszudehnen, und wir wollen nun sehen, was dort zu finden ist.

b) Außerhalb Ozeaniens

Eine Reihe von Tatsachen, die sich auf Spuren außerhalb Ozeaniens beziehen, werden weiter unten in Verbindung mit den dramatischen Ereignissen in Kásskara und Taláwaitíchqua behandelt werden. Diese Tatsachen könnten den Eindruck erwecken, untereinander oder zum Thema unserer Untersuchung in keinem Zusammenhang zu stehen, da die Verbindungsglieder entweder fehlen oder im Laufe der Geschichte undeutlich geworden sind. Es werden daher hier einige Sachverhalte angeführt, die geeignet sind, für den richtigen Blickwinkel zu sorgen.

Europa Am Anfang von Kapitel 1 erwähnte ich die Vorherrschaft des Nahen Ostens im archäologischen Denken und Arbeiten, die zu einer großen Zahl von Entdeckungen und Funden in diesem Gebiet geführt hat. Die daraus gewonnene Fülle von Erkenntnissen sprach für die Annahme, der Nahe Osten sei ein Zentrum gewesen, dessen Ausstrahlung nicht nur in Europa, sondern bis nach Indien und China wirksam gewesen sei. Diese Auffassung wurde bis zu einem gewissen Grade durch die Vermutung unterstützt, der biblische Garten Eden habe in diesem Bereich gelegen. Das begrenzte Wissen über Kulturzentren in Asien und Amerika schien die Überlegenheit des Nahen Ostens weiter zu bestätigen. Ob man es klar aussprach oder nicht, die Summe dieser Annahmen machte den Nahen Osten zur Wiege aller Kulturen.

In diesem Geschichtsbild sind nun ein paar erhebliche Risse entstanden. Einer von ihnen ist auf die neue Radiokarbondatierung zurückzuführen, das Ergebnis einer Korrektur des bekannten Verfahrens aufgrund der Baumringdatierung[112].

Nach überkommener Ansicht erreichte die Kunde von den Bauwerken usw. des Nahen Ostens Mittel- und Westeuropa durch Ausbreitung oder auf andere Weise, und die megalithischen Henge-Monumente und Grabstätten der Küstenregionen Westeuropas sind daher weiter nichts als barbarische Nachbildungen jener großen Bauten des Nahen Ostens.

Die berichtigte Karbondatierung zeigt nun, daß diese Monumente im westlichen Europa in Wirklichkeit lange vor den Tempeln und Palästen des Nahen Ostens errichtet wurden. Das ist ein umwälzendes Ergebnis, denn es ist das genaue Gegenteil der bisher geltenden Theorie und besagt, daß die Anfänge der Kulturen dieser Region nicht im Nahen Osten, sondern an der Atlantikküste liegen.

Südostasien Auch die herkömmlichen Ansichten im Hinblick auf Südostasien gerieten ins Wanken. Da man annahm, der Nahe Osten habe zuerst Indien und dann China beeinflußt, wurde für die kulturelle Befruchtung der riesigen Halbinsel Südostasien eine verhältnismäßig späte Zeit angenommen. Bis vor kurzem wurde dieser Bereich für ein kulturelles und geschichtliches Anhängsel gehalten.

Nun aber muß die alte Bevölkerung Südostasiens von zurückgebliebenen Hinterwäldlern zur Avantgarde befördert und die Vorgeschichte des gesamten Fernen Ostens umgeschrieben werden. W. G. Solheim[113] und andere[114] haben Kulturen entdeckt, die älter sind als die indische oder die chinesische. Die Beweise kommen aus dem nördlichen und nordöstlichen Thailand. Dort sind um 3600 v. Chr. Bronzegeräte hergestellt und wahrscheinlich früher als 3000 v. Chr. Bronzeäxte in wiederverwendbaren Formen gegossen worden.

Ich werde im folgenden weitere Funde anführen, doch vorher muß auf die außerordentliche Bedeutung der Äxte und ihrer Herstellungsweise eingegangen werden. Im Bereich des Nahen Ostens, wo der Bronzeguß seinen Ursprung genommen haben soll, erscheinen die ersten Bronzegegenstände in den Gräbern von Ur und Kisch um 2600 v. Chr.[115]. Wir finden dort Erzeugnisse aus einer frühen Phase der Metallverarbeitung im Gegensatz zu Werkzeugen und Geräten einer fortgeschrittenen Fertigungsstufe, die in Südostasien um 3000 v. Chr. und früher entstanden sind. In Indien ist die Lage ungefähr die gleiche, während der Bronzeguß in China 1000 oder mehr Jahre später erscheint. Schon dieser einfache Vergleich der Datierungen beweist den Vorsprung Südostasiens. Der zeitliche Abstand zwischen dem alten Thailand und den anderen Ländern ist jedoch sehr viel größer und ausgesprochener, als die reinen Datierungen zeigen. Er beruht auf der Art der Gußformen. Das Arbeiten mit wiederverwendbaren zweiteiligen Formen kann nicht stark genug hervorgehoben werden, da sie auf Serienfertigung hindeuten und der Beweis für ein technisches Denken sind, das über die nur durch die Erfahrung gelehrten Handgriffe hinausgeht. Es ist die Fähigkeit, als Ingenieure zu denken und zu handeln, die dieser Bevölkerung einen so großen Vorsprung vor allen anderen Gruppen in Asien und Europa gibt. Und es bedarf keiner Erwähnung, daß die damals in dieser Region vorhandenen Kenntnisse in der Metallverarbeitung weiter zurückreichen müssen als 3600 v. Chr.

Es gibt noch weitere interessante Funde. Solheim fand ein Kupferwerkzeug mit Schaftloch, das auf etwa 3500 v. Chr. datiert wurde. Hier haben wir einen weiteren »Erstling«: Es ist das erste

Werkzeug mit Schaftloch, das jemals irgendwo gefunden wurde. Solheim nimmt auch an, daß die ausgegrabene Keramik zum Teil auf eine Zeit datiert werden wird, die erheblich vor 10000 v. Chr. liegt. Er glaubt sogar, daß die Keramik in dieser Region erfunden wurde.

Ein winziger Abdruck der winzigen Hülse eines Reiskorns wurde auf einer Topfscherbe aus einer Zeit von 3500 v. Chr. oder früher gefunden. Diese Datierung zeigt, daß Reis hier 1000 Jahre früher kultiviert wurde als irgendwelcher Reis in Indien oder China. Solheim ist sich einig mit dem amerikanischen Geographen Carl Sauer, daß die erste Pflanzenkultivierung der Welt in Südostasien stattfand, und er neigt zu der Annahme, daß dies bereits um 15000 v. Chr. geschah[116].

Die Funde beweisen in jeder Hinsicht einen *Anfang* auf überraschend hoher Stufe, so daß sich das Wissen von dieser äußersten Südostecke Asiens aus in einer späteren Zeit nach Westen und Norden ausgebreitet haben muß.

Es sollen hier noch einige archäologische Entdeckungen erwähnt werden. Ihre Fundorte gehören zwar nicht zu Südostasien selbst, doch liegen sie im gleichen allgemeinen geographischen Bereich. Steinplattformen, die den Maraes von Polynesien ähneln, finden sich weit westlich in den Naga-Hügeln von Assam[117]. Stufenpyramiden gibt es auf Sumatra, Java und Celebes. Wirklich aufregend ist jedoch eine Skulptur in Südsumatra, die wie ein Gegenstück zu den berühmten Olmeken-Köpfen Mittelamerikas aussieht (Abb. 18). Es sei auch darauf hingewiesen, daß die typische Helmform der Sumatra-Skulpturen dem Kopfschmuck der Figuren auf den gravierten Steinen in der Sammlung von Dr. J. Cabrera, Ica, Peru (Abb. 19), auffallend ähnlich sieht.

Die Japanischen Inseln Auf einigen der japanischen Inseln lebt ein rätselhaftes Volk. Seine Menschen werden bei dem Namen genannt, den sie sich selber geben: Ainu, was in ihrer Sprache einfach »Mensch« heißt. Ihre Haut ist heller als die der Japaner, und sie werden als etwas kleinwüchsig geschildert, mit braunen oder schwarzen Augen und runden Gesichtern. Alle haben üppiges braunes oder schwarzes Haar, und die Männer tun ihr möglichstes, um sich eindrucksvolle Bärte wachsen zu lassen [118]. Aufgrund ihrer Gesichtszüge wurden sie vor 100 Jahren für »Arier« gehalten, doch wegen ihrer ungewissen rassischen Abstammung bezeichnet man sie heute als Kaukasier.

Die Überreste der Ainu leben heute auf Hokkaido, dem südlichen Sachalin und auf den südlichen Kurilen. Es ist nicht bekannt, wie lange sie alle japanischen Inseln von Kiuschiu im Süden bis zu den Kurilen im Norden bewohnten. Der Wandel begann mit der japanischen Invasion von 600 v. Chr.[119]. Nach vielen Kämpfen wurden die Ainu schließlich in ihre jetzigen Wohngebiete zurückgedrängt. Gegen Ende des vorigen Jahrhunderts wurde die Ainu-Gesellschaft durch die japanische Regierung zerstört, die sie von Jägern zu Ackerbauern umziehen wollte. Im Gegensatz zu den Vereinigten Staaten, die Reservate für die amerikanischen Indianer zur Verfügung stellten, wurde zwischen den Ainu und den Japanern kein rechtlicher oder verwaltungsmäßiger Unterschied gemacht[120]. Infolgedessen mußte Professor Watanabe 1972 berichten: »Die Sprache der Ainu ist praktisch seit langem tot ..., ihre Religion ist radikal verändert und zeigt nur noch Bruchstücke formaler Elemente ..., Überreste der alten Ainu-Gebräuche werden nur noch unter Schwierigkeiten beibehalten und mögen in ein paar Jahren vielleicht schon völlig verschwunden sein«[121]. Häufige Mischehen mit Japanern haben dazu beigetragen, daß die Ainu »heute von der Mehrheit, in der sie leben, so gut wie nicht mehr zu unterscheiden sind«[122]. Eine Anmerkung für uns Außenstehende: Wer hätte gedacht, daß Sapporo, der Ort der Olympischen Winterspiele 1972, im früheren Kernland der Ainu liegt?

Wir sind in der glücklichen Lage, genaue Angaben in der Literatur zu finden, die vor dem Wirksamwerden des japanischen Einflusses gesammelt wurde. Die beste Quelle (jedenfalls abgesehen von der japanischen Literatur, die ich leider nicht lesen kann) ist der Reverend J. Batchelor, der 1877 zum ersten Mal mit den Ainu in Berührung kam, jahrzehntelang als Missionar bei ihnen arbeitete und bis in die späten zwanziger Jahre für sie tätig war.

Ohne den Besuch des jungen Mannes[123] beim Weißen Bären wäre man wohl kaum auf den Gedanken gekommen, hier nach Ähnlichkeiten mit den Hopi-Überlieferungen zu suchen. Da er aber stattfand, sind wir berechtigt, nach solchen Beziehungen zu forschen, und kommen zu folgenden Ergebnissen:

Die Ainu wissen nicht, woher ihre Vorfahren gekommen sind. Sie haben einen allmächtigen Hauptgott[124]. Er schickt eine Gottheit namens Aioina auf die Erde, die die Ainu »machte«. Bei näherer Untersuchung kommt J. Batchelor zu dem Schluß, daß Aioina »irgendeine große Persönlichkeit war, die als Lehrmeister dieses Volkes wirkte«[125]. Diese Schlußfolgerung ist ein erster Hinweis auf die Parallelen zu den Kachinas, Viracochas und ozeanischen Lehrern. Die Gottheiten stehen auf verschiedenen Rangstufen und sind Vermittler zwischen Mensch und Gott[126]. Es gibt eine Geschichte von einer Frau, die ein Kind von einem Geistwesen hatte, das für sie wie ein Mann aussah. Sie empfing das Kind ohne körperliche Beziehung, und der Sohn wurde ein sehr begabter, geachteter Mann[127].

Wir hören von Clans, die nach Tieren benannt sind, von einem Bären-Clan und auch von der Bedeutung des Bären selbst, und wir lesen, daß die Mitglieder des Bären-Clans sich für Nachkommen dieses Tieres hielten[128]. Der Weiße Bär hat uns die Sprechgewohnheit der Hopi verständlich gemacht, sie sprechen vom Tier und meinen tatsächlich die Gottheit, die es verkörpert. Entweder haben die Ainu diese Bedeutung aus dem Gedächtnis verloren, oder aber sie wurde bei ihrer Aufzeichnung nicht richtig verstanden.

Bei einer der Zeremonien mußte ein Adler erdrosselt werden[129], was an das Adleropfer am Ende der Niman-Kachina-Zeremonie bei den Hopi[130] erinnert. Für die Hopi bedeutet dieser unblutige Vorgang, daß die Adler mit den Kachinas »heimgeschickt« werden. Ähnlich bei den Ainu; wenn sie Vögel und andere Tiere auf die gleiche Art töten, werden sie zu den Ahnen oder zu Gott »fortgeschickt«[131].

Die Ainu machen »inao«, hölzerne Stäbe, die vor der Jagd geopfert werden[132]. Sie scheinen in ihrer Bedeutung nahe verwandt mit den Gebetsfedern der Hopi zu sein. Die Hopi benutzen Weidenzweige für die Stäbe ihrer Gebetsfedern, während die Ainu Flieder bevorzugen, aber Weide verwenden, wenn kein Flieder zu finden ist. In diesem Zusammenhang sei erwähnt, daß auch der Mistelzweig hier eine Rolle spielt, wie es bei den lange verschwundenen Druiden war[133].

Viele Ainu behaupten, daß ihre Vorfahren lesen und schreiben konnten, daß ihnen nun aber diese Kunst verlorengegangen sei[134]. In einer Höhle bei Otarunai wurde tatsächlich eine Inschrift gefunden. Obwohl die Möglichkeit eines schlechten Scherzes nicht ausgeschlossen werden kann, sind die Zeichen in Abb. 20 abgebildet. Sie waren in weichen Stein gekratzt und sind inzwischen längst verschwunden[135].

Mit Hilfe ihrer Schutzgötter konnten die Vorfahren der Ainu durch die Luft fliegen und sogar einen Luftkrieg führen[136]. Ihre Ahnen konnten sich auch unsichtbar machen[137], und schließlich hören wir, daß sie am Morgen säen und am Mittag ernten konnten[138]. Hierbei könnte es sich um eine Schelmengeschichte handeln, denn die Ainu, die viel Humor besitzen sollen, fügen hinzu, daß diejenigen, die von diesem Getreide aßen, in Pferde verwandelt wurden. Andererseits ist diese Geschichte natürlich eine klare Parallele zu den Hopi-Überlieferungen.

Möglicherweise erfahren wir niemals mehr über die Ainu, als heute in der Literatur zu finden ist. Vielleicht bleiben sie, wie Professor Watanabe 1972 schrieb, »ein ungelöstes Rätsel für die Wissenschaftler der Welt«[139]. Das einzige, was wir mit Sicherheit wissen, ist, daß diese Rasse mit den kaukasischen Gesichtszügen für lange Zeit die Inseln entlang eines Küstenstreifens von über 2500 Kilometer an der äußersten Flanke Asiens bewohnte.

3. Zusammenfassung und Schlußfolgerungen

Von allem, was wir hier erfahren haben, beeindruckt am meisten die Gleichartigkeit des Denkens oder bestimmter Vorstellungen, die sich als einigendes Element in der gesamten riesigen Region herausstellt. Gewiß gibt es Unterschiede in der *Form* des Ausdrucks, doch die Wurzeln sind die gleichen. Wir finden übereinstimmende architektonische Ideen von Nordostindien bis Süd- und Mittelamerika. Wir haben einen »Olmekenkopf« einen halben Erdumfang von der mesoamerikanischen Kultur entfernt, nach der diese Bildwerke benannt wurden, und der Kern bestimmter Überlieferungen bleibt von Nord- und Südamerika bis zu den japanischen Inseln unverändert.

Ich wiederhole, daß wir von Grundgedanken und ihrer geographischen Verbreitung sprechen. Wir werden uns ferner bewußt, daß wir hier Äußerungen solcher Gedanken über Entfernungen und Flächen hinweg finden, die größer sind als irgendwo sonst auf der Erde. Wir sehen ein riesiges zentrales Gebiet mit schmalen Ausläufern auf den Kontinenten im Osten und Westen. Bei dieser Betrachtungsweise werden die frühen amerikanischen und asiatischen Kulturen zu Randzonen des pazifischen Phänomens, zu Ausläufern oder Abzweigungen eines zentralen Kulturlandes.

Dieses Bild stimmt mit der Verbreitung der Pflanzen überein, die in gleicher Weise vermuten lassen, daß sie ihren Ursprung in einem zentralen Gebiet hatten und mit dem Menschen in neue Lebensräume wanderten.

Schließlich wird das Bild durch die Überlieferungen bestätigt und vervollständigt. Auf dem amerikanischen Kontinent haben diese Traditionen uns südwärts zum Titicacasee und von dort in den Pazifik geführt. Keine Spuren gehen von dort aus weiter; unsere Suche nach den Ursprüngen ergibt nichts, was in andere Richtungen deuten würde. Alles weist nach innen, hat gleichsam seinen Mittelpunkt gerade in dieser Region, wo es in grauer Vorzeit ein »Vaterland« gab, das versunken ist.

Irgendwo in diesem weiten Gebiet lag Kásskara.

Wir erinnern uns, daß Kásskara langsam genug versunken sein soll, um seinen Bewohnern Zeit zu geben, sich zu sammeln und ihre Flucht vorzubereiten. Hierin liegt nichts, was die Annahme ausschließen würde, daß es außer denen, die zu anderen Kontinenten gelangten, auch solche gab, die zurückblieben und auf Landesteilen überlebten, die zu Inseln zusammenschrumpften, oder die solche Inseln mit ihren Flößen erreichten.

So führen die Spuren von Kásskara, die wir gefunden haben, zu einer natürlichen Lösung des Problems »Ozeanien«: Die verschiedenen Rassen, die wir heute dort finden, lebten bereits vor der Katastrophe in ihren jeweiligen Wohngebieten; die heutigen Eingeborenen sind Nachfahren derjenigen, die überlebten, als das Land unterging. Die angenommenen großen Wanderungsbewegungen hätten zu einer ausgedehnten Rassenvermischung geführt; es gäbe dann heute keine Melanesier, Mikronesier oder Polynesier. Die Tatsache, daß diese immer noch in getrennten Gebieten leben, beweist, daß ihre Ahnen im wesentlichen dort blieben, wo die Katastrophe sie ereilte. Gewiß wurden im Zuge der Anpassung an die geänderte Umwelt und Geographie Bootsreisen unternommen, doch bestand weder aus dem Westen noch aus dem Osten eine Notwendigkeit für die großen Wanderungsbewegungen, von denen wir heute lesen.

C. Die Dritte Welt

1. Hintergrund

Wir horchen auf uralte Worte, wir lesen alte Dokumente, wir freuen uns am ruhigen Anblick der Felsen. Wir beobachten die Erscheinungsbilder unserer heutigen Zeit. Das Jetzt ist in stetem Wandel begriffen, das Alte ist jenseits aller Bewegung, es *war*. Aber war es jemals Wirklichkeit? Oder war und ist es ein Phantom? Liegt es in unserer Macht, es zu entschleiern, oder gibt es gar nichts zu entschleiern?

Schritt für Schritt verfolgten uns diese bohrenden Fragen. Immer wieder mußten wir suchen und forschen, und immer wieder konnten wir antworten: Das Alte ist wahr gewesen. Und wir könnten hinzufügen: Das ist es noch. Nun stehen wir wieder einmal vor der gleichen Frage.

Wir haben Táotoóma gefunden, und wir haben die Spuren von Kásskara gesehen, die Spuren seines Lebens. Wir werden mehr über sein Dasein und sein Ende erfahren, und es wird sich ein Drama enthüllen, das genaugenommen den halben Globus umspannt, von Europa und Afrika westwärts bis zu den Küsten Asiens.

Die Gewalt der Ereignisse um Kásskaras Untergang konnte sein Andenken nicht auslöschen. Die Überlieferungen erzählen vom Ablauf des Geschehens, doch über den davon betroffenen Kontinent erfahren wir nur wenig. Was wir von ihm wahrnehmen und was wir aus verstreuten Fragmenten ergänzend herauslesen können, zeigt uns ein prächtiges, bewundernswertes Kásskara. Doch die Überlieferungen reichen über seine Grenzen hinaus nach Osten. Wir hören von anderen Ländern und anderen Völkern, auch Europa und Afrika erscheinen am Horizont.

Eines der Länder im Osten kommt zu tragischer Bedeutung: Im Leben und im Sterben war Kásskara mit seiner Schwester und bittersten Feindin Taláwaitíchqua/Atlantis verbunden. Die Berichte der Hopi über letztere sind wichtig, weil sie von keiner Überlieferung des Mittelmeerraums beeinflußt sind, so daß wir zum ersten Mal Aussagen über diese vielumstrittene Kultur vergleichen können, die aus zwei völlig getrennten Quellen kommen, von den Hopi und den Griechen.

Platon schrieb über Atlantis in Form zweier berühmter Gespräche zwischen Sokrates und seinen Freunden, in denen Timaios und Kritias die Hauptsprecher sind[140]. Die beiden Dokumente sind nach ihnen benannt, doch in bezug auf Atlantis ist Kritias beide Male der Sprecher. Gemäß Platon war es Solon, der durch ägyptische Priester von Atlantis erfuhr. Solon war ein Verwandter und guter Freund von Kritias' Urgroßvater, durch den die Geschichte an diesen überliefert wurde. In dem Buch »Timaios« erscheint sie als Teil einer weit ausgreifenden philosophischen Diskussion. Das Buch »Kritias« befaßt sich ausschließlich mit Atlantis, ist aber leider nur ein Fragment.

Viel wurde über den pazifischen Kontinent und über Atlantis geschrieben, doch sind beide immer getrennt behandelt worden. Hier in den Hopi-Überlieferungen aber finden wir sie in Beziehung zueinander gesetzt und schicksalhaft verbunden. Sie teilen ihr Los selbst in der Behandlung, die Ihnen lange nach ihrem Ende zuteil wird: Beide wurden sie bewundert, diskutiert, verspottet, verleugnet, an glaublichen oder unglaublichen Plätzen angesiedelt oder in den Mülleimer verbannt. Beide galten als faszinierend und irritierend, von übermenschlichen Wesen bewohnt oder von verrückten Phantasten vertreten.

Auf den ersten Blick stimmen die Berichte der Hopi und der Griechen fast völlig überein. Wir werden jedoch sehen, daß eine genauere Untersuchung zu einem wesentlichen Wandel in der gewohnten Auslegung von Platons Bericht führt. Die überraschenden Ergebnisse dieses Wandels werden einige Unstimmigkeiten beseitigen, unter denen die Atlantis-Forschung seit langem leidet. Sie könnten sogar dazu beitragen, die harte Front der Gegner der Zustimmung einen Schritt näherzubringen.

Wir wollen uns zunächst mit der Geographie und der Geschichte im allgemeinen befassen. Unser Hauptaugenmerk ist dabei auf das Verständnis der intellektuellen, der geistigen Entwicklung gerichtet, eingedenk der Mahnung des Weißen Bären: »Wir sind geistig orientierte Menschen, und ihr müßt erst uns verstehen, bevor ihr unsere Geschichte verstehen könnt.« Wir wollen nach der vollen Bedeutung der Aussagen beider Seiten forschen, wir wollen sehen, in welchem Maße sie *sich gegenseitig* bestätigen oder ergänzen. Weniger wichtig ist uns ihre Übereinstimmung oder Nichtübereinstimmung mit unserem eigenen Wissen oder, genauer gesagt, unserer Meinung. Wir wollen Gebrauch von unserem Wissen machen, um zu erklären, nicht um zu kritisieren.

Sowohl die Hopi als auch die Griechen (jedenfalls Platon und Aristoteles) glauben an einen ständigen Kreislauf der Ereignisse. Für beide endet die Entwicklung einer Kultur mit einer Naturkatastrophe, der ein neuer Anfang folgt. Entwicklung ist für beide ein Vorgang der Degeneration von der Reinheit zur Korruption. Die Naturkatastrophe folgt dann in Form der Strafe.

Unser überkommenes Denken gewährt uns keinen Zugang zu einer solchen Vorstellung. Doch so seltsam es scheint, sie ist von grundlegender Bedeutung im Falle von Kásskara und Taláwaitíchqua/Atlantis und bildet den Kern der Weltanschauung der Hopi. Wollen wir deren Überlieferungen verfolgen und verstehen, dürfen wir diese Vorstellung nicht außer acht lassen. Wir wollen sie deshalb etwas näher untersuchen, bevor wir uns den eigentlichen Themen dieses Kapitels zuwenden.

2. Sünden und Steine

Wie die Hopi, so meinen auch die Ägypter, daß das Zusammenwirken von Korruption, Amoralität und Krieg – kurz die Häufung negativer menschlicher Eigenschaften – zu einer Naturkatastrophe führe. In solchen Fällen ist es der Schöpfer, der in seinem Zorn die zerstörerischen Kräfte der Natur entfesselt oder erzeugt. Derartige Ereignisse sind deshalb echte Fälle von »höherer Gewalt« und entsprechen durchaus der Bedeutung dieses Begriffs in unserer Juristensprache.

Kein Anwalt, der diesen Standardausdruck in einen Vertrag schreibt, würde sich darauf festlegen, ihn wörtlich zu nehmen, ebenso wie kaum jemand große Naturkatastrophen als unmittelbare Strafen des Schöpfers auffassen würde. Das ist ganz natürlich. Diejenigen, die nicht an einen Schöpfer glauben, können eine solche Möglichkeit a priori ausschließen. Und wir anderen, selbst wenn wir zugeben, daß es so etwas wie »Sünde« gibt, würden doch irgendwelche Zusammenhänge zwischen ihr und der Geologie für ziemlich weit hergeholt erachten. Die gütlichste Antwort könnte lauten: Eine nette Geschichte für Kinder und einfache Gemüter, um sie in der »Furcht Gottes« zu halten.

Natürlich könnten wir die Sache auf so oberflächliche Art abtun. Aber sollten wir uns nicht auch hier fragen, ob nicht etwas Wahres an einer scheinbar so absurden Behauptung sein könnte? Haben wir es hier nicht wieder mit dem Gegensatz zwischen, uralten Überlieferungen und unserem vermeintlichen Wissen, zwischen langfristiger Beobachtung und neuentwickeltem Denken zu tun? Anstatt einer glatten Ablehnung ist eine Erforschung unseres eigenen Wissens und Denkens nach irgendwelchen Übereinstimmungen geboten. Wieder und wieder möchte ich betonen, daß wir *alle* Möglichkeiten in Betracht ziehen und nicht aus Bequemlichkeit ein Auge oder gar beide verschließen wollen. Bei unserer Suche stoßen wir auf zwei scheinbar in keinem Zusammenhang stehende Quellen: die Verständigung mit Pflanzen und Teilhard de Chardin.

In seinem Buch »Der Mensch im Kosmos«[141] spricht Teilhard de Chardin von der »Außenseite« und der »Innenseite« der Dinge. Das Äußere fängt mit den Atomen an und führt zur körperlichen Existenz. Chardin zeigt, daß zum Äußeren das Innere gehört, das etwa mit dem Bewußtsein gleichzusetzen ist. Bei seiner Erklärung der unterschiedlichen Beziehungen zwischen dem Äußeren und dem Inneren weist er darauf hin, daß zwar der Physiker und der Bakteriologe sich nur mit dem Äußeren befassen, daß aber, geht man weiter zu den Pflanzen, Insekten, Wirbeltieren, eine reine Betrachtung des Äußeren immer gewagter wird und beim Menschen, dessen Inneres überhaupt nicht außer acht gelassen werden kann, völlig scheitert. Diese Stufenleiter zeigt, daß zwar das Bewußtsein im Menschen am höchsten entwickelt, doch in bescheidenerem Maße auch in niedrigeren Lebensformen vorhanden ist. Kehren wir die Reihe um, so können wir das schwächer werdende Bewußtsein beim Pferd, beim Hund oder bei den Vögeln verfolgen, und es gibt keinen logischen Grund für die Annahme, daß es nicht wenigstens in Ansätzen in der gesamten Schöpfung vorhanden sein muß.

Der Zusammenhang zwischen diesen Gedankengängen und dem Nachweis der Verständigung zwischen Mensch und Pflanze sowie von Pflanzen untereinander ist klar. Das Reagieren von Pflanzen auf menschliche Gedanken und Absichten wurde 1966 zum ersten Mal nachgewiesen. Mit Hilfe einer Lügendetektoranlage konnte C. Backster zeigen, daß Pflanzen auf seine Gedanken ansprachen. Die von ihm und anderen Forschern durchgeführten Versuche sind im ersten Teil des Buches »The Secret Life of Plants«[142] gut beschrieben. Ihre Ergebnisse bilden einen klaren Beweis für das Reagieren der Pflanzen, für Gefühle sowohl im emotionalen als auch im physischen Bereich sowie für ein Gedächtnis. Alle diese Erscheinungen halten sich natürlich in engen Grenzen, sind aber zweifellos vorhanden. Backster und die übrigen Forscher haben somit einen unmittelbaren Beweis für Teilhard de Chardins Gedanken geliefert. Man könnte sagen, daß de Chardin solche Reaktionen vorausgesagt hat und daß ihre Entdeckung bei den Pflanzen eigentlich keine Überraschung war.

Irgendwelche Messungen vergleichbarer Reaktionen auf tieferen Stufen, z. B. bei Bakterien oder Steinen, mögen schwer vorstellbar sein. Doch ob meßbar oder nicht, das Vorhandensein solcher Reaktionen muß als Folgerung aus der zwingenden Logik de Chardins und ihrer Bestätigung durch Pflanzenversuche angenommen werden.

Dies alles zeigt uns Menschen wieder einmal als Teil der Natur, zwar als ihre höchste Schöpfung, doch mit allem verwoben, das uns umgibt. Überall finden wir Bewußtsein in den verschiedensten Abstufungen, und wir sollten unsere eigene Verantwortung klarer sehen als bisher.

Als ich ein Junge war, schnitt ein Mann, der einen Baum fällte, drei Kreuze in den Stumpf, um »die Geister zu versöhnen«. Dieser abergläubische Brauch ist längst verschwunden, und erst jetzt beginnt es uns zu dämmern, daß der »Aberglaube« wahrscheinlich das letzte Überbleibsel eines lange ausgestorbenen und doch noch bedeutsamen Wissens war. Kehren wir für einen Augenblick zu den Hopi zurück, und erinnern wir uns daran, was der Weiße Bär über den Gebrauch von Pflanzen und Tieren durch den Menschen sagte: »Sie mußten beten, um das, was sie für ihren Gebrauch nahmen, als Geschenk anzuerkennen. Auf diese Weise zerstören sie nichts, sondern sie nehmen Geschenke entgegen, und das Leben, das sie umgibt, wird in der Zukunft so sein, wie sie es empfangen haben.« Erinnern wir uns, daß sie ihren Pflanzen vorsangen, wenn sie auf den Feldern waren, und denken wir auch an das Segnen der Felder durch die katholische Kirche.

Und dann stelle man sich das Entsetzen aller Geschöpfe vor, wenn Bulldozer und Kettensägen kommen, um kreischend und sinnlos die Wälder zu roden. Oder man denke an beliebige andere große Erdbewegungs-, Fischfang- oder Schlachtungsaktionen.

Man denke weiterhin daran, daß die übrige Natur dieses Entsetzen wahrnimmt.

Und daß die Natur ein Gedächtnis besitzt.

Und daß die Erinnerungen sich ansammeln und wachsen. Gibt es einen Sättigungspunkt?

Gibt es einen Sättigungspunkt in jenem Teil der Natur, den wir das menschliche Wesen nennen? Kann der einzelne – mag er daran beteiligt sein oder nicht – die fortgesetzte Vermehrung und Ausbreitung von Leiden, Gier und Korruption ertragen?

Der Sättigungspunkt der Menschheit entspricht dem Ende dessen, was die Menschheit menschlich macht. Seine Überschreitung zerstört diese Eigenschaft und entfesselt physische Gewalt. Die Erfahrung hat das deutlich gezeigt, und es trifft auf den einzelnen im gleichen Maße zu wie auf ganze Völker.

Da der Mensch ein Teil der Natur ist, bildet seine Zerstörung nur ein einzelnes Merkmal für den Zustand der Natur als Ganzes. An einem kritischen Punkt kommt es daher in der Natur ebenso wie beim Menschen zu einem Ausbruch der Gewalt. Mensch und Natur erreichen den kritischen Punkt zu gleicher Zeit!

Damit haben wir den Kreis geschlossen und *theoretisch* nachgewiesen, daß das Abirren vom Pfad des Schöpfers, das wir Sünde nennen, tatsächlich zu großen Katastrophen führen kann. Einige einschränkende Worte sind allerdings erforderlich.

Zwar müssen wir die Möglichkeit solcher Zusammenhänge einräumen, doch werden wir niemals imstande sein, »Beweise vorzulegen«, da im Falle einer Verwirklichung nur wenige überleben würden. Auf diese Weise dürften übrigens die Überlieferungen und Legenden auf diesem Gebiet zustande gekommen sein.

Ich möchte hinzufügen, daß es natürlich absurd wäre, solche Gedankengänge auf Erdbeben, Überschwemmungen, Dürren usw. anzuwenden, wie sie in unterschiedlicher Stärke regelmäßig auftreten. Wir dürfen nicht vergessen, daß sich das oben Gesagte auf Ereignisse wie das Ende der früheren Welten der Hopi oder die biblische Sintflut bezieht, auf Ereignisse von einer Größenordnung, wie sie nur in Zeitabständen vorkommen, daß selbst das menschliche Erinnerungsvermögen undeutlich wird. Und schließlich haben wir keinerlei Hinweis darauf, wann und wie der erwähnte Sättigungspunkt erreicht wird.

3. Geographie und gemeinsame Geschichte

Es entspricht ganz der Weltanschauung der Hopi, daß sie nicht so viele Einzelheiten über den Kontinent Kásskara und seine Städte wissen wie einst die Griechen über Atlantis. Wie gewöhnlich, sind ihnen die Geschehnisse wichtiger als die Orte, wo sie sich abspielten. Der Weiße Bär könnte dazu gemeint haben: »Ich habe dir gesagt, was dort geschah, also muß es das Land doch gegeben haben!«

Was wir über Kásskara wissen, ist dies: Es war ein großer Erdteil, viel größer als Atlantis. In der Hauptsache lag er südlich und nur zum kleineren Teil nördlich des Äquators. Auch Hawaii existierte zu jener Zeit schon, scheint aber nicht zum Kontinent gehört zu haben. Die Osterinsel ist offenbar ein Überbleibsel einer Ost- oder Südostküste oder eines dort vorspringenden Landesteils. Abgesehen von diesen beiden Anhaltspunkten, haben wir keine unmittelbaren Angaben über die Größe und Form von Kásskara, doch werden wir später aus eigener Beobachtung einige Einzelheiten hinzufügen können. Die Lebensbedingungen waren sehr günstig, worauf schon die Lage in einem tropischen oder subtropischen Klima hindeutet. Es war »fast wie im Paradies«.

Weit östlich von Kásskara lag der kleinere Kontinent Taláwaitíchqua, das »Land im Osten«. Letzteres ist eine ganz erstaunliche Bezeichnung, weil sie die amerikanischen Kontinente außer acht läßt. An ihrer Stelle lag ein weiter Ozean zwischen Kásskara und Taláwaitíchqua/Atlantis.

Nach Aussage der Hopi erstreckte sich von der Osterinsel aus eine Kette von Inseln nach Osten und Südosten. Die Griechen sprechen von Inseln, die »zwischen Atlantis und dem gegenüberliegenden Kontinent« lagen. Wenn wir auch ihr Vorhandensein »in jenen Tagen« nicht anzweifeln wollen, so wäre doch jeder Versuch, ihre Lage heute festzustellen, reine Spekulation.

Das Ende des Ozeans stand bevor, als Táotoóma aus den Wassern aufstieg. Bis dahin war das Meer sehr lange ungestört geblieben, doch es war nicht immer dort gewesen. In einem sehr viel früheren Zeitalter der Erdgeschichte hatte es zwei ältere amerikanische Kontinente gegeben, während Kásskara unter Wasser lag. Dieses ältere Amerika war die Zweite Welt. Um mir das zu erklären, gebrauchte der Weiße Bär einen Vergleich: »Es ist wie eine Wippe; einmal ist der eine Kontinent oben und der andere unten, und dann wieder liegt der zweite oben und der erste unten.« Im Fall von Kásskara haben wir keine greifbaren Beweise für diese geologische Wippe, doch für das wiederholte Auf- und Untertauchen der amerikanischen Kontinente gibt es unbestreitbare Anzeichen.

Platons Aussagen über die Lage von Atlantis sind weniger deutlich als diejenigen der Hopi über Kásskara. Die einzige klare

Angabe, die wir haben, besagt, daß Atlantis »gegenüber den Säulen des Herakles« im Atlantischen Ozean lag; heute würden wir sagen, westlich der Straße von Gibraltar. Kritias unterscheidet klar zwischen dem Mittelmeer und dem Atlantik und läßt keinen Zweifel, daß Atlantis im letzteren lag.

4. Kásskara

Die Wippe war in Bewegung. Der langgestreckte Doppelkontinent versank, Kásskara kam ans Licht. Und es gab eine spätere Zeit, als der ältere Kontinent wieder auftauchte und der jüngere unterging.

Wie gesagt, spricht die Geologie der amerikanischen Kontinente für die Richtigkeit dieses liebenswürdigen Gleichnisses für Ereignisse von unvorstellbaren Ausmaßen. Sie tut es im Prinzip, doch die Anwendung auch nur der gröbsten heute geltenden zeitlichen Maßstäbe zerstört jede Hoffnung, daß das Gleichnis tatsächlich zutreffen könnte. Geologische Vorgänge solchen Ausmaßes dauern Jahrmillionen und Hunderte von Jahrmillionen. Der Mensch existiert noch nicht lange genug, um sie miterlebt zu haben. Er kann nicht aus eigener Erfahrung von ihnen wissen.

Das Problematische an solchen überkommenen Meinungen besteht in diesem Fall natürlich darin, daß so altes Wissen tatsächlich und offensichtlich vorhanden ist. Darüber hinaus erreicht es uns nicht etwa in Form mehr oder weniger allgemeiner Angaben, sondern wir erfahren von der Mitbetroffenheit und den Leiden der Menschheit aus unmittelbarem, persönlichem Erleben.

Es hatte eine Welt vor Kásskara gegeben, die Zweite Welt. Mensch und Natur blühten und starben mit ihr. Es stellt sich die Frage: Könnte diese Zweite Welt vielleicht die fossilen Fußspuren erklären, deren Vorhandensein im Widerspruch zu allem steht, was wir wissen? Diese Fußspuren mit und ohne Sandalen, die in den Staaten Tennessee und Kentucky, bei St. Louis und in Nicaragua[143] gefunden wurden? Werden wir es noch erleben, daß die Geologie beginnt, die Wahrheit uralter Überlieferungen zu beweisen?

Dann kam Kásskara. Seine Bevölkerung wuchs und lebte unter Bedingungen, die »beinahe paradiesisch« waren. Es entwickelten sich die gesellschaftlichen Strukturen, die später alle negativen Merkmale annahmen, die wir in der heutigen Zeit wiedererkennen. Und eines Tages wurde das Ganze in alle Winde verweht.

In den Überlieferungen gibt es Anzeichen für das Vorhandensein eines hohen Wissensstandes auf diesem Kontinent. Um ihn uns zu vergegenwärtigen, wollen wir die Spuren, die wir davon gefunden haben, mit den Einblicken verbinden, die uns die Überlieferungen geben.

a) Staat und Kontinent

Im vorhergehenden Kapitel haben wir gesehen, daß die Typen und Formen der Bauwerke in ganz Ozeanien im wesentlichen die gleichen waren. Ihre sehr weite Verbreitung spricht für das ausgedehnte Wirken des gleichen Grundgedankens, für eine von den Bewohnern eines riesigen Gebiets geteilte gemeinsame Geisteshaltung. Die Betrachtung der Art und Weise, wie diese Bauwerke errichtet wurden, führte zu der Erkenntnis, daß die Region technischen Hochstandes auf Polynesien begrenzt war. Es liegt nahe, daß dies die Region war, die durch jene, die im Besitz eines solchen Hochstandes waren, unmittelbar beeinflußt wurde. Mit anderen Worten, es könnte sich um einen »Staat« gehandelt haben, und eine Verbindungslinie zwischen den am weitesten außenliegenden Standorten solcher Bauwerke dürfte aller Wahrscheinlichkeit nach den Staatsgrenzen nahekommen. Es besteht natürlich keine Gewißheit, ob die Grenzen des Staates denjenigen des Kontinents entsprachen. Ein Blick auf die Karte Ozeaniens zeigt deutlich, daß dies im Osten und vielleicht im Süden der Fall war, doch über die anderen Teile besteht keine Gewißheit, denn der Kontinent kann sich über die westliche Staatsgrenze hinaus erstreckt haben. In diesem Fall wäre die Grenze quer über den Kontinent verlaufen, ebenso wie wir es heute auf politischen Karten sehen. Angesichts der kulturellen Einheitlichkeit, die sich so weit nach dem Westen erstreckt, besteht hierfür eine große Wahrscheinlichkeit. Wir müssen aber auch die Möglichkeit in Betracht ziehen, daß Kásskara nicht ein einziger riesiger Kontinent war, sondern aus einer Gruppe kleinerer Landmassen, beispielsweise von der Größe Australiens oder Europas, bestand. Jedenfalls wissen wir zuwenig, um eine Karte zeichnen zu können.

Wie auch immer die Geographie dieses Gebietes ausgesehen haben mag, die gesamte Landfläche war groß und kann an Ausdehnung dem heutigen Asien vergleichbar gewesen sein. Sie überspannte 40 bis 50 Breitengrade und etwa 60 bis 90 Längengrade. Sie erstreckte sich um weniger als 20 Grad nördlich des Äquators, doch bis zu 30 oder mehr Grad nach dem Süden und bestätigt so die Hopi-Überlieferung, daß der größte Teil des Kontinents südlich des Äquators lag.

b) Das Kernland

Zu allen Zeiten wurden die prächtigsten Gebäude im Kernland errichtet, dem Sitz der weltlichen und geistlichen Macht. Es kann daher kaum Zweifel bestehen, daß das Kernland von Kásskara in seinem Ostteil im Gebiet der Osterinsel lag. Wir können uns einen ungefähren Begriff von seiner früheren geographischen Ausdehnung machen, indem wir wieder einmal die Überlieferungen zusammen mit einigen anderen Tatsachen und Berichten betrachten.

Wir haben keine Nachrichten über die früheren Bewohner der Osterinsel. Die Männer, die ihre Werkzeuge an ihren Arbeitsplätzen an den Statuen fallen ließen, gaben entweder plötzlich auf oder in Erwartung einer bevorstehenden unwiderruflichen Veränderung. Gehörten sie zu jenen, die gerufen wurden, sich unter dem »Schild« zu sammeln? Oder versuchten sie zu fliehen, als sie mit Schrecken wahrnahmen, daß ihr Land versank?

Welches war »ihr Land«? In den Legenden der Osterinsel sind viele Hinweise auf einst in der Nähe liegende Inseln oder Inselgruppen enthalten. Gewiß, die Legenden sprechen von Inseln, während wir an einen ganzen Kontinent denken, doch dürfen wir nicht vergessen, daß diese Legenden von den Nachfahren von Menschen stammen, die sich *nach* der Katastrophe dort niederließen. Sie kamen, wie sie selber sagen, nachdem der Ozean das Ursprungsland verschlungen hatte.

Um ein klares Bild zu gewinnen, wollen wir uns wieder dem allgemeinen Ablauf der Ereignisse zuwenden, der uns schon öfter geholfen hat. Er beginnt mit einem Kontinent, fährt fort mit der Kunde von seinem Untergang, von mehreren verbleibenden Inseln und endet mit einer einzigen noch vorhandenen Insel, der Osterinsel. Das ist ein logischer Ablauf ohne inneren Widerspruch. Sollte alles auf Erfindung, auf Phantasie beruhen?

Gewiß nicht. Ähnliche Hinweise finden sich in den Berichten früher europäischer Seefahrer, die in diese Gegend kamen. Der spanische Forscher Juan Fernandez sah hier 1576 eine Küste mit »den Mündungen sehr großer Flüsse... und Menschen, die so weiß und so gut gekleidet und in jeder Weise anders waren als die Bewohner von Chile und Peru«[144]. Er starb, bevor er zurückkehren konnte, und niemand war später imstande, seine Entdeckung zu bestätigen. Im Jahre 1909 wurde jedoch von einem Felsenriff bei 95 Grad Länge und 35 Grad südlicher Breite berichtet, das durchaus der letzte Überrest dieses versunkenen Landes[145] gewesen sein kann.

Zwei interessante Tatsachen sind hinzuzufügen. Erstens bezeichnen die von Juan Fernandez gegebenen Koordinaten einen Punkt auf dem heute unterseeischen Juan-Fernandez-Rücken. Zweitens liegt der Punkt in der Nähe der langen Küstenlinie, die sich auf der 1531 von Oronteus Finaeus gezeichneten Karte und auf der Hadji-Ahmed-Weltkarte von 1559[146] in nordwestlicher Richtung erstreckt. Hapgood hält das dort gezeigte Land für einen Teil der irrtümlicherweise zu groß gezeichneten Antarktis, doch im Lichte des soeben Erwähnten scheinen die beiden Kartographen besser unterrichtet gewesen zu sein, als selbst Hapgood für möglich hielt.

Kapitän John Davis von dem Schiff »The Batchelor's Delight« und sein Gefährte L. Wafer berichteten 1687 getrennt voneinander, 1500 Seemeilen von der südamerikanischen Küste und 1800 Seemeilen südlich der Galapagosinseln Land gesichtet zu haben[147]; das wäre etwa 1750 Seemeilen östlich der Osterinsel. Beide Männer sagten, sie seien in der Nähe einer kleinen, sandigen Insel gewesen und hätten etwa 36 Seemeilen westlich »einen hohen Landzug gesehen, den wir für Inseln hielten«[148]. Der holländische Admiral Roggewein konnte 35 Jahre später diese Inseln nicht finden, und sie sind niemals wiederentdeckt worden.

Und dann gibt es natürlich noch die winzigen Inseln San Felix und San Ambrosio 500 Kilometer südöstlich des Nazca-Rückens und den niedrigen Felszug Santa-y-Gomez etwa gleich weit östlich von der Osterinsel.

Selbstverständlich genügte die Tatsache, daß das Vorhandensein der erwähnten Inseln und Küsten niemals nachgewiesen werden konnte, um die Berichte darüber für grobe Irrtümer oder wildes Seemannsgarn zu erklären. Wenn auch eine entfernte Möglichkeit besteht, daß es so war, müssen wir uns doch darüber im klaren sein, daß jemand, der seine Behauptung nicht beweisen kann, nicht notwendigerweise ein Lügner ist. Ich meine daher, wir sollten den Ruf und die Erfahrung der Männer achten, von denen diese Berichte stammen.

In Gedanken wollen wir nun den Vorgang des Versinkens umkehren; wir wollen die Zeit rückwärts ablaufen lassen und uns vorstellen, daß der Meeresboden sich hebt. Eine sehr allgemeine topographische Karte des Meeresbodens[149] zeigt die Lage der Osterinsel am Schnittpunkt mehrerer unterseeischer Rücken. Stellen wir uns nun vor, daß der Meeresboden steigt, so muß sich die Landfläche rasch vergrößern. Das gesamte Bild der heutigen Osterinsel verändert sich und nimmt eine ganz neue Bedeutung an, wenn sie zu einer ausgedehnten Landmasse gehört. Die rätselhafte Massenerzeugung großer Skulpturen, die in keinem Verhältnis zu einer *Insel* stand, wird sinnvoll für eine Landmasse von der Größe eines Erdteils. Die Skulpturen wären dann dort nicht hergestellt worden, um ein paar Quadratkilometer Land in unsinniger Weise damit zu überladen, sondern sie wären für weit entfernte Standorte bestimmt gewesen, für uns unbekannt, weil sie heute vom Ozean bedeckt sind. Zum Vergleich könnten wir uns vorstellen, daß ein Montagewerk für Kraftfahrzeuge, Traktoren oder Rasenmäher durch eine Laune der Natur isoliert würde wie die Osterinsel. Würden sich spätere Generationen dann nicht auch fragen, was wir mit so vielen seltsamen Fahrzeugen (tragbaren Altären) auf dieser Insel getan hätten?

Selbst der Name, den die Insel in den Legenden trägt, erhält nun einen Sinn: Bei ihrer Lage am Schnittpunkt mehrerer Gebirgsrücken und ihrer Eigenschaft als Zentrum der Gelehrsamkeit ist es leicht einzusehen, daß sie »Nabel der Welt« genannt wurde, und ihre Lage im Ostteil von Kásskara rechtfertigt auch die Bezeichnung »das Ende«[150].

Die wirkliche Ausdehnung des Kernlandes sowie des Kontinents ist unbekannt und wird es wahrscheinlich auch bleiben. Nur in Legenden wird von seinem Versinken berichtet, doch in dem Verschwinden von Inseln, die von europäischen Seefahrern gesichtet worden waren, können wir eine Fortsetzung des gleichen geologischen Vorgangs erblicken. Wieder einmal stimmen zwei voneinander unabhängige Quellen wenigstens in großen Zügen überein.

c) Die herrschende Gruppe

Die durch die Spuren von Kásskara offenbarte Einheitlichkeit der Grundbegriffe läßt auf einen gemeinsamen Ursprung und daher auf die einstige Existenz eines Volkes schließen, dessen Einfluß auf unbekannte Weise in dem ganzen riesigen Gebiet wirksam war. Die Archäologie erlaubt naturgemäß keine weiteren Schlußfolgerungen, doch sie findet ihre Bestätigung und Ergänzung in den Überlieferungen, die nicht nur von dem hohen technischen Stand der herrschenden Gruppe sprechen, sondern auch von ihrer sehr hohen Ethik und von einem äußeren Erscheinungsbild, das sie von allen anderen Völkern unterschied. Diese hervorstechenden Eigenschaften waren der Grund für die den Mitgliedern dieser Gruppe von ihren Zeitgenossen erwiesene Ehrerbietung; in den Legenden und Traditionen lebten sie weiter als gottähnliche Geschöpfe oder Götter und als Kachinas. Von den verschiedenen Versionen scheint das Bild der Kachinas der Wahrheit am nächsten zu kommen, weil es keine Götter aus ihnen macht. In den Augen der Hopi sind die Kachinas mit Bestimmtheit keine Götter und haben keine religiöse Bedeutung, abgesehen von ihrer Verbindung mit dem Schöpfer, dem sie Bericht erstatten, wenn sie von der Erde fortfliegen, und von dem sie ihre Befehle entgegennehmen. Ein Vergleich auf religiöser Basis wäre allenfalls mit den Engeln möglich. In verschiedener Hinsicht besteht sogar eine auffallende Ähnlichkeit zwischen den Engeln und den Kachinas.

Wie bei allen Völkern der Geschichte lagen die Wurzeln ihrer Macht und ihres Einflusses in ihrer Geisteshaltung oder, wenn man so will, in ihrer Philosophie. Wir erfahren davon erst später durch die Inka und besonders durch die Hopi in ihrer Beschreibung der Großen Schule der Gelehrsamkeit in Palátquapi. Doch nach Aussage der Hopi führten und leiteten die Kachinas die Menschheit schon in den früheren Welten, so daß wir auf ihre Lehren hier eingehen können, wo sie uns zum ersten Mal begegnen.

Die Schönheit der Kachina-Philosophie bestand darin, daß sie auf der Ganzheit der Schöpfung basierte und in der Erkenntnis einer allumfassenden Einheit. Es war eine integrierende Philosophie im Gegensatz zu unserer differenzierenden, sie betrachtete jedes Ding als Teil eines Ganzen, ihr Denken richtete sich aufwärts und auswärts, während wir auf unserer Suche nach immer kleineren Elementen und Einzelheiten die Dinge zerlegen und zergliedern; wir blicken nach unten und nach innen, selbst wenn wir auf die Sterne sehen.

Die Philosophie der Kachinas und diejenige der Hopi in ihrer edelsten Form zeigen alle Dinge in enger Beziehung zueinander. Der Mensch mag als Meister seiner Brüder und Schwestern in der Natur erscheinen, doch er darf sich das, was er braucht, nicht einfach aneignen, sondern muß darum bitten und es als Geschenk empfangen. Es ist ihm erlaubt, von der Natur zu nehmen, doch in dem Bewußtsein, daß er von seiner eigenen Substanz nimmt, von seinem Erbe und dem seiner Kinder. Bei dieser Achtung vor der Schöpfung ist die Sorge um die Umwelt und um die Naturschätze eine Selbstverständlichkeit. Die Betrachtung der Welt als lebender Organismus und nicht als ein Nebeneinander von Dingen macht es leicht verständlich, daß jeder Eingriff in einem Bereich sich auf viele andere auswirkt. Wieviel mehr Weisheit liegt hierin als in dem mechanistischen Denken, das unsere Geisteshaltung seit langem bestimmt!

Die gleichen Gedanken führen zur Verabscheuung des Krieges und jeglichen Mordes an menschlichen Wesen. Sie machen es klar, daß ein Unterschied darin besteht, ob man einen Menschen deshalb nicht töten sollte, weil er zur höchstentwickelten Art, zur menschlichen Gesellschaft gehört, oder aber deshalb, weil er der größte Ausdruck der Schöpferkraft des höchsten Wesens ist. Im ersteren Fall *kann* man ein Gesetz brechen[151], im letzteren handelt man Gott zuwider.

d) Ihre Technik
Es gibt einen engen Zusammenhang zwischen der in einer Gesellschaft herrschenden Philosophie und ihrer Technik und deren Anwendung. Nachdem wir den hohen Geistesstand der Kachinas kennengelernt haben, müssen wir mit ebenso überraschenden Leistungen auf dem Gebiet der Technik rechnen. Und tatsächlich hören wir von Dingen, die uns völlig fremd und nach unserem Wissensstand nicht zu erklären sind. Wenn wir daher auch diese technischen Fähigkeiten nicht untersuchen wollen, so erfordern die Berichte darüber doch zum mindesten einige Betrachtungen hinsichtlich ihrer Glaubwürdigkeit.

Wir kennen die übliche Einstellung gegenüber solchen »Geschichten«: Da uns nichts Derartiges bekannt ist, sind sie nicht wahr. Wir wissen, daß es sich um Erzeugnisse primitiver Phantasien handelt, auf die man keinen weiteren Gedanken zu verschwenden braucht.

Macht sich jemand aber doch Gedanken, so findet er Berichte aus zuverlässigen Quellen, die beweisen, daß wir sehr wohl wenigstens einige Kenntnisse auf solchen Gebieten besitzen, die allerdings so wenig Beachtung finden, daß wir sagen müssen, wir wissen nicht, daß wir wissen.

Man denke z. B. an Alexandra David-Neel. In ihrem Buch »Magic and Mystery in Tibet«[152] berichtet sie von Beobachtungen und Erlebnissen aus einem vierzehnjährigen Aufenthalt in Tibet zur Erforschung der Formen, die der Buddhismus im Lamaismus annahm. Während dieser langen Zeit hörte sie nicht nur von seltsamen Fähigkeiten, sondern wurde zum Teil selbst Zeugin ihrer Ausübung und hatte außergewöhnliche persönliche Erlebnisse. Sie berichtet von telepathischer Übertragung von Nachrichten und Bildern, von »Doppelgängern« und Bilokation, sie schreibt über Selbst-Anästhesie, Belebung von Gegenständen und die Fähigkeit, im menschlichen Körper Wärme zu erzeugen, so daß er strenge Kälte ohne materiellen Schutz ertragen kann, und sie beschreibt die Schaffung einer »lebenden und selbständigen Verkörperung einer Gestalt, auf die die geistige Konzentration gerichtet wird«.

Ihre Bemerkungen über diese Dinge sind lesenswert: »Die Tibetaner glauben nicht an Wunder, d.h. an übernatürliche Ereignisse. Sie betrachten die Merkwürdigkeiten, die uns in Erstaunen setzen, als das Werk von Naturkräften...«[153].

K. Nowak hat eine neue Theorie entwickelt, die die Frage beantwortet, ob das Licht aus Materie oder aus Wellen besteht. Nach seiner Theorie kann es möglich sein, elektrische Energie unmittelbar aus dem Sonnenlicht zu gewinnen, indem man einen Lichtstrahl mit Hilfe eines starken elektrostatischen Feldes spaltet. Aufgrund von Analogien zu bekannten physikalischen Erscheinungen kommt Nowak zu dem Schluß, daß es möglich sein müßte, elektrische Energie dadurch zu erzeugen, daß man einen Lichtstrahl auf bestimmte Weise durch einen Kristall leitet[154]. In diesem Zusammenhang erinnern wir uns daran, daß der Weiße Bär einen Kristall als Teil einer Vorrichtung und nicht als selbständige Einheit erwähnte.

In Jean-Pierre Hallets Buch »Kongo Kitabu«[155] findet sich eine Parallele zu der scheinbar unglaublichen Beschreibung der Fähigkeit Aápas, Ereignisse aus großer Entfernung zu sehen (s. Bildteil). Er berichtet von einem Erlebnis des französischen Anthropologen Henry Trilles und seines Begleiters, die ein Pygmäenlager besuchten. Als sie nach dreitägiger Wanderschaft dort ankamen, erfuhren sie, daß ein Pygmäen-Ältester sie mit Hilfe eines »Zauberspiegels« beobachtet hatte. Hallet sagt, hierbei handele es sich manchmal um ein Stück poliertes Metall, doch häufiger einfach um eine spiegelnde Wasserfläche. Der Pygmäen-Älteste bewies seine Behauptung durch die Beschreibung mehrerer

Vorfälle, die sich unterwegs ereignet hatten, und wiederholte Gespräche der beiden Männer, obwohl er kein Wort Französisch verstand. Hier wurden Fähigkeiten bewiesen, die in jeder Hinsicht denjenigen gleichen, die die Hopi den Kachinas zuschrieben und die sogar noch über das hinausgehen, was der Weiße Bär über Aápa berichtete.

Vorstehend wurden nur wenige Beispiele für eine große Zahl von einschlägigen Beobachtungen gebracht, die von realistisch denkenden Menschen unserer eigenen Zeit und Zivilisation stammen. Keiner von ihnen steht im Verdacht, ein Träumer oder Phantast zu sein oder könnte der Lüge beschuldigt werden, und doch bestätigen sie das tatsächliche Vorhandensein solcher Erscheinungen.

Es sei angemerkt, daß wir in den von Alexandra David-Neel und Jean-Pierre Hallet berichteten Fällen nicht von Technik im eigentlichen Sinne sprechen können, da weder in Tibet noch in Afrika bekannt ist, warum und wie diese Dinge zustande kommen, wie sie »funktionieren«. Wir könnten von Zufallsentdeckungen sprechen, aber angesichts ihrer Übereinstimmung mit den Überlieferungen der Hopi erscheinen sie eher als Reste einer verlorengegangenen alten Wissenschaft.

Nach dieser kurzen Abschweifung erscheint die Glaubhaftigkeit der Kachina-Künste durchaus bewiesen, obwohl wir sie nicht verstehen. Alle Erscheinungen stehen entweder im Widerspruch zu unserem heutigen Wissen, oder sie lassen sich in keine Kategorie unseres Erfahrungsschatzes einordnen. Ob die Theorie Nowaks einmal anerkannt wird, ist eine Frage der Physik und Mathematik – und wie ist es mit den anderen Vorgängen? Wer auch nur einigermaßen selbständig denkt, kann sie unmöglich ableugnen; wir müssen sie als unerklärt, aber wahr zur Kenntnis nehmen, als Zeichen eines Wissensstandes, den wir noch nicht erreicht haben. Was uns daher betrifft, so können wir nur staunen und weiterarbeiten.

e) Ihre Gesellschaft

Was können wir über die Träger einer so außergewöhnlichen Kultur in Erfahrung bringen? In erster Linie steht fest, daß sie zahlreich genug gewesen sein müssen, um ihre Eigenständigkeit lange Zeit hindurch zu bewahren. Immerhin sollen sie schon vor der Dritten Welt existiert haben, und ihr besonderer Einfluß während der Dauer dieser Dritten und weit in die Vierte Welt hinein ist überliefert.

Die Frage ist daher, wie es ihnen möglich war, so lange als geschlossene Gruppe zu überleben. In einigen Sagen wird angedeutet, daß die Kachinas viel langsamer als andere Menschen alterten (z. B. in den Geschichten »Yucca-Boy« und »Die Suche«). Auch in südamerikanischen Überlieferungen ist von Langlebigkeit die Rede. Nach örtlichen Legenden soll ein den Viracochas gleichender Mann namens Zuhe 1400 Jahre lang im Orinokogebiet von Venezuela gelebt haben; ein ähnlicher Mann auf dem Bogota-Plateau soll 2000 Jahre alt geworden sein[156]. Abgesehen von der Zweifelhaftigkeit solcher Nachrichten, sind auch die angegebenen Lebensalter bei weitem nicht mit der Anwesenheitsdauer der Kachinas vergleichbar.

Es bleibt nur die Annahme, daß die Kachinas sich bewußt bemüht haben müssen, ihre Art zu erhalten. Der Schlüssel hierfür liegt in dem gewaltigen Unterschied des Kenntnisstandes auf allen Gebieten zwischen den Kachinas und den Völkerschaften, von denen sie umgeben waren. Sowohl aus Gründen ihrer eigenen Sicherheit als auch zum Wohl ihrer Nachbarn mußte dieser Abstand geschlossen werden, und zwar dadurch, daß das Niveau der anderen gehoben und nicht etwa das eigene verwässert wurde. Infolgedessen blieben die Kachinas für sich, und die Erhaltung einer »geschlossenen« Gesellschaft wurde dadurch erleichtert, daß sie sich nicht nur durch ihre Kulturstufe, sondern auch durch ihre Hautfarbe von ihrer Umgebung unterschieden. Weiter unten wird der Nachweis geführt werden, daß es sich hier tatsächlich um eine Trennung aus geistigen Gründen handelte, die nichts mit der häßlichen Bedeutung der Rassentrennung unserer Tage zu tun hatte.

Der Gedanke einer geschlossenen Gesellschaft und ihres

Schutzes war unter den Inka zur Zeit der Eroberung durch die Spanier noch durchaus lebendig. In den Chroniken lesen wir wiederholt von einer Sprache der Inka, die kein Indianer erlernen durfte, und besonders erstaunlich erscheint uns ihre Art, »alle, die keine Inka waren, Menschen zu nennen«.

Eine geringe Rassenvermischung scheint aber dennoch eingetreten zu sein, entweder als Ergebnis gelegentlicher Bekanntschaften oder aber mit voller Absicht wie im Falle des Yucca-Boy. Solche Vorkommnisse gab es anscheinend nur innerhalb der Grenzen des Staates Kásskara. Sie mögen, wenn der Ausdruck erlaubt ist, den Samen gelegt haben, der erst nach den später zu behandelnden Rückwanderungen von Amerika nach Polynesien voll aufgegangen ist. Fest steht, daß jede Art von Rassenvermischung vor der Katastrophe von Kásskara äußerst gering gewesen sein muß, denn sonst würden die Indianer aussehen wie die heutigen Polynesier.

Der geistige Einfluß der Kachinas reichte weit über die Staatsgrenzen hinaus nach Westen, wie die oben besprochenen Spuren von Kásskara beweisen. Viele Mutmaßungen ließen sich über die Art und Weise anstellen, wie dieser Einfluß ausgeübt wurde, wobei ihre Gesellschaftsordnung, ihre Politik und dergleichen in Betracht zu ziehen wären oder aber die Frage, ob ihr Einfluß tatsächlich nur von geistiger Art war.

Etwas mehr wissen wir über ihren Einfluß innerhalb ihres eigenen Staates. Die Anzeichen, die wir in dieser Beziehung haben, stimmen voll mit ihren ethischen Maßstäben überein. Sie scheinen ihre Herrschaft mittels »freundlicher Überredungskunst« ausgeübt zu haben; ihre Stärke lag in ihrer Weisheit und ihrem Wissensstand und machte Zwang und Befehl überflüssig. Aus den oben erklärten Gründen war den Kachinas am Wohlergehen ihrer Mitbewohner gelegen, doch übten sie ihren Einfluß in sehr vorsichtiger Weise aus. Am meisten erfahren wir hier wieder von den Hopi, die über ihre eigenen Stämme und über die Häuptlinge von Kásskara berichten sowie über die gesellschaftlichen Probleme, die sich aus ihrer Unabhängigkeit ergaben. Dies zeigt, daß sie ihr Stammesleben mit sehr geringer Einmischung seitens der Kachinas selbst gestalten konnten.

f) Die Gesamtbevölkerung

Es ist mit Bestimmtheit anzunehmen, daß ein Erdteil von der Größe Asiens von rassisch unterschiedlichen Gruppen bewohnt gewesen sein muß. In der Überlieferung aus Neuseeland über die Süßkartoffel haben wir sogar eine entsprechende Andeutung gefunden. Im großen und ganzen dürften die einzelnen Rassen in getrennten Gebieten gelebt haben, wie es heute noch in Ozeanien und auf der ganzen Welt der Fall ist. Diese Trennung kann sogar durch geographische Gegebenheiten begünstigt gewesen sein.

Die Erinnerung an die Menschen, die auf dem Kontinent außerhalb der Staatsgrenzen lebten, ist fast vollständig ausgelöscht. Sagen und Überlieferungen sind selten, entweder weil es nur wenige gibt oder weil wir Außenstehenden sie nicht erfahren.

Einige sind in der Literatur aufgezeichnet, und soweit sie die alten Bauwerke betreffen, haben wir bereits gesehen, daß man sie Wesen mit außergewöhnlichen, übermenschlichen Kräften zuschreibt.

In diesen Sagen werden die Beziehungen zwischen der Bevölkerung und den Schöpfern der Bauwerke anders als im Kernland dargestellt. Im letzteren stehen die Angehörigen der überlegenen Gruppe dem Volk näher, sind seine Lehrer und Anführer, während wir in den außenliegenden Gebieten Verehrung, Scheu oder Furcht antreffen, woraus zu schließen ist, daß die Berührungen mit den Kachinas sehr eng begrenzt waren.

Die Vorfahren der meisten amerikanischen Indianer müssen in der Nähe der Kachinas gelebt haben; mehrere Anzeichen sprechen dafür. Erstens ergeben sich aus den gesamten Überlieferungen der Hopi enge Beziehungen zu ihnen als Lehrer und Beschützer. Zweitens scheint die Philosophie der Kachinas am besten bei den Hopi überlebt zu haben, wird aber auch durch Angehörige anderer Stämme in bewundernder Weise zum Ausdruck gebracht. Und schließlich beweist schon die Tatsache der gelungenen Flucht von dem sinkenden Kontinent nach Táotoóma, daß ihre Vorfahren irgendwo im östlichen Teil von Kásskara gelebt haben müssen.

Ihr Leben war leicht, und nichts Berichtenswertes ereignete

sich, bis politische Machenschaften überhandnahmen und schließlich zu einer Krise führten, gegenüber der sie so machtlos waren wie ihre wohlwollenden Meister.

5. Taláwaitíchqua/Atlantis

Der Hauptunterschied zwischen dem griechischen Bericht und demjenigen der Hopi über diese Insel und diese Stadt beruht auf der unterschiedlichen Art und Weise, mit der sie weitergegeben wurden. Was die Hopi berichten, ist eine Überlieferung, die mit Sorgfalt und Verantwortung von Generation zu Generation weitergegeben wurde. Sie wird getragen und begleitet von Zeremonien und Gesängen, die ebenfalls streng überwacht werden und insofern - kurz gesagt - nicht Sache eines einzelnen, sondern des ganzen Stammes sind.

Für den Bericht Platons gilt geradezu das Gegenteil. Zwar beruht er auf dem Wissen der Ägypter und auf alten Schriften, auf die sich die ägyptischen Priester berufen konnten, aber die Übermittlung von den Priestern zu Platon erfolgte auf ausgesprochen persönliche Art. Der Bericht wurde unkontrolliert durch Brauch oder Sitte und eigentlich ganz zufällig weitergegeben. Kritias, von dem Platon die Geschichte erfuhr, hatte sie von seinem Großvater gehört, der sie seinerseits wiederum Solon verdankte. Der Großvater war schon fast 90 Jahre alt, als er Kritias die Geschichte erzählte. Dieser war damals etwa zehn Jahre, und das Gespräch, bei dem schließlich Platon davon erfuhr, fand einige 20 oder 30 Jahre später statt. Korrekterweise warnte Kritias seine Zuhörer, er müsse sich ausschließlich auf sein Gedächtnis verlassen[157].

Für den Untergang von Atlantis nannte Kritias einen Zeitpunkt, der etwa 9 000 Jahre vor seiner Zeit liegt, was bedeutet, daß dieses Ereignis irgendwann zwischen 10 000 und 9 000 v. Chr. stattgefunden haben müßte. Dieser zeitliche Rahmen steht im offenen Widerspruch zu den 80 000 Jahren, die die Hopi für dieses Ereignis geltend machen.

Doch lassen wir im Augenblick alle diese Zahlenangaben unberücksichtigt und befassen uns nochmals lediglich mit dem Verlauf der Ereignisse, wie sie von Kritias dargestellt wurden. Nach ihm wurde Athen von der Göttin Athene zur gleichen Zeit gegründet, als sich Poseidon in Atlantis niederließ. Zu beachten ist dabei, daß für diese Vorgänge keine bestimmte Zeit erwähnt wird und daß Athene und Poseidon in ihrem jeweiligen Reich eintreffen, in das sie durch eine von den Griechen Zeus genannte höhere Macht eingewiesen wurden.

Die Gebiete, in die die Götter kamen, waren von menschlichen Wesen bevölkert, die von den Göttern genau auf die gleiche Weise behandelt wurden, wie wir dies von den Hopi und den Inka hörten: »Sie ernährten uns als ihre Zucht und ihr Eigentum, wie die Hirten ihre Herden, nur daß sie nicht die Körper durch Körperkraft bändigten..., sondern auf welche Weise ein Geschöpf am lenksamsten ist, indem sie nämlich vom Hinterschiff aus die Richtung bestimmten und durch Überredung wie durch ein Steuerruder nach ihrem Sinn auf die Seele einwirkten, so führten und leiteten sie das gesamte Geschlecht der Menschen[158].«

Atlantis wurde ein mächtiger und blühender Staat, der andere Völker und Länder eroberte. Die Hauptstadt und besonders ihr innerer Kern wurden in großer Pracht ausgebaut. Wir neigen zu der Annahme, Kritias' Beschreibung der Bauten und Statuen mit all ihrem Gold usw. beruhten auf seiner Phantasie oder seien mindestens Übertreibungen, die Eindruck machen sollten. Aber wir haben uns nur an Inka Garcilasos Beschreibung des Tempels und des Gartens in Cuzco zu erinnern, um eine Wirklichkeit zu finden, die den Worten des Kritias vollkommen entspricht. In Anbetracht der Bedeutung, die Symbolen in alten Zeiten zukam, könnte man die drei Wasserringe um die Stadt sogar als ein Zeichen betrachten, das auf die Dritte Welt hindeutet, in der ihre Erbauer lebten.

Die Suche nach Atlantis hat eine lange Geschichte, und es hat mancherlei Kritik und Belustigung erweckt, daß so viele »Atlantisse« gefunden wurden. Von Nigeria bis Schweden gibt es kaum eine Stelle an oder in der Nähe der Atlantikküste, wo der verlorene Kontinent nicht von irgendeinem »Forscher« angesiedelt wurde. Aber eigentlich liegt in solchen Vermutungen weder etwas

Lächerliches noch etwas Unmögliches: All diese örtlichen Kulturen haben existiert, und es ist ohne weiteres denkbar, daß eine davon die Bedeutung gewonnen hat, die Kritias/Platon Atlantis zuschreiben.

Aber keine davon war Taláwaitíchqua, das ursprüngliche Atlantis.

Um das zu verstehen, muß man das Gesamtbild betrachten: Wir sehen Taláwaitíchqua vor etwa 80 000 Jahren zugrunde gehen; überlebende Splittergruppen erreichen von Westen her Afrika und Europa, so daß praktisch jede Stelle entlang der Atlantikküste als möglicher Landeplatz in Frage kommt. Kulturen entwickeln sich dort, dehnen ihren Einfluß aus, führen Kriege. Einige mögen in solchen Kriegen zerstört worden sein, andere durch Klimaänderungen, wieder andere durch Umwälzungen der von Velikovsky angenommenen Art. Ist dies nicht eine Mahnung für uns, zu begreifen, daß »die Geschichte sich wiederholt«?

Aus der Sicht der Ägypter und Griechen hatten sowohl Taláwaitíchqua als auch Atlantis in derselben Himmelsrichtung, d. h. irgendwo im Westen, im Atlantischen Ozean, gelegen. Beide hatten Kriege geführt, beide waren untergegangen, und beide hatten in weit zurückliegender Zeit existiert, vor so langer Zeit, daß jedes Gefühl dafür verlorengegangen war. So waren die beiden Bilder in ein einziges zusammengeflossen, das schließlich von Kritias beschrieben wurde.

Es ist, als wären zwei Erscheinungsbilder vorhanden gewesen, eines weiter entfernt vom Betrachter und ein ähnliches, durchscheinendes, das sich zwischen ihn und das ältere eingeschoben hatte. Ohne entsprechende Perspektive (in diesem Fall im zeitlichen Sinn) würden dann die beiden Bilder zu einem einzigen verschmelzen, und nur jemand, der wie die Hopi eines davon unter einem anderen Blickwinkel sieht, könnte das auf einem Irrtum beruhende Mischgebilde auflösen.

Auf dem Hintergrund dieser allgemein-historischen Sicht kann nun die besondere innere Entwicklung untersucht werden. In früheren Zeiten waren sich Kásskara und Atlantis sehr ähnlich. Wir hörten, daß Kásskara eng mit der Natur verbunden war, und was uns die Griechen von Atlantis und Athen berichten, ergibt das gleiche Bild: eine friedfertige bäuerliche Bevölkerung, jeweils unter dem Einfluß einer sie beherrschenden und belehrenden Gruppe, die von den Griechen Götter, von den Hopi Kachinas und, wie zu ergänzen ist, von den Inka und den Indianern Südamerikas Viracochas genannt werden. Auch in der Atlantissage finden sich vertraute Worte wie die Mahnung, niemals Krieg zu führen wobei die Griechen allerdings vorsichtshalber hinzufügen »untereinander«.

Die Hopi sprechen von ihren Kachinas stets im Plural, und diese treten, wie wir gesehen haben, ohne Zweifel immer als Gruppe auf. Kritias dagegen erwähnt nur einen einzigen Gott, der auf die Insel kam: Poseidon. Hinsichtlich der Viracochas in Tiahuanaco wurde bereits erörtert, ob dort eine ähnliche Situation bestanden hätte; jedenfalls besteht Grund zur Annahme, daß auch Poseidon als Haupt einer Gruppe in Erscheinung trat. Aber im Gegensatz zu seinen Zeitgenossen im frühen Kásskara beschützte er diese Gruppe nicht dadurch, daß er eine geschlossene Gesellschaft gründete und aufrechterhielt. Der Grund war Kleito, die Tochter eines Eingeborenenpaares. Unter all den jungen Frauen der Insel war sie es, von der sich Poseidon »angezogen fühlte«, und von ihr stammen alle späteren Generationen der Könige von Atlantis ab.

Das Befremdliche bei diesem Ereignis ist Poseidons passive Haltung. Er »wählte« weder Kleito noch »nahm« er sie sich, sondern er »wurde von Liebe zu ihr ergriffen«. Poseidon war also anscheinend nicht durch äußere Umstände gezwungen, sondern er erlag der Versuchung – mit anderen Worten, er hätte von einer Frau aus seiner eigenen Gruppe Kinder bekommen können, verstieß jedoch aus einem rein persönlichen Verlangen heraus gegen die Regel.

Diese verhängnisvolle Mißachtung der geschlossenen Gesellschaft war der tiefste Grund für die schließlich hereinbrechende Tragödie – und die Folgen sind bis heute noch zu spüren. Wesentliche Züge der Bewohner des späteren Taláwaitíchqua und ihrer Nachkommen im Atlantis der Griechen kündigen sich schon mit

Poseidon an, nämlich das Überwiegen der Interessen des einzelnen gegenüber denen des Stammes, was letzten Endes das rücksichtslose Streben nach persönlicher Macht und ihrer Konzentration in der Hand eines Mannes, des Herrschers, des Königs, des Diktators bedeutet.

Als Poseidon Kleito zum Weib nahm, verknüpfte er damit sich selbst und die ganze weitere Geschichte seines Volkes mit der menschlichen Rasse. Er tat genau das Gegenteil von dem, was die Kachinas von Kásskara taten. Von nun an war eine fortlaufende Vermischung der Rassen unvermeidbar, auch wenn die Gruppe um Poseidon ein paarmal den Versuch machte, sie aufzuhalten.

In dieser Hinsicht finden wir im »Kritias« die gleichen alarmierenden Worte, wie wir sie auch von den Inka hörten: »Als aber der vom Gotte herrührende Bestandteil ihres (der Könige) Wesens, häufig mit sterblichen Gebrechen versetzt, verkümmerte und das menschliche Gepräge die Oberhand gewann, da vermochten sie bereits nicht mehr ihr Glück zu ertragen[159].« Hier zeigt sich die gleiche Unterscheidung wie in Südamerika zwischen einer höheren Rasse und dem Wesen der Menschen, und hier kommt die gleiche Überzeugung, das gleiche Wissen zum Ausdruck, nämlich, daß der »Mensch« allein nicht fähig ist, sich auf höhere geistige Ebenen aufzuschwingen, daß er ohne Führung unweigerlich durch Machtstreben und Wohlstand verdorben wird. Was die Kachinas von Kásskara weise zu vermeiden wußten, wurde von den Kachinas von Taláwaitíchqua/Atlantis unmittelbar heraufbeschworen.

Wenn ich hier Poseidon und seine Gruppe einfach als Kachinas bezeichne, dürfte dies nicht mehr befremdend wirken. Die Beschreibung, die Kritias von Poseidon (und ebenso von Athene) gibt, kommt dem Kachina-/Viracocha-Bild zu nahe, um vernachlässigt werden zu können. Wenn wir die Entsprechung nicht wahrhaben wollen, so nur deshalb, weil wir so an die Götter der Griechen gewöhnt sind, daß uns die Bezeichnung »Kachina« unangebracht erscheint. Aber warum sollte eigentlich ein griechischer Gott etwas anderes sein als ein polynesischer oder indischer Gott, oder warum sollte er anders behandelt werden? Was uns übrigens die griechische Mythologie über ihre Götter zu berichten weiß, das läßt sie, man muß schon sagen, meist weniger würdig (um es milde auszudrücken) erscheinen als die Kachinas.

Daß Poseidon überhaupt seine Ankunft unter den Bewohnern der Insel überlebt hat und fähig war, sich zu behaupten und vielen nach ihm kommenden Generationen sein Gepräge zu vererben, zeigt, daß er ein ungeheuer starkes Individuum mit einem hohen Grad an Wissen und Kenntnissen gewesen sein muß. Er unternahm es, die Eingeborenen für seine Pläne zu gewinnen, und verfügte über die zum Bau der Stadt notwendigen technischen Fähigkeiten, ließ die Kanäle ausheben und schuf das weitläufige Verkehrsnetz, das fast 22 000 Quadratkilometer umspannte. Diese Bautätigkeit bedeutet nichts anderes, als daß ihm die gleiche Art technischer Möglichkeiten zur Verfügung stand wie den Kachinas/Viracochas. Das bestätigen auch die Hopi, die damit auch noch die Fähigkeit zum Bau von Flugzeugen meinen.

Nach den Überlieferungen der Hopi erlangte die Bevölkerung von Taláwaitíchqua Zugang zur Technik ihrer Kachinas und trieb damit Mißbrauch. Dies wäre im Hinblick auf die Rassenmischung verständlich. Da eine klare Unterscheidung zwischen den beiden Gruppen fehlte, wurde es mit der Zeit immer schwerer, das Wissen geheimzuhalten, und begabte Außenstehende konnten es sich aneignen. Schließlich wurden die Bewohner von Taláwaitíchqua so weit von der herrschenden Klasse unabhängig, daß sie deren technische Kenntnisse anwenden konnten, nachdem die Kachinas abgezogen waren.

Diese Beurteilung der Situation vom technischen Gesichtspunkt gesehen, beruht auf der Überlieferung der Hopi: Platon erwähnt in seinem Bericht keine ungewöhnlichen technischen Fähigkeiten, obgleich seine Beschreibung der Stadt und der Kanäle unzweifelhaft für das ursprüngliche Atlantis/Taláwaitíchqua zutrifft.

Gewisse indirekte Hinweise auf eine hochentwickelte Technik finden sich in der Beschreibung der mittleren Insel der Stadt und ebenso in den Angaben über Bauwerke wie Brücken und unterirdische Schiffsdocks. Die am meisten beeindruckende Leistung ist das bereits erwähnte Kanalsystem. Kritias gibt nur für das Hauptnetz genaue Maße an; für das äußere, sekundäre Kanalsystem, das dem Warentransport diente, finden sich nur unvollständige Zahlenangaben. Das Volumen an Gestein, das beim Bau des Hauptnetzes ausgehoben werden mußte, beträgt etwas weniger als 12 Kubikkilometer. Je nach der für die Transportkanäle anzunehmenden Tiefe erhöht sich diese Zahl auf einen Wert zwischen etwa 16 Kubikkilometer und etwa 31 Kubikkilometer. Solche Zahlen wurden zu keiner Zeit durch irgendeine andere Kultur erreicht. Wenn also auch keine direkten Angaben vorliegen, so sind der Beschreibung doch Anzeichen für bestimmt ungewöhnliche technische Fähigkeiten zu entnehmen.

Allerdings findet sich bei Platon keinerlei Hinweis auf eine Möglichkeit des Fliegens. Sucht man hierfür nach einer Erklärung, so ist zu bedenken, daß das Interesse Platons und seines Kreises in erster Linie Problemen meist philosophischer Natur galt. Kritias kam erst im Zusammenhang mit Fragen, die soziale Angelegenheiten und insbesondere die Staatsform betrafen, auf Atlantis. Ferner muß man die Einstellung des ägyptischen Priesters den Griechen gegenüber berücksichtigen: »Ach Solon, Solon! Ihr Hellenen bleibt doch immer Kinder, zum Greis aber bringt es kein Hellene.« Er sagte das im Hinblick auf die Abstammung der Griechen von wenigen Überlebenden einer noch nicht sehr weit zurückliegenden Flut, wodurch sich ihr beschränktes Wissen erklärte. Diese Einstellung könnte ihn veranlaßt haben, nicht von Dingen zu sprechen, die die Griechen nicht verstanden hätten. Hierzu könnte man auch auf die Einleitung hinweisen, die Kritias seiner ersten Erwähnung von Atlantis voranstellt und in der er sagt, Solon habe nur den Anfang der aus Ägypten mitgebrachten Atlantissage niedergeschrieben und hätte, wenn er sie vollendet hätte, einen höheren Dichterruhm erlangt als Homer und Hesiod[160].

Das deutet darauf hin, daß es sich um eine höchst bedeutsame Überlieferung handelte, die aber nie vollständig ausgewertet wurde, und daß auch Solon selbst nur unvollkommen unterrichtet war.

Aber alle diese Hinweise lassen höchstens vermuten, warum bei Platon, obgleich er sozusagen noch eine Tür offenläßt, nichts über die Frage des menschlichen Fluges zu finden ist. Man darf dabei jedoch die von den Hopi und den Griechen überlieferten Berichte nicht vergessen, von denen bereits die Rede war und durch die das Frühere unzweifelhaft mehr Gewicht bekommt. Diese Tendenz wird von den Griechen selbst unterstützt, bei denen immer wieder von fliegenden Menschen die Rede ist, wie z. B. in der Legende von Daedalus und Ikarus.

Bei den Griechen wie bei den Hopi wird Taláwaitíchqua/Atlantis als in Friedenszeiten blühend und im Krieg angriffslustig und erfolgreich dargestellt. Vergleicht man damit Kásskara, das sich hauptsächlich durch sein Interesse an Dingen der Natur auszeichnet, so entspricht - modern ausgedrückt - Kásskara dem Agrar- und Taláwaitíchqua dem Industriestaat. Und tatsächlich erkennen wir im letzteren eine Staatsform, an die wir selbst heute gewöhnt sind; dies war ja schließlich auch der Grund, warum die Atlantissage in die Gespräche um Sokrates aufgenommen wurde.

Auch das weitere und endgültige Schicksal beider Staaten hat hierin seinen Ursprung.

6. Das Unabwendbare

Es gab ein Urwissen um die Einheit des Universums, ein Erkennen der engen Verwandtschaft aller Dinge der Schöpfung, dazu das Verständnis für die einigenden Bindungen, ein praktisches Wissen, das aus diesem Verstehen entsprang. An der Schönheit dieser Denkweise und an der daraus sich ergebenden materiellen Macht hatten sowohl Kásskara wie Taláwaitíchqua Anteil.

Mit fortschreitender Zeit entwickelten sie sich in entgegengesetzter Richtung: Kásskara zügelte die materielle Macht durch seine Philosophie, Taláwaitíchqua/Atlantis paßte seine Philosophie seiner immer größer werdenden äußeren Macht an. Auf diese Weise wurde der Schauplatz für den dramatischen Schlußakt vorbereitet.

In der Geschichte scheint doch so etwas wie ein Sinn zu herrschen. Über lange Zeit hielt der weite Ozean, der die beiden Kulturen trennte, sie auseinander, damit ihr Wachstum nicht gestört wurde, bis beide ihre Fähigkeiten voll ausgebaut hatten. Dann erst führte sie ihre starke Gegensätzlichkeit zusammen. In dieser Endphase sehen wir auf der einen Seite einen Staat auf dem Gipfel seiner militärischen Macht, der über Inseln und Teile des östlich von ihm gelegenen Kontinents herrscht und sich anschickt, seine Macht nach Westen auszudehnen. Und dort, im Westen, erblicken wir einen Agrarstaat, dessen Sache die Natur und das Leben des Geistes ist.

Modern ausgedrückt, stellte Kásskara ein militärisches Vakuum dar. Für uns erscheint es »ganz natürlich«, daß ein Vakuum dieser Art geradezu zum Überfall einlädt und es mit Waffen aufgefüllt werden muß. Heute sind schon viel kleinere Unterschiede in der militärischen Leistungsfähigkeit Sachen aller Staaten, und das »Gleichgewicht der Macht« ist eine anerkannte Notwendigkeit. Die Atlanter verhielten sich genau wie Staaten von heute – sie griffen an.

Damit erreichte das Ausmaß der Leiden, die sich während der Kriege Taláwaitíchquas stetig vergrößert hatten, und die sich immer weiter ausbreitende Korruption ihren Höhepunkt, und die katastrophalen Ereignisse nahmen ihren Lauf.

Wir kennen weder die Mittel noch den Ablauf des Angriffs oder der Verteidigung und machen auch nicht den Versuch, sie zu beschreiben. Allerdings enthält die Überlieferung der Hopi einen bemerkenswerten Umstand, der den Realismus dieser Lage unterstützt: Es ist von einem Schild die Rede, der der Verteidigung diente. Man kann annehmen, daß sein Hauptzweck der Schutz der Kachinas war. Auch eine Anzahl Nicht-Kachinas wurde »in einem bestimmten Bereich zusammengerufen, um gerettet zu werden«, und sie hatten natürlich allen Grund, sich als bevorzugt zu betrachten. Es ist bezeichnend, daß sie in »einen bestimmten Bereich« kommen mußten. Zum ersten verweist das auf eine genaue Begrenzung des Bezirks, der durch den Schild geschützt werden konnte, und außerdem kann angenommen werden, obgleich es in der Überlieferung nicht ausdrücklich gesagt wird, daß sich die Kachinas ebenfalls dort zu versammeln hatten. Die betreffende Wendung läßt auch einen Schutz mit physikalischer Wirkung erkennen, der körperlich-real in Erscheinung trat, im Gegensatz zu einer bildlichen oder »geistigen« Deutung.

Infolge der Begrenzungen des Schildes muß ein großer Teil der Gesamtbevölkerung ungeschützt geblieben sein, wie auch jene Kachinas, die das Gebiet nicht rechtzeitig erreichen konnten. Die plötzliche Katastrophe, die über Taláwaitíchqua/Atlantis hereinbrach, muß den Kämpfen ziemlich bald ein Ende gemacht haben. Der geologische Ablauf, einmal in Gang gekommen, jedoch lief weiter. Die verbliebenen Kachinas und die Reste der Bevölkerung waren auf sich selbst angewiesen, wenn sie überleben wollten.

Sowohl Taláwaitíchqua wie das Atlantis der Griechen lagen geographisch ganz nahe bei Europa, wo sich innerhalb der letzten Jahrtausende eine Kultur entwickelt hatte, genannt »die westliche«, obwohl sie inzwischen von der ganzen Welt übernommen wurde oder angestrebt wird. Es ist unser aller Tragödie, daß uns auch »im Geiste« Taláwaitíchqua und Atlantis näher sind als Kásskara. Daß dies so ist, wird uns überall immer wieder bewiesen, in der Politik, in der Gesellschaft, in allen Staaten, einerlei zu welchem Kontinent sie gehören. Wir sind so bis ins letzte von der Atlantis-Philosophie durchdrungen, daß wir uns Kásskara nicht mehr wirklich vorstellen können. Wir schätzen es vielleicht – nicht alle, versteht sich –, aber es fehlt uns jedes wirkliche Verständnis, wie es sich über so lange Zeiträume behaupten konnte. Wie vertraut ist uns dagegen Taláwaitíchqua/Atlantis, wie gut können wir es verstehen!

7. Die Explosion

Es war ein Ereignis, das im wörtlichen Sinn das Antlitz der Erde veränderte, ungezählte Menschenleben vernichtete und die Menschheit zwang, einen völlig neuen Weg einzuschlagen. Da die

Katastrophe, der Kásskara und Taláwaitíchqua zum Opfer fielen, das Ergebnis eines allgemeinen Zusammenbruchs in der Natur war, ist das Doppelereignis kein Zufall.

Zwei große Kulturen wurden zerschlagen, und nur vereinzelten Teilen ihrer Bevölkerungen gelang es, sich von ihren früheren Zentren zu entfernen (siehe Abb. 21). Man kann diese Ereignisse mit Explosionen vergleichen, auch wenn sie nicht mit der Geschwindigkeit, im streng physikalischen Sinn dieses Begriffs, eintraten. Die materiellen und geistigen Zentren wurden vernichtet, und was übrigblieb, sah sich einer neuen Umgebung und neuen Lebensbedingungen gegenüber. Wir wollen in diesem Kapitel kurz den abgesplitterten Teilen folgen und sehen, wie ihre Wege und Schicksale mit den Spuren übereinstimmen, die wir früher bereits in den wissenschaftlichen Ergebnissen entdeckten.

Weder während der Katastrophe noch lange Zeit danach kamen die Bevölkerungssplitter aus Kásskara und Taláwaitíchqua miteinander in Berührung. Als sich dann sehr viel später solche Kontakte ergaben, war die Erinnerung völlig verblaßt. Daher können wir die beiden Zentren getrennt behandeln.

In beiden Fällen soll die allgemeine Richtung erörtert werden, wobei keinesfalls ein Mangel an Material der Grund für eine solche Beschränkung ist. Im Gegenteil, die Menge an wissenswerten Tatsachen ist so überwältigend, daß niemals alle in einem einzigen Band behandelt werden könnten. Man darf nicht vergessen, daß es der Zweck dieses Buches ist, die Geschichte der Hopi und der amerikanischen Indianer zu verfolgen. Alle anderen Aspekte müssen daher notwendigerweise in sehr gekürzter Form abgehandelt werden.

a) Das Ende und die Erben von Taláwaitíchqua
Als Taláwaitíchqua, das ursprüngliche Atlantis, »explodierte«, blieb keine Zeit, eine Flucht zu organisieren. Die überlebenden Teile der Bevölkerung flohen in Richtungen, wo sie noch erhalten gebliebenes Land zu finden hofften, das ihnen von früher bekannt war. Im Osten waren Inseln und Kontinente erkundet worden, und im Westen lagen »die anderen Inseln«, die Kritias in seiner

Beschreibung erwähnt. Weiter westlich gab es allerdings nichts, was sie hätten erreichen können, da der amerikanische Kontinent zu dieser Zeit noch nicht existierte (siehe Abb. 22).

Wo diese Splittergruppen Land erreichten, brachten sie ihre Sprache und ihre Überlieferungen, ihr biologisches Erbe und ihr Wissen mit. Über einen Zeitraum von einigen 10 000 Jahren wissen wir nichts über ihr Schicksal, bis wir, gleichsam am Ende eines langen Tunnels, vor dem Beginn unserer Zeit wieder auf Anzeichen großer Kulturen treffen. Einige dieser Zeichen sind wie Symbole schwer zu begreifen. Sie sind kaum wahrnehmbar und müssen mit Feingefühl und Verständnis bearbeitet werden. Aber es gibt auch andere, die ganz real und in ihrer Existenz unbestreitbar sind. Unter der Meeresoberfläche entdeckte man Megalithbauten, fand Treppen und gepflasterte Straßen, die in Tiefen führten, so geheimnisvoll wie ihre Vergangenheit.

Derartige Dinge gibt es viele; nur sind sie noch nicht erforscht. Sie sprechen von Kulturen und Fähigkeiten, von denen wir nichts wissen. Waren diese Menschen direkte Abkömmlinge der Atlanter? Oder hat es noch andere Katastrophen und dazwischen neue Anfänge gegeben? Wieviel Zeit ist vergangen seit dem Ende von Taláwaitíchqua, dem ursprünglichen Atlantis, bis zum Verschwinden der Splitterkulturen? Wir können die Zahlenangabe der Hopi von 80 000 v. Chr. für den Beginn der Explosion nicht beweisen, aber vom geologischen Gesichtspunkt dürfte sie der Größenordnung nach annehmbar sein.

Aufgrund von Platons Schriften werden heute alle Überbleibsel der Splittergruppen als Atlanter bezeichnet. Atlantis wurde oft und oft gefunden: in Nigeria, in der Sahara, vor der Küste Tunesiens mit dem Blick auf Ägypten, die Berber und die Tuareg in Nordwestafrika wurden als mögliche Nachkommen des Volkes von Atlantis genannt. Es soll vor der Küste Spaniens und Frankreichs, in Portugal und in Frankreich gelegen haben. Auch Irland und England wurden in diesem Zusammenhang erwähnt. Angeblich soll Atlantis die Insel Helgoland gewesen sein, aber auch weit im Norden, in Schweden, gelegen haben. Nach anderen Vermutungen lag Atlantis im Westen, in Venezuela, oder vor dessen Küsten, östlich von Yukatan oder im Bereich der Bahamas. Im Atlantischen Ozean sind die Azoren die ersten Anwärter, aber auch die Kanarischen und die Kapverdischen Inseln sind nicht auszuschließen[161].

Ich mache mich keineswegs lustig über diese lange Liste von Orten! Die verschiedenen Vorschläge stammen von ernsthaften Wissenschaftlern, und es wäre taktlos und unlogisch, ihre Erkenntnisse zu leugnen oder lächerlich zu machen.

Was Afrika betrifft, so fehlt bisher jede Erklärung, warum es im Westen stärker bevölkert ist als im Osten oder warum in den Bergen des Atlas hellhäutige, blauäugige, blonde Berber leben oder woher die Tuaregs stammen. Nicht einmal die Herkunft der schwarzen Bevölkerung Afrikas wurde geklärt[162].

Entlang der Küsten Europas halten sich viele alte Geschichten über versunkene Städte. In Frankreich, England und Irland trifft man auf merkwürdige alte Überlieferungen, und die Herkunft der baskischen Sprache ist noch immer nicht geklärt. Hinzuweisen ist ferner auf die Grabmale und Steinkreise aus dem Megalithikum, die älter sind als die Bauwerke des Mittleren Ostens. Sie bilden einen Gürtel entlang der Küste Europas von Südspanien bis Südschweden[163], das schließt Malta ein wie auch Irland und die westlichen und nördlichen Teile Englands. Keines dieser Megalithmonumente ist weiter als 145 Kilometer von der See entfernt[164].

Aber es gibt auch erstaunliche Werke früher Kunst in Europa. Sie werden »primitiven Jägern« zugeschrieben, doch wer sollte ohne Vorurteil diese Malereien und Ritzzeichnungen in den Höhlen von Lascaux und anderen in Frankreich oder in Trou de Chaleux in Belgien primitiv nennen[165]? Und welche andere Erklärung als die hier angebotene würde zu den von L. Pericard entdeckten Zeichnungen von Lussac-les-Chateaux passen, die zeigen, daß die Menschen vor 15 000 Jahren fast die gleiche Kleidung trugen wie wir heutzutage[166]? Viel weitgehender, als man annehmen möchte, ist in Europa die enge geographische Übereinstimmung zwischen Tradition und Archäologie.

Unterseeische Bauwerke wurden sowohl bei den Azoren, den Kanarischen und Kapverdischen Inseln als auch in den Bahamas gesichtet[167]. Die Entwicklung der Tauchausrüstung hat die Unterwasserarchäologie ins Leben gerufen, der in den obigen Bereichen bemerkenswerte Entdeckungen zu verdanken sind. Auch in der Karibik wurden von Menschen geschaffene Bauwerke gefunden[168].

Wenn vor einigen Jahrzehnten jemand behauptet hätte, auf der Insel Santorin habe schon 1500 v. Chr. eine hohe Kultur bestanden, man hätte ihn ausgelacht. Das gleiche galt bis vor kurzem für jemand, der an die Wahrheit der Legende von Palamides, dem Mann mit den großen medizinischen Kenntnissen in vorgeschichtlicher Zeit, geglaubt hätte. Aber heute wissen wir, daß das antike Thera nicht nur eine reiche und mächtige Stadt war, sondern daß es auch eine hohe Kultur, eine Frische des Geistes aufwies, die sogar Knossos auf Kreta überragte. Was nach dem Vulkanausbruch im Jahr 1500 v. Chr. übrigblieb, zeigt, wie an den wundervollen Fresken zu sehen, daß dort eine äußerst verfeinerte Kultur bestanden hatte[169]. In einem Grab aus mykenischer Zeit wurden »wundervoll entwickelte und geformte« Instrumente entdeckt[170].

Selbst wenn keines der anderen Beispiele annehmbar wäre, würden uns doch die von Fachleuten ausgewerteten Entdeckungen zeigen, daß es hochentwickelte Kulturen gegeben hat, von denen wir wenig oder überhaupt nichts wissen.

Thera kann übrigens nicht eine der Städte oder Kulturen gewesen sein, deren Existenz man für das Atlantis des Kritias ins Feld führen könnte. Es gehört zu einer anderen, späteren Entwicklungsstufe von Kulturen. Das von Kritias beschriebene, mit einer Art militärischer Macht ausgerüstete, angriffslustige Atlantis muß unter den Splitterzivilisationen im Atlantik oder an seinen Ostküsten gesucht werden. Doch hier soll nicht der Versuch gemacht werden, Behauptungen oder Spekulationen darüber anzustellen.

b) Die Auflösung Kásskaras
Die Geographie von Kásskara am Ende der Ära, die die Hopi als die Dritte Welt bezeichnen, wurde auf S. 208 beschrieben. In Abb. 22 hätte der Kontinent von Kásskara in klaren Umrissen anstelle des dort gezeigten schattierten Gebietes dargestellt werden

können, da in der Literatur Karten eines früheren pazifischen Erdteils erschienen sind, und ich könnte vielleicht selbst einen weiteren Vorschlag gemacht haben. Es ging mir jedoch hier nur darum, die Existenz Kásskaras und seine allgemeine Lage und Ausdehnung nachzuweisen. Alles, was darüber hinausginge, wäre nur *scheinbar* genauer, würde aber nichts von Bedeutung beitragen.

Die beiden Teile Amerikas waren noch unter Wasser, hoben sich jedoch bereits. Die höchsten Teile des Gebirges, was heute die Anden sind, waren schon aufgetaucht und wurden Táotoóma genannt. Wir erfahren aus den Überlieferungen der Hopi nichts über Nordamerika, außer der allgemeinen Feststellung, daß es ebenfalls von Wasser bedeckt war. Das Fehlen jeder Kenntnis ist keinesfalls überraschend, bedenkt man die große Entfernung und weitere Umstände, die gleich erwähnt werden sollen.

Die offensichtliche Tatsache, daß Nordamerika tatsächlich aus dem Ozean auftauchte läßt erwarten daß seine höchsten Erhebungen zuerst zum Vorschein kamen, genau wie das zu gleicher Zeit in Südamerika der Fall war. Ein solches »nördliches Táotoóma« könnte von den Flüchtlingen aus den nördlichen Teilen von Kásskara erreicht worden sein. Diese Möglichkeit könnte dazu beitragen, eine bisher nicht geklärte Verwandtschaft in den Merkmalen der Indianer von Nordwestamerika und der Polynesier zu erklären. Die Ankunft der Flüchtlinge im nördlichen Táotoóma erfolgte insofern zu einem kritischen Zeitpunkt, als sie, wie noch zu erörtern sein wird, fast mit dem Einsetzen der letzten Eiszeit zusammenfiel. Welche Klimabedingungen auch immer bei ihrer Ankunft geherrscht haben mögen, sicher ist, daß sich das Klima mit der Zeit verschlechterte. Die Flüchtlingsgruppe war daher gleich von Anfang an im Nachteil, und man kann verstehen, warum die Neuankömmlinge keinen nennenswerten Einfluß auf die nachfolgenden Entwicklungen der Menschheit auf dem amerikanischen Kontinent hatten. Daraus erklärt sich auch, warum sie in den Überlieferungen der Hopi nicht erscheinen.

Die Gruppe, die das nordamerikanische Festland erreichte, war natürlich nur eine aus einer ganzen Anzahl von Splittergruppen, die die »Explosion« von Kásskara erlebt haben. Die wichtigste von allen Gruppen erreichte den aus dem Meer auftauchenden Kontinent von Südamerika, das echte Táotoóma der Hopi. Die Flucht war von den Kachinas organisiert und geleitet worden, die bei all ihrem Wissen und ihren Fähigkeiten gegenüber den gigantischen Naturkräften, die hier am Werk waren, machtlos gewesen sind. Von allen überlebenden Gruppen scheint diese nicht nur die größte, sondern auch die am besten vorbereitete und organisierte gewesen zu sein. Es gelang den Kachinas, viel von ihrem technischen Wissen zu retten und zu bewahren. Damit waren sie imstande, sich selbst und alle, die sie mitgenommen hatten, wirkungsvoll zu schützen. Selbst wenn die Kachinas nicht mit voller Absicht das »südliche« Táotoóma gewählt haben sollten, die Flüchtlinge fanden dort die ihnen am meisten zusagende Umgebung. Es ist dann nur natürlich, daß aus der Verbindung von günstigen Umweltbedingungen und überlegenem Wissen die frühe Hochkultur dieser Region erwuchs. Diese Hauptgruppe soll nun für den Rest dieses Buches Gegenstand unserer Studien sein.

Andere Teile der Bewohner Kásskaras blieben auf den Inseln, die vom einstmaligen Festland übriggeblieben waren, oder retteten sich dorthin oder versuchten, in allgemein westlicher Richtung zu fliehen. Viele werden umgekommen sein, aber andere erreichten ihr Ziel. Bevor wir ihnen weiter folgen, wollen wir einen Blick auf die Gesamtsituation jener Zeit werfen und dabei auch für einen Augenblick unsere neuzeitlichen Staaten in Betracht ziehen. So können wir besser verstehen, was sich weiter ereignete.

Der Umfang des Staates von Kásskara entsprach in der Größenordnung etwa Polynesien. Das gesamte Land mag allerdings wesentlich größer gewesen sein, und es ist verständlich, daß diese ungeheure Landmasse viel langsamer versank als Taláwaitíchqua/Atlantis. Wir wissen nicht, wie lange es dauerte, bis die großen Siedlungen unter Wasser lagen. Der Weiße Bär erwähnt eine Zeitspanne von 4 000 Jahren, aber diese Zahl bezieht sich auf die Wanderung über die Inselkette, nicht auf den Untergang des Kontinents. Der Hopi-Bericht, in dem es heißt, »Stadt für Stadt« sei zerstört worden und in dem von der zunehmenden Angst der

Bevölkerung die Rede ist, erweckt den Eindruck eines mindestens anfangs *verhältnismäßig* raschen Absinkens. Die Anfangsperiode wird daher wohl nicht länger als einige Wochen oder Monate gedauert haben.

Betrachten wir nun unsere jetzigen Staaten, so sehen wir, daß Leute, die eigentlich der Gesellschaft des Kerngebietes angehören, in verschiedenen Randgebieten arbeiten und leben. Je nach der Bedeutung ihrer Stellung und ihres Aufgabengebietes stehen ihnen die Mittel der Gesellschaft in unterschiedlichem Maß zur Verfügung. Nehmen wir ein Beispiel: Einem Angestellten eines New Yorker Konzerns, der eine hohe Stellung bekleidet, an der Westküste arbeitet und wohnt, kann ein Flugzeug zur Verfügung stehen, während z. B. ein Ingenieur der gleichen Gesellschft, der mit einer Gruppe Mechaniker in den Rocky Mountains arbeitet, dieses Vorrecht nicht genießt. Die Mehrzahl solcher Leute werden daher, auch wenn sie zur »herrschenden« Gesellschaftsschicht gehören, nicht über alle Mittel verfügen können. Natürlich werden dann bei einer Katastrophe des hier in Betracht kommenden Ausmaßes viele von ihnen dort, wo sie gerade sind, oder auf dem Weg nach Hause umkommen.

Dem plötzlichen Ende von Taláwaitíchqua ging eine Periode von Vulkanausbrüchen und Erdbeben voraus. Von den gleichen Erschütterungen berichten ozeanische Legenden. Überträgt man dies auf jetzige geographische Verhältnisse, so ist leicht einzusehen, wie gering für Einzelpersonen oder Gruppen die Möglichkeit wäre, unter solchen Umständen in ein paar Wochen etwa von Mexiko nach Vancouver oder von Paris nach Teheran zu kommen, wobei hier als Vergleich nicht einmal die größten Entfernungen innerhalb Kásskaras verwendet wurden.

Dies bedeutet im Fall von Kásskara, daß Kachinas, die in abgelegenen Gebieten stationiert waren, den »Schild« nicht erreichen konnten und gezwungen waren wie die übrige Bevölkerung, sich selbst zu helfen. Eine derartige Lage schildert die Geschichte der Maori von den weißen, gottähnlichen Wesen, die auf einem Floß nach Neuseeland kamen (siehe S. 185).

Hier muß auch der Einfluß der Sozialstrukturen von Kásskara

und Taláwaitíchqua auf die Entwicklungen nach der Katastrophe in Betracht gezogen werden. Wir haben gesehen, daß Poseidons Mißachtung der Regeln der geschlossenen Gesellschaft Anlaß zu seiner späteren Unfähigkeit war, wichtiges und gefährliches Wissen geheimzuhalten. Als das Volk in alle Winde verstreut wurde, war dieses Wissen offenbar schon soweit Allgemeingut geworden, daß alle oder doch die meisten der Splittergruppen ihren Anteil mitnehmen und über lange Zeit ausnutzen konnten.

Im Gegensatz dazu war in Kásskara das höhere Wissen zentralisiert geblieben, so daß nur eine begrenzte Anzahl Einzelpersonen daran Anteil hatte. Sie scheinen von ihrer Macht weise Gebrauch gemacht zu haben, damit kam das Volk in den Genuß der Vorteile, ohne über dieses Geheimwissen zu verfügen oder Zugang dazu zu haben. Als aber das Volk auseinandergerissen war, waren die vielen Gruppen, die nicht unter der Führung der Kachinas standen, einfach hilflos. Unter dem schweren Druck ihrer neuen Lebensumstände büßten sie rasch jede Zivilisation ein, die sie vorher hatten. Dies scheint das Schicksal jener Gruppen gewesen zu sein, die auf den Inseln von Ozeanien, den Ruinen des früheren Kontinents, zurückgeblieben waren.

Von den Gruppen, die nach Westen flohen, kann angenommen werden, daß, wenn überhaupt welche, nur wenige die Küste Asiens erreichten. Offensichtlich bleibt hier viel Raum für Phantasie und Spekulation. Der einzige gültige Nachweis für derartige Wanderungen muß selbstverständlich aus Asien selbst kommen. Welche Wege solche Gruppen auch eingeschlagen und welche Fortbewegungsmittel sie benutzt haben mögen, wenn sie überhaupt existierten, müssen sie dort ihre Spuren hinterlassen haben.

Und tatsächlich wurden in dieser Hinsicht unbezweifelbare Anzeichen gefunden. Eines davon sind die Ainu, aber leider verhindert die tragische Tatsache ihrer praktischen Ausrottung jedes weitere Studium.

Zu erwähnen sind dann die archäologischen Funde in Thailand (siehe S. 191). Sie sind von großer Bedeutung, da man feststellen konnte, daß sie, soweit Asien in Betracht kommt, einen echten

Anfang darstellen. Wie die Daten zeigen, kam die Kultur nicht *vom* Westen oder Norden dorthin, sondern breitete sich im Gegenteil *nach* diesen Richtungen aus. Diese Tatsache erweckt die Vorstellung, daß ihre Träger aus weiter östlich gelegenen Gebieten kamen und damit eine für Asien neue Kultur für die betreffende Gruppe selbst bereits alt gewesen sein muß.

Diese Ansicht wird auch durch geographische Überlegungen gestützt. Es ist ganz sicher, daß in früheren Zeiten Asien viel weiter nach Süden reichte und als Erdteil das umschloß, was heute Indonesien ist, wobei Landbrücken nach den Philippinen bestanden[171]. Von diesem weiten Festlandsgebiet blieben, als die Chinesische See sich in späterer Zeit weiter nach Süden auszudehnen begann, nur Inseln übrig. Die oben erwähnten archäologischen Fundstücke, insbesondere das »Olmeken-Haupt« und der »Inka-Helm« auf Sumatra, führen uns wie ein weiter Weg vom Osten zum heutigen Südostasien. Ganz abgesehen davon führt dieser Weg bis nach China und zu den Naga-Hügeln im nordwestlichen Indien.

Aus diesem »Wanderweg« ist klar ersichtlich, daß diese in Thailand aufgefundene Kultur ein verhältnismäßig spätes Glied in der Kette dieser Entwicklungen sein muß. Wir finden auch tatsächlich, daß der zeitliche Abstand zwischen Thailand und Kásskara etwa ebenso groß ist wie der zwischen Platons Atlantis und Taláwaitíchqua.

Hierher gehört schließlich auch ein einschlägiger Aspekt, der erst vor kurzem ans Licht kam. Er betrifft die Inschriften auf zwei Stelen, die E. von Däniken in Ecuador gefunden hat[172]. Es gelang D. K. Kanjilal, nachzuweisen[173], daß sie identisch mit zwei früheren brahmanischen Inschriften aus der Asoka-Periode in Indien sind, die ihrerseits wieder eine große Ähnlichkeit mit einigen früheren nordsemitischen Inschriften von etwa 1000 v. Chr. haben. Kanjilal weist auch darauf hin, daß auffallenderweise in den Ecuador-Inschriften jede Bezugnahme auf Buddha fehlt. Ich zitiere mit der freundlichen Erlaubnis von Dr. Kanjilal aus Dänikens obigem Buch die Inschrift auf Stele Nr. 336:

»Das Darbringen von Opfergaben (d. h. gereinigte Butter in

das Feuer werfen) und das Murmeln von Gebeten sind freiwillig; (aber) das Murmeln von Gebeten allein kann in den Himmel führen gleich Sudasa, der erhoben wurde (in den Himmel). O Du mächtiger Gott, wir beten in Sutren, da wir körperlich Schmerzen erleben. Wir meditieren über Dich, der unter oder jenseits der Wasser lebt (d. h. großes Meer), der mit den Wolken kommt und der die scharfen Krallen besitzt[174].«

Einmal widerlegt diese bemerkenswerte Leistung den Mythos, die Kunst des Schreibens sei vor der spanischen Eroberung in Amerika unbekannt gewesen, ein Mythos, der trotz gegenteiliger Hinweise in den spanischen Chroniken und späteren Berichten immer noch aufrechterhalten wird. Außerdem sind die betreffenden Inschriften durch den halben Erdumfang voneinander getrennt. Eine diente dazu, zu einer späteren Zeit buddhistische Gedanken auszudrücken, für die andere gilt dies nicht. Es fehlt jedes Anzeichen für eine Aufeinanderfolge oder gar eine gegenseitige Abhängigkeit. Wie die Olmeken-Köpfe erscheinen sie eher als Leuchtzeichen in den Randgebieten eines umfassenden geographischen Bereiches, die eine gemeinsame Wurzel im zentralen Phänomen des pazifischen Kásskara erkennen lassen.

D. Der Weg der Armen

Flugzeuge und Schiffe hinterlassen keine Spuren. Zwischen dem Ort ihrer Abfahrt und dem ihrer Ankunft findet sich nichts, was ihren Kurs erkennen ließe. Kondensstreifen und Kielwasser lösen sich auf, Flug- und Fahrpläne bestätigen die Passagen, aber nicht den Kurs. Die einzigen Spuren sind in unserer Erinnerung.

Als die Mächtigen und Einflußreichen von Kásskara den sinkenden Kontinent verließen, konnten auch ihre Spuren nur in der Erinnerung erhalten bleiben. Wir hörten davon bereits in den Überlieferungen der Hopi und in den Zeremonien und Erklärungen, die der Weiße Bär dazu gab.

Und die keine Macht besaßen, die Unbedeutenden und die Armen, auch sie hinterließen keine Spuren. Aber sie machten, nicht freiwillig, sondern durch die Not gezwungen, von dem Gebrauch, was die Natur ihnen bot: eine Kette von Inseln, über die sie das neue Land erreichen konnten. Wenn sie auch nicht ohne Führung und Rat waren, hatten sie doch hart zu arbeiten. Die Überlieferungen sagen, daß sie bisweilen mehrere Generationen lang auf einer Insel blieben, bevor sie zur nächsten aufbrachen. Wenn sie auch selbst keine Spuren hinterließen, zeigen uns doch die Inseln, angeordnet gleich Trittsteinen über einen Bach, wo sie wanderten, zeigen uns ihren Weg, den Weg der Armen. Nach den Überlieferungen verlief er etwa in nordöstlicher Richtung.

Wo die lange Reise begann, wissen wir nicht, aber man kann vernünftigerweise annehmen, daß der Ausgangspunkt im äußersten Osten der Küste von Kásskara lag. Dies wäre ungefähr in der Nachbarschaft der heutigen Osterinsel. Die Luftlinie von dort zu den Küsten von Táotoóma, die nur ein paar Kilometer weiter östlich verliefen als die heutigen Küstenlinien Südamerikas, beträgt rund 4000 Kilometer. Es ist klar, daß ohne den Weg der Armen es nur wenigen einzelnen gelungen wäre, eine derart große Entfernung zu überqueren.

Wie ich schon früher berichtete, war es diese Behauptung der Hopi hinsichtlich der in nordöstlicher Richtung liegenden Inseln, was zunächst mein Interesse erweckte. Diese Inseln waren für mich aus zwei Gründen von Bedeutung: Sie nahmen in der Geschichte der Hopi einen entscheidenden Platz ein, und es war zu erwarten, daß sie im Vergleich mit den anderen einschlägigen geologischen Ereignissen am leichtesten einer ersten Untersuchung zugänglich wären. Nach meiner damaligen Auffassung mußte die Glaubwürdigkeit der Hopi-Überlieferungen mit der Auswertung einer topographischen Karte des pazifischen Meeresgrundes stehen und fallen, da von den Inseln, wenn sie je existiert hatten, dort Reste nachweisbar sein müßten.

Schon der erste Blick auf eine solche Karte ließ mehrere untermeerische Rücken erkennen, die strahlenförmig von der Osterinsel ausgingen, wobei einer davon nach Osten und dann in nordöstlicher Richtung nach Südamerika verlief. Der nordöstliche Zweig dieses Rückens wird als Nazca-Rücken bezeichnet, vermutlich weil er auf das jetzt bekannte Gebiet von Nazca, südlich von Lima, Peru, gerichtet ist.

Diese vagen Angaben waren für mich ausreichend, nicht aufzugeben, sondern die Angelegenheit weiter zu verfolgen. Meine Suche nach genaueren Einzelheiten über den Nazca-Rücken führte mich zu dem Werk »Sea Floor Topography of the Eastern Pacific« von T. Chase[175]. Dessen Karte Nr. 21 ist jene des Nazca-Rückens. Wie sich herausstellte, erhielt diese Karte mehr Einzelheiten als alle übrigen.

Der Nazca-Rücken hat eine Anzahl Erhebungen, von denen natürlich keine über den Meeresspiegel herausragt. Selbst die höchste Spitze bleibt immer noch 170 Faden (etwa 330 Meter) unter der Oberfläche. Im Begleittext fand ich folgende interessante Feststellung: »Der gesamte Rücken mag sich gesenkt haben, da das Gebiet in den Umrissen von etwa 1500 Meter das Aussehen einer kegelförmig abgestumpften Fläche hat.«

Wir wissen nicht, ob die Einsenkung über die ganze Länge des

Rückens gleich tief ist. Aus Gründen, die später erörtert werden, sollte man annehmen, daß der nordöstliche Teil des Rückens tiefer abgesunken ist als der Rest. Da keine Möglichkeit besteht, die Unterschiede quantitativ zu erfassen, nimmt man vorläufig am besten für den gesamten Rücken eine Tiefe von 1500 Meter an. Das heißt aber, daß alles, was jetzt weniger als 1500 Meter unter der Meeresoberfläche liegt, vermutlich in früherer Zeit über dem Meeresspiegel lag. Die Inseln, die sich aus der oben erwähnten Karte ergeben, sind in Abb. 21 dargestellt.

Wie auf dieser Karte ersichtlich, liegen hier größere und kleinere Inseln in einer Reihe hintereinander, genau wie dies die Hopi behaupten[176]. Es könnten auch noch mehr Inseln vorhanden gewesen sein, da aufgrund ungenauer Angaben »die Wahrscheinlichkeit, daß noch weitere unterseeische Vulkane entdeckt werden, hoch ist«[177]. Selbst weiter nordöstlich, gegen das Festland zu, könnten noch mehr Inseln gelegen haben, wenn man das oben erwähnte stärkere Absinken in diesem Gebiet annimmt.

Die Übereinstimmung zwischen einer alten Überlieferung und einer mit Hilfe des Echolots erarbeiteten Karte aus der Mitte des 20. Jahrhunderts ist verblüffend. Das alles wird geradezu unglaublich, wenn man hört, daß die Hopi nach ihrer Überlieferung mit dem Dritten Auge das Absinken dieser Inseln nach ihrer Ankunft in Südamerika verfolgten. Das wäre dann nichts anderes als ein Augenzeugenbericht über einen geologischen Vorgang, der erst in allerletzter Zeit wissenschaftlich bestätigt wurde.

Die Bedeutung dieser Übereinstimmung kann kaum hoch genug eingeschätzt werden. Unter größtmöglicher Annäherung an einen definitiven Beweis wird durch eine moderne Karte das bestätigt, was ein kleiner Indianerstamm in den Halbwüsten von Nordarizona Jahr für Jahr in seiner Flöten-Zeremonie[178] tanzt und singt und was von ihm über ungezählte Generationen als mündliche Überlieferung weitergegeben wurde.

In einem früheren Kapitel habe ich bereits die Bedeutung von Táotoóma für die Entwicklung Amerikas und für unser Verständnis dafür betont. Dort richtete sich unsere Fragestellung auf den Beginn des menschlichen Lebens auf diesem Kontinent, einem Zeitpunkt, der für Táotoóma mit dem Anfang des langen Weges in die Geschichte zusammenfällt. Mit dem Nachweis des Wanderweges vom Pazifik nach Südamerika wurde nun gezeigt, daß Táotoóma als Ausgangsort und als Ort einer vorangehenden Ankunft fest begründet wurde. Der Verlauf der Ereignisse wird durch den naturwissenschaftlichen Beweis unterstützt, der Kreis ist geschlossen.

Was wir gefunden haben, bedeutet selbstverständlich einen grundlegenden Bruch mit der herkömmlichen Ansicht, nach der die Beringstraße (bzw. die entsprechende Landbrücke, falls man dort eine solche annimmt) und vielleicht auch noch die Aleuten-Inseln der einzige Übergang für menschliche Wesen nach Amerika gewesen seien. Wie bereits erwähnt, sind das die einzigen auf unseren heutigen Karten erkennbaren Möglichkeiten, und ihre Rolle für die Besiedlung des Erdteils wird daher mit Nachdruck verteidigt, vielleicht könnte man richtiger sagen, »voller Verzweiflung« verteidigt, da die archäologischen Funde in diesem Gebiet bzw. auf den Aleuten nicht weiter als 8700 Jahre, von heute aus gesehen, zurückreichen[179]. Obgleich dies nach dem Stand der Wissenschaft das älteste bekannte Datum ist, erreicht es nicht im entferntesten die für die Besiedlung Amerikas nachgewiesenen Daten von 21 000 und sogar 48 000 Jahren, und nur ein verzweifelter Optimismus kann in den Funden einen Rückhalt für die vorherrschende Meinung sehen.

In der ernst zu nehmenden Fachliteratur wird das Dilemma auch zugegeben, z. B. mit Feststellungen wie: »Die Vorfahren der amerikanischen Indianer könnten auf ihrem Weg nach Nordamerika schon durch das Innere [des Kontinents] gekommen sein[180].« (Man beachte das Wort »könnten« in diesem Satz.) Oder die vorsichtige Art, mit der es A. P. Okladnikov vermeidet, sich mit der obigen Theorie zu identifizieren[181]. Selbst die Bedeutung des Datums von 8700 vor unserer Zeit wird durch andere Funde beeinträchtigt, die zeigen, daß die Menschen der Aleuten nicht die Vorfahren der Indianer waren[182].

Die beharrliche Betonung, mit der weniger aufrichtige Verfasser auf dem nördlichen, von Asien über Alaska führenden Wanderungsweg bestehen, droht die gelegentlich geäußerten ernsthaften Zweifel an dieser Theorie zu übertönen. Natürlich leiden solche Versuche schon an dem Fehlen einer einleuchtenden geographischen Alternative zur Beringstraße und werden natürlich durch das Gewicht der herrschenden Meinung erstickt.

Man darf nicht übersehen, daß die Überlieferung der Hopi in diesem Punkt auch nicht so eindeutig ist wie unsere eigene offizielle Meinung. Nach den Hopi erfolgte zwar das Eintreffen der Wanderer hauptsächlich und zu einem sehr frühen Zeitpunkt in Südamerika, aber sie berichten auch von Stämmen, die aus dem Norden kamen, allerdings wesentlich später. Die Hopi wissen also wohl von einer zweiten und späteren Ankunft einiger Stämme, erinnern sich aber nur an die allgemeine Richtung, aus der diese Wanderer kamen.

Außer der beginnenden Erkundung der Spuren, die frühe, wenn auch unbedeutende Kulturen im Gebiet zwischen Nordamerika und Asien hinterlassen haben, führten die dort durchgeführten archäologischen Arbeiten zu einem viel wertvolleren Ergebnis: zur Feststellung, daß frühe Fundorte heute unter Wasser liegen bzw. liegen können. Es ist zu hoffen, daß diese Erkenntnis eines Tages auf die faszinierenden Entdeckungen angewandt werden, die auf dem Meeresgrund bei Rimini usw. und längs der europäischen Küsten gemacht wurden, so daß die dortigen Siedlungen ebenfalls »offiziell« anerkannt werden.

Um aber auf unseren eigentlichen Gegenstand zurückzukommen, so scheint es an der Zeit, hier einen Augenblick innezuhalten und über die tiefere Bedeutung dessen nachzudenken, was wir gefunden haben. Es kommt uns zu, uns daran zu erinnern, daß in den Überlieferungen und Zeremonien der Hopi ein Wissen steckt, das dem unsrigen gleichwertig und ergänzend, oft sogar überlegen ist. Wenn wir die Träger eines solchen Wissens aufsuchen, dürfen wir in ihnen nicht nur »Quellenmaterial« für unsere Forschungen erblicken, sondern müssen sie als Ebenbürtige behandeln. Wahrheit und Wissen sind kostbar, einerlei ob sie aus den Hörsälen und Laboratorien unserer Hochburgen der Wissenschaft kommen oder aus einfachen Hütten, um die die Winde und der Sand der Wüste fegen.

E. Zwischenspiel

1. Zwischen den Ereignissen

Wir haben Kásskara und die Dritte Welt verlassen und verloren und sind im Begriff, die Vierte Welt zu erreichen und Táotoóma zu betreten. Nun sind wir dabei, aus westlicher Richtung in jenes Gebiet zurückzukehren, das wir zu Beginn unserer Forschung, aus dem Norden kommend, erreicht haben. Für einen kurzen Augenblick befinden wir uns zwischen Welten, Kontinenten und Ereignissen. Ein Ende liegt hinter uns, ein Anfang erwartet uns. Eine lange Periode menschlichen Lebens und menschlicher Geschichte ist vorüber. Materielle und geistige Zivilisationsstrukturen endeten, und mit der Entwicklung neuer Formen versanken die alten in der Erinnerung wie das Land, das sie mit Leben erfüllt hatten.

Der ausschließliche Verlaß unserer Zeit auf materielle Zeugnisse kann die wirre Masse der greifbaren Hinterlassenschaft nicht aussortieren. Zu viel Zeit ist vergangen, in der die verbliebenen Fragmente zerstört und entstellt wurden oder verblichen sind. Wenn auch Formen und Beziehungen durchaus vielfältig und voller Wirksamkeit waren, dann haben Katastrophe und Zeit alle eindeutigen Hinweise getilgt. Und gleich jedem anderen unverstandenem Gefüge werden auch diese Reste heute auf unterschiedliche Art und Weise gedeutet.

Um zu einer Lösung zu gelangen, haben wir hier die Überlieferungen der Hopi als Leitfaden genommen. Während unserer Untersuchung haben wir die Probleme von einem besonderen Gesichtspunkt aus berücksichtigt und die Überlieferungen als im allgemeinen richtig vorausgesetzt. Wir haben nach Bestätigung gesucht und sie auch gefunden in der Kenntnis unsere Zeit über

Ruinen, Pflanzen und schließlich sogar in der Echolotung und Kartographie.

Dieser Verlauf führte zur faszinierenden Entdeckung der Inseln, über die die Mehrheit der Bevölkerung in das neue Land wanderte. Wir sahen auch, daß diese Gruppe, obwohl sie vermutlich die größte war, nicht als einzige entkam und warum andere Gruppen die Küsten Europas, Afrikas und Asiens erreichten. Wir lernten diese Splitterkulturen als Abkömmlinge ihrer früheren Heimatländer zu sehen. Die große Menge führt auf die beiden angestammten Zentren Kásskara und Taláwaitíchqua, das ursprüngliche Atlantis, zurück. Es war uns möglich, das Bild dieser beiden feindlichen Schwesternkulturen wiederherzustellen, ihr Denken, ihre Taten, ihre Gesellschaften und sogar einen Teil ihrer Geographie.

Obwohl wir über ihr Ende erfuhren, verblieb ihr Anfang im dunkeln. Schwache Spuren führen in Zeiten zurück, die sogar noch weiter zurückliegen als Kásskara. Undeutliche Konturen kamen von einem weltweiten Einfluß Kásskaras und Taláwaitíchquas zum Vorschein, die für die Entwicklung der Menschheit bis zum heutigen Tag richtungsweisend gewesen sein dürften.

Der Lauf der Geschichte, dem wir folgen konnten, erlitt einmal eine scharfe Unterbrechung, was für alle Zukunft von grundlegender Bedeutung war. Die natürliche Ursache dieses Bruches war von solch unglaublicher Größe und war solch ein außergewöhnliches Ereignis, daß man es ohne nähere Untersuchung nicht verstehen kann. Das wollen wir als nächstes tun. Wir wollen auch diesen jetzigen Augenblick sozusagen nützen, da wir uns zwischen einem Ende und einem Anfang befinden, um zu prüfen, ob die Überlieferungen, die uns hierhergebracht haben, tatsächlich das einzige nicht wiederholte Phänomen sind, als das sie erscheinen, oder ob es andere mit verwandten Erinnerungen gibt. Zu diesem Zweck werden wir Dokumente über die frühe Geschichte der Azteken und der Quiché-Maya erforschen.

2. Über Kontinente und Ozeane

Für das Verständnis der Hopi-Überlieferungen hinsichtlich ihrer Geschichte von Kásskara bis kurz nach Tiahuanaco und für die Bewertung der Gültigkeit dieser Überlieferungen ist zumindest eine allgemeine Kenntnis der Plattentektonik (Geotektonik) und ihrer Wirkungen unerläßlich. Diese Theorie sagt uns, warum die Kontinente da liegen, wo sie jetzt sind. Sie verspricht eine Erklärung der Gebirgsbildungen, der Entstehung von Verwerfungen, der wahren Ursachen der Erdbeben und wird aller Voraussicht nach auch von wirtschaftlicher Bedeutung sein. Die Grundlage dieser Theorie ist die Erkenntnis, daß die Erdoberfläche keine starre, unveränderliche Kruste ist, sondern aus einer Anzahl beweglicher Platten besteht, wovon die Theorie ihren Namen hat. Sie hat erst in jüngeren Jahren Einfluß bekommen, so mag es nützlich sein, kurz deren Bedeutung zu erklären.

Die Plattentektonik begann mit der Theorie der Kontinentalverschiebung, die 1915 von dem deutschen Geophysiker Alfred L. Wegener veröffentlicht wurde. Im wesentlichen basiert seine Theorie auf den vielen Eigentümlichkeiten globaler Geographie, die offensichtlich gut aneinanderpassenden Küstenlinien von Kontinenten und großen Halbinseln sowie andere ähnliche Kennzeichen. Der Mangel an Beweisen und die Schwierigkeit, auch nur eine Überprüfung vorzuschlagen, um einen wissenschaftlichen Beweis für Wegeners Überlegungen zu erbringen, ergab die gewohnten Zurückweisungen, Angriffe und den Spott[183].

Einige Angehörige der wissenschaftlichen Gemeinde jedoch hielten Wegeners Gedanken am Leben, und in den Jahren nach 1950, als ein sich durch alle Ozeane erstreckender Gebirgsrücken entdeckt wurde, gerieten die Dinge in Bewegung. Technologische Entwicklungen machten es zusammen mit Forschungstrieb und finanziellen Möglichkeiten amerikanischen Wissenschaftlern möglich, eine Erforschung der Meeresböden durchzuführen. Der erste Versuch, eine Bohrung in die Erdkruste an ihrer dünnsten Stelle bis zu ihrer Untergrenze niederzubringen, wurde in den ersten Jahren nach 1960 gemacht. Der Name des allerdings kurzlebigen Unternehmens ist Project Mohole. Dann wurde 1968 das Deep Sea Drilling Project (DSCP) begonnen. Es war nicht geplant, die harte Kruste zu durchbohren, aber etwas bedeutend Wichtigeres wurde getan. In die Meeresböden aller Ozeane wurden Bohrungen niedergebracht. Wertvoll waren natürlich nicht die Bohrlöcher, die in den Meeresböden verblieben, sondern die Bohrkerne, die man entnahm und untersuchte. Die Ergebnisse brachten einen Wendepunkt in der Geschichte der Wissenschaften und die Geotektonik zur Blüte.

Eine gemeinsame französisch-amerikanische Expedition in den Jahren 1973 und 1974[184] konzentrierte sich auf ein Meeresbodengebiet etwa 650 Kilometer westlich der Azoren. Die Expedition war mit den besten zur Verfügung stehenden technischen und wissenschaftlichen Mitteln ausgerüstet. Neben Messungen aller Art wurden bemannte Tiefsee-Tauchboote verwendet. So konnte zum ersten Mal direkte visuelle Aufklärung des Meeresbodens in großer Tiefe ausgeführt werden[185]. Diese Unternehmungen, zusammen mit einer Expedition des Woods Hole Oceanographic Institute in die Cayman-Rinne in der westlichen Karibischen See[186], bestätigten die Gültigkeit der Theorie von der Plattentektonik und vermittelten bis zu einem Ausmaß Einblicke in örtliche Vorgänge, die unvorstellbar und unerwartet waren.

Soweit der historische Hintergrund. Was ich wiederholt die harte Schale unserer Erde genannt habe, heißt mit ihrem wissenschaftlichen Ausdruck: Lithosphäre. Dieser Begriff verbindet das Wort „Sphäre" mit dem griechischen Wort »lithos«, daher Gesteinssphäre. Dieser Erdmantel erreicht im Mittel eine Dicke von etwa 40 bis 60 Kilometer. Wie alles in der Natur, ist auch das keine unveränderliche und konstante Größe. Auf der Innenseite der Lithosphäre liegt die Asthenosphäre. Auch dieser Ausdruck entstammt dem Griechischen, das »a« bedeutet »nicht« und »sthenos«: »Kraft«. Damit wird eine Substanz ohne Kraft angedeutet. Man kann sich diese Schicht als dicke, zähflüssige Masse vorstellen. Es ist dort unten sehr heiß, und die Lava der Vulkane kommt aus dieser oder durch diese Schicht nach oben. Es gibt natürlich viele unbeantwortete Fragen bezüglich dieser Schichten und der Zwischenzonen. Abbildung 22 zeigt, daß die Oberfläche oder richtiger die Lithosphäre unserer Erde neben einigen kleineren Einheiten aus einer Anzahl unregelmäßig geformter Großeinheiten oder Platten besteht. Dieses Bild ist von großer Bedeutung, denn damit kommt zum Ausdruck, daß die Geographie nicht unveränderlich ist, daß die harte äußere Schale unserer Erdkugel nicht zu einer starren Sphäre »gefroren« ist, kurz, die Erde ist ein dynamischer, lebendiger Himmelskörper.

Wir wissen bis jetzt noch nicht, wie diese Platten zustande kamen und warum sie die Konturen haben, die wir sehen. Dazu gibt es eine schwindelerregende Menge offener Fragen. Einige Wissenschaftler glauben übrigens heute noch nicht an die Bedeutung dieser Platten. Aber sie sind da, und wir wollen mit unserer Erklärung fortfahren.

Diese Plattenbewegung verständlich zu beschreiben, dient vielleicht ein Vergleich mit Eisschollen auf einem langsam fließenden Strom. Diese Schollen driften aufeinander zu, nebeneinander her und voneinander weg, sie wenden sich und gleiten über- und untereinander. Wenn wir das eine Weile betrachten, dann können wir uns vorstellen, was seit vielen Millionen Jahren auf dieser Erde vorgeht.

Wo Platten sich voneinander entfernen, reißt die Erdkruste in langen Spalten auf, durch diese dringt Lava, die aus dem Erdinneren heraufquillt, und formt untermeerische Rücken, die sich, wie schon erwähnt, in einem weltumspannenden System durch alle Ozeane erstrecken.

Wenn eine Platte von einer Seite eines Rückens abdriftet, muß sie logischerweise an der anderen Seite auf eine andere Platte stoßen. In einigen Fällen gleicht das Ergebnis eines solchen Zusammentreffens dem Frontalzusammenstoß zweier Autos. Allerdings müssen wir die gigantischen Massen bei solch einem Aufprall bedenken, um zu verstehen, daß auch bei geringer Geschwindigkeit von etwa ein paar Zentimetern im Jahr ungeheure Energien ausgelöst werden. Und so sind die Wirkungen: Das Himalajagebirge entstand durch den gewaltigen Aufprall der nach Norden treibenden indischen Platte. Welch ein Schauspiel! Auch die europäischen Alpen sind das Produkt eines ähnlichen »Verkehrsunfalles«.

Bei einer anderen Plattenbegegnung nahmen die Ereignisse jedoch eine unterschiedliche Wendung. Die beiden Platten fanden einen taktvolleren Weg, und die Kontinentalplatte schob sich über die Meeresbodenplatte. Das Schema dieses Geschehens ist in Abb. 24 abgebildet. Das geschah zum Beispiel im Fall der südamerikanischen und der Nazca-Platte. Durch ein früheres Ereignis entstanden die Anden, und die fortlaufende Bewegung der Platten hob sie auf ihre derzeitige Höhe.

Um das Bild der Plattenbewegung abzuschließen, muß auch jene erwähnt werden, wobei die Platten aneinander vorbeigleiten. Die bekannteste Erscheinungsform ist die San-Andreas-Verwerfung, an der entlang der westliche Teil Kaliforniens in nordwestlicher Richtung gleitet. Diese Verwerfung beginnt am Golf von Kalifornien und verläßt den Kontinent in der Nähe von Mendocino, nördlich von San Franzisko.

Wir sagten, die Platten haben eine Dicke zwischen 40–60 Kilometer; wenn wir an soviel massives Material unter unseren Füßen denken, glauben wir, auf buchstäblich festem Grund zu sein. Bevor wir jedoch zu vertrauensselig werden, sollten wir einige wenige Dinge prüfen. Nachdem unsere Erde, vom mechanischen Gesichtspunkt aus gesehen, ein recht komplizierter Körper ist, kann sie gewiß als Struktur im technischen Sinn betrachtet werden. Hier wie in jeder anderen Struktur sind die absoluten Maße weniger von Bedeutung als die Größenverhältnisse. Wir wollen erst überlegen, wie sich der feste Untergrund, auf dem wir unser Leben verbringen, im Vergleich zur Größe der Erde verhält.

Wenn wir einen Kreis mit einem Radius von 6 Zentimetern ziehen, dann entspricht die Lithosphäre etwa der Dicke einer weichen Bleistiftlinie. Oder wenn wir einen Globus mit einem Durchmesser von etwa 30 Zentimeter haben, dann ist die harte Schale unserer Erde etwa 2,5 Millimeter dick.

Diese Vergleiche lehren uns zweierlei: Unser fester Untergrund beginnt unangenehm zerbrechlich zu wirken. Dazu kommt das Bewußtsein, daß die dünne Schale aus einer Reihe von Stükken besteht, die wir Platten nennen und die nicht einmal durchgehend ist. Dann beginnen wir uns auch klarzumachen, daß diese Schale davon abhängig ist, was auch immer als Unterlage darunterliegt. Bis zu einem gewissen Grad ähnelt die Situation einem hartgekochten Ei mit einer gebrochenen Schale. Sollte sich die Unterlage, aus welchen Gründen auch immer, ändern, dann bewegen sich die Platten zwangsläufig in vertikaler Richtung. Sie würden je nachdem entweder gehoben oder gesenkt.

Damit kommen wir direkt zur Frage auf- oder untertauchender Kontinente. Wie wir sehen werden, sind unsere Gefühle oder Meinungen wieder einmal irreführend, denn wir sind beeindruckt von den absoluten Zahlen solch senkrechter Bewegungen. Für uns menschliche Wesen erscheinen vertikale Bewegungen in einer Größenordnung von Kilometern riesig, und wir reagieren ungläubig, wenn wir vernehmen, ein Kontinent mag vier oder mehr Kilometer gesunken sein oder ein anderer habe sich um eine ähnliche Anzahl von Kilometern gehoben. Betrachten wir jedoch solche Zahlen nicht aus unserer ichbezogenen Position heraus, sondern in der natürlichen Beziehung zur Umgebung und damit wieder im technischen Sinn, dann wird die Lage grundsätzlich anders. Technisch gesprochen sind derartige vertikale Bewegungen entweder Abweichungen oder Verzerrungen und als solche nur bedeutungsvoll in Beziehung zu den angemessenen horizontalen Ausmaßen.

Das Untertauchen von Kásskara war aufgrund einer verminderten Unterlage der Platte eine Abwärtsbewegung. Wie wir gerade gesehen haben, ist es nicht die absolute Größenordnung der vertikalen Bewegung, die bedeutend ist, sondern das Verhältnis zur Größe der Platte und dem Durchmesser der Erde. Die geringste Breite der pazifischen Platte (auf der sich Kásskara befand) beträgt etwa 6 000 Kilometer und der Durchmesser der Erde etwa 12 800 Kilometer. Angenommen, Kásskara versank etwa 4 Kilometer, dann ist das Verhältnis dieser Bewegung zur Breite der Platte ungefähr 1 : 1500 und hinsichtlich des Erddurchmessers etwa 1 : 3200. Übertragen wir das Verhältnis auf unseren Globus von 30 Zentimeter Durchmesser, dann stellt sich heraus, daß das

Sinken Kásskaras eine Veränderung der Erdoberfläche von etwas weniger als $^1/_{10}$ Millimeter bedeutet.

Es wird deutlich, daß die Veränderungen, von denen wir sprechen, in ihrem Verhältnis zur Größe des Himmelskörpers geringfügig sind. Hinsichtlich der Struktur sind sie praktisch unwesentlich.

Das sind harte Tatschen, die wir hinnehmen müssen. Nicht immer ist der Mensch das »Maß aller Dinge«.

Ähnlich sind die Verhältnisse bei der Untersuchung der Abwärtskrümmung der Nazca-Platte, die als Resultat den Peru-Chile-Graben bildet, der entlang der südamerikanischen Westküste verläuft. Man kann fragen, woher das Gewicht kommt, das die Platte krümmt. Dieses Gewicht entspricht dem Druck der westlichen Regionen Südamerikas, die von der Nazca-Platte aufwärts geschoben werden. Technisch ausgedrückt ist es die Auswirkung der Kraft, welche die Anden emporhebt (Abb 25).

Alles in allem können daher Hebungen und Senkungen von Kontinenten oder Inseln wie auch Formierungen von Gebirgen nicht als ungewöhnliche Ereignisse betrachtet werden. Sie sind keine Anzeichen von Störungen oder Unbeständigkeiten, sondern eher Anzeichen eines Körpers, der erstaunlich stabil ist. Aus diesen kurzen Überlegungen haben wir gelernt, daß diese Vorgänge immer am Werk waren und immer sein werden[187]. Wir menschlichen Wesen können uns glücklich schätzen, daß sich solche Veränderungen meist in Zeiträumen abspielen, die, gleich ihren Ausmaßen, außerhalb unserer persönlichen Erfahrung liegen.

Es gibt noch eine letzte allgemeine Bemerkung über die vertikale Plattenbewegung zu machen. Sie betrifft die Asthenosphäre, jene Schicht unterhalb der Lithosphäre. Tatsächlich mag der Einfluß, den ich beschreiben werde, weiter hinunterreichen, aber der Vorgang ist leichter zu verstehen, wenn wir eine begrenzte Tiefe berücksichtigen.

Offensichtlich ist das Volumen unserer Erde und damit das Volumen der Asthenosphäre begrenzt, es kann nicht geändert werden. Wird eine Platte hochgehoben, muß das Volumen darunter aufgefüllt werden. Dies ist natürlich die zähflüssige Masse der

Asthenosphäre, die unter die aufsteigende Platte fließt und dann natürlich an einer anderen Stelle fehlt. Wir werden an den guten alten Physikkurs in der Schule erinnert, der uns die Lehre von den kommunizierenden Röhren vermittelte (siehe Abb. 26). Heben wir eine Platte auf der rechten Seite, so senkt sich die auf der linken. Wenn auf die gleiche Art ein Kontinent gehoben wird, senkt sich der andere. Und damit haben wir das innere Wirken der vom Weißen Bären erwähnten »Schaukel« erklärt.

Ganz allgemein liegen außerdem die Erdbebenzentren in enger Beziehung zu den Grenzlinien der Platten. Das gleiche gilt auch für die Vulkantätigkeit[188]. Wenn solche Erscheinungen bereits in Zeiten mehr oder weniger regelmäßiger Plattenbewegungen auftreten, müssen sie sowohl an Intensität als auch an Häufigkeit während Perioden tiefgreifender Änderungen in der Plattenbewegung zunehmen. Viele schwere Vulkanausbrüche und Erdbeben müssen sich deshalb vor, während und nach dem Absinken Kásskaras und Taláwaitíchquas ereignet haben.

Ich muß betonen, daß die hier gegebenen Erklärungen der vertikalen Plattenbewegungen, Plattendeformierungen und der Hebung Südamerikas und der Anden nicht von Geologen oder Geophysikern entwickelt wurden. Zu diesen Schlußfolgerungen führte mich meine Kenntnis der Platten im technischen Sinn und die einiger Grundregeln der Physik. Sie scheinen Fragen zu beantworten, die von anderer Seite noch keine Lösung gefunden haben. Darunter ist die Hebung der Anden, was offiziell einer Kette von (nicht erklärter) Vulkantätigkeit zugeschrieben wird, die sich über eine Länge von einigen 1000 Kilometern unterhalb der Anden erstrecken soll. Außerdem hat, soviel ich weiß, bis jetzt noch niemand das Verhalten der Plattentektomik in technischer Hinsicht berücksichtigt. Obgleich natürlich die Tiefe des Pazifiks als Argument gegen die These eines versunkenen Kontinents benützt wird, hat noch niemand darauf hingewiesen, wie geringfügig das im Verhältnis zur Größe der Erde ist.

Bevor wir dieses Thema verlassen, eine kurze Bemerkung über Südamerika. Wir wissen, es begann sich vor etwa 200 Millionen Jahren von Afrika zu entfernen. Wenn wir nun eine Landkarte oder einen Globus anschauen, entdecken wir die beachtenswerte Tatsache, daß sich Südamerika nicht einfach westwärts bewegte. Die Orientierung der südamerikanischen und afrikanischen Küsten zeigt eindeutig, daß sich Südamerika zusätzlich um ungefähr 45 Grad im Uhrzeigersinn gedreht hat, während es westwärts driftete. Eine beachtliche Zahl. Es gibt übrigens Hinweise, daß die Rotation erst lange nach der Trennung von Afrika begann[189].

Man muß annehmen, daß der gesamte Kontinent, mit Ausnahme des südlichsten Teils Südamerikas, im Uhrzeigersinn rotierte. Örtlich mögen Bewegungen im entgegengesetzten Sinn aufgrund der S-Form Mittelamerikas z. B. vor sich gegangen sein. Alle solche Änderungen wirkten sich natürlich auf die Orientierung von Baugelände aus. Das könnte die oft bemerkte Abweichung von der genau nördlichen Ausrichtung der alten Ruinen erklären. Zusammen mit anderen Einflüssen müßte auch die Wirkung der kontinentalen Rotation bei einer neuerlichen Beurteilung von Posnanskys Berechnung des Alters von Tiahuanaco berücksichtigt werden.

Die physikalische Struktur der Erde mag in der Hopi-Mythologie nicht ohne Widerhall sein. Ich verweise auf die Zwillinge Pöqanghoya und Palöngawhoya, die lange vor der Menschheit erschaffen wurden. F. Waters sagt aus seinem tiefen Verständnis der Hopi-Mythen und -Zeremonien hinsichtlich der Plattentektonik, Polbewegung usw., »daß sie eine neuzeitliche Darstellung der Ansicht der Hopi seien, in welcher die Zwillinge die entgegengesetzten Polaritäten des großen magnetischen Feldes personifizieren, das die Erdrotation in Gang hält und die Landmassen seiner äußeren Kruste in Bewegung«[190].

3. Die Azteken und die Maya

In der zweiten Hälfte des 16. Jahrhunderts wurde eine ansehnliche Menge von Literatur über alle Seiten der mittelamerikanischen Indianer geschrieben. Natürlich ist es lohnend, heute insbesondere die Berichte über die Frühzeit mit jenen der Hopi zu vergleichen. Das ist in der Tat sehr bedeutungsvoll, denn es läßt die Überlieferungen der Hopi als wertvollen Maßstab erkennen.

Für die kurze, hier skizzierte Studie habe ich zwei Bücher ausgewählt: Pater Diego Durans Arbeit über die Azteken[191] und das Popol Vuh der Quiché-Maya[192]. Beide Bücher enthalten die Überlieferungen ihrer Völker von den nebelhaften Anfängen bis in die Zeit der spanischen Eroberung. Gekürzte Fassungen über die Zeit vor ihrer Ankunft in Mittelamerika werden unten gegeben. Die anschließenden Untersuchungen schildern die weitreichende Übereinstimmung der verschiedenen Überlieferungen. Diese Übereinstimmung wird hier nur für die große Linie der Ereignisse gezeigt. Die sicherlich mögliche Erweiterung auf die Einzelheiten wird nicht gebracht, da sie außerhalb des Rahmens dieses Buches liegen. Möglicherweise jedoch genügt dieser Anfang, um weitere Ermittlungen dieser Art anzuregen.

Ich möchte auch erwähnen, daß die eigentliche Schöpfungsgeschichte aus den Überlieferungen der Azteken und der Maya sowie einige der nachfolgenden Ereignisse absichtlich weggelassen wurden. Das geschah in Übereinstimmung mit den Überlieferungen der Hopi, die für die Art der Erforschung, wie sie in diesem Buch geboten wird, erst mit der Dritten Welt zugänglich werden. Die Unterlassung, diese früheren Ereignisse zu beschreiben, ist jedoch keinesfalls ein Hinweis auf fehlendes faszinierendes Material für eine eigene vergleichende Studie.

a) Die Azteken

Diego Duran wurde um 1537 in Spanien geboren. Mit etwa fünf Jahren kam er nach Südamerika, wo er den Rest seines Lebens verbrachte. 1556 trat er dem Dominikaner-Orden bei, wurde einige Jahre später geweiht und arbeitete dann als Missionar bei den Indianern. Nachdem er in »Neuspanien« aufgewachsen ist, beherrschte er die Sprache der Indianer fließend und gewann nicht nur ein tiefes Verständnis für ihre Kultur, sondern auch eine aufrichtige menschliche Sympathie für das Volk. Er beendete sein Buch 1581 und starb 1588. Sein Buch wurde in der Korrespondenz bedeutender Historiker seiner Zeit erwähnt, war aber nach seinem Tod verlorengegangen und wurde erst Mitte des 19. Jahrhunderts in der Nationalbibliothek in Madrid wiederentdeckt. Es stellte sich heraus, daß Durans Werk die Grundlage für andere Studien war und den Forschern lange Zeit gut bekannt.

Nach Duran kamen die Azteken aus Sieben Höhlen aus dem Land Teocolhuacan, das auch Aztlan genannt wird, nach Mexiko. Von Aztlan »wird gesagt, daß es gegen Norden nahe der Region La Florida zu finden ist«[193]. Aus anderen Quellen hört man, die Azteken seien aus den sieben Städten von Cibola gekommen, von dem auch gesagt wird, es sei irgendwo nördlich von Mexiko gelegen. Aztlans paradiesische Zustände haben in jenen Cibolas ein Gegenstück, das »ein Paradies an Reichtum, Überfluß und Glück wie El Dorado in Südamerika war«[194]. Die Region, genannt La Florida, wie auch der Name Cibola haben sich als Bezeichnung für den Südwesten der heutigen Vereinigten Staaten erwiesen[195]. Alles in allem lebten ursprünglich sieben Stämme in diesem Gebiet, sechs von ihnen jedoch wanderten früher nach dem Süden, während der siebte Stamm – die Azteken – noch eine lange Zeit dort blieb, so lange, bis ihr Gott ihnen sagte, daß auch sie gehen müßten.

Duran schreibt über diese frühen Azteken[196]: »Dreihundertundzwei Jahre, nachdem die sechs Gruppen die Höhlen verlassen hatten, wo sie in der Region von Aztlan und Teocolhuacan gelebt haben, kam der siebte Stamm, die Azteken, in dieses Land. Nach ihrem Glauben war ihnen das Land von ihrem Gott versprochen worden. Alle Azteken waren Götzendiener und fühlten sich bevorzugt durch diese Götter, abgesehen davon waren sie kriegerisch, mutig und vollbrachten große Leistungen und Heldentaten ohne Furcht. Es war ein Volk mit einem gewissen Maß an Kultur. Da sie auf ihrer Wanderung oft verweilten und es meine Absicht ist, ihre Geschichte zu erzählen, ist es nötig, ein besonderes Kapitel über die Ereignisse zu schreiben, die sich während ihrer Wanderung zutrugen. In der Hoffnung, daß das Land, das ihnen von ihren Propheten und Häuptlingen versprochen war, wirklich das Land der Verheißung sei, fruchtbar und voller Überfluß, machten sie viele Prüfungen durch. Jeder, der ohne Vorurteil ist, weiß, daß die obige Beschreibung von diesem Land richtig ist, denn unter allen Ländern in der Welt kann dieses sich mit den besten vergleichen. Die Azteken führten ein Idol mit sich, genannt Huitzilopochtli. Dieser hatte vier Hüter, die ihm dienten. Zu ihnen sprach er insgeheim über die Geschehnisse ihrer Wanderschaft und verkündete ihnen alles, was sich ereignen würde. Dieses Idol wurde vom Volk hoch geachtet und verehrt, und niemend außer den Hütern wagte es, sich ihm zu nähern oder es zu berühren. Es wurde in einem Schrein aus Schilf verborgen gehalten, und keiner der Eingeborenen hat das Idol jemals zu Gesicht bekommen. Und die Priester erhoben dieses Idol zu einem Gott und taten ihrem Volk die Gesetze kund, die es zu befolgen und einzuhalten hatte, die Zeremonien und feierlichen Handlungen, die seine Opfergaben zu begleiten hatten. Und dieses taten sie an jedem Ort, wo sie ihr Lager aufschlugen, gemäß dem Brauch der Kinder Israels, da sie durch die Wüste wanderten.«

Nach einigen Bemerkungen allgemeiner Art fährt Duran fort: »Die Azteken verließen die Sieben Höhlen, um das verheißene Land zu suchen. Nach den Überlieferungen, die von ihren Priestern hinterlassen wurden, und einigen Bilderhandschriften gab es lange Verzögerungen auf der Wanderschaft. Bei diesen Aufenthalten bewohnten sie viele Länder, fruchtbare Orte mit einem Überfluß an Wasser und Wäldern.«

An einigen Orten blieben sie 20 Jahre, an anderen 15 oder zehn. Auf einem Bild, das mir in Santiago Tlatelolco gezeigt wurde, sah ich viele Städte abgebildet, die sie während ihrer Wanderung gegründet hatten, einige bewohnt und andere aufgegeben. Weil die Menschen in letzteren gestorben waren, sind nur Überreste der Bauwerke und Tempel verblieben. Das erste, was das Volk an jedem Ort tat, an dem sie Aufenthalt nahmen, war, einen Tempel zu erbauen.

Sobald der Tempel den Schrein aufnehmen konnte, in dem ihr Gott getragen wurde, pflanzten sie Mais, Paprika – was wie spanischer Pfeffer ist – und andere Feldfrüchte. Wenn ihnen ihr Gott einen guten Ertrag verhieß, dann ernteten sie; wenn er anders entschied, dann gaben sie die Felder auf. Alles mit Ausnahme des

Abb. 19b oben: Ica-Helm
Abb. 20 unten: Ainu-Schrift

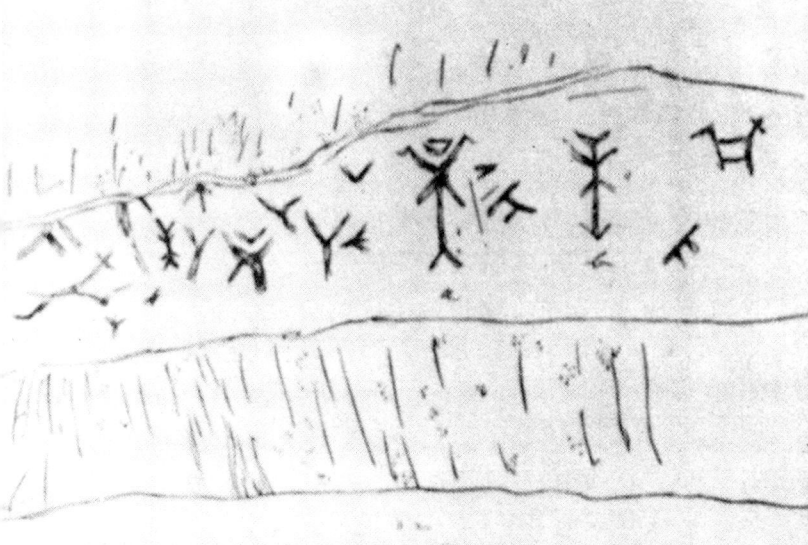

INSCRIPTION AT OTARUNAI

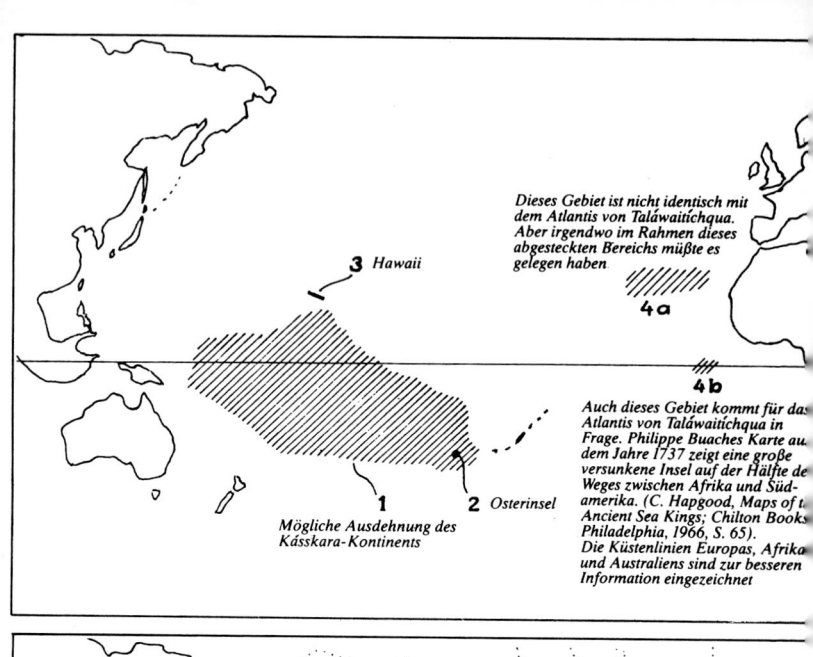

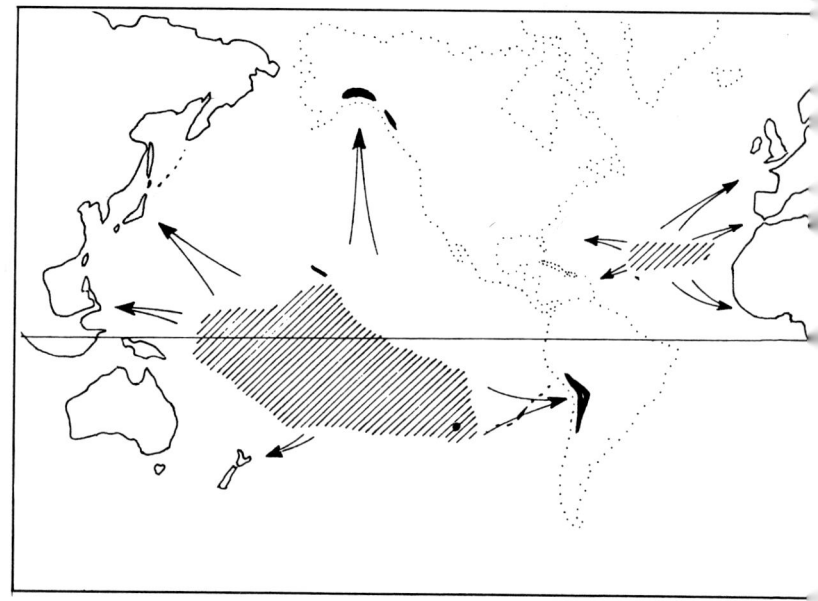

Dieses Gebiet ist nicht identisch mit dem Atlantis von Taláwaitíchqua. Aber irgendwo im Rahmen dieses abgesteckten Bereichs müßte es gelegen haben.

4a

3 Hawaii

4b

*Auch dieses Gebiet kommt für das Atlantis von Taláwaitíchqua in Frage. Philippe Buaches Karte aus dem Jahre 1737 zeigt eine große versunkene Insel auf der Hälfte des Weges zwischen Afrika und Südamerika. (C. Hapgood, Maps of the Ancient Sea Kings; Chilton Books, Philadelphia, 1966, S. 65).
Die Küstenlinien Europas, Afrikas und Australiens sind zur besseren Information eingezeichnet*

1   **2** Osterinsel

Mögliche Ausdehnung des Kásskara-Kontinents

Abb. 21 oben: Geographische Karte der Dritten Welt
Abb. 22 unten: Das Ende der Dritten Welt. Die Pfeile verdeutlichen die Fluchtrouten

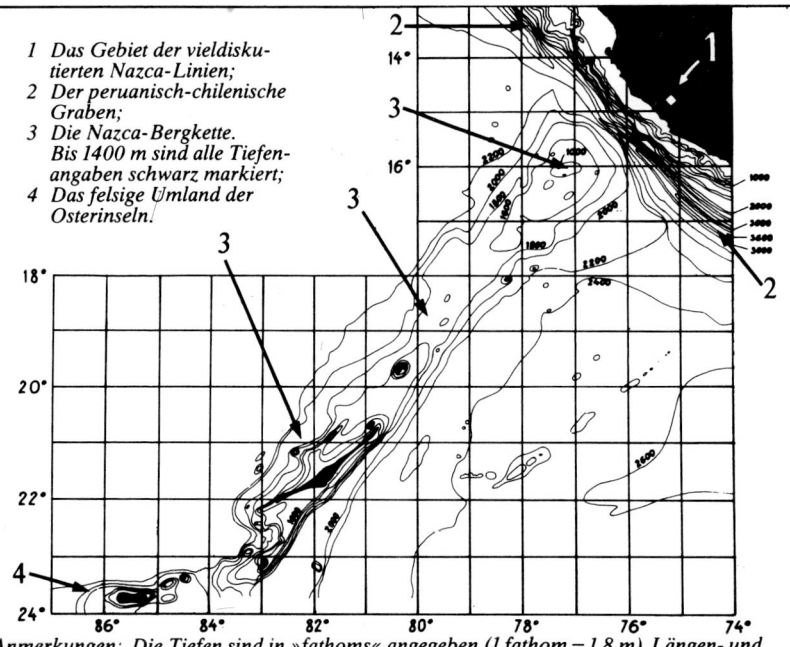

1 Das Gebiet der vieldiskutierten Nazca-Linien;
2 Der peruanisch-chilenische Graben;
3 Die Nazca-Bergkette. Bis 1400 m sind alle Tiefenangaben schwarz markiert;
4 Das felsige Umland der Osterinseln.

Anmerkungen: Die Tiefen sind in »fathoms« angegeben (1 fathom = 1,8 m). Längen- und Breitengrade beziehen sich auf West und Süd. Der rätselhafte Dreizack (siehe z. B. Erich von Däniken: Meine Welt in Bildern, Düsseldorf 1976, Abb. 294) liegt auf der kleinen Halbinsel genau nördlich des Schnittpunktes des 14. Breitengrades mit der Küstenlinie des Festlandes.

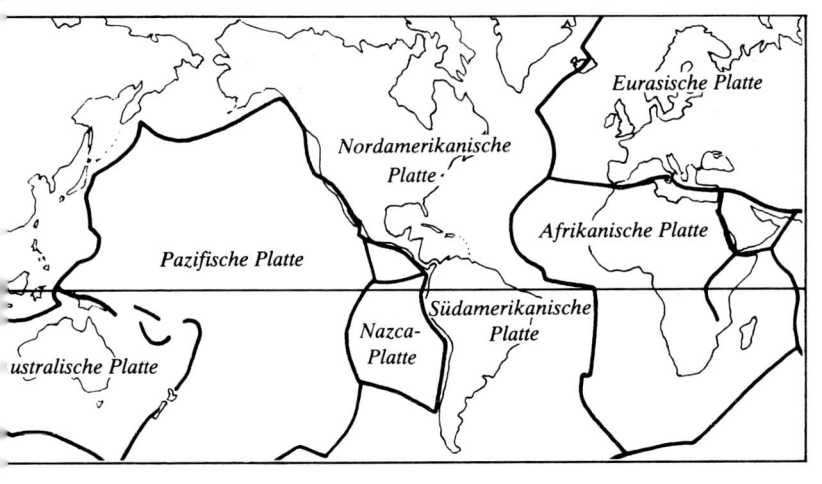

Abb. 23 oben: Die Straße der Armen
Abb. 24 unten: Die wichtigsten Platten unserer Erde

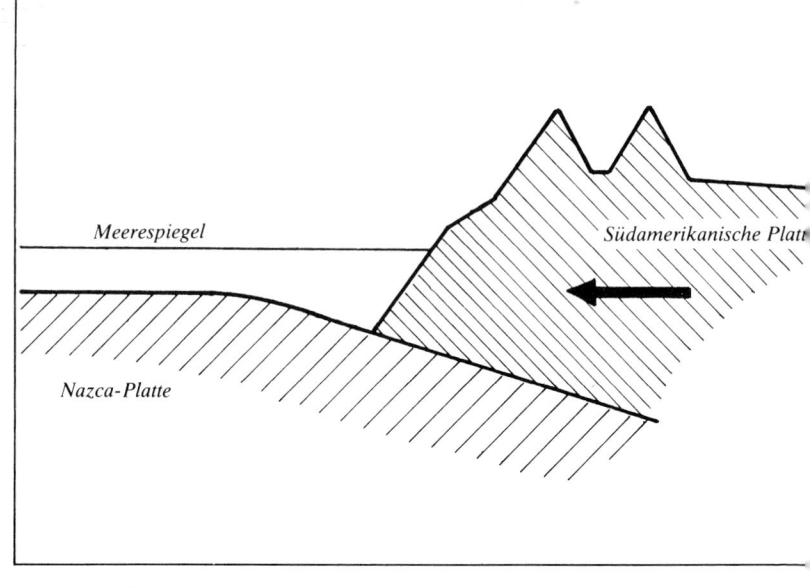

Abb. 25 oben: Schematische Darstellung der Plattenüberlagerung
Abb. 26 unten: Das Prinzip der kommunizierenden Röhren
Abb. 27 rechts: Der Kontinent Táotoóma

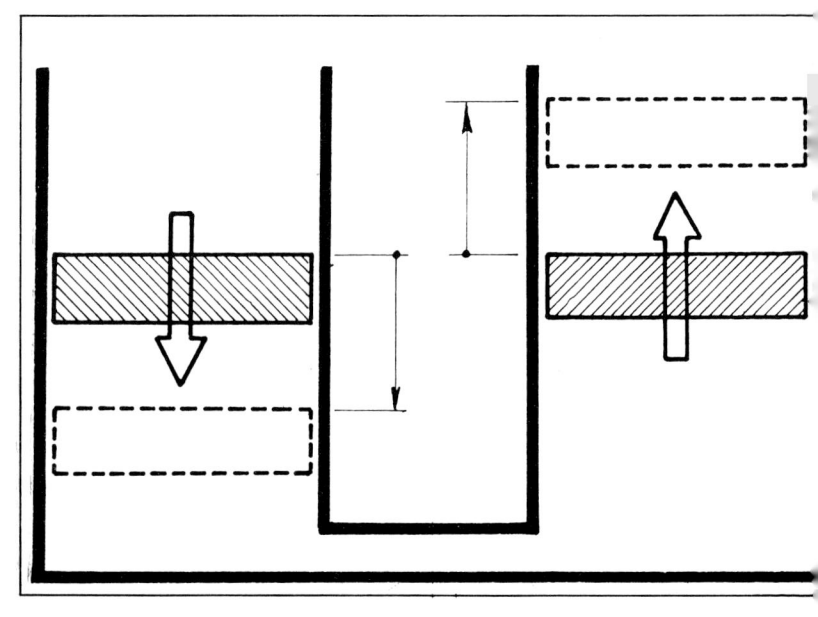

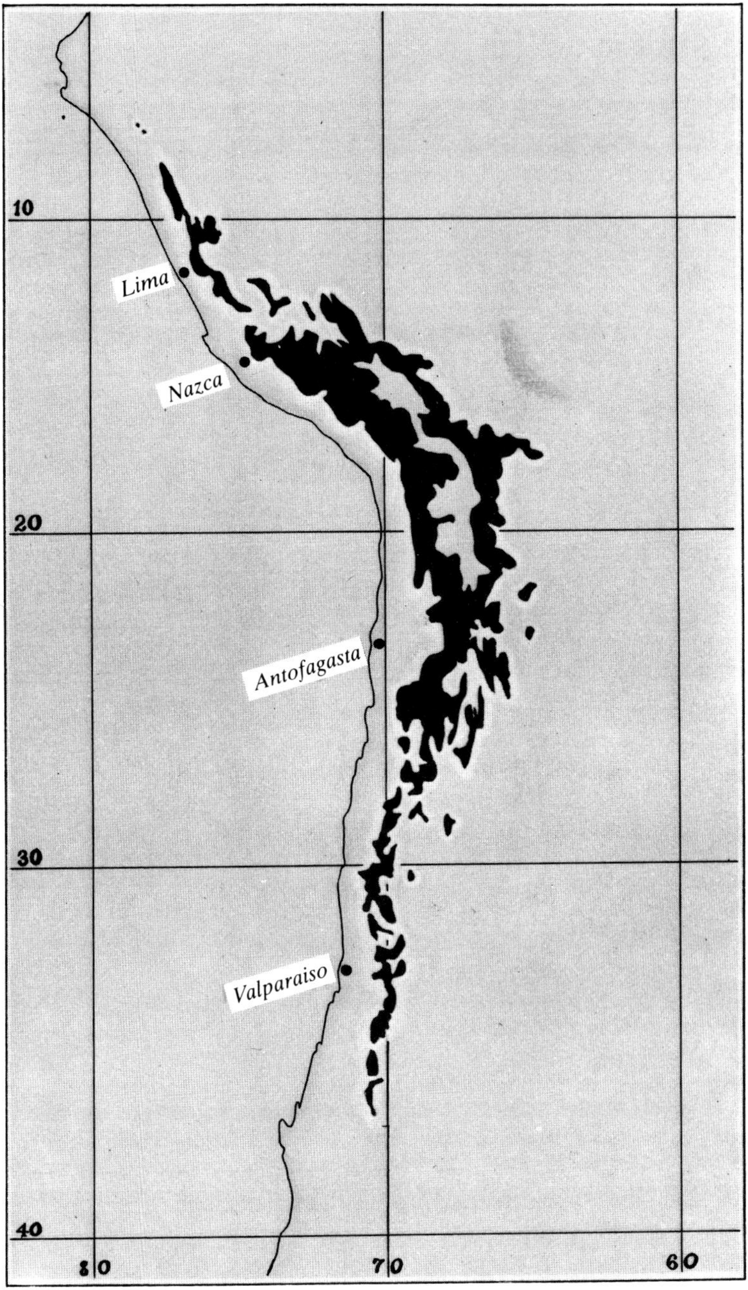

10
20
30
40
80
70
60
Lima
Nazca
Antofagasta
Valparaiso

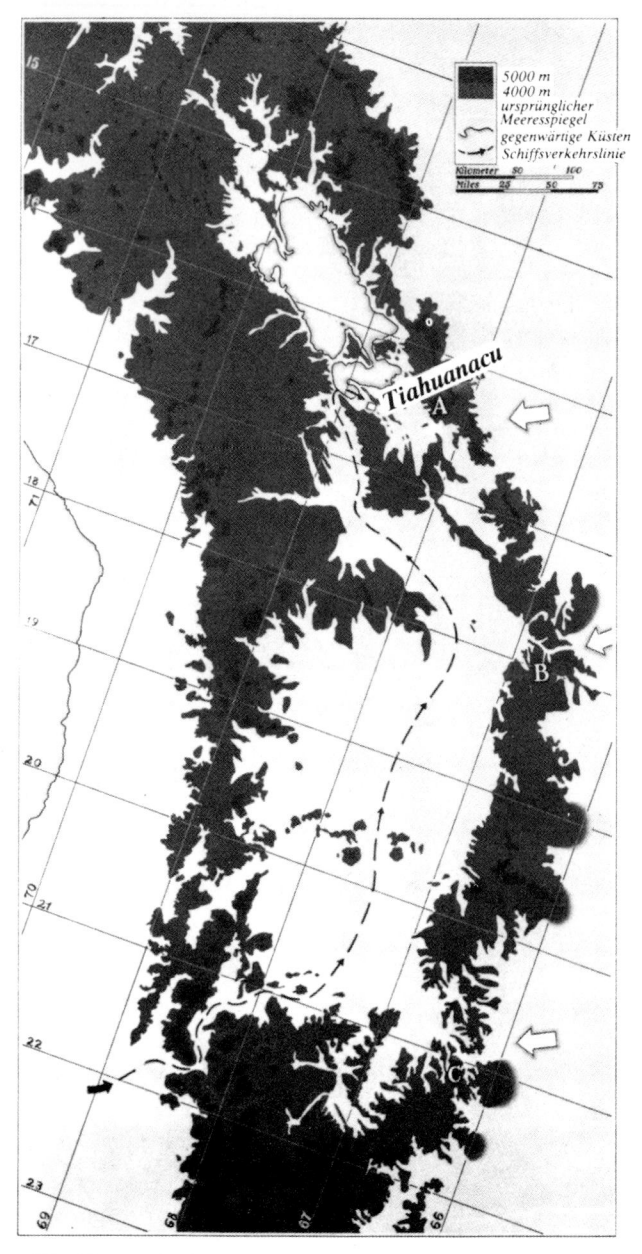

Abb. 28: Der Große See

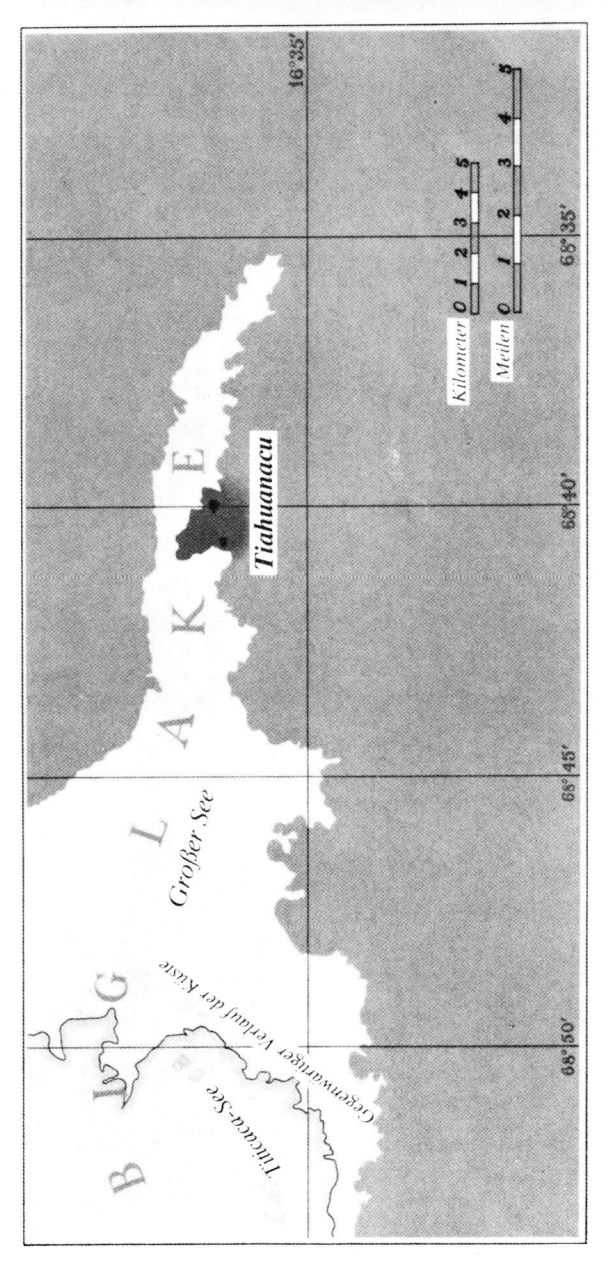

Abb. 29: Die Lage von Táotoóma (Tiahuanacu) am Großen See vor der Katastrophe

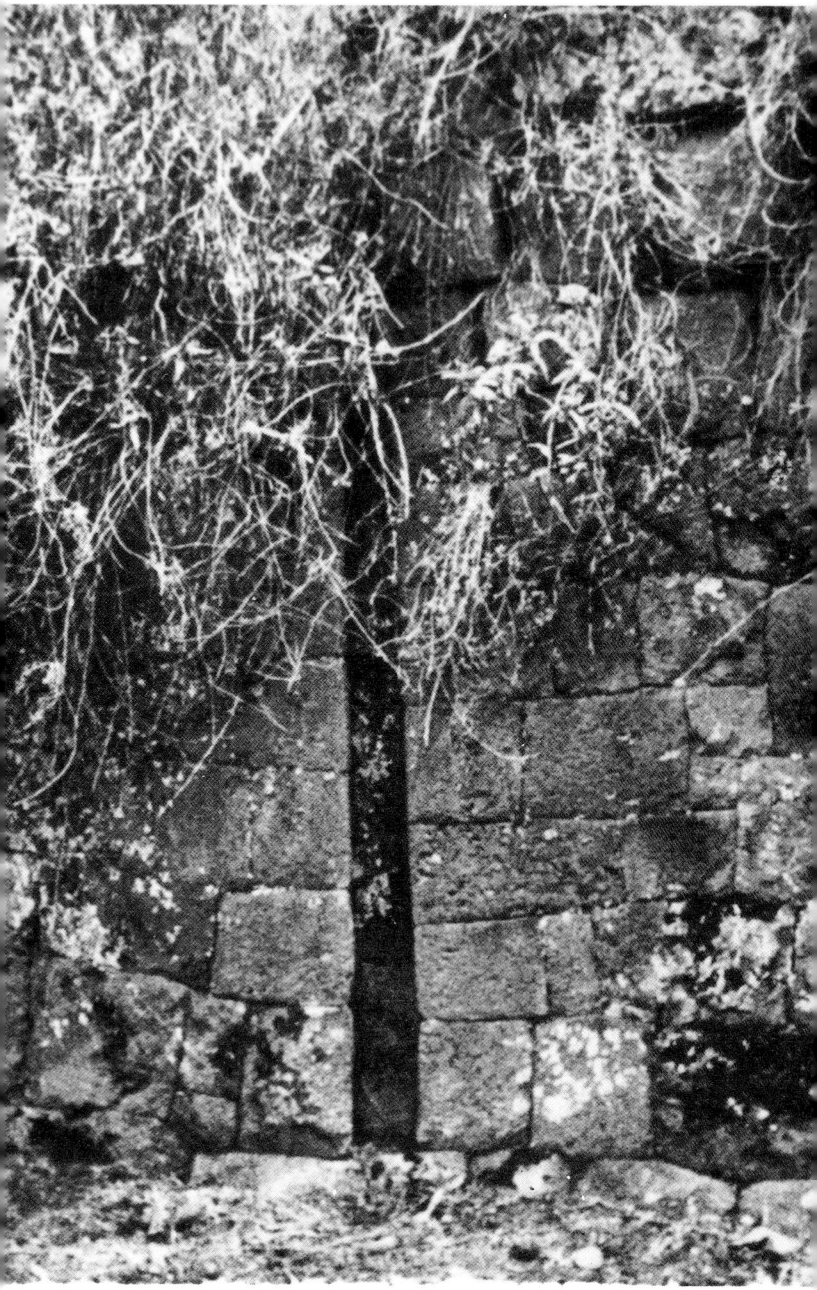

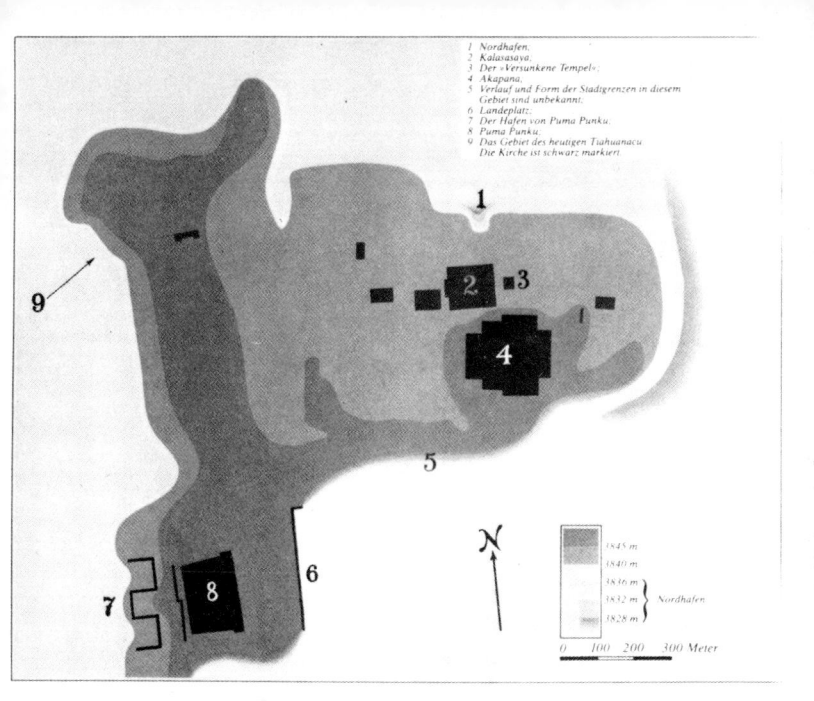

1 Nordhafen.
2 Kalasasaya.
3 Der »Versunkene Tempel«.
4 Akapana.
5 Verlauf und Form der Stadtgrenzen in diesem Gebiet sind unbekannt.
6 Landeplatz.
7 Der Hafen von Puma Punku.
8 Puma Punku.
9 Das Gebiet des heutigen Tiahuanacu. Die Kirche ist schwarz markiert.

Abb. 30 links: Landterrassen. Die hier abgebildete Mauer ist bis heute erhalten geblieben, weil die Steine mit höchster Präzision ineinandergefügt worden sind. Man beachte die vertikale Rinne, die als Bewässerungskanal fungierte und das Wasser zur nächstniedrigeren Stufe weiterleitete
Abb. 31 oben: Der Wohnort des Schöpfers – direkt in Tiahuanacu gelegen
Abb. 32 unten: Die Städte nördlich von Tiahuanacu

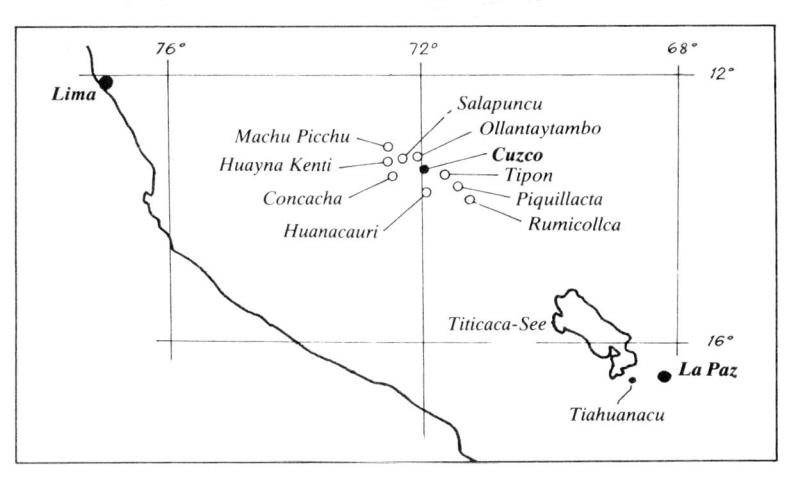

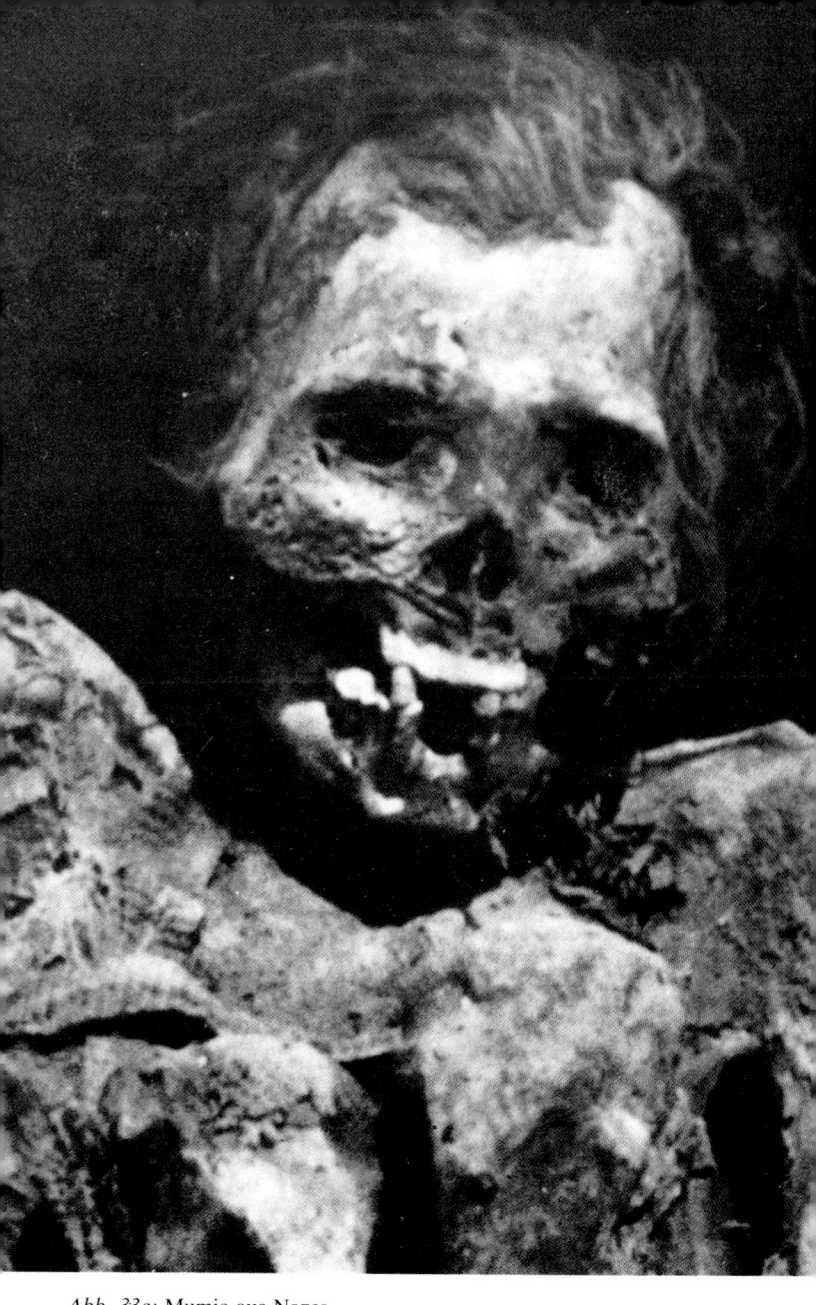

Abb. 33a: Mumie aus Nazca

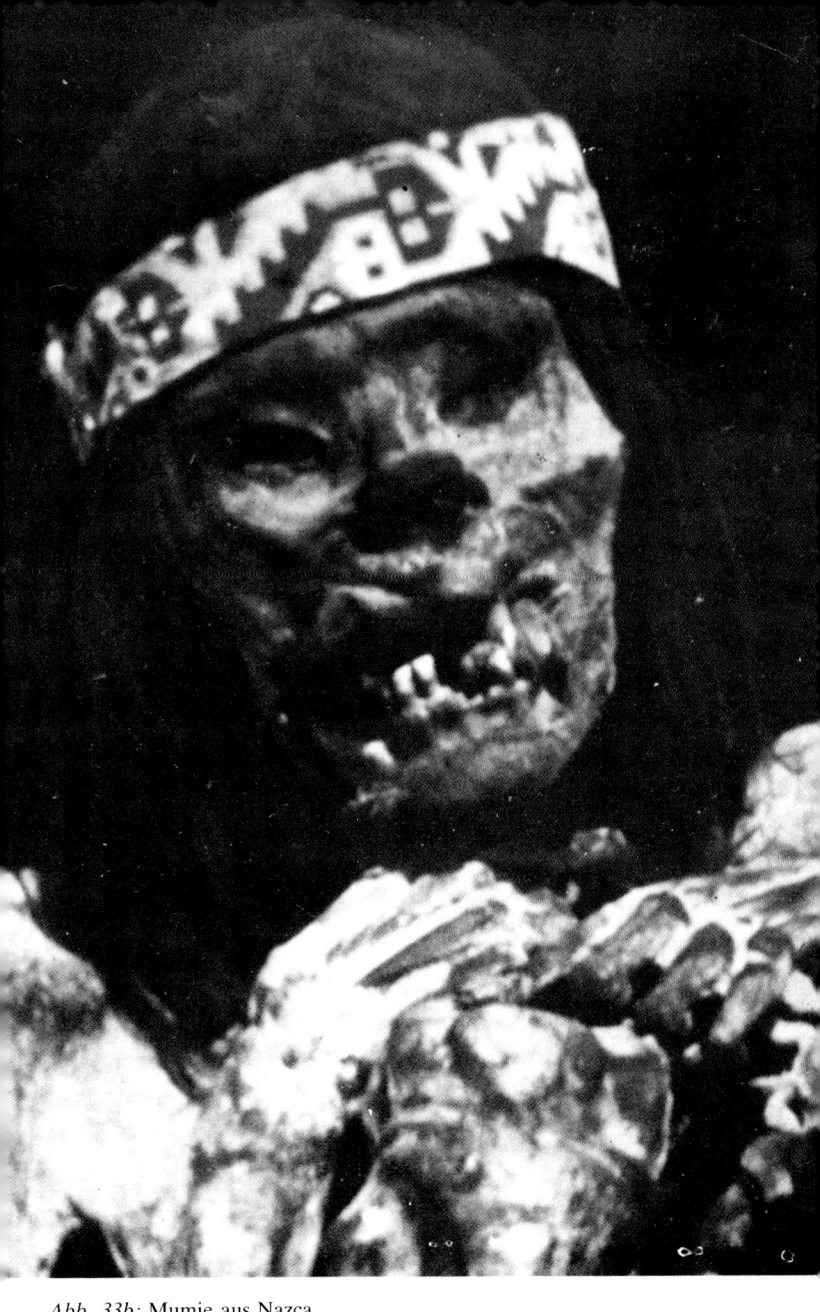

Abb. 33b: Mumie aus Nazca

Abb. 34 oben: Verhandlung
Abb. 35 unten: Der Untergang der weißen Stämme

reifen Maises blieb zurück. Häufig wurde das Ernten den alten Männern und Frauen und den Kranken überlassen, die nicht kräftig genug waren, weiterzuwandern. Auf diese Art wurden Orte besiedelt und mit Nahrungsmitteln zurückgelassen. Es war die Absicht der Azteken, jene Lande mit ihren Menschen zu bevölkern und Herrscher des Landes zu werden.

Wir haben erwähnt, daß dieses Volk einen Hauptgott mitbrachte, ohne den sie nicht zu wandern wagten. Sie trugen auch sieben Nebengötter mit sich, die die Sieben Höhlen verkörperten, aus denen die sieben Stämme hervorgekommen waren. Die sieben Gottheiten hatten ihre Ehrentitel, um auf die göttliche Überlegenheit hinzuweisen, so wie es heutigentags Adelstitel gibt.

In diesen Abschnitten gibt es verschiedene Darlegungen, die angesichts der Überlieferungen der Hopi Bedeutung bekommen. Zum Beispiel sagen die Hopi, der Aztak-Clan kam aus dem Chaco Cañon nach Oraibi, wurde dort zurückgewiesen und wanderte nach Süden (siehe S. 260). Damit wird bestätigt, daß die Wanderung nach Mexiko im amerikanischen Südwesten begann[197]. Dann lesen wir über die Gemächlichkeit der Wanderung, die auf die langen Unterbrechungen zurückzuführen ist. Das deckt sich genau mit den Beschreibungen des Weißen Bären über die Art und Weise, wie die Vorfahren der Hopi wanderten. Weitere Übereinstimmungen mit den Überlieferungen der Hopi finden wir im Gehorsam des Volkes ihrem Gott gegenüber. Er traf die Entscheidung, wann sie siedeln und wann sie wandern sollten. Und schließlich gab es den Gott Huitzilopochtli und seine sieben Helfer.

Was Duran Huitzilopochtli, den »Hauptgott« unter den ihn begleitenden anderen Göttern, nennt, muß man klar vom höchsten Wesen der Azteken unterscheiden, dem Schöpfer aller Dinge. Sein Name war Omoteotl, »Herr der Zweiheit«, er war sowohl männlich als auch weiblich. Ein weiterer Begriff, der den Azteken und Hopi gemeinsam war. Dies ist der Gott, von dem wir als dem »allgegenwärtigen« Gott sprechen: »Er, der überall ist« — »Er, der uns nahe ist«, wie es die verschiedenen aztekischen Namen definieren.

Wir dürfen nicht vergessen, daß es unser eigenes ungenügendes Wissen ist, das uns das Verständnis für solche Dinge schwierig oder unmöglich macht. Wir lassen uns verleiten, jeden Begriff, der sich auf ein Wesen bezieht, das über oder außerhalb unserer Auffassung von der Wirklichkeit ist, ohne Grund mit dem Wort »Gott« auszulegen. Zumindest während dieser frühen Zeit hatten die Azteken keine polytheistische Religion. Offensichtlich finden wir in Huitzilopochtli und seiner Gruppe die Gottheit und die Kachinas, wie sie uns vom Weißen Bären erklärt wurden.

Huitzilopochtli stiftet Verwirrung bei Duran und mag das in der Spätzeit sogar bei den Indianern selbst getan haben. Er wird wie ein menschliches Wesen beschrieben, erscheint aber auch mit den Merkmalen einer Gottheit. Nach den Überlieferungen war seine Mutter eine gottesfürchtige Frau, die einige heilige Pflichten im Tempel von Tula hatte. Eines Tages, als sie im Tempel war, schwebte eine Feder vom Himmel herab. Sie hob sie auf, und bald danach fühlte sie sich schwanger. Huitzilopochtli hatte eine ältere Schwester, die in ihrem Haß und ihren mörderischen Verschwörungen recht menschlich war.

Trotz ständiger Bezugnahme auf Huitzilopochtli als Gott ist er doch ausreichend körperlich, um das schwesterliche Ziel eines Mordanschlages zu werden. Er erfuhr jedoch von der Verschwörung und traf sehr bezeichnende Vorsichtsmaßnahmen: Am Tag, an dem der Mord ausgeführt werden sollte, verbarg er sich, und an seiner Stelle wurde ein Abbild herumgetragen. Ganz offensichtlich wollte Huitzilopochtli nichts riskieren und sich nicht in persönliche Gefahr begeben. Der Mörder wurde übrigens bald gefaßt und sogleich umgebracht [198].

Ein weiterer Hinweis auf die physische Natur Huitzilopochtlis ist der »Schrein aus Schilf«, in dem er – und seine Priester übrigens auch – auf der Wanderung getragen werden. Heute würden wir solche Dinge Sänften nennen. Der obere Teil war anscheinend mit Schilf oder Binsen gedeckt, ein Schutz gegen die Hitze, die in diesem Gebiet recht groß sein kann. Diese Maßnahme war eindeutig für die Bequemlichkeit, ganz abgesehen vom Ansehen, das damit unterstrichen wurde. Das gleiche taten vor nicht sehr langer

Zeit Forscher, Beamte und Touristen in Afrika und Asien, wofür immer genug Ureinwohner zur Verfügung standen.

Huitzilopochtli war der erste, für den eine Behausung gebaut wurde, wann immer sich die Azteken irgendwo niederließen. Schließlich erfahren wir, daß die sieben Götter ihm untergeordnet waren, auch daß er selbst immer nur zu den Priestern sprach und niemals mit dem Volk.

Huitzilopochtli konnte jedoch nicht nur gütig und behutsam sein. Er konnte ohne weiteres drastische Maßnahmen ergreifen, wenn es die Lage erforderte. Das zeigt sich im folgenden Zwischenfall: In einem bestimmten Gebiet befahl er den Azteken, zu siedeln und einen Damm zu erbauen. Ein großer künstlicher See entstand, und das Land ringsum wurde grün. Bäume wurden gepflanzt, und die Ernten waren gut. In den Gewässern gab es Fische, und allerlei Geflügel sammelte sich an. Natürlich gefiel das den Azteken sehr gut, und als ihnen Huitzilopochtli eines Tages befahl, weiterzuwandern, wollten sie nicht und baten ihn, diesen Ort zum Ende ihrer Wanderschaft zu machen. Anscheinend »baten« sie ihn nicht nur, sondern weigerten sich einfach zu gehen. Huitzilopochtli wurde wütend: »Wer sind sie, die meinen Willen mißachten.« Das Volk war sehr erschrocken und fürchtete sich [199].

Wie sich herausstellte, hatten sie dazu allen Grund, denn etwa um Mitternacht gab es einen großen Lärm auf dem Ballspielplatz, und »als der Morgen kam, wurden dort die Hauptdrädelsführer des Aufruhrs tot aufgefunden ... bei jedem war die Brust aufgeschnitten und das Herz herausgerissen. So entstand der abscheuliche Glaube, Huitzilopochtli habe nur Herzen verzehrt...«

Dieser letzte Satz kann nur Pater Durans persönliche Meinung sein. Huitzilopochtli war so lange bei seinem Volk, daß es zweifellos gewußt haben muß, was er gern aß. Sollte dieser Vorfall tatsächlich der Anlaß für die Gewohnheit gewesen sein, die Herzen herauszureißen, dann war es ein wirklich tragisches Mißverständnis.

Durch die allgemeine Unruhe unter dem Volk muß die Lage so ernst gewesen sein, daß sich Huitzilopochtli gezwungen sah, hart durchzugreifen. Die Szene auf dem Ballspielplatz erinnert stark an eine Hinrichtung, wobei Huitzilopochtli und seine Gefährten mit ihren Waffen die Anführer des Aufruhrs beseitigten. Der Lärm wird beschrieben und die offenen Brustkästen. Genau das passiert, wenn heute ein Exekutionskommando seine unerfreuliche Pflicht tut. Wenn durch die Wirkung der Waffen Löcher in den Brustkästen entstanden, dann war die Schlußfolgerung, Huitzilopochtli habe die Herzen herausgenommen, zumindest verständlich.

In seiner Wut entzog Huitzilopochtli dem Volk die Ernährungsgrundlage, er ließ den Damm öffnen, und das Staubecken trocknete ein. Er war jedoch vorsichtig und tat weiter nichts. Nach der Hinrichtung gab es keinen offenen Widerstand mehr, aber das Volk rührte sich noch nicht von der Stelle. Sie blieben und Huitzilopochtli wartete. Die Lage war offensichtlich recht gespannt.

Ohne Wasser gingen die Tiere entweder ein, rannten weg oder flogen fort. Das üppige grüne Land wurde wieder so trocken, wie es vor dem Dammbau gewesen war. Der Tag mußte kommen, an dem das Volk Huitzilopochtli um seinen Rat fragen würde. Nun hatte er sie, wo er sie haben wollte, und als er ihnen befahl, zu packen und fortzugehen, taten sie es »sofort«.

Von da an gab es zwischen Huitzilopochtli und seinem Volk keine Schwierigkeiten mehr. Und die Azteken gingen sozusagen in die Geschichte ein.

Was wir bis jetzt erfahren haben, zeigt praktisch eine völlige Übereinstimmung zwischen den Überlieferungen der Azteken und der Hopi. Diese Tatsache bestätigt, daß die Azteken in der Tat aus dem Chaco Cañon kamen, und damit löst sich das alte Rätsel aztekischer Herkunft.

Natürlich war das nur das Gebiet, von dem aus die Azteken auf ihre letzte Wanderung gingen, aber nicht das Land ihrer wahren Herkunft. Über letzteres hören wir ziemlich am Schluß von Pater Durans Buch, als der Herrscher Moctezuma das Land der Abstammung der Azteken finden wollte. Er bat seinen ersten Minister Tlacaélel und den fürstlichen Historiker Adlerschlange um Auskunft. Tlacaélel gibt einen ziemlich kurzen Bericht. Es ist bemerkenswert, daß er seinen Herrscher darauf aufmerksam macht, daß die Suche nach dem Ursprungsland nicht die Aufgaben für Soldaten, sondern für Forscher sein müsse. Er meint, es wird schwierig sein, das Land zu finden, und fährt fort[200]:

»Als unser Volk dort lebte, war es ein herrliches Land.
Dort lebten sie in Muße, sie lebten lang,
Sie wurden niemals alt und müde.
Aber nachdem sie ihre Heimat verlassen hatten,
Gab es nur noch Dornen und Disteln,
Die Steine wurden spitz, um zu verletzen,
Die Büsche wurden stachlig, die Bäume dornig.
Alles kehrte sich dort gegen sie,
So daß sie niemals mehr zurückkehren konnten.«

Adlerschlange berichtet im wesentlichen das gleiche, aber er beschreibt alles ausführlicher[201]: »O großer Herrscher, ich Euer unwürdiger Diener, kann Euch antworten. Unsere Vorfahren lebten in diesem glücklichen, erfreulichen Ort, genannt Aztlan, ›Weißer Ort‹. An dieser Stelle ist ein großer Hügel inmitten von Wasser, und er wird Colhuacan genannt, weil sein Gipfel krumm ist, dies ist der krumme Berg. An seinen Hängen waren Höhlen oder Grotten, wo unsere Väter und Großväter viele Jahre lebten. Dort lebten sie in Muße, sie wurden Mexica und Azteken genannt. Dort hatten sie große Mengen von Enten aller Art, Reiher, Wasservögel und Kraniche zu ihrer Verfügung. Unsere Ahnen liebten den Gesang und die Melodien der kleinen Vögel mit roten und gelben Köpfchen. Es gab auch viele Arten großer und schöner Fische. Unsere Väter hatten die Frische der Bäume an den Ufern der Gewässer. Sie hatten Quellen, umgeben von Weiden, immergrünen Pflanzen und Erlen, alle groß und hübsch. Unsere Vorfahren waren in Kanus unterwegs und bauten schwimmende Gärten, auf denen sie Mais pflanzten, Paprikaschoten, Tomaten, Amarant, Bohnen und allerlei Samen, die wir nun essen und die von dort hierhergebracht wurden.

Als sie jedoch auf das Festland kamen und diesen wunderbaren

Ort aufgegeben hatten, wandte sich alles gegen sie. Das Unkraut begann zu brennen, die Steine wurden spitz, die Felder füllten sich mit Disteln und Stacheln. Sie stießen auf Dornengebüsch, wo sie nur schwer durchkamen. Sie konnten nicht sitzen, sie konnten sich nicht ausruhen. Überall waren Nattern, Schlangen, giftige kleine Tiere, Jaguare und Wildkatzen wie auch andere Raubtiere. Und das ist es, was unsere Vorfahren aufgaben. Ich fand es in unseren alten Büchern abgebildet. Und das, o mächtiger Herrscher, ist die Antwort, die ich Euch auf Eure Frage geben kann.«

Beide Berichte klingen wie gekürzte Fassungen der Hopi-Überlieferungen. Das gute Leben im Land ihres Ursprungs wird beschrieben, dann folgt ein kurzer Hinweis über eine Reise über das Wasser und dann der schwierige Beginn im neuen Land. Da gibt es die feste Überzeugung, nicht zurückkehren zu können, und da sind auch die bezeichnenden Einzelheiten: Mais, Paprika, Tomaten, Amarant, Bohnen und alle Arten von Samen, die »von dort hierhergebracht wurden«. Der tief verwurzelte landwirtschaftliche Sinn der Azteken ließ sie nicht vergessen, daß diese Pflanzen nicht im neuen Land vorgefunden wurden, sondern vom verlorenen Kontinent *hergebracht* wurden.

Schließlich müssen wir die Beziehungen zwischen Höhlen und Städten in den aztekischen Überlieferungen bedenken. Die Höhlen sind als Ort der wahren Herkunft der Azteken fest verwurzelt, wie wir von Moctezumas Ratgebern hörten. Die Städte dagegen blieben besonders ihres Reichtums wegen in guter Erinnerung, andererseits erscheinen sie nur verschwommen in der aztekischen Geschichte, sie waren der Ort ihres Aufbruchs, von dem aus sie nach Mexiko kamen. Solange wir dem Gesichtspunkt des Wohlstands nicht zuviel Wert beimessen, ist es naheliegend, daß die Höhlen wichtiger sind als die Städte. Um das 16. Jahrhundert waren Städte und Höhlen als Ort des wahren Ursprungs eins geworden. Der Vorgang, den wir hier beobachten, ist im wesentlichen der gleiche wie bei der Verschmelzung von Taláwaitíchqua und Atlantis, das ich früher erörtert habe.

Noch ein anderer Gesichtspunkt muß betrachtet werden. In den Überlieferungen sind sowohl die Höhlen als auch die Städte mit Friede, Schönheit und Wohlstand verbunden wie auch mit der Zahl Sieben, was sich auf die wirkliche Zahl beziehen kann oder eine symbolische Bedeutung hat. Nun gibt es Höhlen als Obdach, die reichen dem Aussehen und der Funktion nach von jenen für primitive Höhlenbewohner bis zu jenen des 20. Jahrhunderts, die höchst raffinierte Ausstattungen und alle neuzeitlichen Bequemlichkeiten haben. In unserem Zusammenhang ist es nicht nötig, zwischen Höhlen und Städten genau zu unterscheiden, und wir können bis zu einem gewissen Maß die beiden Begriffe abwechselnd gebrauchen.

b) Das Popol Vuh
Ein wertvolles Buch, das irgendwann zwischen 1554 und 1588 geschrieben wurde, aber erst etwa 1702 hat es Pater Francisco Ximenes entdeckt. Er war 1688 nach Neuspanien gekommen und Mitglied des Dominikaner-Ordens in Guatemala geworden. Während seiner missionarischen Tätigkeit lernte er verschiedene indianische Dialekte, schätzte aber besonders die Quiché-Sprache. Das Buch, das er fand, war in dieser Sprache geschrieben, jedoch mit lateinischen Buchstaben. Er übersetzte es ins Spanische. Später wurde das Buch noch in viele moderne Sprachen übertragen. Das Exemplar, das ich hier benützt habe, ist die erste vollständige Fassung in Englisch, die auf einer neuen Übersetzung aus dem Quiché-Original basiert. Die folgende Zusammenfassung der Hauptereignisse der Frühzeit wurde dem Teil III, Kap. 2–9, entnommen.

In sehr früher Zeit hatten die Vorfahren der Quiché-Maya ein sehr gutes Leben. Sie waren gütig und gehorsam und beteten für den Fortbestand des Friedens, des guten Lebens und eines nützlichen Daseins. Sie lebten »im Osten«, das heißt im östlichen Teil eines Landes, das groß war, aber nicht näher beschrieben wird. Wir erfahren jedoch, daß dort viele Menschen lebten: »Die schwarzen Menschen und die weißen Menschen vieler Zungen.« In einem Kommentar zu dieser Stelle wird der Verweis auf die Rassen so erklärt: »Von heller Haut und von dunkler Haut.« Die Anwesenheit einer hellhäutigen Rasse ist natürlich wichtig.

Dann, eines Tages, »hörten sie von einer Stadt und gingen dorthin«. Der Name der Stadt – oder auch der Stelle – war Tulan.

Dieser Name erscheint in verschiedenen Abwandlungen wie Höhle von Tulan, Sieben Höhlen, Sieben Schluchten und sollte sicher mehr auf ein Gebiet als auf eine Stadt verweisen, die weiteren Ereignisse bestätigen das auch[202]. Viele Menschen kamen nach Tulan, und ein großer Teil von ihnen war lange unterwegs, aber die Wanderungen verliefen »in planmäßiger Weise«.

In Tulan trafen sie ihre Götter an, die sie nun auf allen ihren Wanderungen begleiteten. In Tulan begann auch die Trennung der Sprachen, so daß sie einander nicht mehr genau verstehen konnten. Einige Gruppen »mußten nach dem Osten gehen, aber die meisten blieben«.

Während all dieser Zeit sahen sie die Sonne nicht. »Es gab viel Hagel, schwarzen Regen und Nebel und unbeschreibliche Kälte.« Über den Besitz des Feuers entstanden unter den Stämmen Spannungen. In einer der Streitigkeiten erschien ein Mann mit Flügeln. Er ist ein Bote des Schöpfers und hat einen höheren Rang als die Götter, denn auch sie unterwerfen sich seinen Anordnungen.

In Tulan wurden die Ahnen mächtig und weise. Die Bedeutung dieser Worte wird weder erklärt noch scheinen diese Gaben das Benehmen der Stämme geändert zu haben.

Und jedermann wartete auf das Erscheinen der Sonne.

Dann, eines Tages, sagten die Götter, Tulan sei nicht ihre persönliche Heimat noch die Heimat der Stämme, und »wir sollten alle gehen und herausfinden, wo wir uns niederlassen können«. Zusammen verließen sie Tulan und begannen eine beschwerliche Wanderung. Auf diesem Weg mußten sie ein Meer durchqueren und taten es auf »Steinen, die in einer Reihe lagen«. – Schließlich gelangten sie auf den Gipfel eines Berges, dessen Name war Chi-Pixab. Auf seinen Wanderungen trug das Volk seine Götter in etwas, was mit dem bemerkenswerten Begriff »Holzrahmen« erklärt wird.

Im neuen Land waren die Stämme alle zusammen und gaben sich selbst und einander Namen. Ziemlich lange gab es wenig zu essen, auch nicht für die Götter. Veranlaßt durch die Not, begannen die Menschen zu fragen: »Warum verließen wir unser Land, wenn wir dort in Harmonie leben konnten?«

Von den Göttern lesen wir, daß sie viele Wunder vollbrachten und Reisen unternahmen.

Eines Tages kam die Sonne heraus »wie ein Mann«. Ihre Hitze war kaum zu ertragen. Die alten Erzählungen sagen: »Sicher war es nicht die gleiche Sonne, die wir sahen.« Die Oberfläche der Erde trocknete schnell. Dann begann die neue Wanderung, viele Städte wurden begründet, und andere Generationen führen die Geschichte weiter.

Was wir hier lesen, ist wieder ein Gegenstück zu den Berichten der Hopi. Wir erfahren die gleichen Geschichten und von den gleichen Ereignissen. Die Unterschiede entstammen verschiedenen Gesichtspunkten, einer anderen Denkungsart eines Volkes, dem es an der Einsicht der Hopi fehlt. Sie wissen nicht, *warum* sich das alles ereignet. Die Geschichte beginnt in einem Land, das groß und von Menschen verschiedener Rassen und Sprachen bewohnt ist. Die Ahnen der Quiché-Maya lebten irgendwo im östlichen Teil dieses Landes. Das Leben war angenehm. Zusammen mit anderen Stämmen wurden sie aufgefordert, in ein Gebiet zu gehen, das gebirgig gewesen sein muß, da es Höhlen und Schluchten hatte. Von der Beschreibung der Wanderung, die später nötig wurde, erfahren wir, daß das alte Land, das wir auch wegen seiner Größe einen Kontinent nennen können, durch einen Ozean von jenem Land getrennt war, in dem die Quiché-Maya heute leben.

Die Tatsache, daß es auf dem alten Kontinent verschiedene Rassen und Sprachen gab, verursachte vor ihrer Ankunft im Tulan-Gebiet kein Problem. Sprachschwierigkeiten erhoben sich erst, als sie sich in Tulan zusammenfanden. Vor dieser Zeit wird das Vorhandensein unterschiedlicher Rassen und Sprachen nicht als Schwierigkeit erwähnt, sondern nur als Hinweis auf die Größe des Kontinents. Zweifellos lebten die verschiedenen Gruppen in diesen früheren Zeiten getrennt, wußten jedoch voneinander. Aber bei ihrer Zusammenballung in dem viel kleineren Tulan-Gebiet wurden sie sich durch persönliche Erfahrung ihrer Unterschiede bewußt.

Auch in Tulan trafen die Menschen ihre Götter. Tohil heißt ein Gott einiger Clans der Quiché-Maya. Als die Häuptlinge zweier Clans ihn zum ersten Mal »Gott« nennen, gibt es einen sehr denkwürdigen Auftritt. Tohils Antwort verrät, wie sehr er über diese Erhöhung überrascht ist, offensichtlich freut es ihn auch. Er sagt: »Sehr gut, sicherlich, ich bin Euer Gott, so soll es sein! Ich bin Euer Herr, laßt es so sein«[203]. Im Text erfahren wir weiter, daß dann die Stämme das Feuer bekamen, das sie verlangt hatten.

Die Erwähnung des Feuers, des Hungers und schlechten Wetters lassen erkennen, daß das Klima schlechter wurde. Schließlich entschieden die Götter, daß es Zeit geworden war, fortzugehen. Die sich anschließende Wanderung führte über das Meer und eine Kette von Inseln (Steine in einer Reihe) auf einen anderen Kontinent. Das neue Land scheint ursprünglich ziemlich begrenzt gewesen zu sein, da sich die Stämme nicht verteilten, sondern trotz ständiger Schwierigkeiten dort alle »vereint« waren.

Die körperliche Natur der Götter wird durch zwei Beschreibungen unterstrichen. Während der Wanderung werden sie in Holzrahmen getragen. Im neuen Land litten sie genau wie die verschiedenen Stämme an Hunger und Kälte.

Schließlich geht die Sonne auf, und nicht lange danach beginnen die neuen Wanderungen.

Die augenfällige Verwandtschaft dieser Überlieferungen mit jenen der Hopi scheint ein Problem zu haben, das nun erörtert werden muß. Es betrifft die Himmelsrichtungen, die im Popol Vuh erwähnt werden und die in ihrer geographischen Deutung beträchtliche Verwirrung verursacht haben.

Ein sorgfältiges Studium des Textes läßt erkennen, daß sich die erste Erwähnung solcher Himmelsrichtungen auf eine Region bezieht, in der die Ahnen anfangs lebten und sich vermehrten. Diese Region lag »im Osten«. Wir müssen besonders erwähnen, daß dies eindeutig der Osten des ursprünglichen Heimatlandes ist und nicht der Kontinent, auf dem die Quiché-Maya heute leben. Folglich war es der östliche Teil jenes alten Kontinents, von dem sie abstammen.

Hinsichtlich der Reise nach Tulan wird keine Himmelsrichtung genannt. Es wird nur vermerkt, daß »einige« Clans nach Osten gehen mußten, anstatt nach Tulan zu kommen. Später, als die Stämme und die Götter sich auf die Wanderschaft über das Meer aufmachten, »verließen sie den Osten«, womit zweifellos immer noch der Osten des alten Kontinents gemeint ist.

Damit ist die Lage zumindest soweit klar, daß wir wissen, wenn wir von einem »Osten« lesen, damit jener des alten Kontinents gemeint ist, der vom Land, in dem die Quiché-Maya heute leben, durch ein Meer getrennt ist.

Die geographische Schwierigkeit erhebt sich mit dem Sonnenaufgang. Wir lesen, daß die Menschen, nachdem die Sonne aufgegangen war, »nach Osten schauten, woher sie gekommen waren«[204]. Hier wird erstmals eine Richtung der Reise erwähnt. Das wird später in ähnlicher Form wiederholt und verursachte die nun weitverbreitete Vermutung, daß die Quiché-Maya aus Yukatan kamen.

Diese Annahme ist falsch. Was in dieser Beziehung einiges Unbehagen verursachen könnte und in der Tat auch sollte, ist die im Text immer wiederkehrende Bezugnahme auf den »Osten«. Man findet, nachdem man in dieser Hinsicht ein bißchen unsicher geworden ist, eine sehr aufschlußreiche Stelle, die auf Stämme *nördlich* der Quiché-Maya als jene »im Osten« verweist[205]. Diese Passage zeigt eindeutig den Osten nicht in der Bedeutung einer geographischen Richtung, sondern als Hinweis auf eine bestimmte Herkunft. Genauso ist es, wenn jemand von der amerikanischen Westküste sagt, er käme vom Fernen Osten und deutet dabei westwärts über den Pazifik, um darauf hinzuweisen, wo der Ferne Osten liegt. Hier sehen wir den Unterschied zwischen der Bedeutung des Ursprungs und jener der geographischen Richtung.

Die Quiché-Maya selbst scheinen sich der Bedeutung des Begriffes »Osten« in der Stelle »der Osten, woher sie kamen« nicht mehr bewußt zu sein. Wir müssen uns der besonders mühseligen Zeiten erinnern, die sie während ihrer Wanderung von Tulan in das neue Land hatten. Außer den Gefahren der Reise gab es Sorgen, Kälte und Hunger. Da gab es keine Sonne, und das alle dauerte viele, viele Jahre. Während dieser Zeit blieben die Erinnerungen an das verlorene Heimatland »im Osten«, nebelhaft wie sie waren, die einzige beständige und tröstliche Vorstellung. So ist es nicht verwunderlich, daß der »Osten« sich von einem geographischen zu einem gedanklichen Begriff entwickelte.

c) Ein Ereignis – drei Aussagen

Die Chronisten, die über die frühe Geschichte der Völker Mittelamerikas schrieben, hatten alle die gleiche Schwierigkeit: Die Überlieferungen der Indianer waren in geschichtlicher Hinsicht verschwommen, und sie waren wegen ihrer starken Ähnlichkeit mit der biblischen Schöpfungsgeschichte verwirrend. Letzteres veranlaßte die Schriftsteller, an irgendwelche geheimnisvollen Mittel und Wege zu denken, mit welchen sie von diesen Dingen erfahren haben könnten, anstatt die Möglichkeit einer unabhängigen Kenntnis gelten zu lassen. Beide Tatsachen hatten auf die Beachtung der Chronisten an den vorhandenen Berichten einen ungünstigen Einfluß. So ist eine indianische Schöpfungsgeschichte, wie wir sie heute lesen, ganz entschieden nicht nur unvollständig, sondern auch weder klar noch deutlich und auch nicht in verständlicher Weise dargestellt.

Wenn wir verstehen wollen, was wir lesen, müssen wir die Berichte entwirren, um den geistigen Zusammenhang und die Logik zu finden. Das kann aber nur geschehen, wenn wir wissen, nach was wir suchen. In unserem Fall war die Grundlage durch die Hopi gegeben, und das erlaubte uns, die Überlieferungen der Azteken und der Quiché-Maya zu erkennen, wie sie soeben in Umrissen gezeigt wurden.

Die Traditionen der Hopi dienten jedoch nur als Wegweiser, ihr Vorbild wurde den anderen Überlieferungen nicht aufgezwungen. Wir fanden das gleiche Muster, wenn wir sozusagen die richtigen Fragen stellten. Um die erstaunliche Übereinstimmung unter den drei Überlieferungen aufzuzeigen, wollen wir nur vergleichen, was sie bei einigen Gelegenheiten zu sagen haben. Wir werden mit dem Land und den Stämmen beginnen, die in diese dramatischen Ereignisse verwickelt waren.

Alle drei Überlieferungen wissen von einem schönen Land, in

dem ihre Ahnen ein gutes und friedliches Leben hatten. Diese erfreulichen Zustände dauerten eine lange Zeit. Aber dann ergaben sich Veränderungen. Die Hopi wurden in ein bestimmtes Gebiet zusammengerufen, und die Quiché-Maya erfuhren von einem bestimmten Ort und gingen dorthin. Nur die Azteken begaben sich zu dieser Zeit noch nicht auf Wanderschaft, und wir werden bald sehen, warum.

Während die Mehrzahl der Hopi sich in der vorgeschriebenen Gegend sammelten, wurden einige wenige ausgewählte Clans in ein neues Land im Osten geflogen. Einige Quiché-Maya-Gruppen wanderten auch nach dem Osten, aber die meisten von ihnen blieben in Tulan. Damit ist sogar diese besondere Seite der Überlieferungen der Hopi nicht eine einmalige Erinnerung, sondern findet auch in den Traditionen anderer Stämme ihren Widerhall.

Nun zum beachtenswerten Sammelplatz. Nach den Azteken lebten deren Vorfahren in ihrem Ursprungsland in den Höhlen eines Berges, und sie erwähnen insbesondere Sieben Höhlen. Die Quiché-Maya nannten die Gegend, wohin sie gingen, Sieben Höhlen bzw., nach ihrer Ankunft dort, Sieben Schluchten. Die Azteken beschreiben sich als ständige Bewohner der Sieben Höhlen. Die Quiché-Maya, die ihr ursprüngliches Territorium verlassen hatten und in das Gebiet der Sieben Höhlen gewandert waren, erwähnen niemals, daß sie in den Höhlen lebten. Das leuchtet ein, als Neuankömmlinge können sie sich nicht an Orten niederlassen, die bereits besetzt waren, sondern mußten anderswo leben. Und die Azteken nennen diesen Ort Tula, auf welches sich die Quiché-Maya als Tulan beziehen. Somit befinden sich die beiden Überlieferungen in völliger Übereinstimmung und ergänzen sich. Die scheinbar unbedeutende Einzelheit der Höhlen und ihre Besitznahme enthüllt eine faszinierend genaue Beschreibung lange zurückliegender Verhältnisse in einem Land, das zwei unabhängige Völker als das Land ihres Ursprungs betrachten.

Das Gebiet der Sieben Höhlen ist für die Hopi und Quiché-Maya keine dauernde Heimat. Die Hopi wußten das bereits bei ihrer Ankunft. Es kam der Tag, an dem auch die Quiché-Maya dies erfuhren. Das Ende der vorübergehenden Umsiedlung dieser beiden Stämme ist auch das Ende der Dauersiedlung der Azteken. Alle drei Stämme erinnern sich an eine Abwanderung vom alten Land über das Meer in ihre neue Heimat, in der sie jetzt leben. Von den Azteken bekommen wir keine weitere geographische Information, aber sowohl die Hopi als auch die Quiché-Maya wissen von Inseln in einer Reihe, über die sie bei ihrer Wanderung kamen. Am genauesten ist die Überlieferung der Hopi, die sogar die exakte Ausrichtung der Lage der Inseln angibt. Es sollte auch erwähnt werden, daß weder die Azteken noch die Quiché-Maya sich des Grundes ihrer Abwanderung aus der alten Heimat bewußt waren, während die Hopi von dem sinkenden Kontinent Kenntnis hatten.

Die Hopi erinnern sich sehr unangenehmer Zeiten vor und während der Wanderung. Die Quiché-Maya und die Azteken erwähnen kaltes und schlechtes Wetter, das vor ihrer Wanderung begann und nach ihrer Ankunft im neuen Land noch einige Zeit anhielt. Während dieser sehr langen Zeit fiel schwarzer Regen auf die Quiché-Maya. Sand oder feiner Hagel fiel »unausgesetzt« auf die Azteken »während ihrer Wanderung in das neue Land«[206]. Und es war dunkel, denn die Sonne war hinter den Wolken verborgen.

Diese Beschreibungen geben uns unmittelbare Beweise vermehrter Vulkantätigkeit über eine lange Zeitperiode. Wie wir schon gesehen haben, müssen solche Ereignisse für diese Region angenommen werden. Es ist wissenschaftlich erwiesen[207], daß Vorfälle wie der Ausbruch auf der Insel Krakatau im Jahr 1883 oder die Eruption des Berges Katmai in Alaska im Jahr 1912 durch riesige Mengen von Ascheteilchen, die noch einige Zeit in der Luft blieben, eine vorübergehende Abkühlung unserer Atmosphäre verursachten. Fortgesetzte Vulkantätigkeit vermehrt natürlich die Menge des in der Luft befindlichen Staubs und bewirkt die von den Quiché-Maya, den Azteken und auch von den Inka beschriebenen Erscheinungen. Es wird kalt, mit dem Regen schlug sich die Asche nieder, was ihn schwarz aussehen ließ; der »sehr feine Hagel« könnte wohl Schnee gewesen sein, den die Einwohner des alten tropischen Kontinents nicht kannten, und die Sonne war hinter den Staubschichten der Atmosphäre verborgen. Alle Not, die entstandenen Spannungen, die Dunkelheit und die Sehnsucht nach der Wiederkehr der Sonne werden verständlich. Um alles noch schlimmer zu machen, muß es zu einer Zeit solch grundlegender Veränderungen auf der Erde auch noch häufig Erdbeben gegeben haben.

Duran betont, er habe selbst Bilder gesehen, auf denen Regen und Hagel, ja selbst Erdbeben abgebildet waren. Wieder einmal wird uns schmerzlich bewußt, was wir alle durch die Zerstörungen in der Zeit nach der Eroberung verloren haben.

Die Überlieferungen sind sich auch in ihrer Ansicht über die Unterschiede zwischen dem neuen und dem alten Land einig: Das alte Land war schön, und das Leben dort war gut. Im neuen Land gab es anfangs viele Schwierigkeiten. Die eindrucksvollste Beschreibung dieser Zustände geben die Azteken mit ihren Klagen über Dornen und spitze Steine usw. Zusätzlich war zunächst das Land nicht groß genug. Die Hopi sagen es direkt, die Azteken berichten: »...da war kein Platz zu sitzen und kein Platz zu ruhen.« Die Quiché-Maya erinnern sich, daß die Stämme »vereinigt« waren. Es gab keine Möglichkeit für sie, woanders hinzugehen.

Sogar das Wissen über die Unmöglichkeit einer Rückkehr auf den alten Kontinent findet in allen drei Überlieferungen seinen Ausdruck. Die Hopi sagen, der Kontinent und die Inseln seien versunken, nachdem sie den neuen Kontinent erreicht hatten. Die Quiché-Maya erwähnen, Wasser habe »die Steine« bedeckt, nachdem sie sie überquert hatten. Und die Azteken erkannten, »daß sie niemals mehr zurückkehren konnten«.

Wir möchten auch auf den merkwürdigen Vorgang der Namensgebung im neuen Land aufmerksam machen. Er wird von den Quiché-Maya kurz beschrieben, ziemlich ausführlich jedoch von den Inka. Für diese Namensgebung haben wir bis jetzt noch keine Erklärung.

Die Götter, von denen Azteken und Quiché-Maya sprechen, haben offensichtlich die gleiche Bedeutung wie die Kachinas der Hopi. Alle drei Stämme sind im alten Land mit diesen Göttern in Verbindung und werden von ihnen auf der großen Wanderung und auch im neuen Land begleitet. Huitzilopochtli, Tohil und Éototo sind die hochgestellten Kachinas (Gottheiten), die lange Zeit bei ihren jeweiligen Stämmen bleiben. Die Hopi wußten, daß diese Gottheiten für die Stämme und Clans bestimmt waren, die anderen erwähnen nur ihre ständige Anwesenheit.

In allen drei Überlieferungen wird berichtet, daß die Kachinas nicht mit der allgemeinen Bevölkerung sprachen. Nach den Quiché-Maya und den Azteken wurden die Kachinas auf der Wanderung vermutlich in Sänften getragen. Jedenfalls wurde den Kachinas eine bevorzugte Behandlung gegeben. Die Hopi wie die Quiché-Maya berichten, die Kachinas hätten nach der Ankunft im neuen Land Reisen gemacht.

Schließlich müssen wir auch den Reichtum des Gebietes untersuchen, aus dem die Azteken kamen. Die Erinnerung an riesige Mengen an Gold und Silber war unter den Indianern sehr lebendig. Diese Geschichten waren Musik in den Ohren der goldhungrigen Konquistadoren und ihrer Nachfolger. War das alles nur von den Indianern erfunden, um einige Spanier auf gefährliche Expeditionen zu schicken, von denen sie vielleicht nicht zurückkehren würden?

Von den Azteken vernimmt man, sie seien aus dem Norden gekommen; moderne Forschung hat das Gebiet mit dem Südwesten der heutigen Vereinigten Staaten näher bestimmt, wie wir bereits gehört haben. Die Überlieferungen der Hopi haben schon vor langer Zeit unsere Entdeckung vorweggenommen und die Stelle in dieser Region genau bezeichnet. Jedoch haben es schon die Spanier herausgefunden, und wir wissen es durch die archäologische Arbeit, daß diese Siedlungen in materieller Hinsicht niemals reich waren. Die Städte von Cibola, das reiche Ursprungsland der Azteken, waren niemals im Chaco Cañon, es war nur der vergessene Ausgangspunkt ihrer letzten Wanderung.

Unsere weiteren Forschungen führen uns zum Tempel, in dem Huitzilopochtlis Mutter auf wunderbare Weise ihren Sohn empfing. Nach den Azteken war der Tempel in Tula. Es wäre aber falsch, ihn in der Ruinenstadt gleichen Namens in der Nähe der Stadt Mexiko zu suchen: Die aztekischen Überlieferungen sagen, sie seien auf ihrer Wanderschaft ziemlich spät in diesen Ort gekommen, und sie seien auch zuvor niemals dort gewesen. Da Huitzilopochtli lange Zeit bei den Azteken war, kann er nicht in Tula zur Welt gekommen sein.

Die Lage Tulas, der Geburtsort Huitzilopochtlis, wird jedoch genau beschrieben. Es wird gesagt: »Der Ort, wo unser Gott Huitzilopochtli geboren wurde«, liegt im Land der wahren Herkunft der Azteken [208]. Es ist das gleiche Land, so sagen die Azteken, wo sie in den Sieben Höhlen wohnten. Und die Quiché-Maya, die auf dem alten Kontinent aus ihrer Heimat in eine andere Region wanderten, nannten das Gebiet Sieben Höhlen, die sie in dieser Region sahen, in denen sie aber nicht lebten. Den Ort nannten sie Tulan, die Azteken hingegen sagen, sein Name war Tula.

So fügt sich alles ineinander: die Topographie des Landes, der Name der Region, der Name der Stadt, die Lage des Tempels, die Berichte über die Bewohner der Höhlen. Alle Einzelheiten unserer Nachforschungen ergeben an dieser Stelle ein Ganzes und passen in diesem Gebiet im östlichen Teil des sinkenden Kontinents zusammen. Von hier aus gingen die Azteken und die Quiché-Maya (und die Hopi) auf ihre lange Wanderung, und dies muß auch der Ort des legendären Reichtums gewesen sein.

Nun wird es niemals eine Möglichkeit geben, das zu beweisen, denn Tula ist seit langem vom Pazifik bedeckt. Können wir aber wirklich die einstimmigen Aussagen aller Überlieferungen mißachten? Oder etwa die Erinnerung an eine reiche Stadt in den Bereich der Fabel oder der Erfindung verweisen, nachdem wir gelesen haben, was Inka Garcilaso über die Tempel in Cuzco und auf der Insel aus Blei schrieb?

Der letzte Punkt, der als Beweis für unmittelbare Verbindungen zwischen Azteken und Hopi erwähnt werden soll, ist deren Vorahnung von der Ankunft der Spanier. Ich will hier nicht die merkwürdige Tatsache erörtern, daß dies überhaupt bekannt war. Was uns aufhorchen läßt, ist, daß zwei Völker ohne jede Verbindungen, die so weit voneinander entfernt lebten, eine derartige Erkenntnis überhaupt hatten. Genaugenommen, wußten die

Hopi mehr als die Azteken, denn sie hatten nicht nur das ungefähre Datum der Ankunft, sondern auch Anordnungen, wo sie die Neuankömmlinge treffen sollten. Die Azteken andererseits scheinen von solchen Einzelheiten keine Kenntnis gehabt zu haben, sondern nur eine ganz allgemeine über ein solch bevorstehendes Ereignis.

Diese rätselhafte Tatsache könnte selbst dann keine Erklärung finden, wenn nicht schon seit der spanischen Eroberung der materielle Glanz und die Macht der Azteken in der Meinung der Forscher das geistige Wissen der bescheidenen Hopi bei weitem überboten hätten. Erst jetzt wurden die wirklichen Beziehungen der Azteken und der Hopi durch die Übereinstimmung der Überlieferungen über die Wanderung vom Chaco Cañon nach Mexiko bekannt. Wir kennen nun die Herkunft der Azteken und folglich auch die Quelle ihrer Erwartungen hinsichtlich der Spanier. Es wurde auch deutlich, daß das wahre Wissen bei den Hopi verblieb, obwohl die Azteken ein mächtiges Reich geschaffen hatten.

Das allgemeine Merkmal in allen diesen Überlieferungen ist die Erinnerung der Azteken und Quiché-Maya an ihr Wohlergehen und an ihre Leiden, sie wissen aber nichts von den Ursachen dieser Ereignisse oder von geistigen Fragen. Andererseits nehmen die Hopi, wie wir gesehen haben, mehr Anteil an geistigen Geschehnissen. Es kann überhaupt keinen Zweifel geben, daß diese drei Überlieferungen, die wir erforscht und verglichen haben, auf die gleiche geologische und historische Abfolge Bezug nehmen. Was wir hören, sind lediglich drei unterschiedliche Berichte über die gleichen Ereignisse.

Zusammenfassend kann gesagt werden, daß es uns mit Hilfe der Hopi-Überlieferungen als Richtschnur möglich war, aufzuzeigen, daß die Azteken und die Quiché-Maya gemeinsam mit den Hopi in ihrer frühen Geschichte das gleiche Schicksal teilten. Alle zusammen waren sie in Kásskara, auf ihren Wanderungen, auch eine Zeitlang in der Vierten Welt, bis sich ihre Wege teilten.

Und wir wissen nun auch, daß die Indianer des 16. Jahrhunderts die Spanier nicht absichtlich mit ihren Geschichten über Städte aus Gold und Silber irreführten, sondern daß sie selbst durch die Unverständlichkeit ihrer Überlieferungen getäuscht wurden.

F. Die Vierte Welt

1. Táotoóma

a) Das aufsteigende Land

Es kam ein Tag, an dem als sichtbares Zeichen bevorstehender Veränderungen die ersten Felsen den Meeresspiegel durchbrachen. Immer neue felsige Inseln erschienen, dehnten sich aus, wuchsen zusammen und wurden zu Land. Die südamerikanische Kontinentalplatte oder -scholle schob sich an der durch die absinkende Nazca-Platte gebildeten »Rampe« hoch, und ganz allmählich stiegen die Anden empor.

Dies alles geschah lange bevor man in Kásskara irgendwelche Veränderungen bemerkte. Doch es blieb nicht unbeachtet; wir erfahren durch die Hopi, daß die Kachinas von dem neuen Land wußten und sein Wachstum verfolgten. Als über das Absinken Kásskaras kein Zweifel mehr bestand, war das neue Land soweit angewachsen, daß es Menschen in größerer Zahl aufnehmen konnte. Die Katastrophe sorgte gleichsam selber für Schadenersatz. Schließlich drückte die fortgesetzte Westbewegung der südamerikanischen Platte Kásskara unter den Ozean hinab.

Wenn wir an Kontinentalplatten denken, machen wir gewöhnlich vereinfachende Annahmen wie gleichmäßige Dicke, einheitliches Material und dergleichen. Das ist notwendig und richtig, um ungeheuer komplizierte und schwer zu begreifende Vorgänge vorstellbar zu machen; niemand bezweifelt, daß die Wirklichkeit ganz anders aussieht. Diese Wirklichkeit muß jedoch häufig mit in Betracht gezogen werden, selbst wenn wir sie nicht im einzelnen kennen. Wir wissen beispielsweise, daß Südamerika sich jährlich um etwa 5 Zentimeter von Afrika entfernt. Bedenken wir nun (selbst ohne deren Art und Ausmaß zu kennen) die erhebliche

Rauhigkeit und Unebenheit der Schollenflächen, so erscheint es unvorstellbar, daß diese Drift mehrere 100 Millionen Jahre lang unverändert geblieben sein sollte. Es ist ganz logisch, daß Schwankungen eingetreten sein müssen, daß es Zeiten stärkerer und Zeiten geringerer Bewegung gegeben haben muß. Und es besteht keinerlei Veranlassung, Zeitspannen auszuschließen, in denen überhaupt keine Drift stattfand.

Hinsichtlich der Bewegung in waagerechter Richtung können wir über solche Schwankungen keine Erkenntnisse gewinnen. Da sich die Westküste Südamerikas aber an einer schrägen Fläche hochgeschoben hat (und weiterhin hochschiebt)[209], muß sich jede Veränderung der waagerechten Drift natürlich auch in Form einer entsprechenden Veränderung der Aufstiegsgeschwindigkeit auswirken. Während einer Zeitspanne des Stillstands wären Land und See auf gleicher Höhe zueinander geblieben, so daß an Berghängen ausgeprägte Wellenerosionen oder Küstenablagerungen entstanden sein müßten.

In dem hier behandelten Gebiet gibt es deutliche Hinweise auf solche »Ruhezeiten«. Spuren früherer Küstenlinien sind in nicht weniger als fünf verschiedenen Höhenlagen gefunden worden. Charles Darwin entdeckte als erster bei Valparaiso in Chile[210] eine ehemalige Brandungslinie in 400 Meter Höhe. Eine fast 650 Kilometer lange frühere Küste gibt es im Gebiet der Hochfläche (Altiplano) in über 3 800 Meter Höhe[211], auf eine dritte Küstenlinie deutet 200 Meter höher eine große Ansammlung von Meeresmuscheln hin, und eine vierte wurde 600 Meter tiefer am Westhang der Anden bei etwa 18 Grad südlicher Breite entdeckt[212]. Den höchstgelegenen Fundort großer Mengen von Meeresmuscheln gab Garcia Bajon[213] mit 5 700 Meter an.

Das Vorhandensein mehrerer früherer Küstenlinien ist also mit Sicherheit nachgewiesen. Die nächste Frage lautet, in welcher Reihenfolge sie entstanden sind. Wir müssen Klarheit darüber gewinnen, ob das Wasser stieg und später fiel, während die Berge »stillstanden«, oder ob die Berge sich hoben, während der Ozean auf gleicher Höhe blieb. Bei beiden Vorgängen hätten Ruhezeiten natürlich zur Ausbildung der gleichen Küstenlinien geführt, und da wir keinen absoluten Bezugspunkt haben, können wir die Frage nicht unmittelbar beantworten. Eine Schlußfolgerung ergibt sich jedoch aus einem Vergleich der von den Befürwortern beider Möglichkeiten entwickelten Theorien.

Ein Ansteigen des Ozeans vermutete H. Hoerbiger im Zusammenhang mit seiner Theorie über die Ursache einer großen weltweiten Flut nach Art der biblischen Sintflut. Seiner Meinung nach hat die Erde vor ihrem jetzigen Mond einen anderen gehabt, der sich lange Zeit hindurch der Erde mehr und mehr annäherte, so daß die verstärkte Massenanziehung zu einem Steigen des Meeresspiegels in Äquatornähe führte. In der Beziehung zwischen Mond und Erde gab es dann einen Zeitraum synchronen Mondumlaufs, später einen solchen mit zunehmend schnelleren Mondumläufen um die Erde, und schließlich erfolgte die Zerstörung des Mondes. Das Wasser, das bis zu den Höhen der in den Anden sichtbaren Küstenlinien angestiegen war, wurde dadurch freigegeben und verursachte durch seine stürmische Rückkehr zur normalen Seehöhe die Sintflut.

Hoerbiger stellt gewiß seine Sache recht überzeugend dar, und doch fällt es schwer, ihm Glauben zu schenken. Abgesehen von anderen Einwänden, ist es vom Gesichtspunkt der Flugmechanik ziemlich zweifelhaft, ob unsere Erde überhaupt einen freifliegenden Himmelskörper wie den Mond einfangen kann, und noch zweifelhafter, ob sich dabei eine fast kreisförmige Umlaufbahn ergeben würde. Außerdem müßte dann aus Gründen der Folgerichtigkeit z. B. auch das wiederholte Auf- und Abtauchen des nordamerikanischen Kontinents auf ähnliche Weise erklärt werden. Dies bedingt die Annahme mehrerer aufeinanderfolgender Monde und entsprechender Wiederholungen des schon in einem einzigen Fall höchst zweifelhaften Einfangens.

Die Platten- oder Schollentektonik dagegen erklärt das Aufsteigen und Absinken von Kontinenten auf verhältnismäßig einfache Weise; wir brauchen nur wieder an die Eisschollen auf einem Fluß zu denken, um einen solchen Vorgang durchaus für möglich zu halten. Damit ist nicht gesagt, daß das Zusammenwirken der südamerikanischen und der Nazca-Scholle heute allgemein als unmittelbare Ursache für das Aufsteigen der Anden angenommen wird. Meist führt man es auf vulkanische Tätigkeit zurück, doch da diese heute für eine Folge der Schollenverschiebung gehalten wird, ist die letztere doch wenigstens mittelbar an dem Aufstieg beteiligt. Als Ganzes betrachtet, ist der südamerikanische Kontinent offenbar nach Osten geneigt, denn alle größeren Flußsysteme östlich der Anden verlaufen in dieser Richtung. Man könnte daher sozusagen die Ursachen umkehren und den mechanischen Vorgang der Schollenverschiebung (ich sprach von der »Rampe«) als treibende Kraft des Aufstiegs und die vulkanische Tätigkeit als Nebenerscheinung betrachten[214].

Auf jeden Fall ergibt sich aufgrund rein theoretischer Betrachtungen die Feststellung, daß der südamerikanische Kontinent aufgestiegen ist. Das deckt sich natürlich mit dem, was die Überlieferungen der Indianer seit jeher besagen, und zwar sowohl bei den Quiché-Maya als auch bei den Hopi. Sie erinnern sich an das Versinken der Inselkette zu einer Zeit, als der neue Kontinent auftauchte. Folgten wir Hoerbigers Theorie, so müßten wir annehmen, daß der Kontinent gleichzeitig mit den Inseln versunken wäre. Wir haben jedoch erfahren, daß Kontinent und Inseln sich in entgegengesetzten Richtungen bewegten; der Kontinent stieg auf, während die Inseln sanken, und das war nur dann möglich, wenn der Meeresspiegel auf gleicher Höhe blieb.

b) *Der neue Kontinent*

Ob wir die Anfänge Südamerikas aus archäologisch-historischer oder geographischer Sicht betrachten oder ob wir uns an die Überlieferungen der Indianer und der Inka halten, immer stoßen wir auf eine besondere Ruheperiode während des Aufsteigens der Anden, die von hervorragender Bedeutung ist. Sie ist in geographischer Hinsicht am stärksten ausgeprägt, große archäologische Funde sind mit ihr verbunden, und vor allem war dies der Zeitraum, in dem der Mensch in Südamerika erschien. Es war die Zeit, als Tiahuanaco am Meer lag.

Posnansky hat überzeugend nachgewiesen, daß Tiahuanaco tatsächlich in Meereshöhe lag. Er hat die Häfen gefunden und festgestellt, daß der einstige Meeresspiegel heute 3839 Meter hoch liegt[215]. Geologische Tatsachen bestätigen seine Entdeckungen, und alle diese Ergebnisse stimmen mit den Überlieferungen überein, mit denen wir uns hier beschäftigt haben.

Natürlich wüßten wir gern, wie Südamerika damals aussah. Um das zu erfahren, brauchen wir nur die Höhenlinie von Tiahuanaco auf einer heutigen Landkarte nachzuzeichnen. Das Ergebnis zeigt Abb. 27[216]. Das Auffallende an dieser Karte ist das große Binnenmeer, das das Gebiet der heutigen Hochfläche (Altiplano) bedeckt. Dieses Gewässer ist sehr viel größer als der Titicacasee, deshalb wollen wir es hier als den »Großen See« bezeichnen. Abgesehen von seiner unmittelbaren Umgebung, ist das Gelände überall rauh und felsig, die Küsten sind fjordähnlich, und nutzbares Land gibt es nur stellenweise. Entlang der ganzen riesigen Gebirgs- und Vulkankette findet sich kein anderes Gebiet, das so viel Schutz und Raum gewährt wie diese Landschaft. Das Becken des Großen Sees eignet sich in einzigartiger Weise für die Entwicklung einer Bevölkerung und Kultur als großes, zusammenhängendes Ganzes, und genau das ist geschehen. Das bedeutet nicht, daß andere Gegenden unbewohnt waren oder blieben, doch ihre geographische Beschaffenheit hinderte sie daran, mehr zu werden als Randgebiete der Kultur am Großen See. Ihre Geschichte begann erst sehr viel später.

Die geologische Vergangenheit dieses Gebiets ist bei weitem noch nicht völlig geklärt. Einigkeit scheint über eine frühe Hebung um mindestens 1600 Meter zu bestehen, der ein Einsinken des heute als Altiplano bezeichneten Gebiets folgte. Die Ablagerungen auf dieser Hochfläche (Puna-Betten) bestehen aus Sand, Kies und etwas Lehm und sollen sich in stehendem Wasser gebildet haben. Die Erkenntnisse über die gesamte Hochfläche sind sehr begrenzt, und die Literatur läßt die Abneigung der Autoren erkennen, sich festzulegen oder Schlüsse über Entstehen und Alter dieser Ablagerungen zu ziehen. Zwei Wissenschaftler machen eine Ausnahme.

H. Philippi glaubte, daß die Tiere, deren Überreste jetzt in 4000 Meter Höhe über dem Meeresspiegel gefunden werden, in einem tropischen Tiefland lebten und daß die Hebung des Puna-Gebiets nach ihrem Aussterben stattfand[217]. Und L. Sundt sagte als erster, »daß die Puna-Betten marinen Ursprungs sind und daß ihre Fossilien wahrscheinlich aus der gleichen Zeit stammen wie diejenigen der argentinischen Pampas, was eine Hebung um etwa 4000 Meter seit dem Erscheinen des Menschen bedingen würde«[218]. Dies war eine unmittelbare wissenschaftliche Bestätigung der Hopi-Überlieferungen, wie wir sie jetzt kennen. Aber eine solche Schlußfolgerung steht natürlich im Widerspruch zu den herrschenden Meinungen über sehr langsame geologische Veränderungen. Sundt machte seine Angaben 1910.

Bei den vorstehend erwähnten Fossilien handelt es sich um Knochen des Mastodons und des Toxodons. Auch das Vorkommen der Riesenschildkröte und des Fliegenden Fisches auf der Hochfläche wurde nachgewiesen[219]. Außerhalb des Seebeckens wurden im oberen Tal des Rio Apurimac Überreste von Tieren aus der Kamel-, Pferde- und Elefantenfamilie gefunden[220], und zwar in einer Höhe von etwa 3800 Meter, die praktisch derjenigen des Großen Sees entspricht. Alexander von Humboldt[221] erwähnt fossile Elefantenknochen in den Anden in Höhenlagen von über 4800 Meter.

Sehr geringe Spuren wurden vom Pflanzenwuchs dieses Gebietes gefunden, doch aus dem einstigen Vorkommen der tropischen Tiere, für das unmittelbare Nachweise bestehen, kann leicht auf die Art und Fülle der Pflanzen geschlossen werden.

Ein weiterer Beitrag zu unserem Wissen über den Kontinent kommt von den Indianern der Provinz Huarochire in den Bergen östlich von Lima. Nach ihren Überlieferungen war ihr Land in alten Zeiten sehr heiß und fruchtbar. Sie nannten es Yunca. Felder wurden bestellt, wo jetzt Wüste ist, und es gab viele schöne Papageien (siehe S. 140). Auch heute noch werden die dichten tropischen Wälder in den tieferen Lagen an der Ostseite der Cordillera Real »Yungas« genannt. Wenn diese Indianer ihr Land auch anders und in lebendigeren Farben schildern als die alten Edelleute, die mit Inka Garcilaso sprachen, so gleichen sich die beiderseitigen Überlieferungen doch im wesentlichen.

Zur Vervollständigung brauchen wir nur zu wiederholen, daß die Huarochire-Indianer in den Bergen östlich von Lima lebten, und dann Abb. 27 zu betrachten, die östlich der Stelle, wo sehr viel später Lima gegründet werden sollte, eine langgestreckte Insel zeigt.

Abb. 27 ist auch aus einem anderen Grunde wichtig. Auf ihr ist das Land in der Nähe des Sees am breitesten und wird nach Norden und Süden schmaler und schmaler, bis es zu Inseln zerfällt und schließlich ganz verschwindet. Es ähnelt einem in der Mitte unterstützten Balken, der sich zu seinen Enden hin nach unten neigt. Nach den Begriffen der Plattentektonik bedeutet das, daß die Gegend um den Großen See tatsächlich zuerst hochgeschoben wurde. Und es war diese Gegend, auf die die Sonne schien, bevor irgendein anderer Teil des Kontinents freilag.

Das ist Táotoóma!

c) Der Große See

Abb. 27 zeigt das Seegebiet als natürlichen, um nicht zu sagen logischen Standort für die Begründung und Entwicklung einer Kultur, doch es gibt uns mindestens zwei Rätsel auf. Die eine Frage ist, ob der See überhaupt weiterbestehen konnte, nachdem er über den Meeresspiegel hinaus angehoben worden war. Wäre das Wasser nicht einfach durch irgendwelche Öffnungen abgeflossen, die auf Karten großen Maßstabs vielleicht gar nicht sichtbar sind? Und andererseits, wenn es wirklich keine Öffnungen gibt, widerspricht das nicht den indianischen Überlieferungen, nach denen Tiahuanaco mit Booten erreicht wurde? In sehr viel früheren Zeiten, als der Kontinent noch stärker überflutet war, gab es gewiß mehrere unmittelbare Verbindungen zwischen Ozean und See. Die Frage ist aber, ob das Gebiet von Tiahuanaco tatsächlich *zu der Zeit*, von der die Überlieferungen sprechen, vom Meer aus erreichbar war.

Für die Untersuchung dieser Fragen gibt es sehr gute Karten[222], nach denen Abb. 28 gezeichnet wurde. Auch in diesem Fall habe ich die 4000-Meter-Höhenlinie nachgezogen; Höhenlagen von 5000 Meter und mehr wurden dunkler schattiert, um den Verlauf der Hauptgebirgskämme zu zeigen. Strenggenommen bezieht sich diese Karte auf eine Zeit kurz vor der Gründung Tiahuanacos, denn sie zeigt den Kontinent vor dem Erreichen seiner Höhenlage. Für den allgemeinen Umriß des Sees ist jedoch der Unterschied zwischen den Küstenlinien in 4000 Meter und etwas unter 3900 Meter Höhe nicht bedeutsam genug, um das umständliche Verfahren der Interpolation oder das Arbeiten mit zahlreichen Karten kleineren Maßstabs erforderlich zu machen. Es gibt natürlich einige kritische Ausnahmen, auf die weiter unten eingegangen wird.

Zunächst sei jedoch anhand der in Abb. 28 gezeigten Verhältnisse darauf hingewiesen, wie bemerkenswert zutreffend die Aussage der Hopi ist, nach der das Land „gleich östlich" der Berge endete; die Cordillera Real (die östliche Landbrücke) fällt hier tatsächlich steil zum Amazonasbecken ab. Wir erkennen auch die viel breitere Landfläche westlich des Titicacasees und finden wiederum eine entsprechende Angabe in dem Hopi-Bericht über die ersten Menschen, die auf dem neuen Kontinent landeten und »auf der Suche nach Pflanzen und Wasser« auf der Wanderschaft waren; Átrila – das ist der Name, den man der westlichen Gegend hier gegeben hat (S. 31).

Nun zu den Ausnahmen. Der Pfeil A deutet auf eine schmale Lücke zwischen zwei Halbinseln in einer Gegend etwas südwestlich von der heutigen Stadt La Paz in Bolivien. Ich habe diese Stelle gekennzeichnet, weil sie heute in einer Höhe von knapp unter 4000 Meter liegt, so daß ein See, der mehr als 100 Meter tiefer lag, nicht bis zu diesem Punkt oder über ihn hinausreichen konnte. Die tatsächlichen Verhältnisse zeigt Abb. 29, in der zu erkennen ist, daß der See sich von Tiahuanaco aus gar nicht weit nach Osten erstreckte. Diese Tatsache macht übrigens das Vorhandensein des Großen Sees unabhängig von der Zeit, als die sehr tiefe Schlucht von La Paz entstand.

Ein weiterer kritischer Punkt findet sich weiter südlich in der östlichen Landbrücke (Pfeil B in Abb. 28). Dort zeigt die Karte ein schmales Tal, das das Gebirge durchbricht; der höchste Punkt des Talbodens liegt jedoch nur 2 Meter unterhalb der 4000-Meter-Marke, so daß der See hier aus den gleichen Gründen wie oben endet.

Die letzten beiden wichtigen Punkte liegen nahe dem Südende des Großen Sees in der östlichen bzw. westlichen Landbrücke. Im Zusammenhang mit dem Hebungsvorgang der Anden mag es von Interesse sein, daß diese beiden Tiefpunkte in bezug auf eine gedachte Längsachse der gesamten Landmasse einander praktisch gegenüberliegen, doch das ist für uns hier nicht von Belang.

Für den Augenblick wollen wir den östlichen Durchbruch außer acht lassen, da er im Zusammenhang mit den Hopi-Überlieferungen keine Rolle spielt. Mit der Unterbrechung in der westlichen Landbrücke aber haben wir einen freien Durchgang vom Ozean im Westen zum See und hinauf nach Tiahuanaco gefunden (siehe Karte, Abb. 28). Er liegt weit südlich, und es lohnt sich, die Hopi in diesem Zusammenhang erneut zu zitieren. Ich beziehe mich auf ihren Bericht von der Ankunft an den Küsten der Vierten Welt nach dem »Book of the Hopi«[223]: Als die Bootsfahrer sich der Vierten Welt näherten, sahen sie hohe Berge und keine Stelle, an der sie landen konnten. Zuerst wendeten sie sich nach Norden, aber die Berge wurden sogar noch höher. Dann fuhren sie nach Süden, »noch viele Tage«, aber die Berge blieben hoch. In ihrer Verzweiflung öffneten sie ihr Drittes Auge und fanden plötzlich hier, weit im Süden, ruhiges Wasser und eine sanfte Strömung. Und »schon bald« landeten sie an einer sandigen Küste.

Das ist eine unglaublich genaue Beschreibung. Die Boote müssen die neue Küste nahe dem Ende des Nazca-Rückens erreicht haben, und sie hatten allerdings noch eine lange Reise vor sich, bis sie den Zugang zum Großen See fanden. Im Vergleich mit dem Meer muß der See gewiß »ruhiges Wasser« gehabt haben, und »sandige Küsten« weisen auf flaches Land hin und treffen auf die Gegend von Tiahuanaco zu.

Eine weitere Bestätigung ist einem ebenso genauen Bericht über einen Teil dieser Reise von Salcamayhua zu entnehmen. Er schreibt, alle Nationen des Reiches seien »von jenseits Potosi« gekommen. Die Angabe an sich ist nicht sinnvoll, da es diese Stadt natürlich noch nicht gab, als die Kásskara-Flüchtlinge ankamen. Ziehen wir jedoch auf einer Karte eine Linie vom Eingang in die Lagune (den späteren Titicacasee) bis nach Potosi, so finden wir, daß mindestens die letzten 50 Kilometer der Bootsreise dieser Linie genau folgten. Mit anderen Worten, von dem Zeitpunkt, als die Boote in Sicht kamen, bis zum Erreichen der Lagune fuhren sie entlang dieser Linie. Was zählte, war natürlich die Richtung, aus der sie kamen, und diese wurde anhand der zu Salcamayhuas Zeit vorhandenen geographischen Bezugspunkte richtig angegeben.

Wir treffen hier jedoch auf ein Problem. Der höchste Punkt der westlichen Durchfahrt liegt jetzt 3956 Meter hoch, so daß dort trockenes Land gewesen sein muß, wenn der Wasserspiegel bei 3900 Meter oder tiefer lag. Haben die Hopi das vergessen?

Die Ostkordilleren bestehen aus einem Granitkern, gefalteten Schieferformationen und Sandstein. Im westlichen Gebirgszug sind die Verhältnisse völlig anders; dort gab es in früheren Zeiten viel vulkanische Tätigkeit, und alle Gipfel sind Vulkane[224].

Die oben erwähnte Durchfahrt liegt bei dem Dorf Ascotan. Auf beiden Seiten des Tals erheben sich Vulkane. Wären sie nicht untätig geworden, hätte die Lava den Talboden weiter ansteigen lassen, so daß er heute noch höher läge. Umgekehrt muß der Talboden niedriger gelegen haben, als die Vulkane noch tätig waren. Dies allein deutet bereits auf die Möglichkeit einer Durchfahrt auf dem Wasserweg hin. Man muß aber auch die Auswirkung des Vulkanismus auf den Gebirgszug als Ganzes berücksichtigen. Die Geologen sprechen von einer starken Anhebung vor erdgeschichtlich kurzer Zeit[225]. Diese Hebung hat die Höhe des Gebirgszugs im Verhältnis zum Seebecken und zur östlichen Gebirgskette vergrößert, ein Vorgang, der sich natürlich auch auf solche Gegenden auswirkte, die jetzt Täler sind. Mit anderen Worten, der gesamte westliche Gebirgszug einschließlich des Tals von Ascotan war in der hier besprochenen Zeit erheblich niedriger als heute.

Im Gegensatz dazu hat der niedrigste Punkt des östlichen Gebirgszugs (Punkt C in Abb. 28), der 3949 Meter hoch liegt, seine relative Höhenlage nicht verändert, da er zu einer geologisch stabilen Formation gehört.

Dies alles läßt darauf schließen, daß tatsächlich eine vermutlich tiefe und breite Wasserstraße vorhanden war, als die Flüchtlinge aus Kásskara mit ihren Booten hier ankamen. Es ist durchaus wahrscheinlich, daß das Tal von Ascotan nicht der einzig mögliche Zugang zum See war. Nordwestlich des Tals gibt es verschiedene Stellen, an denen Ozean und See einander nahekommen. Angesichts der vulkanischen Anhebung des gesamten Gebirgszugs und des Wachstums der Vulkane selber, das ebenfalls in diesem Zeitraum stattfand, ist in der Tat anzunehmen, daß es an solchen Punkten weitere Durchfahrten gab.

Wir haben also gesehen, daß der See von einem geschlossenen Ring von Gebirgsketten und vulkanischem Gelände umgeben war und daß nur im letzteren eine oder einige wenige Passagen vorhanden waren. Der See war also gut geschützt und konnte nicht auslaufen, als sich in späterer Zeit die Anhebung des gesamten Kontinents fortsetzte. Allmählich verdunstete sein Wasser. Der Titicacasee blieb wegen seiner großen Tiefe (272 Meter) bestehen. Die Niederschläge reichten gerade aus, um seinen Wasserstand aufrechtzuerhalten, waren aber zu gering, um den übrigen Teil des Großen Sees zu speisen. Die südlichen Gegenden des Beckens sind jetzt von großen Salzbetten mit wenig Wasser bedeckt, und es müßte eigentlich festzustellen sein, ob zwischen den hier abgelagerten Salzmengen und dem Rauminhalt des einstigen Sees ein vernünftiges Verhältnis besteht.

Die Hochfläche zeigt noch weitere Auswirkungen vulkanischer Tätigkeit. Es wurde dort eine Schicht vulkanischer Asche gefunden, deren durchschnittliche Dicke schätzungsweise etwa 6 Meter beträgt[226]. Den Quiché-Maya zufolge ist diese Asche jedoch nur zum Teil nach der Ankunft des Menschen in diesem Gebiet niedergegangen; sie berichten, während der langen Zeit vor ihrer Wanderung bis zur Ankunft im neuen Land darunter gelitten zu haben.

Betrachten wir noch einmal den Großen See als Ganzes, so wird uns klar, daß die Gegend des Titicacasees tatsächlich eine Lagune war, und wir fragen uns, wieviel echte, alte Wahrheit vielleicht unwissentlich von den Männern ausgesprochen wurde, deren Berichte die Chronisten Gomara, Zarate und Santa Clara so kurz niedergeschrieben haben (siehe S. 149).

Wie gesagt, wurden die Umrisse des Großen Sees in Abb. 27 und 28 nach der 4000-Meter-Höhenlinie gezeichnet. Wenn ich die Selbstverständlichkeit betone, daß es sich hier um waagerechte Linien handelt, dann deshalb, weil Anzeichen für einen geneigten Verlauf der eigentlichen Ufer des Großen Sees bestehen. Posnansky hat die Küstenlinie entlang der Cordillera Real (dem östlichen Gebirgszug) vermessen und eine leichte Abweichung von der Waagerechten festgestellt. Obgleich es für seine Angaben keine Bestätigung gibt[227], muß ihr Einfluß auf meine Beschreibung des Sees berücksichtigt werden.

Nach Posnansky fällt die alte Küstenlinie, die in Tiahuanaco 3839 Meter hoch liegt, über eine Entfernung von 640 Kilometer in südlicher Richtung um 90 Meter ab[228]. Da der Wasserspiegel stets waagerecht war, müssen wir schließen, daß der Kontinent eine gewisse Kippbewegung durchmachte, das heißt, daß sich seine Neigung veränderte.

Wir haben bereits erwähnt, daß die Form des Kontinents nach Abb. 27 auf eine ungleichmäßige Verteilung des Hebungsvorgangs hindeutet, und ihn mit einem gebogenen Balken verglichen. Solange dieser Zustand anhält, wird die Neigung der freien Balkenenden zunehmen; mit anderen Worten, ihre Schräglage gegenüber der Waagerechten wird sich mit fortgesetzter Anhebung verstärken. Entsprechend wird sich scheinbar der Wasserstand verlagern.

Nach Posnanskys Forschungsergebnissen hätten sich geringe Veränderungen in dem Gebiet nördlich von Tiahuanaco nach Abb. 28 sowie eine Verkürzung des südlichen See-Endes bis knapp nördlich des 20. Breitengrades ergeben. Die Durchfahrt durch das Tal von Ascotan wäre damit fortgefallen, doch gab es, wie erwähnt, mit großer Wahrscheinlichkeit mehrere Wege durch den westlichen Gebirgszug, so daß einer von diesen als Verbindung zwischen Meer und See gedient haben kann. Es stellt sich also heraus, daß beide Auffassungen mit den Überlieferungen vereinbar sind, gleichgültig wie die endgültigen Forschungsergebnisse über die Küstenlinien ausfallen.

*

Dies war also der Große See, der die Flüchtlinge aufnahm und in das Land ihres Neubeginns trug, und er war auch das Ziel derer, die über die Átvila wanderten. Alle kamen sie zur Lagune, auch die Kachinas. Für jeden einzelnen von ihnen, mochte er früh oder spät angekommen sein, bedeutete sie Erlösung und neue Hoffnung nach langen Zeiten der Gefahren und Leiden. Das ist der Grund, weshalb sie zum Gegenstand der Verehrung wurde und weshalb, wie wir zuvor in diesem Buch gesehen haben, alle Spuren zu ihr führen oder, wie wir jetzt sagen können, alle Zukunft dort ihren Anfang nahm.

Bei genauer Untersuchung stellt sich jedoch heraus, daß die eigentliche Bedeutung nicht dem See zukommt, sondern einer Insel, die er umgibt. Als die spanischen Chroniken geschrieben wurden, war die ursprüngliche Beziehung zwischen See und Insel längst vergessen, die Insel hatte ihre Bedeutung verloren. Doch Inka Garcilaso berichtet, daß die Insel Titicaca hieß, Insel des Bleis, und daß in jenen uralten Zeiten der See nach der Insel benannt worden war! Um den wahren Zusammenhang zum Ausdruck zu bringen, können wir daher sagen, daß nicht in einem See eine Insel lag, sondern daß eine Insel von einem See umgeben war.

Die Insel fiel nie besonders stark ins Auge. Das nahegelegene Copacavana, ob es nun damals eine Insel war oder nicht, war nicht nur flächenmäßig größer, sondern muß auch wegen seiner Höhe der hervorstechende Blickpunkt für alle Gruppen gewesen sein, ganz gleich von wo und auf welche Weise sie ankamen. Man sollte sich sogar fragen, ob die Insel, die heute den Namen trägt, tatsächlich identisch mit der einst berühmten Insel des Bleis ist.

Niemand hat jemals nach den Gründen für diesen seltsamen Zusammenhang oder für den Namen Titicaca, Insel des Bleis, geforscht. Mächtige Leute kamen von dort und besiedelten das Land um den See, und ein Mann sprach zum versammelten Volk,

bevor er in blendendem Licht zum Himmel aufstieg. Von einer
Antwort sind wir soweit entfernt wie je.

2. Tiahuanaco, die Stadt Táotoóma

Wir kennen die Ruinen ihrer Bauwerke, die von ihr angelegten
landwirtschaftlichen Terrassen und einen großen Teil ihres Kulturguts. Wir verstehen viel von den Hintergründen ihres Wissens.
Was uns noch fehlt, ist ein Eindruck von der Stadt als Ganzes in
ihrer Beziehung zur Umgebung. Ich will deshalb hier keine weitere Beschreibung der berühmten Bauwerke geben, die von verschiedenen Autoren unter einer Vielzahl von Gesichtspunkten
behandelt worden sind. Statt dessen will ich versuchen, die Stadt
als Teil des riesigen von ihr beherrschten Gebiets zu zeigen und sie
in den Ablauf der Ereignisse hineinzustellen, wie wir ihn aus einer
Betrachtung der Überlieferungen in Verbindung mit unseren eigenen wissenschaftlichen Erkenntnissen nachvollziehen können.
Außerdem lassen sich hier einige Betrachtungen über die Zeit ihrer Entwicklung und Zerstörung anstellen.

a) Vorbereitungen
Ein Mann und eine Frau segeln in den Hafen von Tiahuanaco
(»Der Wind trug sie dorthin« – siehe S. 127) und werden von einem Viracocha angewiesen, sich in dieser Gegend anzusiedeln.
Hierbei handelt es sich keineswegs um die Beschreibung eines
Einzelfalls, sondern um einen ganz normalen Vorgang, und zwar
aus folgenden Gründen: Hinter dem Viracocha (Kachina) steht
eine festgefügte Gemeinde und Organisation, da er weiß, was mit
dem Mann und der Frau zu geschehen hat und wo sie unterzubringen sind. Die Ankömmlinge ihrerseits zeigen weder Überraschung noch Widerstand, sondern erkennen sein Recht an, ihnen
Befehle zu erteilen. Beide Parteien benehmen sich, als wüßten sie,
was von ihnen erwartet wird; die Sachlage ist ihnen durchaus klar.
Die volle und überraschende Erklärung dieses Umstandes kommt
wiederum von den Hopi.

Nach den Überlieferungen der Hopi wußten die Kachinas schon ziemlich lange vor der Leidenszeit Kásskaras von dem Auftauchen des neuen Kontinents. Sie beobachteten das Anwachsen des Landes und müssen daher seine allgemeine Geographie gekannt haben. Als die Lage kritisch wurde, sah der neue Erdteil etwa so aus wie in Abb. 27. Die Umgebung des Großen Sees bot sich als zukünftiges Siedlungsgebiet an, und es ist leicht einzusehen, weshalb das Land an der Lagune im Norden als Standort für die bedeutendste Stadt gewählt wurde.

Vorausabteilungen von Kachinas und ausgewählten Clans wurden in das neue Land geschickt, »um die neue Siedlung zu gründen ... und alle Vorbereitungen zu treffen« (siehe S. 31). Zu dieser Aussage der Hopi gibt es eine Parallele in den Überlieferungen der Quiché-Maya, nach denen Gruppen ostwärts wanderten, lange bevor die Mehrzahl der Flüchtlinge in der gleichen Richtung in Bewegung gesetzt wurde.

Der Weiße Bär nennt die wichtigsten Clans, die frühzeitig ausgesandt wurden, und ich war neugierig, ob die Fähigkeiten, die sie nach Aussage der Hopi besaßen, in irgendeinem Zusammenhang mit ihren Aufgaben in Táotoóma standen. Um zu einer Antwort zu kommen, benutzte ich meine vielen Gespräche und Arbeitssitzungen mit dem Weißen Bären, um unabhängig von dem Bericht über Táotoóma Angaben über die Eigenschaften oder Fähigkeiten der Clans zu sammeln. Diese verglich ich dann mit Tätigkeiten, wie wir sie heute bezeichnen würden. Erst dann bat ich den Weißen Bären um eine Überprüfung. Das Ergebnis ist nach einigen kleinen Berichtigungen in der folgenden Liste aufgeführt.

Es ist faszinierend, daß die Liste tatsächlich die Angehörigen aller Hauptberufe enthält, die eine hochentwickelte Gesellschaft erwartungsgemäß aussenden würde, um die Fortsetzung ihres Lebens auf möglichst hoher Stufe sicherzustellen. Wir sehen die naturgemäß starke Betonung jeder Art von Bautätigkeit zur Vorbereitung des Landes und zur Errichtung von Gebäuden. In einem Land, das vor verhältnismäßig kurzer Zeit aus dem Meer aufgetaucht war, gehörte hierzu auch das Augenmerk auf die Wasserversorgung von Bevölkerung und Landwirtschaft. Nachrichtenwesen in jeder Form ist natürlich wichtig und auch voll vertreten. Historiker, zu denen wir die Herausgeber gedruckter Nachrichten und das Druckereiwesen im allgemeinen zählen können, sind eine weitere Notwendigkeit. Die Voraussetzung für alle diese Tätigkeiten ist das Vorhandensein einer reichlichen Energieversorgung, und das kann der Grund sein, weshalb der Feuer-Clan als erster auf der Liste steht. Nicht zu vergessen ist schließlich die Anwesenheit von Außenseitern und Unruhestiftern, die die Weisheit der Kachinas ebensowenig ausschließen konnte wie irgendein Überprüfungsvorgang unserer Tage.

Clan	Hopi-Beschreibung	Bedeutung in unserer Ausdrucksweise
Feuer-Clan	Lieferte Wärme, ohne selbst Gebrauch davon zu machen	Energieerzeugung
Schlangen-Clan	Beeinflussung von Lebensformen, Klima, Grabungen, teils auch Verbindungen	Architekten, Bauingenieure (Häuser, Tunnels, vielleicht Straßen)
Spinnen-Clan	Verbindungen, Hilfe beim Bauen (durch Gebrauch von Quimi, einer geschmeidigen Masse, die später erhärtet)	Nachrichtenwesen wie Telephon und Telegraph, Elektriker
Bogen-Clan	Bewahrer der Geschichte	Nachrichtenmedien, Historiker
Adler-Clan	Beobachtung, Gebet, Verbindungen	Nachrichtenwesen (Satelliten), Flugwesen (einschließlich Raumfahrt)
Wasser-Clan	Lieferte Wasser zur Reinigung von Seele und Körper	Bauingenieure (Dämme, Bewässerung)
Eidechsen-Clan	Nervenkranke, Homosexuelle	Die immer vorhandenen Randgruppen

Der aus reiner Neugier unternommene kleine Abstecher erwies sich also als recht wertvoll. Er vermittelt den klaren Eindruck, daß die Auswahl der Clans für die Vorarbeiten nicht willkürlich geschah oder ohne praktische Bedeutung war, sondern daß ihre Fähigkeiten tatsächlich den Aufgaben entsprachen. Dieser Umstand weist außerdem darauf hin, daß der Clan als Organisationsform ursprünglich eine andere Bedeutung hatte.

Geht man hiervon aus, so entstanden die Clans als Berufsgruppen mit bestimmten Aufgaben innerhalb ihrer Gesellschaft. Parallelen finden wir beispielsweise in den mittelalterlichen Zünften. Die letzteren sind nicht erhalten geblieben, und die Clans haben größtenteils ihre ursprüngliche Bedeutung verloren, obwohl in einigen von ihnen altes Wissen doch durchaus lebendig ist.

Im weiteren Sinne gibt es aber in unserer heutigen Gesellschaft sehr wohl Gegenstücke zu den alten Clans. Wir nennen sie Interessengruppen, und als solche erfüllen sie die Aufgaben der früheren Clans; man denke an Gruppen wie die Industrie, Finanz, Arbeitnehmer, Wissenschaft, Politik oder dergleichen. Ersetzt man die Bezeichnung »Bogen-Clan« in dem Bericht über die Dritte Welt durch den Namen einer der heutigen Interessengruppen, so wird die Hopi-Geschichte erschreckend lebendig und bedeutsam. Damit soll nicht auf irgendwelche beabsichtigten Unrechtmäßigkeiten seitens unserer Interessengruppen angespielt werden; ich habe dieses Beispiel nur benutzt, um die Wirklichkeitsnähe der Hopi-Überlieferungen deutlich zu machen.

Unabhängig von der »politischen« Tätigkeit einer Berufsgruppe sind ihr Wissen und ihr unentbehrlicher Beitrag zum Gesellschaftsleben wichtig und müssen natürlich erhalten bleiben. Die Auswahl von Kräften für ein so bedeutendes Vorhaben wie die Bewohnbarmachung eines neuen Kontinents wird daher aufgrund beruflicher und nicht etwa »politischer« Verdienste getroffen werden. Ganz anders sieht das natürlich vom Gesichtspunkt derjenigen aus, die keine für diese besondere Aufgabe erforderlichen Fertigkeiten besitzen, die für die Vorbereitungsarbeiten nicht benötigt werden und daher am längsten auf dem alten Kontinent zurückbleiben. Man stelle sich nur die Auswirkungen vor, wenn heutzutage in einer vergleichbaren Lage Wissenschaftler und Ingenieure zuerst ausgesandt würden. Läge für die meisten nicht die Vermutung nahe, daß »diese Burschen« aufgrund besonderer Beziehungen und Vorrechte so frühzeitig aus der Gefahrenzone entfernt würden? Dies alles deutet der Weiße Bär an, wenn er sagt: »...aber der Bogen-Clan war immer noch wichtig...«, und wenn er über die ganze Gruppe bemerkt: »Weil sie zuerst kamen, wurden sie natürlich für geachtete Leute gehalten.«

Als es soweit war, daß Flüchtlinge in größerer Zahl ankamen, war das neue Land erforscht und bekannt und konnte in geordneter Weise besiedelt werden. Als diejenigen kamen, die mit ihren Booten fahren mußten, konnten ihnen ihre Wohnorte und Pflichten sofort zugewiesen werden, und der Übergang vom Flüchtling zum Mitglied einer festgefügten Gesellschaft konnte in der einfachen und unmittelbaren Weise stattfinden, die Pater Molina in seiner Chronik beschreibt.

b) Entwicklung

Als das Land aus dem Ozean auftauchte, war es kahl und nackt. Der Himmel darüber war bewölkt, und lange Zeit regnete es Wasser und Asche auf den jungen Kontinent. Die Ankunft der Flüchtlinge aus Kásskara begann erst gegen Ende dieser Zeit.

Das Leben muß schwer gewesen sein unter solchen Umständen, das bestätigen die Überlieferungen. Die Azteken sprechen von Disteln und harten Steinen, die Hopi erinnern sich an schwere Zeiten mit wenig zu essen für jedermann, und die Quiché-Maya erzählen von herabfallender Asche und von der Kälte, von der sie zu allem Überfluß geplagt wurden. Kein Wunder, daß Leute, die über die wahre Lage nicht Bescheid wußten, verzweifelt fragten: »Warum sind wir fortgegangen?«

Doch dann endete die lange Zeit der Dunkelheit mit all ihrem Elend, die Sonne brach durch, und das Land wurde »Táotoóma«, der erste Teil des Kontinents, den die Sonnenstrahlen berührten.

Die Quiché-Maya berichten, daß sie Pflanzen mitbrachten; die Hopi sagen, sie hätten Mais bei sich gehabt wie auf ihren früheren Wanderungen von Welt zu Welt; und die Azteken nennen ganz ausdrücklich eine Anzahl von Pflanzen, die sie auf den neuen Kontinent überführten. Das paßt gut in das allgemeine Bild, denn wenn die Kachinas die Voraussicht und Befähigung hatten, eine Massenauswanderung von Kásskara nach Táotoóma zu planen und durchzuführen, dann steht fest, daß sie selbstverständlich für Pflanzen (und wahrscheinlich auch für Tiere) sorgten. Erinnert uns das nicht an die Arche Noah?

Während der schwierigen Anfangszeit zeigten die Kachinas den Hopi, wie sie Pflanzen am gleichen Tag anbauen und ernten konnten. Einfacher gesagt, sie säten morgens etwas aus, was schnell genug wuchs, um abends eßbar zu sein. Wir dürfen dabei nicht an eine »Ernte« im üblichen Sinn denken; es waren harte Zeiten, und alles war willkommen, was genießbar war und gegen den Hunger half. Wenn es sein muß, kann der Mensch von Dingen leben, an deren Verzehr er in normalen Zeiten nicht einmal denken würde.

Ich habe die Frage nach diesen Pflanzen mehreren hochangesehenen Botanikern vorgelegt. Diejenigen, die mir antworteten, konnten mir keinen Hinweis geben, und natürlich gab es auch solche, die auf eine so törichte Frage gar nicht eingingen. Doch dann fiel mir etwas ein, was wir selber züchten und was sogar gut schmeckt: Könnten wir von Gras- oder Getreidekeimen leben? Gewiß, wenn wir müßten. Es brauchte uns nur gesagt zu werden, wie wir den Samen zu behandeln hätten.

Für diesen Fall dürfen wir annehmen, daß genügend Getreide und Saatgut teils zum sofortigen Verbrauch und teils für Versuche, neues Getreide anzubauen, nach Táotoóma eingeführt wurde. Man könnte sogar an Nachlieferungen vom alten Kontinent denken, solange er noch bestand, denn die erste und zweite Flüchtlingsgruppe kamen an, »lange bevor der ganze Erdteil der Dritten Welt im Ozean versunken war«. Uns bleibt hier viel Raum für Vermutungen, denn keiner der Berichte beschreibt den Übergang von den schweren Anfängen zu späteren Zeiten, als genügend Nahrung vorhanden war.

Wie auch immer die Lage gewesen sein mag, die Ankömmlinge überlebten die dunklen Zeiten. Dann kam mit der Sonne das warme Klima. Die Natur entwickelte sich üppig; das Ergebnis beschrieb Inka Garcilasos Onkel mit den Worten: »...in alten Zeiten war diese ganze Gegend, die ihr seht, mit Wäldern und Dickichten bedeckt...«

Die Menschen, die hier ankamen, waren keine wilde, primitive Horde, sondern Angehörige eines hochentwickelten Kulturvolks mit außergewöhnlichen Anführern. Abgesehen davon, daß sie für den Augenblick Notunterkünfte errichteten, waren sie ausgerüstet und imstande, nach Maßstäben zu bauen, die sie von früher her gewohnt waren, und das taten sie. Aus unserer Sicht scheint daher hier ohne jede Entwicklungsphase plötzlich eine Hochkultur aufgetaucht zu sein.

Doch neben der Bautätigkeit und auch in späteren Zeiten, als mehr Ruhe eingetreten war, mußte für Nahrung gesorgt werden. Die lang dauernde Salzhaltigkeit des Bodens und die zunehmende Zahl von Menschen, die wohnen und essen mußten, zwangen zum Bau von landwirtschaftlichen Terrassen an den Berghängen. Wir dürfen nicht vergessen, daß der Wasserstand des Sees lange Zeit, ja während des ganzen Bestandes dieser Kultur unverändert blieb. Die Terrassen gewähren uns einen wichtigen Einblick in das Gepräge dieser Kultur. Wir wollen deshalb einen kurzen Blick auf sie werfen, bevor wir uns mit den eigentlichen Siedlungen beschäftigen.

c) Die Terrassen
Sie gehören zu den hervorragendsten und gleichzeitig so gut wie am wenigsten beachteten Werken der Technik aller Zeiten. Sie reichen von Machu Picchu im Norden bis zum Poopó-See im Süden. Auf einer Strecke von mehr als 1000 Kilometern ziehen sie sich an jedem Berg und Hügel entlang und in die Täler hinein. Stellenweise sind die Hänge mit Hunderten von Terrassen bedeckt; am Illimani-Berg verschwinden sie in 5500 Meter Höhe[229] unter dem Eis der Gletscher und erstrecken sich offenbar noch weiter nach oben. Das bedeutet, daß das Vorhandensein von Terrassen in einem Höhenbereich von fast 2000 Meter bekannt ist. Zu Recht ist darauf hingewiesen worden, daß schon 40 solcher Terrassen zusammen den Erdumfang ergeben würden[230].

In dieser gewaltigen Längen- und Höhenerstreckung mußten Stützmauern gebaut und die Räume dahinter mit Erde ausgefüllt werden. Für die Wasserverteilung in Querrichtung wurde das richtige Gefälle eingehalten, und für die Regelung der senkrechten Strömung von Terrasse zu Terrasse wurden Vorkehrungen getroffen. Zum Teil bestehen die Mauern aus rohen Steinen, während andere von dem gleichen bemerkenswerten Stand der Technik zeugen wie in Tiahuanaco, Cuzco und anderen berühmten Stätten oder, um es nichttechnisch auszudrücken, ebenso schön sind wie diese anderen Bauwerke (siehe Abb. 30).

Im Widerspruch zu den Überlieferungen wird die Schaffung dieses technischen Wunderwerks heute einer primitiven Ackerbaubevölkerung zugesprochen. Einer Gruppe von Farmern unserer Tage, die gewiß alles andere als primitiv, doch ohne bautechnisches Fachwissen sind, würde man nicht den Bau des Kanals zutrauen, der Wasser vom Colorado River nach Los Angeles bringt, und griechischen Bauern oder Schafhirten würde man nicht die Planung und Anlage des Kanals übertragen, der Athen mit Wasser aus den Bergen versorgt. Heutzutage werden die leistungsfähigsten Firmen mit erfahrenen Ingenieuren mit derartigen Aufgaben betraut, obwohl sie unvergleichlich viel weniger umfangreich sind als das Terrassensystem in Bolivien und Peru. Man stelle sich nur die Reaktion aller großen Baufirmen der Welt vor, wenn diese beiden Staaten heute beschließen würden, ein derartiges System anlegen zu lassen!

Was für eine Logik liegt also in der Behauptung, in alten Zeiten hätten primitive Menschen ohne technisches Fachwissen solche gewaltigen Leistungen vollbracht?

Schon das wenige, was wir über die Terrassen wissen, führt zu wichtigen Schlußfolgerungen. Beispielsweise haben wir erwähnt, daß sie sich über einen Höhenunterschied von fast 2000 Meter erstrecken. Wenn die obersten Terrassen von Nutzen waren – und das müssen sie, sonst wären sie nicht gebaut worden –, dann dürften sie sehr viel niedriger gelegen haben als heute, und mit ihnen der Große See. Mit anderen Worten, die Terrassen bezeugen, daß der See in einem tropischen oder zumindest subtropischen Klima lag. Dies wird durch die erwähnten tropischen Tier- und Pflanzenfunde bestätigt, und beide Tatsachen stimmen mit dem Bericht des Inka Garcilasos Onkel über Wälder und Dickichte und mit den Überlieferungen aus den Bergen östlich von Lima überein.

Städte wurden gewöhnlich in solchen Gebieten gegründet, wo sie mehr oder weniger von den Feldern und der Landwirtschaft umgeben waren, die sie mit Nahrung versorgten. Tiahuanaco mit seiner zahlreichen Bevölkerung war in einer anderen Lage. Seine Landwirtschaft war nicht über eine im wesentlichen waagerechte Fläche verteilt, sondern gleichsam senkrecht über einer Grundlinie, die sich über große Strecken ausdehnte. Die Länge der Terrassen ist nicht nur Beweis für eine sehr große Bevölkerungszahl, sondern auch dafür, daß die Menschen, die diese »Felder« bestellten, an den viele 100 Kilometer langen Terrassen und auch an den Berghängen gewohnt haben müssen. Die Ruinen ihrer Siedlungen sind vielleicht noch an vielen Stellen erhalten.

Leider werden die Terrassen, wie erwähnt, in archäologischer Hinsicht vernachlässigt. Es wäre wichtig, ihr volles Ausmaß sowohl ihrer Lage als auch ihrer Länge nach zu erfahren. Wir wissen nicht, inwieweit die Stützmauern aus genau zugeschnittenen Steinen errichtet sind und ob es mehr als eine Bauart mit unbearbeiteten Steinen gibt; auch über die geographische Verteilung der verschiedenen Bauformen ist zuwenig bekannt. Sehr wünschenswert wäre es auch, Pflanzenüberreste aus unterschiedlichen Querschnitten über die Länge und Höhe der Terrassen hinweg zu untersuchen. Ich möchte betonen, daß die Erwähnung des Mangels an solchen Erkenntnissen nicht als Vorwurf gemeint ist, denn ich bin mir durchaus im klaren über die zahlreichen Schwierigkeiten und Probleme, mit denen solche Forschungen verbunden sind. Worauf ich hinauswill, liegt wohl auf der Hand, aber ich möchte es trotzdem sagen. Untersuchungen dieser Art würden nicht nur Hinweise auf das Alter der örtlichen Landwirtschaft geben, sondern auch darauf, in welcher geographischen und zeitlichen Reihenfolge die Terrassen erbaut wurden. Daraus ließen sich dann natürlich Rückschlüsse auf den zeitlichen Verlauf von Bevölkerungswachstum und -verteilung ziehen. Mit anderen Worten, wir würden einen weitaus besseren Einblick in die Geschichte der ganzen Region gewinnen.

d) Die Hauptstadt

Dies war das Zentrum des gesamten Gebiets um den Großen See: Tiahuanaco, die Stadt Táotoóma. Heute kennen wir nur die Ruinen einiger prächtiger Gebäude, aber in ihrer Blütezeit nahm sie eine große Fläche ein. In den Hopi-Überlieferungen heißt es, sie war »fast so ausgedehnt wie die heutige Stadt Los Angeles«, und archäologische Untersuchungen haben gezeigt, daß »dieses wahrscheinlich die Hauptstadt der gesamten Region war, denn wenn es auch im ganzen Seegebiet Hinweise auf große Bevölkerungszahlen gibt, so findet sich doch kein zweites derartiges Zentrum«[231].

Hinsichtlich der archäologischen Funde müssen wir daran denken, daß sich die Stadt in einem tropischen Klima zu ihrer Größe entwickelte. Dieser Umstand muß noch einmal erwähnt werden, weil er bei den heutigen Verhältnissen in dieser Gegend leicht in Vergessenheit gerät, obwohl er durch wissenschaftliche Forschungen und indianische Überlieferungen voll belegt ist. In einem solchen Klima wurden für die Masse der Bevölkerung keine festen Gebäude benötigt. Selbst in späteren Zeiten wird es für sie kaum etwas anderes als einfache Hütten gegeben haben. Die Katastrophe, die die Stadt zerstörte, vernichtete alle Spuren dieser Hütten, nicht aber des Lebens und Treibens ihrer Bewohner. Bei dem plötzlichen Hereinbrechen des Unheils blieb gemäß den nachfolgenden Beschreibungen eine Fülle von Überresten einer großen und blühenden Bevölkerung erhalten.

»Knochen von Menschen und Tieren, darunter auch von solchen, die heute ausgestorben sind, liegen in wildem Durcheinander im Schwemmland von Tiahuanaco. An einer Stelle, wo diese Knochenansammlung untersucht werden kann, beträgt ihre Dicke etwa 3,5 Meter. Diese Stelle liegt in der Nähe der Ruinen von Tiahuanaco. Die Eisenbahnstrecke durchschneidet dort einen Hügel, und die freigelegten Seiten, die etwa 3,5 Meter hoch sind, reichen nicht bis an die Untergrenze der Knochenschicht, denn auch unter den Schienen liegt die gleiche schauerliche, weißlich-graue Masse, die aus Millionen von größeren und kleineren Knochen, Scherben bemalter und glasierter Keramik, Schmuckstücken aus Bronze, gelegentlich auch aus Gold und Silber, Malachitperlen und anderen Dingen besteht.«[232]

In einer zweiten Beschreibung heißt es: »...eine Fläche von mehreren Quadratkilometern ist bis zu einer Tiefe von einem Meter oder mehr voll von den Überresten einer alten Siedlung.«[233] Die ganze Ausdehnung dieser Fläche ist noch nicht festgestellt worden, und es ist durchaus möglich, daß z. B. Ruinen, die 10 bis 15 Kilometer nördlich und südlich von Tiahuanaco liegen, als Reste von Stadtteilen und nicht von selbständigen Städten betrachtet werden sollten.

Diese Beschreibungen hören sich an wie Nacherzählungen der Hopi-Überlieferung, die besagt, daß der Schöpfer kam, die Stadt nahm, »sie auf den Kopf stellte und im Boden versenkte«. Vielleicht geht sogar der Name »Winamarca«, den Tiahuanaco in einer früheren Zeit trug, auf den gleichen Umstand zurück, denn er bedeutet »Aufgefüllte Stadt«[234].

Die Bedeutung der oben beschriebenen weiten Ausbreitung von Überresten wird unterstrichen durch die Ausdehnung der Terrassen und die Pracht der erhaltenen Gebäude. Alle Umstände deuten auf eine große, dichtbevölkerte Stadt hin, die in jeder Beziehung Mittelpunkt des gesamten Gebiets war. Die Transport-, Lagerhaltungs-, Verteilungs- und allgemeinen Verwaltungsaufgaben müssen bei der Größe der Stadt und bei der Unausgewogenheit zwischen ihr und dem langgestreckten landwirtschaftlichen Gebiet ungeheuer schwierig gewesen sein. Diejenigen, die diese großräumigen Unternehmungen lenkten, wurden geachtet und verehrt und lebten in den Legenden und Überlieferungen späterer Generationen als Viracochas, Kachinas oder sogar als der Schöpfer fort:

Diese Herren und Meister waren Herz und Kopf der Gesellschaft; ihre Gebäude bildeten den Stadtkern und erregen als Ruinen trotz ihres schlechten, verwüsteten Zustands noch heute unsere Bewunderung.

e) Die Wohnung des Schöpfers

Dadurch, daß die verschiedenen Forscher ihr Hauptaugenmerk auf die wenigen großen Ruinen etwa einen Kilometer südöstlich der heutigen Stadt Tiahuanaco richten, sind diese in unangemessener Weise von ihrer Umgebung abgesondert worden. Mit dem Namen Tiahuanaco verbindet man heute hauptsächlich die Kalasasaya, die Akapana und den »Tempel« (siehe Abb. 31). In unmittelbarer Nähe, besonders im Westen, gibt es jedoch weitere Ruinen; um die Ostseite herum finden sich Spuren eines großen Stadtgrabens, und von der jetzigen Stadt Tiahuanaco weiß man, daß sie auf den Stätten alter Gebäude errichtet worden ist. Posnansky hat nachgewiesen, daß ein Hafen unmittelbar nördlich der Kalasasaya und ein zweiter, viel größerer etwa 1,5 Kilometer südwestlich davon lag. Nahe dem großen Hafen im Südwesten steht die Ruine eines anderen eindrucksvollen Gebäudes namens Puma Punku. Etwas weiter östlich von dort erstreckt sich eine lange Kaimauer, so daß es in früheren Zeiten auch dort noch offenes Wasser gegeben haben muß.

Dieses sind die wichtigsten Teile des Stadtkerns, wie wir ihn heute kennen. Sie gehören zusammen und müssen als Einheit gesehen werden, wie Abb. 31 zeigt. Damit enthüllen sich uns die Umrisse einer prachtvollen Anlage. Alle Gebäude sind groß im Maßstab, nichts an ihnen ist kleinlich oder knapp bemessen. Die Länge und Breite der Hauptbauwerke liegt in der Größenordnung von 100 Meter und mehr, die Gebäude der Akapana stehen auf einem 15 Meter hohen künstlichen Hügel, der Haupthafen bei Puma Punku hatte eine Gesamtbreite von etwa 250 Meter, und die Kaimauer war mindestens 300 Meter lang.

Dies alles müssen wir vor dem Hintergrund der Terrassen und des fraglos damit verbundenen technischen, organisatorischen und verwaltungsmäßigen Aufwands sehen. Alles zeugt von Fleiß, Macht und, nicht zu vergessen, von hoher Kultur, denn die Überreste beweisen, daß die Bauwerke von wahrhaft klassischer Schönheit waren. Auf dem ganzen Kontinent und vielleicht auf der ganzen Welt gibt es nichts Vergleichbares.

Hier war das Herz des Kontinents und der Stadt. Und diese

Ruinen stammen von Gebäuden, von denen niemand wußte, wer sie errichtet hatte, die hier schon lange standen, bevor irgend jemand von den Inka gehört hatte, und vor dem Auftreten irgendwelcher bekannten Völker. Dieses sind die geheimnisvollen Stätten, von wo aus die Viracochas Männer und Frauen nach allen Richtungen aussandten, die sie schließlich selber verließen, und wo sehr viel früher der Schöpfer sein Volk »gemacht« hatte.

Ein Bauwerk gibt es hier, das ein Bindeglied zwischen der greifbaren Wirklichkeit der Steine und dem zarten Gewebe dieser Überlieferungen bilden könnte. Es ist ein offenes Rechteck (31,5 × 25,5 Meter), das 2 Meter tief in den Boden versenkt ist. Wie alle großen Bauwerke unbekannter Bestimmung wird es heute als Tempel bezeichnet (Nr. 3 in Abb. 31). Man sollte es eher eine Gedächtnisstätte nennen, denn sein auffallendstes Merkmal sind die vielen steinernen Köpfe, die entweder aus den massiven, stehenden Wandsteinen herausgehauen oder mit starken dübelartigen Vorrichtungen in sie eingesetzt sind. Diese Köpfe sind meist sehr verwittert, stellen aber zweifellos Angehörige verschiedener Menschentypen dar. Da gibt es runde Gesichter, ovale Gesichter, manche scheinen Bärte zu haben, und es finden sich auch verschiedene Kopfbedeckungen oder Haartrachten.

Es ist anzunehmen, daß die Skulpturen einen Querschnitt der Bevölkerung darstellen. Sie bilden einen so hervorstechenden Teil des Bauwerks, daß sie eine wichtige Rolle im Hinblick auf seine Bestimmung gespielt haben müssen. Irgendwie fühlen wir uns an die seltsamen Berichte von Molina und den Quiché-Maya erinnert. Molina schrieb: »...dort in Tiahuanaco fing der Schöpfer an, die Menschen und Völker ins Leben zu rufen, die in dieser Gegend leben; von jeder Nation machte er einen Menschen aus Lehm und malte jedem die Kleider, die er tragen sollte. Denjenigen, die Haare haben sollten, malte er Haare, denjenigen, die kurzgeschoren gehen sollten, gab er kurze Haare... Als der Schöpfer fertig war mit dem Malen und dem Formen der Völker und Figuren aus Lehm, gab er jedem Leben und Seele, Männern wie Frauen, und befahl ihnen, unter der Erde hindurchzugehen.

Von dort kam jedes Volk in dem Land empor, wo er es bestimmte.« Die Quiché-Maya berichten ziemlich kurz, daß in dem neuen Land die Stämme »sich selbst und einander ihre Namen gaben«.

Und wir fragen uns: Gibt es eine Verbindung zwischen diesen Legenden und den Steinköpfen? Sind sie steinerne Urkunden für den seltsamen Vorgang, der auf eine Umverteilung der Menschen hinzudeuten scheint? Waren sie die Vertreter derjenigen, die den Kontinent bevölkern sollten? War dieses Gebäude den Bewohnern der Neuen Welt gewidmet?

f) Zeitliche Abläufe
Nach Posnansky sind in Tiahuanaco drei Bauabschnitte zu erkennen, die in ihrer zeitlichen Reihenfolge mit I, II und III bezeichnet werden[235]. Die Unterscheidungen richten sich vor allem nach dem für die Bauwerke verwendeten Gestein. Die beiden Hauptarten sind Sandstein und außerordentlich harter Andesit (der vulkanischen Ursprungs ist). Es wird angenommen, daß der weichere Sandstein zuerst verwendet wurde und daß die Baumeister und Bildhauer mit zunehmender Geschicklichkeit zu dem harten Stein übergingen. Für diese Ansicht spricht eine Reihe von Anzeichen, die allerdings in der Annahme zusammengetragen wurden, alle Kulturen entwickelten sich von der »primitiven« zur fortgeschrittenen Stufe. Dieser und einige andere Gesichtspunkte werden durch die Überlieferungen in jeder Beziehung widerlegt.

Unsere eigenen Erkenntnisse geben uns zunächst einmal keinerlei Erklärung auch nur für das Vorhandensein von Tiahuanaco. Wie der Deus ex machina der Griechen soll auf der Hochfläche ein hochentwickelter Stamm von irgendwoher erschienen sein und den primitiven Bewohnern dieser Gegend derartige Baukünste beigebracht haben. Das Problem ist, daß niemand sagen kann, wo dieses »irgendwo« lag. Die Hopi-Überlieferungen dagegen enthalten eine konkrete Erklärung. Selbst diejenigen Leser, denen die sonstigen Berichte über Flugkörper usw. nicht glaubhaft erscheinen, werden aus den vorstehenden Kapiteln die ununterbrochene Beweiskette entnommen haben, die von Kásskara hierherführt.

Die aus den örtlichen Überlieferungen stammenden Hinweise gibt uns Inka Garcilaso. Er schreibt: »Alle diese wunderbaren Werke wurden in einer einzigen Nacht vollendet«, und zu jener Zeit hätten »die Wasser des Sees die Mauern des Hofes bespült«. Die zweite Aussage bestätigen die Häfen von Tiahuanaco, und es ist klar, daß die »einzige Nacht« des Inka Garcilaso mit der langen Zeit der Dunkelheit gleichzusetzen ist, von der in anderen Überlieferungen die Rede ist. In diesem Sinne kann die Errichtung der Bauwerke in einer einzigen Nacht allerdings wörtlich verstanden werden. Folglich ist aus Inka Garcilasos Bericht zu entnehmen, daß es sich um die ersten hier errichteten Gebäude handelt, daß sie während der frühen, klimatisch schwierigen Übergangszeit erbaut wurden und daß sie am Ufer des Sees standen.

Den Hopi zufolge wurde die Stadt Táotoóma von denjenigen erbaut, die auf den Fliegenden Schilden ankamen, also von den frühen Vortrupps. Mit anderen Worten, nach Aussage der Hopi waren diese Gebäude praktisch die ersten, die hier überhaupt errichtet wurden. Diese Überlieferungen lassen daher auch darauf schließen, daß die Wohnung des Schöpfers sehr frühzeitig während der langen dunklen Zeit des Regens und der Kälte entstand.

Auf den ersten Blick mag das natürlich seltsam erscheinen. Aus einer viel späteren Zeit berichtet Pater Duran jedoch von den Nachfahren der Leute von Táotoóma, daß bei jeder Gründung einer festen Ansiedlung die Wohnungen ihrer »Götter« zuerst und am besten gebaut wurden. So haben es die Herrscher und Könige aller Zeiten gehalten, und es gibt keinen Grund für die Annahme, daß es nicht auch in Táotoóma so war.

Den Überlieferungen zufolge hat sich Tiahuanaco also nicht in der üblichen Weise entwickelt. Es begann mit der Errichtung prachtvoller Bauwerke durch ein Kulturvolk, das voll ausgereift war, als es ankam, und sich hier nur neu ansiedelte. Entwicklungsstufen und -zeiten fallen daher weg, und die verschiedenen Gesteinsarten verlieren ihre Bedeutung als Kennzeichen für derartige Zeitabschnitte, so daß wir die Art ihrer Verwendung auf Umstände und Planungen zurückführen müssen, die wir noch nicht kennen.

Doch auch hinsichtlich der Überlieferungen scheint es ein Problem zu geben. Es betrifft die wiederholten Angaben von Posnansky über unvollendete Gebäude und könnte zu einem ernsten Widerspruch führen, denn ihm zufolge waren Gebäude, die nach Aussage der Indianer in der Anfangszeit dieser Kultur errichtet wurden, noch unfertig, als sie endete. Die Überlieferungen sind in dieser Hinsicht eindeutig, so daß wir uns an die greifbaren Beweise halten müssen, um der Angelegenheit nachzugehen.

Zunächst einmal stimmt es, daß Stapel von gebrauchsfertigen Steinplatten gefunden wurden. Es ist aber nicht bekannt, wo sie verwendet werden sollten, und das ist wichtig, denn in jeder lebendigen Zivilisation sind Bauarbeiten im Gange, die im Fall einer Katastrophe zum Stillstand kommen. Posnansky erwähnt aber auch, ohne ins einzelne zu gehen, daß sowohl die Akapana als auch Puma Punku zur Zeit der Katastrophe unfertig gewesen seien. Doch bei aller gebührenden Hochachtung vor einem Mann, der mehr als sonst irgendeiner zur Erforschung und Erhaltung der Ruinen von Tiahuanaco getan und ihnen viele Jahre seines Lebens gewidmet hat, ist es unbegreiflich, wie er Beweise für diese Behauptung gefunden haben will, denn von der Akapana war sehr wenig übrig, als er sie erforschte, und Puma Punku war vollständig zerstört. Außerdem beklagt Posnansky selber die Fortschaffung der vielen Steinplatten von dieser Stätte.

Ein Fundstück allerdings ist zweifellos unvollendet, und zwar das Sonnentor in der Kalasasaya. Genauer gesagt, handelt es sich um den Fries, der mit Gewißheit unfertig ist (und der aller Wahrscheinlichkeit nach einen Kalender darstellt). Aber schon beim Sonnentor selber sind wir uns unserer Sache nicht sicher. Man könnte die Meinung vertreten, daß es nachträglich errichtet wurde, da es kein Bauelement der Kalasasaya darstellt, die bereits fertig war, als an dem Tor gearbeitet wurde. Das bedeutet, daß uns kein zeitlicher Zusammenhang zwischen dem Sonnentor und der Kalasasaya bekannt ist. Ebensowenig wissen wir mit Sicherheit, wo das Sonnentor nach seiner Vollendung aufgestellt werden sollte. Die Vermutung, daß die Arbeiten an dem Fries mit der Katastrophe endeten, mag logisch erscheinen, doch ist auch die Möglichkeit nicht auszuschließen, daß die Arbeiten schon früher infolge der aufkommenden sozialen Unruhen eingestellt wurden. Keinesfalls beeinträchtigt der unfertige Zustand des Sonnentores aber die Gültigkeit der indianischen Überlieferungen hinsichtlich der frühzeitigen Errichtung der Gebäude.

Einige Hinweise gibt uns schließlich auch der See. Die beiden Häfen z. B. gehörten als wichtige Bestandteile zur Stadt. Sie stellen uns vor eine schwierige Frage. Die Karten zeigen, daß sich am Nordhafen das Gelände in 3 840 Meter Höhe abflacht, während die Abflachung am Hafen von Puma Punku 4 Meter höher beginnt, d. h. in 3 844 Meter Höhe [236]. Die lange Kaimauer östlich von Puma Punku ist mit einer größten Höhe von 3 848,8 Meter auf der Karte verzeichnet, doch angesichts des von der Ruine abfallenden Hügels kann es sich bei dieser Mauer stellenweise mehr um eine Stützmauer als um einen Kai gehandelt haben.

In topographischer Hinsicht sind beide Häfen im gleichen Zustand; nirgends finden sich starke Verformungen oder andere Anzeichen durchgreifender Veränderungen, abgesehen von der zu erwartenden natürlichen Erosion und Verschlammung. Die Höhenlage von 3 840 Meter bleibt vom Nordhafen aus mehrere Kilometer weit und auch in einem großen Teil der Stadt konstant, so daß auch hier nichts auf eine umfassende Veränderung der Geländeformen hinweist. Die letztere Tatsache könnte übrigens im Verein mit dem eigenartigen Verlauf der Uferlinie im Westteil der alten Stadt (siehe Abb. 31) sogar darauf hinweisen, daß ein großer Teil des Geländes künstlich angelegt wurde. Jedenfalls spricht in dem ganzen Gebiet nichts gegen die Annahme, daß der Verfall beider Häfen während und nach ihrer Zerstörung das gleiche Ausmaß hatte.

Dies alles führt zu der unvermeidlichen Schlußfolgerung, daß am gleichen See verhältnismäßig dicht beieinander zwei Häfen in verschiedenen Höhenlagen gebaut wurden. Unter Zugrundelegung des von Posnansky angenommenen Seespiegels in 3 839 Meter Höhe ergibt sich, daß das Mauerwerk des Nordhafens einen Meter und dasjenige des Hafens von Puma Punku fünf Meter über den Wasserspiegel hinausragte.

Dieser Umstand läßt sich nicht mit irgendwelchen betriebsmäßigen oder technischen Gründen erklären, so daß wir die Antwort nicht auf dem Land, sondern im Wasser zu suchen haben; als Puma Punku erbaut wurde, muß der Seespiegel höher gelegen haben als zu Zeiten des Nordhafens. Genaugenommen müssen wir natürlich von dem Gesichtspunkt ausgehen, daß der Kontinent aufstieg, und das bedeutet eine Anhebung um 4 Meter nach der Erbauung des Hafens von Puma Punku.

Wir wissen, daß gemäß den Überlieferungen die Gebäude gleich nach der Ankunft der ersten Gruppen errichtet wurden. Das muß zu einer Zeit gewesen sein, als der Wasserspiegel gerade so niedrig lag, daß alles Land in 3 844 Meter Höhe oder darüber trocken war. Die topographische Karte zeigt, daß hierzu die Standorte von Puma Punku und der Akapana gehören, nicht aber die Kalasasaya und das übrige spätere Tiahuanaco.

Ob damals eine ausgeprägte Pause in der Kontinentalbewegung eintrat oder nicht, können wir nicht sagen, doch kam der Wasserspiegel schließlich zur Ruhe, als er die Höhe von 3 839 Meter erreicht hatte. Die Reihenfolge der Bauvorhaben stand daher in engem Zusammenhang mit den Vorgängen der Plattentektonik, und wir müssen annehmen, daß Puma Punku und die Akapana früher als alle anderen Gebäude von Tiahuanaco errichtet wurden.

g) Der Zorn des Schöpfers

Die oben wiedergegebene Beschreibung der Tiefe und Ausdehnung der Erdschicht, in der Überreste der Bevölkerung und ihrer Erzeugnisse gefunden wurden, lassen mit Sicherheit auf eine Naturkatastrophe schließen, die über diese Gegend in Form einer plötzlichen und heftigen Überflutung hereinbrach und die Stadt »auf den Kopf stellte und im Boden versenkte«. Die Archäologie und die Hopi-Überlieferungen sagen übereinstimmend, die Zerstörung sei so vollständig gewesen, daß sie das Ende der Kultur mit sich brachte.

Die unmittelbare Ursache der Katastrophe läßt sich heute nicht mehr mit Sicherheit ermitteln. Aus den geologischen Verhältnissen ergeben sich jedoch zwei ganz bestimmte Möglichkeiten: entweder ein Absinken der Hochfläche oder eine Kippbewegung des Seebeckens nach Süden. Beide Vorgänge sind zur Erklärung gewisser anderer Merkmale dieser Landschaft in Betracht gezogen worden, und beide kommen als physikalisch mögliche Lösungen in Frage. Außerdem stehen beide in engem Zusammenhang mit der Anhebung des Kontinents.

Ein Absinken wird als ursprüngliche Entstehungsursache des Großen Seebeckens betrachtet. Der Vorgang als solcher ist klar: Aus unbekannten Gründen blieb der flache Seeboden zurück, während die umgebenden Berge und Vulkane in die Höhe wuchsen. Natürlich wurde der Seeboden auch mit angehoben, doch die Berge und Vulkane stiegen schneller. Zeitweise dürften sie sogar das zwischen ihnen liegende Gelände mit hochgezogen haben, so daß es nicht mehr ausreichend durch den Untergrund gestützt wurde und sich später durchbiegen oder einfallen mußte. Aus den geographischen Verhältnissen des Gebiets ist zu schließen, daß sich ein derartiger Vorgang wahrscheinlich nur in dem Becken südlich von Tiahuanaco abgespielt haben würde.

In einem solchen Fall hätte sich der Seespiegel in diesem Bereich entsprechend gesenkt, aus dem Nordteil des Sees wäre so lange Wasser abgeflossen, bis sein Spiegel dem niedrigsten Punkt des umgebenden Geländes entsprach, und das Ergebnis wäre eine Teilung des Großen Sees in zwei Hälften mit verschieden hohen Wasserständen gewesen.

Selbst wenn zu Zeiten Tiahuanacos ein solcher Vorgang stattfand, muß er nicht notwendigerweise die Stadt in Mitleidenschaft gezogen haben, da sie nicht in der Hauptrichtung des aus dem oberen See abströmenden Wassers lag. Bei Berücksichtigung der durch die topographischen Gegebenheiten bedingten hydrodynamischen Verhältnisse in Verbindung mit Masse und Trägheit des Wassers im oberen See läßt sich eine solche Möglichkeit jedoch nicht ausschließen. Es möge hier die Feststellung genügen, daß unter diesen Bedingungen eine katastrophale Überschwemmung Tiahuanacos zwar nicht für sehr wahrscheinlich, aber doch für möglich gehalten werden muß.

Unter einem Kippvorgang ist eine Veränderung der Neigungslage eines bestimmten Teils der Erdoberfläche zu verstehen. Wir haben ihn schon in Verbindung mit den Uferlinien des Großen Sees (siehe S. 337) erwähnt. Als natürliche Folge von Schollenbewegungen (und auch als Begleiterscheinung mancher vulkanischer Vorgänge) ist er durchaus keine seltene Erscheinung. Solche Kippvorgänge spielen sich auch heute in verschiedenen Erdgegenden ab, doch glücklicherweise mit nicht bemerkbaren, nur durch sehr genaue Messungen bestimmbaren Geschwindigkeiten. In den österreichischen und bayrischen Alpen und besonders am Bodensee gibt es z. B. Anzeichen für erhebliche Kippbewegungen in früheren Zeiten. Velikowsky berichtet von einer Kippung des Bodensees um 10 Meter, durch die die Seesiedlungen in seinem Westteil zerstört worden sein sollen [237].

Tiahuanaco wäre durch einen Kippvorgang mit Sicherheit in Mitleidenschaft gezogen worden. Wir brauchen in diesem Zusammenhang gar nicht an riesige Bodenbewegungen und ungeheure Flutwellen zu denken. Schon ein Ansteigen des nördlichen See-Endes um 3 Meter hätte katastrophale Folgen gehabt. Es entspricht einem Kippwinkel von etwa drei Bogensekunden, der viel zu klein ist, um sich beispielsweise an irgendeinem Gebäude feststellen zu lassen. Ein Kippvorgang hätte noch entschiedener als ein Absinken zu einer Zweiteilung des Großen Sees geführt.

Die gesamte Veränderung des Neigungswinkels aufgrund der von Posnansky gegebenen Zahlen dürfte etwa 29 Bogensekunden betragen haben. In der Hauptsache kann sie sich so allmählich abgespielt haben, wie es heute bei solchen Vorgängen der Fall ist, doch läßt sich natürlich die Möglichkeit nicht ausschließen, daß ein Teil der Bewegung plötzlich eintrat. Die Zerstörung Tiahuanacos kann daher durchaus auf einen solchen Kippvorgang zurückzuführen sein.

Die Hopi erwähnen zwei Begleitumstände der Katastrophe: etwas »wie« ein Erdbeben und einen plötzlichen Wind. Der Weiße Bär konnte zum ersteren keine Erklärung geben, bestand aber darauf, daß die Beschreibung zutraf. Es könnte darauf hindeuten, daß die Gegend von Tiahuanaco vom Absacken der

Hochfläche mitbetroffen war und sich in einem gewissen Ausmaß senkte. Dies hätte eine verheerende Überschwemmung zur Folge gehabt und könnte zur Unterstützung der entsprechenden Theorie herangezogen werden. Im Fall der Kippbewegung dagegen scheint es keine Erklärung für die erdbebenartige Erscheinung zu geben.

Über den plötzlichen Wind erfuhr der Weiße Bär von seiner Großmutter, es sei gewesen »wie das Gefühl, das man hat, wenn in der Nähe plötzlich eine Tür geschlossen wird«. Das ist eine gute Beschreibung einer Luftdruckwelle infolge einer Explosion, wie sie in Form eines heftigen Vulkanausbruchs durch jeden der beiden tektonischen Vorgänge leicht ausgelöst worden sein kann.

Vulkanische Tätigkeit kann zur Zerstörung Tiahuanacos beigetragen haben. Die Hauptursache muß jedoch einer der beiden tektonischen Vorgänge gewesen sein, denn nur sie können zur Teilung des Großen Sees geführt haben.

Im nördlichen See sammelte sich das von den umgebenden Bergen kommende Wasser. Sein geringer Überschuß floß in den Desaguadero-Fluß, reichte aber nicht aus, um den südlichen See zu erhalten. Mit der Zeit verlor dieser durch Verdunstung mehr Wasser, als ihm durch den Fluß zugeführt wurde. Er wurde immer kleiner und seichter, und heute sind nur noch Salzbecken und der sehr salzige Poopó-See übriggeblieben. Der Zufluß von Regen- und Schmelzwasser zum nördlichen See verminderte seine Salzhaltigkeit, führte aber zum Fortbestand dieses wichtigen Teils des alten Großen Sees, der Lagune, die die heilige Insel umgab und schließlich nach ihr benannt wurde – des Titicacasees.

h) Wann?

Im Anfangsteil unserer Untersuchung haben wir festgestellt, daß Zeitangaben sich im Dunkel des Unbekannten verlieren und daß wir es aufgeben mußten, historische Daten zu verfolgen. Doch wo diese uns im Stich ließen, half es uns weiter, den Fluß des Geschehens zu erforschen, die Folge von Einzelereignissen, die das Schicksal von Menschen und Völkern stärker bestimmen als die dazwischenliegenden Zeiträume. Dieses Vorgehen hat uns gute

Dienste geleistet. Wir haben den Fluß des Geschehens gefunden und verfolgt, er hat uns bis hierher geführt und wird uns weit in die Zukunft tragen, bis die Überlieferungen und unser eigenes geschichtliches Wissen in überraschend klarer Weise zur Deckung kommen.

Das Land und die Stadt Táotoóma geben uns Veranlassung, von diesem Verfahren abzuweichen, denn hier haben wir die erste, wenn auch ungewisse Möglichkeit eines Vergleichs mit Zeitangaben, die wir zu kennen glauben.

Wir haben festgestellt, daß die verfügbaren Schätzungen hinsichtlich des Bestandes der Kultur von Tiahuanaco von 15000 v. Chr. bis 1000 n. Chr. reichen. Anstatt eine dieser Zeitangaben irgendwie zu bestätigen, verwirren uns die Hopi-Überlieferungen durch Nennung einer neuen, ganz ausgefallenen Zeit. Nach diesen Überlieferungen nahm die Katastrophe von Kásskara vor 80000 Jahren ihren Anfang. Diese Zahl geht zurück auf 80 Sóomody, wobei hinsichtlich der Länge eines Sóomody auf die große Zahl der Sterne am Nachthimmel verwiesen wird.

Das schwache Glied ist hier natürlich das Verhältnis zwischen Sóomody und Jahren, für das es keinerlei »vernünftige« Erklärung gibt. Man könnte davon ausgehen, daß Sóomody einfach »sehr viele« bedeutet, und irgendeine Zeitspanne von mehr als 50 oder 100 Jahren dafür ansetzen. Ein solches Vorgehen bringt aber unsere eigenen Vermutungen ins Spiel, denn wir könnten versucht sein, die Länge eines Sóomody so zu bemessen, daß sie zu den von uns befürworteten Zeitangaben paßt. Mit anderen Worten, wir würden die von mir auf Seite 114 beschriebene unsinnige Behandlung der Herrscherliste aus der Vor-Inka-Zeit wiederholen.

Ich habe mich deshalb dafür entschieden, mit den Zeitangaben der Hopi zu arbeiten, so wie sie genannt wurden, ihnen zu folgen und sie mit den unsererseits verfügbaren entsprechenden Erkenntnissen zu vergleichen. Ich bin mir der hiermit verbundenen Unklarheiten und Gefahren durchaus bewußt, halte es aber für notwendig, auch in Zweifelsfällen konsequent vorzugehen. Übrigens sind die Ergebnisse gar nicht so abwegig, wie sie zunächst erscheinen mögen.

Den Hopi zufolge begann die Katastrophe von Kásskara und damit die Abwanderung von diesem Erdteil vor etwa 80 000 Jahren. Die letzten Flüchtlinge kamen 4 000 Jahre später in Táotoóma an, und das Strafgericht über die Stadt erging nach weiteren 4 000 Jahren. Demnach wäre ihr Ende vor etwa 72 000 Jahren eingetreten.

Es trifft sich, daß diese Zeitangabe mit dem Einsetzen der letzten Eiszeit übereinstimmt. Da diese sich auf die ganze Erde ausgewirkt haben soll, muß auch das Gebiet um den Großen See den Klimawechsel zu spüren bekommen haben. Neue Forschungen haben erwiesen, daß es auf der Cordillera Real bis weit ins Amazonasbecken hinab Gletscher gab. Über eine Vergletscherung des westlichen, vulkanischen Gebirgszuges ist fast nichts bekannt. Das Seebecken selbst scheint einmalig gut geschützt gewesen zu sein, denn auf der Hochfläche wurden niemals irgendwelche Gletscherspuren gefunden [238].

Die Ufer des Titicacasees müssen zu jener Zeit bewohnbar gewesen sein, doch der Großteil der Bevölkerung zog offenbar in tiefergelegene Gegenden mit milderem Klima. Der wahre Grund für die Auswanderung aus dem Seebecken kann daher die unsichtbar und langsam herannahende Eiszeit gewesen sein, während der unmittelbare Eindruck der Zerstörung Tiahuanacos, die in ihrer Anfangszeit stattfand, als Veranlassung und Symbol für die Wanderungen im Gedächtnis blieb.

i) Veränderungen

Im Gegensatz zu den normalerweise waagerecht liegenden Äkkern landwirtschaftlicher Anbaugebiete waren die Felder von Táotoóma im wesentlichen senkrecht angeordnet. Während im ersteren Fall alle Felder in der gleichen Klimazone liegen, erstreckten sie sich im letzteren zu allen Zeiten durch verschiedene Zonen, da die oberen Terrassen in zunehmend kühleren Bereichen lagen. Diese Tatsache machte die Nahrungsversorgung Táotoómas sehr empfindlich für Klimaveränderungen.

Das Ansteigen des Kontinents und das allmähliche Einsetzen der Eiszeit wirkten sich gemeinsam negativ auf die landwirtschaftliche Erzeugung im Seebecken aus. Ein zunehmender Teil der oberen Terrassen brachte keine Erträge mehr, was sich natürlich unmittelbar auf die Einwohnerschaft auswirkte. In den Hopi-Überlieferungen und den spanischen Chroniken ist die hierdurch verursachte Unruhe gut beschrieben.

Es müssen jedoch schon früher Veränderungen eingetreten sein. Der Kontient hatte seinen Aufstieg aus dem Ozean fortgesetzt, und während der Große See lange Zeit davon unbeeinflußt blieb, wurde das Land jenseits der Berge »größer und größer und größer« (siehe S. 39). Das neue Land muß Bewohner der Stadt Táotoóma und der Seeufer angelockt haben; die Hopi bestätigen dies mit ihrem Bericht, daß schon lange vor der Katastrophe Leute fortzuziehen begannen. Auch die Kachinas scheinen an dieser frühzeitigen Abwanderung teilgenommen zu haben, denn sie gründeten Städte und bauten Terrassen von Rumicollca bis Machu Picchu in einer Gegend, die außerhalb der ursprünglichen Kontinentalgrenzen und daher tiefer als Táotoóma lag (siehe Abb. 32).

Diese sehr frühe Zeit der Ausbreitung zeigt bereits eine Tendenz, die kennzeichnend für die gesamte zukünftige Erschließung der amerikanischen Kontinente bleiben sollte: den Zug nach Norden. Zwar gibt es möglicherweise auch südlich von Tiahuanaco noch unentdeckte Ruinen alter Siedlungen, doch der Hauptvorstoß bewegte sich von Anfang an ganz klar in nördlicher Richtung[239]. Diese Entwicklung setzte sich auch bei den Kulturen Mittelamerikas fort, wie wir im ersten Teil dieses Buches gesehen haben.

Eine solche Bevorzugung einer bestimmten Richtung setzt umfassende geographische Kenntnisse und bewußtes Vorgehen und nicht etwa eine Zufallsentwicklung voraus. Die Grundlage hierfür bildet die den Kachinas zugeschriebene Fähigkeit, jeden Teil der Erde fliegend zu erreichen, die durch die gründlichen Untersuchungen von C. Hapgood in überraschender Weise bestätigt wurde. Leider wird er gewöhnlich nur im Zusammenhang mit der Piri-Reis-Karte zitiert. Ich sage leider, weil Hapgood überzeugend nachweist, daß es sehr genaue Karten von fast allen Teilen der Erde gibt, die lange vor unserer Zeit oder, genauer gesagt, vor mindestens 8000 Jahren hergestellt worden sein müssen.

Was unseren Fall bestrifft, können wir neben der geographischen Kenntnis der westlichen Erdhälfte die Tatsache in Rechnung stellen, daß ihre einzigen Bewohner in der Gegend des Titicacasees zusammengedrängt waren. Ein Blick auf eine Karte des amerikanischen Doppelkontinents genügt, um zu zeigen, daß eine Ausbreitung in nördlicher Richtung die notwendige und logische Folge war.

Alle diese Veränderungen traten langsam und allmählich ein. Dann brach plötzlich die Katastrophe herein, die die Grundlage der gesamten Kultur vernichtete und die bereits geschwächten Bindungen vollends durchtrennte. Gruppen wanderten nach allen Richtungen ab, und ihr gemeinsames Erbe blieb bestenfalls in Form dunkler Erinnerungen erhalten. Diese Entwicklungen führten auch zu einem Wandel der Stellung und des Einflusses der Kachinas und schließlich sogar zu ihrem Fortgang, wie wir später sehen werden.

3. Epoche ohne Zentrum

Den Hopi zufolge hatte der südamerikanische Kontinent seinen derzeitigen Umfang erreicht, als Táotoóma von der Katastrophe getroffen wurde. Wenn es auch nicht eigens erwähnt ist, wird Nordamerika etwa zu gleicher Zeit seine gegenwärtige Form angenommen haben. Bereits vor der Katastrophe hatte das anscheinend stetig wachsende Nordamerika Bevölkerungsgruppen vom dichtbesiedelten Táotoóma angezogen.

Die Katastrophe vernichtete die Stadt, jedoch nicht die allgemeinen Lebensbedingungen. Weder das Land noch das Klima erfuhren einen Wandel. Sogar der Große See blieb weiterhin erhalten, allerdings hatte er sich in zwei Gewässer geteilt. Zwar wurde es nach und nach kühler, und das Klima verschlechterte sich langsam, was aber nicht die Folge der Katastrophe war. Die riesigen Wassermassen in den beiden Seen milderten den Einfluß der herannahenden Eiszeit.

So gab es keinen Grund für eine plötzliche Abwanderung, und sie fand auch nicht statt. Die Überlieferungen der Hopi sprechen von allmählichen Auswanderungen. Ein Verhalten dieser Art wird durch Beispiele aus allen Gebieten schwerer Katastrophen der Erde bestätigt. Der größere Teil der Überlebenden wandert gewöhnlich nicht ab, die Bevölkerung bleibt, wo sie bisher gelebt hat. Erst die sich ständig verschlechternde wirtschaftliche Lage vertrieb letzten Endes die Einwohner aus dem Seebecken.

Die wirklich entscheidende Folge der Katastrophe war die Zerstörung der Stadt Táotoóma, was einer Ausmerzung des kulturellen Brennpunktes gleichkam. Auch wenn der Niedergang schon einige Zeit früher begann, so hat die physische Zerstörung des Zentrums in der Bevölkerung zwangsläufig das Zugehörigkeitsgefühl zu einer großen Gemeinde getilgt. Die Kultur, die sich in Kásskara entfaltet hatte und nach der Verpflanzung in Táotoóma wiederaufgeblüht war, ging nun zu Ende.

Was folgte, war eine lange Zeit ohne Mittelpunkt, ohne Herrscher und mit geringer Führung, aber mit erhalten gebliebenem Wissen in einzelnen, gesonderten Gruppen. Geistige Fragen ruhten – bestenfalls. Überlieferungen, Sitten, Zeremonien hatten ihre Bedeutung verloren, waren nicht mehr wichtig oder vergessen.

Gleichzeitig jedoch breitete sich das riesige Menschenreservoir der Anden erst nach Südamerika aus und dann gegen Norden durch die Landenge auf den nördlichen Kontinent: Der Mensch nahm Besitz von nahezu einem Drittel des Landes unserer Erde[240].

Natürlich war Ausbreitung von vorwiegender Bedeutung. In sich ständig wiederholenden Zyklen wanderten die Gruppen, siedelten, vermehrten und teilten sich. Die fortgesetzten Abspaltungen ergaben Vermischungen verschiedener Gruppen und führten schließlich zum verwirrenden Muster der Stammesverbände, wie wir es heute beobachten.

Das Ergebnis ist hinsichtlich Nordamerika ziemlich gut bekannt. Ich werde deshalb hier lieber eine lebendige und anregende Beschreibung der Lage in Südamerika bringen, die von Sir

Markham stammt[241], der zu einer bemerkenswerten Schlußfolgerung kommt: »Die auffallendsten Tatsachen im Zusammenhang mit diesem Teil der amerikanischen Rasse sind die ungeheure Zahl von Stämmen und Bevölkerungsteilen, in die sie unterteilt sind, und die außergewöhnliche Zahl der Dialekte, die sich aus diesen unzähligen Gruppen ergeben haben... im ganzen Amazonastal gibt es wahrscheinlich nicht weniger als 700 Dialekte... mehr als 20 verschiedene Sprachen. Doch erscheint es glaubhaft, daß alle diese Sprachen und folglich alle Stämme auf zwei oder allerhöchstens drei Ursprünge zurückgeführt werden können. Das muß zur Überzeugung führen, daß in einer weit zurückliegenden Zeit zwei oder drei vereinigte und mächtige Völker über das Land verfügten, das nun von ihren in vereinzelte Stämme zerfallenen Nachkommen bewohnt wird. Die Ursachen, die zu dieser Auflösung und zur Verwirrung der Sprachen führten, werden wir nie ergründen. Es scheint jedoch, daß diese Völker über viele Jahrhunderte lebten, bevor sich eine so vollständige und beklagenswerte Zerschlagung aller Bindungen der gesellschaftlichen Ordnungen ereignet haben muß.«

Sir Markham erkannte intuitiv die tatsächlichen Ereignisse jener Zeit ohne Schwerpunkt. Er mag auch recht haben mit seiner Ansicht über zwei oder drei ursprüngliche Nationen (womit er Sprachen meint). Erinnert man sich daran, daß das Große Seebecken der Sammelplatz für die Flüchtlinge von Kásskara war, dann haben wir keinen Grund anzunehmen, daß in Táotoóma nur eine Sprache gesprochen wurde.

Zusammenfassend läßt sich sagen: Die lange Zeit ohne Mitte war die wichtige Periode, in der die beiden amerikanischen Kontinente von einem Ursprungsort aus, der in der Nähe des Titicacasees lag, bevölkert wurden. Der »wirkliche« Amerikaner begann von der Mitte Südamerikas aus die gesamte Hemisphäre in Besitz zu nehmen. Alle anderen Einwanderer, woher sie auch kamen, müssen später dazugekommen sein.

Wir müssen erneut betonen: Was wir hier erfahren haben, entspricht nicht der gewohnten Vorstellung von Gruppen primitiver Jäger, die nacheinander über die mit Eis bedeckte oder trocken liegende Beringstraße einsickerten. Es entspricht auch nicht den angeblichen späteren Wanderungen über die Landenge nach Südamerika. Diese Ansicht schließt das Erscheinen einer geschlossenen und hochstehenden Kultur aus. So werden die mehr oder weniger ziellosen Wanderungen kleiner Jägergruppen, die sich nicht durch irgendeine bemerkenswerte Kultur unterscheiden, überall in der einschlägigen Literatur hervorgehoben.

In einem früheren Kapitel habe ich den Widerspruch erwähnt, der zwischen den Daten besteht, die von der Archäologie diesen gelegentlichen Wanderungen zugeschrieben werden und den anderer archäologischer Funde. Hier könnte man ergänzend vermerken, daß niemals eine befriedigende Erklärung gegeben wurde, wie sich diese beiden Kontinente in der angenommenen Art und Weise innerhalb weniger Jahrtausende bevölkern konnten. Auch wurde keine Lösung für das archäologische Rätsel der Hochkulturen in Süd- und Mittelamerika gefunden. Diese Auffassung muß man mit den indianischen Überlieferungen vergleichen, die einen gut organisierten Staat mit einer zahlreichen Bevölkerung als eindeutigen Mittelpunkt aufzeigen, von dem aus die beiden Kontinente besiedelt wurden. Nach einer wohlgeordneten Flucht von einem sinkenden pazifischen Kontinent wurde dieser Staat im bevorzugten Großen Seebecken errichtet.

So sehen wir zwei fundamental unterschiedliche Erklärungen für die Besiedlung der amerikanischen Kontinente. Eine der Erklärungen beginnt mit einer großen Bevölkerung, die sich verteilte, die andere spricht von einzelnen, beziehungslosen Gruppen, die aufgrund ihrer Jagdstreifzüge zufällig auf den Kontinent kamen. Die eine der Erklärungen zeigt das Modell einer Wanderung in einer im wesentlichen nördlichen Richtung, die andere behauptet das genaue Gegenteil.

Unter Nichtbeachtung aller Wanderungsspekulationen kann man noch weitere Überlegungen hinzufügen, wenn man das Gesamtbild unserer archäologischen Kenntnis betrachtet. Alle Hochkulturen befinden sich in Süd- und Mittelamerika, alle großen Namen von Tiahuanaco in Bolivien bis Teotihuacan in Mexiko sind im Süden. Nicht eine Kultur von vergleichbarer Bedeutung ist auf dem nordamerikanischen Kontinent. Dort aber sind und waren erfreuliche und fruchtbare Regionen von Kalifornien im Westen quer über den Kontinent bis zur Ostküste, Bereiche, die sicherlich für eine Besiedlung besser geeignet waren als die Dschungelgebiete von Yukatan oder Guatemala oder die kahlen Regionen der Hochfläche. Wenn die Einwanderer aus dem Nordwesten kamen, welchen Anreiz könnten sie bloß gehabt haben, alle diese vorteilhaften Regionen zu meiden und die langen Strecken in die ungünstigen Gebiete zu wählen? Kann eine derartige Wanderbewegung die Nordwärtsentwicklung im Mississippital erklären oder die eindeutige Herkunft der Artefakte in den südlichen Vereinigten Staaten aus den mexikanischen Kulturen? Oder gibt es eine Erklärung für die im 16. Jahrhundert von den Spaniern vorgefundene Bevölkerungsdichte, verglichen mit der sehr spärlichen Besiedlung in den Gebieten Tausende Kilometer weiter nordwärts, von der im frühen 19. Jahrhundert von Lewis und Clark[242] berichtet wurde?

Wir sollten auch noch einmal auf die Menschen zurückkommen, die, wie die Hopi sagen, aus dem Norden kamen. Sie erschienen lange nachdem die Hopi-Dörfer gegründet worden waren. Diese Menschen werden als arm und primitiv beschrieben. Es ist nicht schwer, in ihnen die Nachkommen jener Jäger zu sehen, die, lange nachdem die amerikanische Geschichte ihren Lauf genommen hatte, nach Alaska kamen.*

4. Das Zeitalter von Palátquapi

In den Hopi-Überlieferungen finden sich viele Hinweise auf recht schwerwiegende Unruhen in der letzten Zeit von Táotoómas Bestehen. Wir lesen von einem Mangel an Gehorsam dem göttlichen Schöpfer gegenüber, über Abweichungen vom wahren Pfad der Ahnen und über Anführer, die ihren eigenen Weg gehen wollten. Alles das deutet soziale und politische Unruhe an. Es gibt sogar Hinweise auf Zwietracht unter den Kachinas.

---

* Siehe Anhang B Seite 358.

Wir erfahren auch von Gruppen oder Clans, wie wir sie nun nennen wollen, die Táotoóma verließen, die nicht bloß der Verlockung des weit daliegenden Landes jenseits der Berge folgten, sondern weil sie die ihnen bestimmte traditionelle Lebensart erhalten wollten[243]. Diese Clans wanderten nicht zusammen und nicht zu gleicher Zeit. Sie gingen einzeln und in langen zeitlichen Abständen. Aus den Überlieferungen erfahren wir, daß ihnen der Gedanke an den sozialen und politischen Niedergang mehr Sorgen machte als jener an die Katastrophe. Es ist dies das ungewöhnliche Merkmal und die Fähigkeit jener Clans, die am Ende ihrer Wanderung »Hopi« genannt werden sollten, zu erkennen, daß die wahren Wurzeln der Mißstände nicht materieller, sondern geistiger Natur waren, daß das wahre Übel nicht in den Taten, sondern in der geistigen Haltung liegt. Schon die Natur einer solchen Erkenntnis kann zu dieser Zeit keine weite Verbreitung gehabt haben (noch hat sie es heute). Es scheinen nur einige wenige Clans gewesen zu sein, in denen diese Weisheit durch außergewöhnliche Männer und Frauen viele Generationen hindurch lebendig gehalten wurde, ohne daß es ihnen jedoch gelungen wäre, die früheren Verhältnisse wiederherzustellen.

In diesen Clans reifte der Wunsch, die alte Schuld abzuwerfen und das ständige Versagen zu beenden. Dieses Verlangen war von dem Bewußtsein ihrer Unfähigkeit begleitet, es allein vollbringen zu können, und von der Erfordernis, ein neues Zentrum zu haben, das andere mit der gleichen Geisteshaltung einschließen würde. Schließlich kamen ihnen geographische Gegebenheiten zu Hilfe. In ihrer nordwärts gerichteten Wanderung mußten alle Clans durch die Landenge von Panama. So kamen auf natürliche Weise unmittelbare Begegnungen unter ihnen zustande. Alle verborgenen Kräfte wurden frei, als einige von ihnen ihre gemeinsamen Wünsche und gemeinsamen Ziele entdeckten.

Und aus dieser Sehnsucht heraus, nach einer neuen Beständigkeit und Gemeinschaft, wurde scheinbar aus dem Nichts eine großartige Stadt gebaut: Palátquapi, das jetzt Palénque genannt wird. Im langen Verlauf der indianischen Geschichte war Palátquapi die erste Stadt, die die Indianer ohne tätige Hilfe der Kachinas selbst erbauten. Die Bevölkerung war einig und hatte begriffen, daß sie für ein hohes Ziel arbeitete, sie taten es nicht nur bereitwillig, sondern auch mit Freude. Sollte diese vom Weißen Bären gegebene Beschreibung übertrieben oder schwärmerisch klingen, dann müssen wir nur lesen, was Ondegardo etwa einenhalb Jahrtausende später über die Indianer schrieb, als sie für die Inka arbeiteten: »Diese Arbeit wurde nicht durch Arbeiterkolonnen verrichtet, noch wurden die Menschen abkommandiert, sondern alle Einwohner, mit Ausnahme der Alten und Gebrechlichen, gingen hin, sie hatten ihre besten Kleider an und sangen die für die Gelegenheit passenden Lieder« (siehe S. 150).

Nicht zufällig ist das bedeutendste Gebäude der Stadt die Große Schule der Gelehrsamkeit. Die Bedeutung, die dem Wissen beigemessen wurde, ist ein auffallendes Merkmal der von den Kachinas gegebenen Ermahnungen. Wieder und wieder versuchen sie, den Clans die Notwendigkeit der Kenntnisse einzuprägen. Kenntnis von allen Dingen in der Natur, von der Landwirtschaft auf Erden bis zu den Dingen im All. In der eindrucksvollen Beschreibung von der Schule der Gelehrsamkeit finden sich die höchsten Ziele im geistigen Bereich. Es ist jedoch völlig klar, daß für die Erreichung dieser geistigen Ziele die Kenntnis des Lebens in all seinen Realitäten unerläßlich ist und nicht übergangen werden kann.

Wie weise! Und welch guter Rat für unsere eigenen Hochschulen!

Hier sind ein paar Worte hinsichtlich der Behauptung der Hopi vonnöten, Palátquapi sei »die erste große Stadt inmitten der westlichen Hemisphäre gewesen«, denn das stimmt offensichtlich nicht mit unserer Kenntnis überein, die uns sagt, daß die Kulturen der Olmeken und Zapoteken älter als Palénque sind. Dieser Widerspruch findet seine Erklärung in der starken Betonung der Clans durch die Hopi. Das Übergewicht der Clans wird verständlich, wenn wir uns erinnern, daß sie getrennt wanderten und daß der Stamm als organisatorische Einheit erst als Folge der Ankunft und Aufnahme der Clans in Oraibi gegründet wurde. Was wir in den Überlieferungen finden, sind daher Berichte der einzelnen Clans, die unter anderem von ihren Wanderwegen abhängen und der Zeit, zu der sie an bestimmten Orten waren. Überdies ist es einleuchtend, daß solche Überlieferungen Kenntnisse von außerhalb ihrer Clan-Erfahrungen nicht enthalten.

Die Zapoteken und Mixteken können wohl in einige der vom Weißen Bären erwähnten Kriege verwickelt gewesen sein. In der Vorstellung der Hopi waren diese einfach andere Clans, die während ihrer Wanderungen aus dem Norden zurückkamen, und wir können diese Möglichkeit nicht einmal verneinen. Sie mögen in der Tat weit gewandert sein, bevor sie sich in ihren Bereichen niederließen.

Wir müssen auch bedenken, daß die Bemerkung über Palátquapi als erster Stadt von der Großmutter des Weißen Bären stammt, die zum Coyoten-Clan gehörte. Dieser Clan war immer, wie wir gehört haben, der letzte, der ankam, so kann er nicht zu den Gründern von Palátquapi gehört haben. Auf seiner nördlichen Wanderung muß der Clan zu einer späteren Zeit angekommen sein, und Palátquapi war tatsächlich die erste Stadt, in die sie kamen. Die Olmeken-Kultur bestand schon zur Zeit der Gründung Palátquapis nicht mehr und kann deshalb in den Überlieferungen des Coyoten-Clans nicht mehr erscheinen. Die frühere Geschichte von Clans außerhalb der Stadt, insbesondere jener feindlicher Clans, war ganz natürlich kaum von Interesse für sie.

Das Palátquapi der Hopi ist das Palénque der Archäologie. Unter beiden Namen ist dieser Ort von großer Bedeutung. Einesteils ist er nach einer langen Leidenszeit das Ergebnis einer geistigen Wiederbelebung, und seine Realität reflektiert die wieder lebendig gewordenen Kenntnisse eines Volkes, die das Erbe ihrer früheren Herren lebendig erhalten haben. Andererseits ist es eine großartige Stätte von unbekannter und bisher unerklärlicher Vergangenheit, die an der Schwelle der Geschichte liegt. In beiden Fällen schließt das Wissen auch die Halbinsel Yukatan ein.

Zwei unterschiedliche Formen menschlicher Kenntnis gehen hier ineinander auf und bieten eine hervorragende Vergleichsmöglichkeit. Wir beginnen mit einer Zusammenfassung der Hopi-Überlieferungen.

Die Stadt Palátquapi »florierte jahrhundertelang«. Jedoch die frühe Begeisterung und Einheit nützte sich ab, und es zeigten sich Spannungen – das ewige menschliche Problem. In dem Verlangen nach politischer und geistiger Unabhängigkeit begannen Clans oder Teile von Clans die Stadt zu verlassen. Die Hauptrichtung der Bevölkerungsbewegung führte nach Yukatan, wo viele neue Städte gebaut wurden. Ihr Wachstum verursachte den Niedergang Palátquapis. Der Weiße Bär beschreibt die Stellung der Stadt in dieser Zeit folgendermaßen: »Bis zu dieser Zeit und in der frühen Phase der Teilungen und Wanderungen war Palátquapi das wahre Zentrum, und deshalb möchte ich die neuen Städte auf Yukatan und in Mittelamerika Tochterstädte nennen. Aber durch diesen Wandertrieb wurde der Stadt die Macht entzogen, und ihre Machthaber erkannten, daß es Krieg geben werde.«

In den Überlieferungen wurden natürlich ursprünglich die Namen »Yukatan« und »Mittelamerika« nicht erwähnt, bekannt waren nur die allgemeinen Richtungen. Die Namen tauchten erst vor einer Anzahl von Jahren auf, als einigen Hopi Photographien gezeigt wurden, die von Skulpturen in Tikal und anderen Orten gemacht worden waren. Die Hopi waren begeistert: Sie fanden ihre Clan-Symbole auf diesen Bildern und außerdem Abbildungen von Ereignissen, die sich in ihren Überlieferungen finden. Hier waren sichtbare Zeugnisse aus einem Ort, Tausende von Kilometern entfernt, von dem sie nichts gewußt hatten. Das bestätigte nicht nur ihre Überlieferungen, sondern war auch ein weiterer Beweis für ihre Wanderung. Wir erinnern uns, daß der Weiße Bär hinsichtlich Casas Grande ein ähnliches Erlebnis hatte.

In den Traditionen heißt es weiter, daß es zwischen jenen Teilen des Schlangen-Clans und des Bogen-Clans, die nach Yukatan gezogen waren, viele kriegerische Auseinandersetzungen gab, was den Verfall ihrer Städte zur Folge hatte. Dann kommt die wichtige Stelle im Text: »Der ganze Bereich war so verdorben und zerrüttet durch alle diese Übertretungen der göttlichen Gesetze, daß die Menschen einfach nicht länger dort bleiben wollten. Alles war beeinträchtigt. Sie konnten nicht länger mehr ihren religiösen Pflichten auf die wahre und gute Weise nachkommen. So war das einzig mögliche, was sie tun konnten, ihre Städte zu verlassen und wieder zu wandern« (siehe S. 56).

Hier haben wir die bedeutsame Lösung des Rätsels, das allen unseren eigenen Versuchen widerstanden hatte. Nun wissen wir, warum die Maya, wie die Einwohner von Yukatan jetzt genannt werden, ihre Städte verließen. Sie taten es aus religiösen Gründen, den mächtigsten von allen. Es war die Vergiftung des geistigen Lebens, die jeden weiteren Aufenthalt unmöglich machte.

Möge niemand spotten über diese Erklärung. Wir wollen die Worte des Weißen Bären beachten: »Sie müssen uns verstehen, bevor sie unsere Ruinen erklären können.« Wir müssen und wir können seinen Rat befolgen, denn hier befinden wir uns auf einem uns fremden Boden. Es ist, als spräche das Erbe Kásskaras zu uns, die wir jenes von Atlantis in uns tragen. Wieder einmal müssen wir zu verstehen versuchen, daß *wir* hier die Fremden sind. Und noch einmal müssen wir als Tatsache anerkennen, daß unsere Meinung nicht die einzig richtige ist, daß unser Standpunkt nicht der einzig mögliche ist.

Unsere archäologische Kenntnis über diesen Bereich wurde von S. G. Morley[244] mit großer Klarheit zusammengefaßt. Ich will es hier in sehr gekürzter Form wiederholen: Die außergewöhnliche Entwicklung im südlichen Mittelamerika begann etwa am Ende des 2. Jahrhunderts n. Chr. Die ausgereifte Hieroglyphenschrift gibt nicht nur einen Hinweis auf besonders geschickte Bildhauer, sondern läßt auch an einen stark entwickelten Verstand denken. Diese Hieroglyphen sind rätselhaft und lassen keine uns bekannte Entwicklungsphase erkennen. Die außerordentliche Leistung läßt vermuten, daß man diese Entwicklung eher nach Jahrhunderten als nach Jahrzehnten zu bemessen hat.

Diese Zeitspanne dauerte mehr als 400 Jahre. Unter den Namen der Städte dieses Bereiches wird Palénque an erster Stelle genannt. Aus unbekannten Gründen verfielen die Kulturen in diesem südlichen Gebiet. Gegen Ende des 6. Jahrhunderts wurden ohne ersichtlichen Grund alle Städte des Südens aufgegeben.

Aber während des 5. Jahrhunderts n. Chr., 100 oder mehr Jahre vor dem Ende der Südstädte, wurden jene auf Yukatan gegründet und entwickelten sich. Morley sagt: »...es scheint nicht unglaubwürdig, daß nach der Entdeckung von Yukatan ... die Städte im Süden zu verfallen begannen.«

In der neuen Umgebung erlebte die Maya-Kultur bedeutende Veränderungen. Im neuen Land scheint ein »Gefühl der Unruhe« geherrscht zu haben. Städte wurden gegründet und aufgegeben. Eine Periode des Friedens und großer kultureller Leistungen folgte, die um 1200 n. Chr. durch einen katastrophalen Krieg ihr Ende fand.

Es ist faszinierend, die beiden Berichte zu vergleichen. Sie reflektieren die Anschauungen jener menschlichen Gesellschaften, von denen sie geschrieben wurden. Sie lassen die Begrenzungen der beiden erkennen. In der einen Gesellschaft werden die historischen, äußeren Geschehnisse betont, in der anderen jene der geistigen, inneren Natur. Sie stimmen mit dem allgemeinen Verlauf der Geschichte dieses Gebietes überein, mit der Bedeutung der damit verbundenen Kulturen, mit der Überschneidung von Palátquapis Niedergang und dem Wachsen der Städte in Yukatan und dem späteren Verfall Yukatans als Folge von Kriegen.

Aus den archäologischen Daten ist zu ersehen, daß sich das erstgenannte Ereignis ungefähr um das Jahr 500 n. Chr. abspielte und das letztere im 12. Jahrhundert n. Chr. Es bleibt kein Zweifel, daß sich beide Berichte auf das gleiche Gebiet und die gleichen Geschehnisse beziehen. In dem einen Fall, wo Archäologie und Überlieferung übereinstimmen, tun sie es fehlerlos.

Für jene, die jetzt fragen wollen, warum die Kachinas – falls es sie überhaupt gab – nicht eingriffen und die kriegführende Menschheit zur Vernunft brachten, will ich wieder den Weißen Bären zitieren, der sagt: »Dies ist des Menschen Welt, es ist seine Verantwortung, und er kann seine eigenen Absichten verfolgen. Der Mensch tut es aus eigenem Antrieb.«

5. Das Schicksal der Kachinas

Eines Tages während der Palátquapi-Periode verschwanden die Kachinas. Ihre lange, unmittelbare Verbindung mit den Menschen endete und damit eine bemerkenswerte Zeit menschlicher Geschichte.

Wir wissen nicht wirklich, wann die Kachinas aktiv begonnen hatten, die menschliche Entwicklung zu beeinflussen oder zu steuern. Sicherlich erwähnen die Hopi die Tätigkeiten der Kachinas während entscheidender Phasen in der sehr frühen Zeit. Die Aussage der Überlieferungen, die Kachinas seien immer schon dagewesen, ist richtig, jedoch ist die Erwähnung vereinzelter Maßnahmen kein Beweis für dauernde Anwesenheit. Wie bei jedem anderen Beginn ist eine weitere Klärung nicht wahrscheinlich.

Ein sorgfältiges Studium der Überlieferungen läßt die dauernde Anwesenheit der Kachinas erkennen, zumindest teilweise während der Dritten Welt und weit hinein in die Vierte. Wenn wir ihre verschiedenen Manifestationen untersuchen, entdecken wir drei unterschiedliche Phasen, die deutlich durch die Zeit bedingt sind. Wir erkennen auch, daß die Übergänge von einer Stufe zur nächsten mit prägnanten Geschehnissen übereinstimmen, teils verursacht durch die Natur, teils durch den Menschen.

Die erste Phase dauert von einem unbekannten Anfang bis etwa zum Ende Táotoómas. Hier begegnen wir den Kachinas als den unbestrittenen, aber auch gütigen Herren und Lehrern.

Die zweite Phase erstreckt sich vom Ende Táotoómas bis zu den Kriegen der Palátquapi-Epoche. Während dieser Zeit sind die Kachinas Berater und gelegentlich auch Lehrer, es gibt jedoch keine weiteren Hinweise auf irgendwelche beherrschende Macht ihrerseits. Es zeigt sich vielmehr ein deutlicher Wechsel in ihrer Einstellung und ihren Tätigkeiten. Die frühere eindeutige Vorherrschaft wird abgelöst von einem Standpunkt, der durch eine schwer faßbare Aussage umschrieben wird: »Dies ist des Menschen Welt, es ist seine Verantwortung, und er kann seine eigenen Absichten verfolgen.«

Mit dem Weggang der Kachinas während der Kriege beginnt die dritte Phase, in der sie und wir jetzt sind. Ihre körperliche Anwesenheit ist beendet und wurde durch etwas ersetzt, was wir »Erscheinungen« nennen könnten.

Wir finden in den Überlieferungen der Hochebene die gleichen Phasen. Am Anfang gibt es den Schöpfer und seinen Wohnsitz wie auch die Großen Unbekannten, die Tiahuanaco erbauten. Dann kommt die Zeit der Wanderung und der lehrenden Viracochas, als Tiahuanaco zu einer unbedeutenden Stadt mit trinkenden und aufsässigen Einwohnern verkommen war. Und wir haben Berichte von der dritten Phase, der Zeit der Erscheinungen, aus der ich die Geschichte des jungen Prinzen berichtet habe, der vom Hof verbannt worden war, wie auch vom Ereignis mit dem Kristall.

a) Die erste Phase
In dieser Phase sind die Kachinas die verehrten, mächtigen Herren und Überbringer aller Erscheinungsformen der Zivilisation und Kultur. Sie nehmen das Auftauchen des Landes östlich von Kásskara wahr, und wenn dieses zu sinken beginnt, organisieren sie die Flucht seiner Bevölkerung auf den neuen Kontinent. Hier stellen sie die Gesellschaftsordnung wieder her, errichten neue Bauten nach dem Muster von Kásskara.

Die Kachinas mögen vermutet haben, der neue Kontinent habe seine bleibende Größe mit Táotoóma erreicht. Oder sie sahen ein weiteres Anwachsen voraus und erwarteten, durch eine Wiedereinführung von drei Bereichen nach der Art Kásskaras ihre beherrschende Stellung beibehalten zu können. Jedoch war der neue Kontinent weder in seiner Größe von Dauer, noch begünstigten die geographischen Gegebenheiten eine organisatorische Unterteilung. Die eine wie die andere Absicht war daher von Anfang an zum Scheitern verurteilt, und das unerbittliche Ende der Kachinas wurde unabwendbar.

Früher oder später muß die ständig zunehmende Höhe des Seebeckens mit der entsprechenden Verschlechterung des Klimas die Kachinas ebenso beeinträchtigt haben wie die allgemeine Bevölkerung. Wie schon früher erwähnt, mag dies die Zeit gewesen sein, als Cuzco und die anderen Städte gegründet wurden.

War das etwa auch die Zeit, als die Arbeit am Sonnentor eingestellt wurde? Verließen alle oder die meisten Kachinas Táotoóma/Tiahuanaco aus klimatischen Gründen vor der Katastrophe?

Ob nun die Kachinas von dem drohenden Unheil wußten oder

nicht, abwenden konnten sie es nicht. Jene, die noch in Tiahuanaco lebten, waren jedoch besser gegen die tobende Flut geschützt als die übrige Bevölkerung, da die Hauptgebäude der Stadt etwas höher lagen und aus schweren Blocksteinen errichtet waren. Die Akapana, zum Beispiel, konnte überhaupt nicht von der Flut zerstört werden. Für Verfall und Verwüstung war auch später noch genug Zeit und Gelegenheit.

b) Die zweite Phase
Alle diese Überlegungen führen zu dem Ergebnis, daß die Katastrophe unter den Kachinas keine schwerwiegenden Verluste verursacht hatte und auch keine tiefgreifende Bedrohung ihrer Stellung gehabt haben kann. Sie hatten vorher Schwierigkeiten, deren Ursachen in den schlechter werdenden Lebensbedingungen lagen wie auch in der verlockenden Ausweitung des Neulandes jenseits der Berge. In den spanischen Chroniken finden sich sogar Hinweise auf Meinungsverschiedenheiten, ja Kämpfe unter den Kachinas. Diese erscheinen in den örtlichen Erinnerungen als der Kampf mit dem Teufel Huarivilca in Cieza de Leons Bericht, zum Beispiel, oder in den Aufzeichnungen von Salcamayhua und Avila.

Es ist denkbar, daß solche Schwierigkeiten überwunden werden konnten. Aber mit der Zerstörung von Tiahuanaco war das äußere und das geistige Zentrum verlorengegangen, und die Kachinas müssen erkannt haben, daß der lange Zeitraum ihrer unangefochtenen Vorherrschaft unwiderruflich zu Ende war. Nur ihre Führung wurde eingestellt, nicht ihre aufrichtige Sorge für die Menschheit. Sowohl von den Hopi als auch aus den spanischen Chroniken hören wir über ihre fortgesetzte Belehrung und Beratung, und wir müssen die unvorstellbare, den Kachinas zur Verfügung stehende Überzeugungskraft nur bewundern.

Während dieser zweiten Phase sehen wir sie als Viracochas durch das Land wandern sowie da und dort auftreten, viele Orte besuchen, predigen und lehren und manchmal auch voller Verzweiflung Verwünschungen aussprechen. Sie vollbringen »erstaunliche Dinge, und sie können fliegen«.

Die Hopi wissen mehr. Sie sagen, die Kachinas waren ihnen mit der doppelten Aufgabe zugewiesen, einesteils den Clans bei der Suche nach dem Weg zu helfen und andererseits in ihnen den Wunsch nach geistiger Erkenntnis wachzuhalten. Wir erfahren von Erkundungsflügen, um das wandernde Volk zu unterstützen, auch daß einigen Clan-Führern erlaubt war, an solchen Flügen teilzunehmen. Die Kachinas verständigen sich untereinander durch Gedankenübertragung. Ein Nachrichtennetz, wenn man so will, das ein bemerkenswertes Licht auf die Kachinas und die Art ihrer Wirksamkeit wirft.

Die Nachrichtenverbindung unterrichtet andere (und vermutlich auch eine Zentrale) von örtlichen Bedingungen in den verschiedenen Bereichen. Die Beschreibung macht es deutlich, daß die Kachinas selbst mit den örtlichen Gegebenheiten nicht vertraut waren. Sie sind selbst Neuankömmlinge, Forscher. Ihre Arbeitsweise ist genau die gleiche wie die heutiger Expeditionen: Zwar standen Landkarten zur Verfügung, der tatsächliche Zustand des Geländes kann aber nur von jenen ermittelt werden, die dort sind. Sie berichten ans »Hauptquartier«, was sie sehen und erfahren.

In den Überlieferungen der Hochfläche gibt es keine Angabe, wann die Tätigkeit der Viracochas endete. In den Überlieferungen der Hopi wird die Beendigung der Hilfe der Viracochas mit den kriegerischen Auseinandersetzungen im Palátquapi-Yukatan-Bereich in Verbindung gebracht. Niemand jedoch weiß, wo die Kachinas während der sehr langen zweiten Phase lebten, die von der Zerstörung Táotoómas bis zum Ende der Palátquapi-Periode dauerte. Zwar weiß man, daß die Viracochas zum Himmel aufstiegen und die Kachinas zu ihren vereinigten Planeten zurückflogen, um dem Schöpfer von den Entwicklungen auf Erden zu berichten. Aber wie gesagt, es ist nicht bekannt, wo sie auf Erden lebten.

c) *Der verborgene Weg*

Wenn auch der Verbleib der Kachinas selbst in den Überlieferungen völlig im dunkeln bleibt, so können wir immer noch unser eigenes Urteil nutzbar machen, um zumindest einige allgemeine Angaben ausfindig zu machen.

Infolge der Zerstörung der Stadt Táotoóma und dem damit verbundenen Verlust ihrer beherrschenden Stellung müssen die Kachinas erkannt haben, daß sie unter der riesigen Indianerbevölkerung nur noch eine Minderheit waren. Diese Tatsache, zusammen mit der Verschlechterung der klimatischen Verhältnisse, zwang sie, sich gleich den übrigen Einwohnern nach einem neuen Gebiet umzusehen. Als besondere Bedingung sollte diese Region zur Bewahrung ihrer charakteristischen Eigentümlichkeiten abgeschieden sein, ihnen aber doch einigen Einfluß auf die Indianer erlauben[245].

Diese Voraussetzungen ergaben sich weder im Gebirge noch auf dem westlich davon gelegenen schmalen Streifen Land. So blieb die einzige mögliche Richtung, nach dem Osten zu gehen. Nur die riesige Ausdehnung des südamerikanischen Dschungels ermöglichte es den Kachinas, sich der neuen Lage anzugleichen. Der Bereich, in dem sie ihr neues Gebiet aussuchen konnten, war von der Größenordnung der heutigen Vereinigten Staaten oder mehrfach von der Größe Europas. Man ist vielleicht geneigt, die vermutliche Region ihrer Wahl auf eine Gebirgsgegend zu beschränken, wenn man bedenkt, daß die Kachinas in Kásskara und auch in Táotoóma in einer solchen Gegend gelebt hatten, was ein Hinweis auf eine Vorliebe sein könnte. Dieser Gedanke würde uns zu der Vermutung führen, daß die Kachinas von Bolivien aus nordwärts auf die tiefer liegenden Höhen der östlichen Abhänge der Anden zogen. Wie wir zuvor schon gehört haben, waren aber diese Abhänge während der Eiszeit größtenteils von Gletschern bedeckt. Was immer wir auch von der Vorliebe der Kachinas halten mögen, unsere Vermutung müßte darauf hinausgehen, daß sie sich für die Zeit der Vereisung etwas weiter östlich niederließen und nur in den Westen zurückkehrten, als das Klima wieder milder wurde.

Diese Überlegungen führen zu einer anderen berühmten und widersprüchlichen Frage: Paytiti, das besser bekannt ist unter seinem spanischen Namen El Dorado. Soweit es uns betrifft, liegen die Wurzeln des El-Dorado-Gerüchts natürlich in den spanischen Chroniken. Darin wird es erstmals erwähnt. Ich will hier eine von Sir Markham geschriebene Zusammenfassung zitieren[246]: »...viele unruhige Geister im Vizekönigshaus von Peru träumten immer noch von den Geschichten über El Dorado. Es war erinnerlich, daß bald nach der spanischen Eroberung viele Inka-Indianer flüchteten. Es wurde allgemein angenommen, daß sie in den Wäldern, viele Kilometer östlich von Cuzco, ein wohlhabendes Reich, genannt Paytiti, gegründet hatten; während das Reich von Enim irgendwo im Tal des Ucayali bestehen soll... Viele Menschen glaubten weiterhin, daß irgendwo im Amazonastal eine große Nation bestände und daß ihre Hauptstadt Paytiti sei... Ein Jesuit, der eine der Expeditionen begleitete, erzählt, daß die Soldaten anstatt Gold nur Mühsal, Krankheit und Tod fanden... Es scheint jedoch nicht gänzlich unmöglich, daß die Paytiti-Legende auf Tatsachen beruhen könnte. Velazco sagt ausdrücklich, daß die Inka-Indianer, die mit Tupac Amaru in die Wälder flohen, das Chunchu-Volk gründeten. 1681 berichtet Pater Lucero, daß ... er selbst Teller, Halbmonde und Ohrringe aus Gold gesehen habe, die von diesem Volk gebracht wurden. Weitere verbürgte Nachrichten über Paytiti erhielt man von dem guten Pater Baraza, dem Missionar der Moxos, als er die Baures-Indianer im Jahr 1702 besuchte ... Ein benachbarter Stamm, die Cayubabas, ähnelten den Baures in jeder Hinsicht, mit der Ausnahme, daß ihr oberster Häuptling auch der Hohepriester war, sein Titel war Paytiti...« In einer Fußnote zu diesem Absatz findet sich folgende Bemerkung: »Mr. Southy fügt hinzu: Hier ist nun der Große Paytiti, von dem angeblich die frühen Eroberer die Inka-Schätze erbten und der ein wohlhabendes Reich inmitten des Kontinents gegründet haben soll. Ihre verfeinerten Sitten waren in Wirklichkeit die Überreste der Inka-Kultur. – Das mag vielleicht eine vorschnelle Schlußfolgerung sein. Es ist jedoch erwiesen, daß die Inka ihre Eroberungen ostwärts bis zum Itenez ausdehnten.«

Im Haupttext heißt es weiter: »Die Aussagen von Baraza und Lucero, zusammen mit den Äußerungen der allgemeinen Überlieferungen aus der Zeit der Eroberung bis zum heutigen Tag, stärken die Wahrscheinlichkeit, daß die Inka ein oder zwei Jahrhunderte lang nach der Zeit Pizarros tatsächlich ihre Kultur mit Erfolg abseits der spanischen Beeinträchtigung bis in die riesigen Ebenen östlich der Anden ausweiteten. Das gleiche hörte ich, als ich 1853 im Land der Purus war. Mein Gewährsmann deutete auf die Wälder, die sich bis zum Horizont erstreckten, und beschrieb gleichzeitig einen See, an dessen Ufern Inti (die peruanische Gottheit) immer noch Anbeter hatte. Es ist ein erfreulicher Gedanke, daß diese Geschichte möglicherweise wahr sein könnte.«

Auch Pater Acostas Bericht über die Goldstädte soll hier erwähnt werden. Er erfuhr von einem »glaubwürdigen Mann, daß er dort große Siedlungen gesehen habe und die Straßen ausgefahren wie jene zwischen Salamanca und Valladolid« (siehe S. 149). Das ist nicht nur ein Hinweis auf eine beträchtliche Verkehrsdichte und der entsprechenden Anzahl von Menschen, sondern, was noch wichtiger ist, auf das Bestehen von mehreren Städten. Dieser Umstand wurde durch die Erwähnung des Chunchu-Reiches usw. in den Aufzeichnungen Sir Markhams bereits angedeutet.

Die oben erwähnte Mitteilung hat ihre Wurzeln in Peru, also westlich und südwestlich vom Amazonasbecken. Weitere Berichte stammen von den nördlichen Teilen dieses gewaltigen Territoriums, der Region des Orinokoflusses. Dort sind nicht nur, so heißt es, Städte mit großem Reichtum an »Gold, Silber und Edelsteinen«, sondern auch wieder »viel begangene und befahrene sich kreuzende Straßen«[247]. Man sollte erwähnen, daß dieser besondere Bericht (er ist nicht der einzige) von Don Fernando de Berrio stammt, dem Gouverneur der Provinz Venezuela, der selbst eine Expedition leitete. Leider starb er bald danach, was einen Aufschub in der Erforschung solch reicher Provinzen wie Caranaca und Manoa oder El Dorado verursachte.

Alle Berichte sind im Grunde inhaltlich gleich, zeigen jedoch einen beachtlichen Unterschied: Die Berichte aus dem Norden versuchen nicht den Ursprung der Städte zu erklären, während in den Berichten aus dem Westen oder Südwesten behauptet wird, die Städte seien von den Inka erbaut worden. Letzteres ist unbegründet, aber verständlich. Die Inka hatten das Reich beherrscht, das soeben von den Spaniern erobert worden war. Die Inka hatten regiert, so lange sie selbst und die Indianer sich erinnern konnten. So ist es nicht verwunderlich, daß die Spanier und alle, die ihre Berichte lasen, alles und jedes den Inka zuschrieben. Ungewisse Hinweise auf unbekannte Erbauer zu einer unbekannten Zeit vor den Inka, falls man überhaupt davon hörte, wurden nicht beachtet. So kam niemand auf den Gedanken an eine frühere und bedeutend höhere Kultur: ein Sachverhalt, der sich seit dieser Zeit kaum geändert hat.

Die aus Sir Markhams Einführung zitierten Passagen enthüllen eine weitere bemerkenswerte Eigentümlichkeit. Die frühen Berichte sprechen von reichen Völkern, etwa 150 Jahre später werden befestigte »Dörfer« mit Tempeln und Banketthäusern erwähnt. Weitere 150 Jahre später »fand Inti immer noch Bewunderung«. Aus diesen Beschreibungen spricht unverkennbar der Verfall.

Natürlich könnten wir den gewohnten leichten Weg gehen und sagen: Je gebildeter die Chronisten, desto weniger phantastisch ihre Berichte. Diese Einstellung ist nicht nur verdächtig, weil sie ein Problem zu bequem beseitigt, das nicht in das gegebene Muster paßt, sondern auch, weil die Konquistadoren und späteren Gouverneure sicher keine schwächlichen Träumer waren, sondern ausgekochte Realisten. Immerhin wurde weder das Azteken- noch das Inka-Reich, die beide kaum weniger phantastisch als El Dorado waren, durch dumme Leichtgläubigkeit gefunden. Und gibt es wirklich irgendeine bindende Logik, die uns zwingt zu glauben, daß die goldenen Tempel und Gärten von Cuzco und auf der Titicaca-Insel tatsächlich die einzigen waren? Wir sollten nicht vergessen, daß sogar in der letzten Phase des Inka-Reiches Gold den Inka als Material vorbehalten blieb, nicht als Maßstab für Reichtum. So betrachtet, sollte man das Vorhandensein von Gold in den Dschungelstädten erwarten und nicht als Phantasie abtun.

Lange Zeit nach der Zerstörung von Táotoóma/Tiahuanaco haben wir weiter nichts als diese allgemeinen Andeutungen. Erst gegen Ende der zweiten Phase der Geschichte der Kachinas vermittelt unsere eigene Kenntnis einige bessere Anhaltspunkte. An sich mögen diese nicht sehr aufschlußreich sein, aber sie bekommen Bedeutung, wenn wir sie im Zusammenhang mit den indianischen Überlieferungen betrachten.

Wir wollen unsere Aufmerksamkeit wieder den Olmeken in Mittelamerika zuwenden. Einige ihrer außergewöhnlichen Fähigkeiten und Leistungen wurden schon erwähnt und sollen nicht wiederholt werden. Es gibt jedoch eine besondere Seite: die erstklassige Präzision bei der Herstellung der olmekischen Anhänger. Die Genauigkeit erinnert an einen der ungewöhnlichsten archäologischen Funde, die jemals gemacht wurden, den Kristallschädel. Dieser Kopf wurde 1926 von Miß Mitchell-Hedges in den Ruinen von Lubaantun, British Honduras, jetzt Belize gefunden. Die Ruinen liegen in unmittelbarer Nachbarschaft jenes Territoriums, das nun als olmekisch angesehen wird. Man nimmt an, daß die Ruinen zur Maya-Kultur gehören, obwohl ihr Name »Stadt der Fallenden Steine« eher andeutet, daß es schon zu jener Zeit Ruinen waren. Außerdem scheint eine gewisse Unsicherheit zu herrschen, ob dieser Schädel tatsächlich in Lubaantun gefunden wurde. Jedenfalls gibt es keine Möglichkeit, sein Alter zu bestimmen, folglich auch nicht mit Sicherheit die Kultur, zu der er gehört. Das theoretische Wissen jedoch und die Technik, die in diesem Kopf zum Ausdruck kommen, entsprechen oder übertreffen jene der olmekischen Anhänger. Das vermittelt einen besseren Hinweis auf das Alter des Kopfes und trägt dazu bei, daß wir die hochentwickelte Technik dieses Gebietes mehr und mehr erkennen können.

Der Kopf wurde aus einem einzigen Stück Bergkristall hergestellt und wiegt etwas über 10 Pfund. Der Entwurf läßt die Kenntnis optischer Gesetze erkennen wie auch weitere ungewöhnliche Eigenschaften. Versuche mit polarisiertem Licht haben ergeben, daß der auf- und zuklappbare Kiefer Teil des ursprünglichen Kristallbrockens ist[248]. Nur Ingenieure und Edelsteinschneider können wirklich die Überwindung der Schwierigkeiten bei der Herstellung ermessen und bewundern sowie die Meisterschaft, die erforderlich war, um diese Ergebnisse beim Schneiden und Polieren eines derart harten Materials zu erzielen.

Ein Zweck des Kopfes ist nicht bekannt, es sei denn der eines Gebrauchs bei religiösen Handlungen, der regelmäßig wiederkehrenden Erklärung für alle archäologischen Rätsel. Genauer gesagt: zum Gebrauch der (immer nützlichen) verruchten Priester, um die (immer leichtgläubige) Bevölkerung zu beeindrucken. Bereits die einfache Tatsache der Existenz des Schädels wiegt die fehlende Kenntnis auf. Wir müssen uns nur die allgemeine Reaktion vorstellen, hätten wir nur spanische oder indianische Berichte darüber.

Die olmekische Technologie war eine vereinzelte Erscheinung und hat sich in späteren Kulturen nicht wiederholt. Dagegen zeigen die Architekturen der mesoamerikanischen Kulturen eine deutliche Ähnlichkeit. Es lohnt sich, diese Sachlage, die ihre Wurzeln in den wesentlichen Unterschieden zwischen Architektur und Technologie hat, näher zu untersuchen. Architektur als Ausdruck von Bedarf, Sitte und Denkungsart des Menschen ist an diese Fakten gebunden, ob er ihnen folgt, sie umwandelt oder sich dagegen empört. Technologie (und natürlich die Wissenschaft) zielt auf Erweiterung, auf die ständige Vermehrung neuer Kenntnisse und ändert dadurch den menschlichen Bedarf, die Sitte und Denkungsart. Die Architektur ist eine schöpferische Kunst, Wissenschaft und Technologie sind schöpferische Intelligenzen.

Die Technologie verwandelt die Grundstoffe der Natur in physisch wahrnehmbare Erzeugnisse und Vorgänge. Ein großer Teil der Technologie beruht auf der Wissenschaft, und die Wissenschaft als solche ist eine intellektuelle Tätigkeit, die nur durch die Technologie sichtbar wird und Bedeutung erlangt[249].

Änderungen in Wissenschaft und Technologie verwandeln ihre Produkte; Fortschritt verbessert sie, und Verlust der Kenntnis bringt Verlust der Erzeugnisse mit sich. Architektonische Formen andererseits werden mit dem Verlust der Idee, die sie geschaffen hat, verschwinden, die Formen aber bleiben trotz Verlust der Technologie erhalten, wenn die Idee lebendig bleibt. Das sahen wir am Altar von Chalcatzingo und an den Bauwerken des westlichen Pazifik.

Mit diesen Überlegungen betrachten wir nun wieder die Lage in Mittelamerika. Wir wissen, daß in ihren Kulturen die Architektur, wenn auch mit Abwandlungen, Bestand hatte. Wir bemerken auch die technologischen Leistungen, die wir entweder unmittelbar beobachten können oder von denen die Überlieferungen berichten. Viele dieser technologischen Großtaten gelingen auch uns, nur jedoch unter beträchtlichem Aufwand von Maschinen, von denen es in mittelamerikanischen Kulturen nicht die geringste Andeutung gibt. Wir sehen uns den Ergebnissen einer unbekannten Technologie gegenüber, die es später nicht mehr gab. Kurz, die schöpferische Kunst blieb auch nach dem Niedergang der Olmeken erhalten, die kreative Intelligenz jedoch nicht. Einige nie geklärte Fähigkeiten kamen zu einem unwiderruflichen Ende.

Das plötzliche Fehlen dieser Fähigkeiten und unsere Beobachtung, daß diese sich zuletzt in der Kultur der Olmeken gezeigt haben, trennt sie von allen anderen mittelamerikanischen Kulturen. Etwas war mit der olmekischen Kultur dahingegangen, eine bis heute geheimnisvolle Macht war nicht mehr.

Gegenwärtig betrachtet man die Olmeken als mittelamerikanische Kultur. Wenn wir die unbegründete geographische Begrenzung fallenlassen und die Olmeken ganz allgemein als amerikanische Kultur betrachten, bemerken wir, daß sie nicht wirklich so vereinzelt ist, wie wir gewohnheitsmäßig meinen. Die amerikanische Geschichte beginnt mit drei Hochkulturen: Die Olmeken gelangen um 1300 v. Chr. zur Bedeutung, Chavín um 1500 v. Chr. und die Vorläufer der Inka um 1900 v. Chr. Obwohl die Olmeken-Kultur die erste in Mittelamerika ist, ist sie die letzte der drei großen Kulturen des frühen Anbruchs der amerikanischen Geschichte. Und wieder bemerken wir den nördlichen Verlauf ihrer Reihenfolge. Die älteste im Süden, die jüngste im Norden. Alle drei Kulturen entstehen plötzlich, in dichter Aufeinanderfolge, ohne ersichtliche Motivierung, sie entstehen auf der niederen kulturellen Ebene aller anderen Stämme.

Diese niedrige Stufe dauerte übrigens Zehntausende von Jahren vor ihrer Zeit[250], wurde offensichtlich durch die Hochkulturen kaum beeinflußt und setzte sich mit nur einigen Verbesserungen bis in die Zeit der Eroberung fort.

Es gibt unter der Olmeken- und Chavín-Kultur Andeutungen von Ähnlichkeiten und Bindungen. Über die nahe Verwandtschaft zwischen der Technologie der Olmeken und jener Tiahuanacos kann es nur wenig Zweifel geben. Von Tiahuanaco aus lassen sich Zusammenhänge im Pazifik erkennen und weiter im Westen bis zum »Olmeken-Kopf auf Sumatra« (siehe Abb. 18). Zur Olmeken-Kultur gehört so auch ihre Zugehörigkeit zu einem weit ausgedehnten Netz von Wissen und Ideen, das sich halbwegs um die Erde erstreckte.

d) Der letzte Versuch

Von den drei frühesten Kulturen erlebte und erduldete nur die erste die Ankunft der Europäer. So schmerzlich die Begegnung auch war, sie bewahrte die einzige noch vorhandene mündliche Überlieferung ihrer Geschichte und deren Beginn. Wir erkennen darin, daß die Inka immer sagen, sie seien »Kinder« eines Gottes, sie behaupten niemals, Götter zu sein, und machen eine ebenso klare Unterscheidung zwischen ihrem Vater, dem Sonnengestirn und sich selbst, wie sie es zwischen sich und gewöhnlichen menschlichen Wesen machen.

Ihre Lage und Geschichte erinnert stark an die Könige von Atlantis, die, gleich den Inka, keine Götter, sondern Abkömmlinge eines Gottes waren. Tatsächlich scheinen Platons Worte hier unmittelbar anwendbar zu sein: »Solange diese Gesetze und ihre göttliche Natur ungeschmälert blieben, hörte der von uns beschriebene Wohlstand nicht auf, sich zu vermehren. Als aber das göttliche Element in ihnen durch häufige Mischung mit sterblicher Rasse geschwächt wurde und ihre menschlichen Züge vorherrschend, endete die Befähigung, den Wohlstand mit Mäßigung zu erhalten.«

Um die Wurzeln dieser Umstände in Südamerika zu finden, müssen wir in die Zeit zurückgehen, die die Kachinas in der Amazonasregion verbrachten. Es ist gut möglich, daß die Kachinas während ihres langen Aufenthalts dort entweder Poseidons Fehler wiederholten oder durch Umstände gezwungen waren, diesen Weg in voller Absicht zu wählen. Im letzteren Fall könnte die geplante Zeugung ohne sexuelle Verbindung in der durch die Hopi-Legenden angedeuteten Art vor sich gegangen sein. Das wäre eine Erklärung, warum der Schöpfer vier Paare von Brüdern und Schwestern nach Tiahuanaco bringen konnte und ihnen die Möglichkeit gab, das Land zu regieren.

Eine solche Entwicklung sollte ihre Zeichen in der Amazonasregion hinterlassen haben, und wir lesen tatsächlich von »verfeinerten Sitten« in Sir Markhams Zusammenfassung, die als »Strandgut der Inka-Kultur« betrachtet wurden. (Der unbegründete Verweis auf die Inka wurde bereits besprochen.) Dann gibt es die Beobachtungen von P. H. Fawcett, dem pensionierten Oberst der britischen Armee, der viele Jahre im Dschungel des westlichen Brasiliens und des östlichen Boliviens verbrachte und der dort 1925 verschwand.

Fawcett hörte nicht nur Geschichten von »verlorenen Städten«, er beobachtete auch, daß einige Indianer physische Merkmale besaßen, die bei den Ureinwohnern dieser Region nicht üblich waren. Er stellte z. B. fest, daß die Maxubi-Indianer nicht sehr dunkel waren, ihre Haut hatte einen hellen Kupferton, ihre Haare waren rötlich. Bei einigen bemerkte er sogar blaue Augen. Sie hatten eine feine Gesichtsbildung, schmale, gut geformte Hände und Füße und liebenswürdig-höfliche Manieren. Ihre Sitten waren tadellos. Fawcett schloß daraus, daß »die Maxubi auf jede Weise eher aus einer hohen menschlichen Entwicklungsstufe gefallen waren als ein Volk darstellten, das sich aus einem primitiven Zustand entwickelt hatte«. Aus der Erscheinung und den Sitten der Tapuya-Indianer schloß Fawcett, daß sie »entweder die Entartung einer überlegenen Kultur waren oder die Nachkommen einer höchst kultivierten Macht, die plötzlich zurückgezogen worden war«[251].

Im Amazonasbecken müssen während der Eiszeit zumindest in einigen Regionen die Lebensbedingungen viel vorteilhafter gewesen sein, als sie jetzt sind. Diese Verhältnisse änderten sich mit dem Ende der Eiszeit, die um 7000 oder 6000 v. Chr. durch eine besonders warme Periode geprägt war[252/253]. Als Folge eines derart drastischen Wechsels änderten sich die Lebensbedingungen im gesamten Amazonasbecken wie auch in den Anden in das, wie sie jetzt sind. Es wäre sogar möglich, daß das Klima in diesen Regionen für einige Zeit wärmer war als jetzt. Das heißt, die Lebensbedingungen wurden in den Niederungen schwieriger, besserten sich aber in den Bergen. Es ist verständlich, daß dies die Kachinas veranlaßt haben könnte, in die Anden zurückzukehren.

Dort oben erholten sich die Indianer vom mühsamen Leben, vermehrten sich und entwickelten Stammesordnungen (man erinnere sich an die beiden großen Fürsten Sapana und Cari und an ihre Festungen im Süden und an den Wahlverlauf im Norden; siehe S. 136 u. 141). Mit den Augen der Kachinas gesehen, waren aber die Indianer immer noch unkultiviert und wild. Die gleiche Lage herrschte auch auf beiden amerikanischen Kontinenten.

Derartige Umstände forderten natürlich den Unternehmungsgeist heraus. So verstehen wir, daß die Kachinas einige ihrer Nachkommen, die vier Paare, in Tiahuanaco zurückließen. Rein durch ihre Abkunft waren diese den Eingeborenen des Gebietes überlegen, und man konnte von ihnen erwarten, daß sie die Macht erlangen würden. Und so begannen die Kinder der Sonne ihre unabhängige Entwicklung, die bis zur Ankunft der Europäer anhielt.

Wir haben keine Berichte über die Anfänge der Chavín- und Olmeken-Kultur, aber aller Wahrscheinlichkeit nach müssen Persönlichkeiten und Ereignisse in ihren Überlieferungen jenen der Inka ganz ähnlich gewesen sein. Man kann das behaupten, denn wir haben im Fall der Chavín-Kultur einen guten Anhaltspunkt. Die südliche Grenze ihres Territoriums ist nicht weit von der Provinz Huarochiri, und über diese haben wir von Avila einen Bericht. Es wäre in der Tat sehr überraschend, wenn das Brauchtum sehr verschieden gewesen wäre. Immerhin dauerte die Chavín-Kultur von etwa 1500 bis 500 v. Chr.[254] und war damit etwa ein Jahrtausend lang ein unmittelbarer Nachbar der Vorgänger der Inka. Desgleichen bestand die Olmeken-Kultur etwa 700 oder 800 Jahre lang gleichzeitig mit den beiden anderen Kulturen (siehe Abb. 15).

Als merkwürdiger Gegensatz zur Gleichzeitigkeit dieser drei Kulturen und zur geographischen Nachbarschaft der beiden südlichen Gruppen wie auch zur anerkannten kulturellen Verwandtschaft zwischen Chavín und Olmeken, soll es zwischen diesen beiden einen weiten geographischen Zwischenraum geben. Von Ecuador aus nördlich durch die Landenge von Panama soll sich ein kulturelles Niemandsland erstrecken. Es könnte jedoch sein, daß dies eher eine Lücke in unseren Kenntnissen als in der Wirklichkeit ist. Die folgende Beschreibung macht darüber eine Andeutung[255]: »Ich habe im Süden Kolumbiens alte Ruinen besucht, die echte historische Rätsel darstellen. Weder zeitgenössische Forscher noch die überlebenden Indianer selbst haben eine Vorstellung, was diese Ruinen verkörpern. Die Erinnerung an die Vergangenheit ist in diesen Fällen einfach untergegangen. In und nahe der Stadt Agustín sah ich Hunderte von gigantischen Steinstatuen, ähnlich jenen, die auf der Osterinsel zu sehen sind. Der große Unterschied besteht darin, daß die kolumbischen Exemplare auf fast unzugängliche Stellen wie Berggipfel gestellt wurden, und niemand weiß von wem oder wann. Diese Zeugen der Vergangenheit können nicht mit irgendwelchen der bekannten Ureinwohner in Verbindung gebracht werden, sie waren, und sind es noch heute, historische Kuriositäten.

In der kolumbischen Region, bekannt als Tierra Dentro, eine Art Indianer-Reservation, besuchte ich ... eine Anzahl ›indianischer Begräbnisstätten‹, die uns verblüfften. Es gibt viele, vielleicht einige Dutzend dieser Höhlen. Zwar sind sie äußerst schwierig zu finden, da ihre Zugänge überaus schmal sind. Man geht durch einen Spalt auf einer in die Seitenwand geschlagenen Treppe hinunter. Etwa fünf oder sechs Meter unterhalb der Oberfläche ist eine Kammer, die vollkommen dunkel ist. Beleuchtet man die Kammer, dann erscheinen merkwürdige Einzelheiten. An den Wänden sieht man schwierige, vielfarbig gemalte Muster. Was sie darstellen, niemand weiß es, am allerwenigsten die indianischen Führer, die auch nichts über die Geschichte dieser Gräber wissen. Und dann die Gräber selbst. In den meisten findet man Knochen und Grabbeigaben einer untergegangenen Kultur ...«

Solche Schilderungen machen es ziemlich wahrscheinlich, daß unsere Ansicht über den nordwestlichen Teil Südamerikas in der Zukunft eine wesentliche Änderung erfahren wird. Auf jeden Fall erkennen wir bereits jetzt zwischen dem Titicacasee und dem südlichen Mexiko verschiedene Kulturen, die in einer verhältnismäßig dichten zeitlichen Folge entstanden sind und geographisch in nördlicher Richtung aufeinanderfolgen. Wir haben zu der Vermutung Anlaß, daß die Überlieferungen hinsichtlich ihres Ursprungs ähnlich sind. Sie besaßen einen hohen Grad von Wissen, und sie ließen Ruinen von Bauwerken zurück, die nicht nur in dieser Region von gleicher Art sind, sondern quer über den ganzen Pazifik.

Es kann nur wenig Zweifel geben, daß die Kachinas/Viracochas diese drei oder auch mehr Kulturen in geplanter Reihenfolge gründeten. Über die Motive ihrer Unternehmungen können wir natürlich nur Vermutungen anstellen. Möglicherweise sahen sie eine Gelegenheit, ihren Einfluß auf die Menschheit wiederherzustellen oder zu vermehren. In dieser Hinsicht gab es jedoch Schwierigkeiten. Alle Überlieferungen lassen deutlich erkennen, daß zu jener Zeit nur eine kleine Anzahl der Kachinas geblieben war. Alles, was sie deshalb tun konnten, war, in einem letzten Versuch zur Rettung ihrer Mission, ihre Abkömmlinge als Sachwalter einzusetzen. Aber die Keimlinge, die sie mit ihren ersten Lehren und Beratungen gepflanzt hatten, erlagen dem Trieb nach der Macht, der sich in ihren »Kindern« entwickelte, als die von Platon beschriebene Entwicklung ihren Verlauf nahm.

e) Das Ende

Kásskaras Bevölkerung war auf die Kachinas angewiesen, und so blieb es auch in Táotóoma. Aber die Zersplitterung, die auf die Zerstörung der Stadt Táotoóma folgte, löste diese Bindungen. Mit der späteren Rückkehr der Kachinas in die Berge entdeckten wir, daß sich die Lage ins Gegenteil gekehrt hatte. Die Kachinas sind nun in ihrem erneuten Versuch, den Menschen an ihrem Wissen teilnehmen zu lassen, auf ihn angewiesen. Sie brauchen Vermittler – ihre »Kinder« –, um die Kultur begründen und pflegen zu können, den Rahmen, in dem sie ihre Mission weiterführen wollen.

Die erste, auf diese Art gegründete Kultur war die auf der Hochfläche. Sie überlebte bei weitem jene, die später entstanden sind, erwies sich aber als schwierig zu lenken. Zu der Zeit, als die Inka an die Macht kamen, war nur die äußere Schale des alten Erbes verblieben. Inzwischen war die Chavín-Kultur erloschen, so auch die der Olmeken. Mit dem Niedergang der Kulturen verloren die herrschenden Klassen ihre Macht. Es gibt aber keinen Grund anzunehmen, daß sie nicht als Gruppe weiterbestehen konnten oder weiterbestanden haben. Sie bildeten keine »Klasse« mehr und waren bei einer riesigen Überzahl von Indianern nichts weiter als eine Minderheit.

Wir haben in dieser Beziehung zwei Spuren, wovon eine überdies die beschriebenen Entwicklungen mit den bekannten historischen Daten und Ereignissen unmittelbar verbindet. Die erste Spur ist die wenig bekannte Tatsache, daß in Südamerika Mumien mit blonden Haaren verschiedener Schattierungen aufgefunden wurden. Eine Tatsache von überragender Bedeutung, bedenkt man ganz allgemein die offene Frage der Anwesenheit weißer Menschen in diesem Teil der Welt (Abb. 33). Sie wurden in Paracás und Nazca gefunden, was vermuten läßt, daß die Toten dem verbliebenen Rest oder den Nachfolgern der Chavín angehörten oder sogar irgendeiner Splittergruppe der herrschenden Vor-Inka-Klasse.

Die Paracás-Mumien waren nicht weit vom wohlbekannten Dreizack begraben, der an der Hügelseite des Südendes der Bucht von Pisco eingeritzt ist. Natürlich ist bis heute nicht bekannt, ob zwischen diesem rätselhaften Zeichen und den Mumien irgendein Zusammenhang besteht[256].

Die andere Spur entnehmen wir dem Kodex Nuttall[257]. Diese Handschrift wurde vor der Ankunft der Spanier gemalt und zunächst für ein historisches Zeugnis der Zapoteken gehalten, nun aber wird der Kodex als mixtekisches Dokument betrachtet. Es ist wichtig zu wissen, daß die in dem Kodex erscheinenden Daten auf 692 n. Chr. zurückgehen. Damit fallen die Ereignisse in die von mir bezeichnete Palátquapi-Zeit.

Da treffen wir wieder auf weiße Menschen, aber unter welch außerordentlich verschiedenen Umständen. Abb. 34 zeigt einen bärtigen weißen Mann im Gespräch mit einem Indianer. Es ist jedoch der Indianer, der im Schloß sitzt, sein ist die starke Stellung; der weiße Mann wird ganz offensichtlich nicht fordernd, sondern bittend gezeigt[258]. In Abb. 35 wird ein weißer Mann von einem Indianer getötet[259].

Was hat sich ereignet? Zwar können wir nicht ganz sicher sein, aber die Überlieferungen und vorhandenen Tatsachen lassen doch vermuten, daß nach dem Ende der späten Olmeken-Periode die weiße Herrscherklasse verstreut war. Einige Gruppen (Stämme) bildeten sich, fanden sich aber nun den Indianern gleichgestellt. Eine Zeitlang gelang es ihnen, entweder durch erfolgreiche Kriege, durch Vermeidung von Kriegen oder mit der Auswanderung in neue Bereiche ihre Identität zu wahren. In jedem Fall befanden sie sich in der Verteidigung, und wenn es auch friedliche Zeiten gegeben haben mag, so brachte doch früher oder später die Unausgewogenheit der Macht die weißen Männer in Situationen wie die in Abb. 34 und 35 dargestellten.

Die ehemaligen Herren wurden die Gejagten.

Uraltes Wissen mag unter diesen verzweifelten Umständen an die Oberfläche gekommen sein. Ererbtes Wissen aus der Zeit, als ihre Ahnen noch fliegen konnten und Geltung auf Erden hatten. Von Inseln, dort draußen im mächtigen Ozean im Westen, wo Vorfahren ihrer Vorfahren einst auf einem Kontinent gelebt haben, von dem sie gekommen waren.

Und in dieser Richtung gingen sie nun. Das Benehmen der weißen Menschen bei ihrer Ankunft auf der Osterinsel weist sie nicht als verlorene Flüchtlinge aus, sondern als »Götter«, die wußten, wohin sie gekommen waren. Sie kehrten wissentlich in das Land ihrer Vorväter zurück.

Und die Kachinas selbst, was war schließlich mit ihnen geschehen? Sie sahen die ersten Herrscher auf der Hochfläche in gesicherter Position, aber ihrem Einfluß entgleitend. Sie hatten Wachstum und Niedergang der Chavín- und Olmeken-Kulturen erlebt und hatten die Verbliebenen der Olmeken-Herrscher in ihrem Kampf gegen eine überwältigende Mehrzahl von Indianern beobachtet.

Sie beobachteten, konnten aber nicht oder wollten auch nicht mehr eingreifen. Die Zeit von Kásskara und Táotoóma, als sie noch die Befehlsgewalt hatten, war vorbei. Dies war nun »des Menschen Erde ...«.

Die Kachinas müssen erkannt haben, daß ihre Mission zu Ende war. Sie war vorüber, denn sie hatten versagt. Aber sie hatten nur versagt gegenüber diesen riesigen Mächten, die Berge formen und die Seelen der Menschen: Ein ganzer Kontinent war untergegangen, ein anderer Kontinent hatte ihre erneuten Bemühungen zerstört. Die Saat, die sie wieder angelegt hatten, trotz Unheil und Mißgeschick, die weit außerhalb ihrer Macht lagen, diese Saat konnte dem Ansturm menschlicher Natur nicht widerstehen.

In einer letzten Anstrengung, angesichts des unausbleiblichen Endes ihrer weißen »Kinder«, scheinen sie die Menschheit durch intensive Belehrung an der Großen Schule der Gelehrsamkeit in Palátquapi unmittelbar angesprochen zu haben. Als danach wieder Uneinigkeit und Kriege ausbrachen, gab es keinen weiteren Ausweg. Ein Versuch, im Ausmaß und Zeitraum gigantisch, war zu Ende. Sie konnten auf ihre Heimatplaneten zurückkehren. Die amerikanischen Indianer aber bewahrten sich Spuren von Wissen und Weisheit aus dieser letzten Bemühung der Kachinas.

Für die Welt als Ganzes sind ihre Lehren verloren. Belehrungen, die an die höchsten menschlichen Qualitäten gerichtet waren und die ohne ständige Pflege und Erziehung nicht erhalten werden konnten. Die weniger erhabenen Ziele der atlantischen Philosophie waren leichter zu erfassen, sie überlebten auf anderen Kontinenten und wurden weltbeherrschend.

Die Tragödie der Kachinas ist auch die unsrige.

f) Ein paar Daten

Das Ende der zweiten Tätigkeitsphase der Kachinas traf mit einer Zeit dramatischer Ereignisse in der Palénque-Yukatan-Region zusammen. Wie die Hopi es sehen, lagen diese Ereignisse ziemlich spät, für unsere Verhältnisse waren sie tatsächlich der Beginn der

Geschichte. Drei verschiedene menschliche Wissenszweige kommen an diesem entscheidenden Punkt zusammen:

1. Nach unserer archäologischen Kenntnis begann der Niedergang Palénques zur Zeit der Besiedlung Yukatans gegen Ende des 6. Jahrhunderts. Es gab eine frühe Zeit der Unruhe und einen verhängnisvollen Krieg um 1200 n. Chr.

2. Die Hopi-Überlieferungen sagen, der Verfall von Palátquapi sei durch das Wachstum der Städte in Yukatan verursacht worden. Die beschwerlichen Zeiten begannen mit dem Niedergang Palátquapis und endeten mit den Kriegen in Yukatan. In dieser sorgenvollen Zeit gingen die Kachinas fort.

3. Heyerdahl konnte nachweisen, daß die Hauptreisen der weißen »Götter« nach Polynesien in zwei Wellen um 500 n. Chr. und um 1200 n. Chr. vor sich gingen.

Diese dreifachen Angaben stimmen unübersehbar mit jenem wichtigen Zeitpunkt überein, an dem beim Anbruch der Geschichte die indianischen Überlieferungen mit unseren Kenntnissen zusammentreffen.

g) Die dritte Phase

Mit den dynamischen und entscheidenden Ereignissen im südlichen Mexiko beginnt Schritt für Schritt die geschichtliche Existenz der mittelamerikanischen Kulturen. Von diesem Zeitpunkt an sind es rein indianische Kulturen, doch bewahren sie etwas vom Erbe der drei frühen Kulturen und ihrer Gründer. Einige Dokumente und die Ruinen ihrer Bauwerke sind greifbare Beweise ihrer Wirklichkeit und ihrer Geschichte.

Mit ihrer Flucht nach Polynesien entschwinden die verbliebenen weißen Herrscher aus dem Geschehen und gehen in das Reich der Legende ein. Und das zum selben Zeitpunkt, als wir in alten Dokumenten einen flüchtigen Eindruck von ihnen bekommen.

Die Kachinas verließen die Menschheit und die Erde. Nach den Hopi-Überlieferungen kehrten sie auf ihre Heimatplaneten zurück. Sie stiegen zum Himmel auf, wie wir es auf der Hochfläche hörten. Das war der Beginn der dritten Phase ihrer Beziehungen zur Menschheit, die noch bis zum Ende der Vierten Welt dauern werden.

Die Erinnerungen an sie und an ihre Anwesenheit werden noch in den Kachina-Tänzen gefeiert. Es ist bezeichnend, daß diejenigen, die in diesen Tänzen die Kachinas darstellen, sich nicht so nennen. Sie benützen den Begriff »Equáchi« für eine Einzelperson (Kachina) und »Naquáchimat« in der Mehrzahl. Für die Zuschauer aber bleiben sie die Kachinas, was ihren gesonderten und gehobenen Stand unterstreicht. Damit werden sie als »hohe, geachtete Wissende« bezeichnet. Es scheint, als wäre dies ein letztes Überbleibsel der beiden Sprachen, die noch in der späten Inka-Zeit existierten. Wir fragen uns jetzt: War ihre geheiligte Sprache – die Sprache, die Außenseitern (Zuschauern) nicht bekannt sein durfte –, war das die Sprache der Kachinas, die sie aus dem Dschungel in die Berge mitgenommen haben?

Die Kachinas haben sich zurückgezogen, uns aber nicht vergessen. Dann und wann offenbaren sie sich in Erscheinungen, und viele glauben, daß sie jene unbekannten Flugkörper bemannen, die durch die Tage und Nächte unserer Zeit fliegen.

In dieser dritten Phase gibt es weder Belehrungen noch Warnungen durch die Kachinas. Sie beobachten uns weiterhin und werden die wenigen Auserwählten schließlich sicher durch den Zusammenbruch unserer Ordnungen bringen, jene wenigen, denen die Möglichkeit gegeben wird, das geistige Leben der Menschheit zu erneuern.

6. Je weiter man geht....

Die Clans haben Táotoóma zu verschiedenen Zeiten verlassen, und ihre Wanderungen verliefen über unterschiedliche Routen. Wenn einige später wieder aufeinandertrafen, entdeckten sie gemeinsame Wurzeln und ein gemeinsames Erbe. Palátquapi entstand durch ihren Wunsch nach einem neuen Zentrum. Im historischen Sinn ist Palátquapi daher ein Ergebnis der Wanderungen.

Das Erscheinen und Wiedererscheinen Palátquapis ist typisch für fast alle mittelamerikanischen Kulturen, die ohne Anlaß zu beginnen scheinen und, ohne eine Spur zu hinterlassen, enden[260].

Überdenken wir diese Ereignisse, dann müssen wir zugeben, daß Aufstieg und Fall der Kulturen ein merkwürdiges und unerkläriches Phänomen sind. Das Problem liegt wirklich in uns selbst, denn wir haben vorgezogen, die Ausnahme anstelle der Regel zu betrachten.

Über viele Zehntausende von Jahren wanderten die Menschen in immer größerer Zahl durch die Kontinente. Nur in einzelnen Fällen wissen wir von ihrem Dasein. Aber ihr gemeinsames Wesen bildet die im tiefen Dunkel der Vergangenheit gelegte Grundlage, auf der sich alle anderen Ereignisse aufbauen und worauf sie zurückzuführen sind: Aus diesem Strom der Menschheit ragen die Kulturen auf wie Bergesgipfel. Wir sollten sie vielleicht passender mit Resonanzspitzen auf einem Oszillogramm vergleichen, denn ihrer Natur nach ähneln die Kulturen wirklich mehr einem Widerhallen, denn einer bloßen Summe von Teilwerten. Die Kulturen erscheinen unerwartet, blühen; und wenn die Erbauer, die Träger der Kulturen, entschwinden, verfallen die leeren Mauern ihrer Städte. Aber die Einwohner entschwinden nur aus der Geschichte. Sie treten zurück in das Dunkel, nicht weil sie von Feinden, von Krankheit oder Hunger getötet wurden, sondern nur, weil sie sich wieder der Wanderung anschließen. Wieder werden sie namenlos wie vor ihrer kurzen Rolle in der Geschichte.

Das Rätsel der Lebenszyklen der mittelamerikanischen Kulturen, die sich allen unseren Erklärungsversuchen entziehen, wird mühelos und natürlich durch die Überlieferungen der Hopi geklärt.

So sind alle amerikanischen Kulturen mit dem langsamen Verlauf menschlicher Wanderungen zu erklären. Sie begannen in Táotoóma und erfaßten mit der Zeit beide Kontinente.

Wie alt war doch dieser Wanderstrom! Lange bevor in Mittelamerika irgendwelche Städte, Tempel und Pyramiden gebaut wurden, ja sogar lange bevor auch nur der Gedanke daran geboren war, kamen wandernde Gruppen durch das nördliche Mittelamerika. Zunächst waren es wahrscheinlich nur wenige, denen es gelang, das beschwerliche Gebiet, das sich von Kolumbien in das südliche Mexiko erstreckte, zu durchdringen. Die bis jetzt früheste Spur von ihnen, die in La Jolla, Kalifornien, gefunden wurde, ist 48 000 Jahre alt. Nehmen wir die Zahl 72 000 als Datum der Zerstörung Táotoómas weiterhin ernst, dann ergibt sich, daß der La Jolla-Mensch 20 000–25 000 Jahre benötigte, bis er vom Steilufer aus den Pazifik sehen konnte. Eine solche Zahl sollte man nicht für unmöglich halten. Schließlich hatte die Gruppe bei ihrer Wanderung kein bestimmtes Ziel, nur eine allgemeine Richtung. Sie waren auf der Suche nach angenehmen Lebensbedingungen, und sicher war für die Wanderer »die Zeit nicht so wichtig«.

Auch der Bären-Clan war, lange bevor Palátquapi erbaut wurde, durch Mittelamerika gekommen. Tatsächlich weiß die Hopi-Überlieferung von verschiedenen Clans, die früh durch dieses Gebiet gezogen sind. Wir haben sogar hinsichtlich der Zeit dieser Wanderungen einige Anhaltspunkte. Zumindest für die Ankunft an der „Mauer aus Eis" im Norden. Die Clans trafen auf sie »nicht weit nördlich von der jetzigen kanadischen Grenze«.

Die Beschreibung »nicht weit« kann natürlich 80 oder 800 Kilometer bedeuten, so ist das keine sehr genaue Auskunft. Andererseits ist unsere eigene Kenntnis vom Ausmaß der Eisfläche auf dem Kontinent und ihren Begrenzungen zu den verschiedenen Zeiten von vergleichbarer Genauigkeit. Wie dem auch sei, es wird ungefähr richtig sein, wenn wir dieses Ereignis etwa zwischen 6000 und 8000 v. Chr. ansetzen.

Natürlich ist zu vermuten, daß Beginn und Weiterführung der Wanderungen einem ständig wiederkehrenden Kreislauf von zunehmender Bevölkerungsdichte und der Verfügbarkeit fruchtbaren Landes unterlagen, das heißt also, genaugenommen, wirtschaftlichen Gründen und vielleicht auch etwas Politik. Wir können auch voraussetzen, daß einige Männer und Frauen weitblickend genug waren, um über Wirtschaft und Politik hinaus, die Verlockung und Herausforderung eines unendlichen Horizonts zu verspüren. Diese, wir wollen es zugeben, waren sicher die Ausnahmen.

Doch da war Massáo!

Er erwartete die Flüchtlinge von Kásskara auf dem Átvila, am westlichen Abhang des neuen Kontinents (siehe S. 38). Er gab ihnen Rat und Anweisungen. Er gab ihnen aber auch ihre Hauptaufgabe: vor der Auswahl ihrer endgültigen Heimat in die vier Himmelsrichtungen bis zum Ende des Kontinents zu wandern[261]. Wir erfahren von dieser Verpflichtung von den Nachkommen jener, die gehorchten und diese Aufgabe erfüllten. Es ist unwichtig, ob dieser Auftrag für alle bestimmt war oder nur für die Auserwählten; denn schließlich kamen am gesetzten Ziel nur wenige an.

So betrachtet, hatten die Wanderungen eine starke bestimmende Kraft in den Überlieferungen. Das wirkliche Drama dieser Zeiten nach Palátquapi liegt nicht im Schicksal der Hochkulturen, sondern in der inneren Entwicklung der amerikanischen Menschen.

Ob die Clans ihre einsamen Wege gingen oder in prächtigen Städten lebten, sie mußten sich mit den Werten und der Bedeutung der alten Lehren auseinandersetzen. Nachdem die Kachinas gegangen waren, waren diese Werte mehr und mehr gefährdet. Und der Verfall weitete sich aus. Es gab so viele Versuchungen. Es gab fruchtbare Täler mit Flüssen und Seen, schöne Wälder und Ebenen mit Wild im Überfluß. Es gab so viele Orte, um sich für immer niederzulassen. Mehr und mehr Clans tauschten eine ungewisse Zukunft für eine angenehme Gegenwart. In diesem Zusammenhang erinnern wir uns der Azteken, wie sie von Huitzilopochtli gezwungen wurden, ihre Wanderungen wiederaufzunehmen.

Clans, die die Wanderung aufgegeben hatten, waren bereits ihres Glaubens an die alten Werte verlustig gegangen, oder sie hatten geändert, was geblieben war, um dies den Verhältnissen oder den Wünschen anzupassen. Ein Vorgang, der anderen Menschen in anderen Zeiten nicht unbekannt ist. Auf jeden Fall waren die letzten Bindungen zu den Lehren der Kachinas zerstört, und diese Clans waren auf dem Weg zur Bedeutungslosigkeit. Das ist am besten an den wenigen Hochkulturen zu erkennen, die äußeren Glanz errangen, aber ihre inneren Werte verloren haben.

Ein stillschweigendes, schonungsloses Ausleseverfahren spielte sich unbemerkt ab. Aber es gab Clans, die ihre Überlieferungen hochhielten und schätzten. Sie waren über ganz Nordamerika verstreut und nahmen langsam miteinander Beziehungen auf. Sie waren im gemeinsamen Glauben an die Gesetze des Schöpfers verbunden. Sie ergänzten sich in den Jahreszyklen ihrer Zeremonien. Sie wußten, sie mußten in dem einen vorbestimmten Ort zusammenkommen: in Oraibi. Physisch und seelisch müssen ihre Schwierigkeiten mit jeder Generation zugenommen haben. Aber das erkannten sie als Bestätigung, sie wußten, es mußte so sein, denn vor sehr langer Zeit, als ihre Vorväter auf der Flucht vom sinkenden Kásskara von Insel zu Insel paddelten, hatte Sotuknang, der Neffe Táiowas [262], bereits zu ihnen gesagt: »Je weiter ihr geht, desto schwerer wird es.«

G. Über die Geschichte und die Kachinas

Die Überlieferungen der Hopi kann man von zwei verschiedenen Gesichtspunkten aus betrachten, sie sind bestimmt durch unsere Einstellung den Kachinas gegenüber. Wir können sie als eine Tatsache anerkennen oder als unbedeutendes Produkt der Phantasie betrachten.

Das wichtigste Element, das nach der Beschreibung der Überlieferungen den Verlauf der Geschichte formte, hatte unleugbar keine irgendwie gearteten menschlichen Merkmale. Es war die ungeheure, nackte Gewalt seltener geologischer Ereignisse, die dringende Erfordernisse und Möglichkeiten bestimmten. Die äußeren Verhältnisse der Kachinas wurden durch diese Ereignisse ebenso gründlich geformt wie jene der Indianer. In dieser Hinsicht waren beide Gruppen gleich machtlos und gezwungen, sich dem Gebot der Natur zu beugen. So stellt sich heraus, daß wir in der Tat die Kachinas außer acht lassen können, wenn wir, wie gewohnt, die Geschichte als eine Abfolge äußerer menschlicher Angelegenheiten betrachten. Die außerordentliche Bedeutung dieser Ereignisse liegt natürlich in der Kunde, die wir durch sie über die Ankunft des Menschen in Amerika bekommen. Dieses ungewöhnliche Ereignis wird durch das Sinken eines pazifischen Kontinents wirklichkeitsnah erklärt. So auch die dann folgende mühselige Wanderung auf Booten von Insel zu Insel, um das neu auftauchende Land zu erreichen. Außerdem ist die Erinnerung an diese Wanderschaft immer noch in den heute noch lebendigen Liedern und Zeremonien zu erkennen. Wir fanden auch bestätigendes Material in den topographischen Karten des pazifischen Meeresbodens und des südamerikanischen Kontinents.

Der Beginn dieser dramatischen Ereignisse soll sich vor etwa 80000 Jahren abgespielt haben. Natürlich kann und wird über diese Datierung diskutiert werden. In Verbindung mit Zeugnissen über das in späterer Zeit erfolgte Verschwinden von Land im Pazifik und mit unserer Kenntnis von der letzten Eiszeit, fällt dieses Ereignis in den Bereich geologischer Glaubwürdigkeit.

Aus den Überlieferungen wissen wir darüber hinaus, daß zu einer unbestimmten, aber viel späteren Zeit eine kleine, untergeordnete Einwanderung nach Nordamerika aus dem Norden erfolgte, womit wir ohne weiteres die Beringstraße vermuten können.

Die Darstellung, die geltend macht, daß die ursprüngliche Besiedlung der beiden amerikanischen Kontinente im Gebiet des Titicacasees erfolgte und sich von hier über beide Kontinente ausbreitete, vermittelt ein Bild, das eine Anzahl von Schwierigkeiten und Widersprüchen aus dem Weg räumt. Der gesamte Vorgang wird verständlicher als unsere derzeitige Auffassung. Darüber hinaus vermittelt die Darstellung einen Aufschluß über das Wesen und die Geschichte der Hochkulturen von Süd- und Mittelamerika.

Neben diesen streng amerikanischen Überlegungen finden sich in den Überlieferungen der Hopi durch die Einbeziehung anderer Kontinente Hinweise auf viel weitreichendere Folgen. Die Küsten Afrikas und Europas waren für Flüchtlinge von Taláwaitíchqua natürliche Ziele. Südost- und Ostasien boten naheliegende Möglichkeiten für die Bewohner der westlichen Teile Kásskaras. In dieser Hinsicht stimmen die Überlieferungen mit archäologischer Kenntnis unmittelbar überein, die die ältesten bekannten Kulturen Eurasiens an seinen äußersten Begrenzungen, den Britischen Inseln und in Südostasien, aufgefunden hat. Letzteres ist besonderer Aufmerksamkeit wert, da von hier Spuren nach Indien führen und sogar noch weiter westlich, womit wir eine Andeutung auf einen wirklich weltweiten Einfluß der ursprünglichen Katastrophe haben. Vorschläge in diesem Sinn wurden bereits von anderen gemacht. Es wurde zum Beispiel sogar die Möglichkeit eines pazifischen Ursprungs der Sintflutsage von dem französischen Professor Marcel Homet[263] geltend gemacht.

Die Tatsache ausgenommen, daß die Überlieferungen der Hopi

im Widerspruch zu einigen archäologischen und geologischen Theorien und Auffassungen stehen, ist die von ihnen beschriebene Geschichte folgerichtig und einleuchtend. Sie sind auch in Übereinstimmung mit archäologischen und geologischen Tatsachen. Somit ist es in der Tat möglich, daß die Überlieferungen der Hopi, die in diesem Buch dargelegt wurden, die ältesten noch bestehenden menschlichen Erinnerungen sind.

Wir erkannten es als Fehler, Geschichte (mittelalterliche oder moderne z. B.) als eine Serie von Geschehnissen zu betrachten, die sich in bestimmten Jahren ereigneten, ohne angemessene Rücksicht auf den philosophischen, religiösen, technologischen usw. Hintergrund, der die tatsächliche Ursache der Ereignisse ist. Aus diesem Grund müssen wir die Kachinas/Viracochas in unsere Überlegungen mit einbeziehen. Eine gründliche Untersuchung der Frage der Kachinas/Viracochas ist eine gesonderte Angelegenheit und außerhalb des Bereichs dieser Studie. Wir müssen aber zumindest kurz ein paar Hauptpunkte hervorheben.

Die Überlieferungen sagen, die Kachinas seien von einem weit entfernten Planetensystem gekommen und waren seit unbekannter Zeit auf Erden und blieben bis in die Zeit Palátquapis hinein. Nach unseren Feststellungen würde das mit der zweiten Hälfte des 1. Jahrtausends n. Chr. übereinstimmen. Zu dieser Zeit verließen sie die Erde. Es ist nicht nötig, die Ähnlichkeit dieser Überlieferungen mit jenen zu betonen, die aus allen Teilen der Welt kommen.

Durch die Hopi wissen wir, daß sich die Kachinas wie menschliche Wesen benahmen und auch so aussahen. In Südamerika und Ozeanien, wo man sie Viracochas oder Götter nannte, werden sie nicht nur in der gleichen Art und Weise beschrieben, sondern sie sollen außerdem (mit sehr wenigen Ausnahmen) eine helle Haut und blondes oder braunes Haar gehabt haben.

Betrachten wir diese Beschreibungen, dann befinden wir uns in einer merkwürdigen Lage. Halten wir die Kachinas für menschliche Wesen, so ist uns ihre rassische Herkunft völlig rätselhaft. Es gibt jedoch hinsichtlich der Tatsache ihrer menschlichen Erscheinung überhaupt kein Problem. Die Lage kehrt sich ins Gegenteil, wenn sie Außerirdische waren: Auf die Farbe der Haut und der Haare könnten wir etwa antworten: »Na und?« Wir wissen aber, daß uns viele Schriftsteller, unter ihnen sind auch Wissenschaftler, überzeugen wollen, daß Besucher von anderen Welten einfach keinen morphologischen Aufbau, das heißt, einen Körper wie wir haben können. Wenn auch derartige, sogar von Wissenschaftlern geschaffene Science-fiction-Kreaturen irgendwo existieren mögen, so haben wir doch keinen vernünftigen Grund, den weltumfassenden Berichten zu mißtrauen, die sagen, die »Götter« sahen aus wie wir[264].

Wir befinden uns in einer ähnlichen Lage, betrachten wir die Frage der Rassenmischung. Es erhebt sich selbstverständlich kein Problem, wenn die Kachinas irdischer Herkunft waren. Waren sie es nicht, hören wir wieder von vielen Seiten über die Unmöglichkeit eines solchen Geschehens. Trotz solcher Behauptungen scheint eine unmittelbare Rassenmischung von Göttern und Eingeborenen möglich gewesen zu sein, wie es das Beispiel von Poseidon und Kleito in Atlantis zeigt. (Ich will hier nicht zahllose andere Berichte von ähnlichen Geschehnissen aufzählen.) Und außerdem haben wir eindeutige Darlegungen über Zeugung ohne sexuelle Verbindung, auf die wir uns nicht als Jungfernzeugung beziehen können, denn sie besagen einen gelenkten und beabsichtigten Einfluß der Kachinas.

Einige weitere Überlegungen sind notwendig, bevor wir uns klarwerden, ob die Kachinas wirklich anwesend waren oder nicht. Die vorhergehenden Bemerkungen führen uns zu dem Schluß, daß die von den Kachinas gezeigte Aufrechterhaltung ihrer geschlossenen Gesellschaft in Kásskara wie auch später der Ausdruck einer zweckmäßigen Regelung war, aber nicht die Folge einer Unvereinbarkeit von Chromosomen oder Anatomie. Aber auch das gibt uns noch keine Antwort hinsichtlich der tieferen Beweggründe ihrer Zurückhaltung[265].

Ohne Frage liegt der wahre Unterschied zwischen Kachinas und Indianern nicht in der physischen Natur, sondern in ihrem sehr unterschiedlichen Bildungsstand. Alles deutet darauf hin, daß es dieser Unterschied war, der die Kachinas mit Sorgen erfüllte. Allein die bloße Wirklichkeit ihres hohen ethischen Ranges verschafft uns eine erste Bestätigung, denn jede Betonung von Rasse und rassischen Unterschieden stände im krassen Gegensatz zu dieser Ethik. Und in der Tat, niemals können wir im Benehmen der Kachinas auch nur die leiseste Andeutung von Überheblichkeit oder Feindseligkeit entdecken.

Aus den verhängnisvollen Folgen von Poseidons Vereinigung mit Kleito wird es offensichtlich, daß die Beschränkung beabsichtigt war, um den hohen Rang ihrer Ethik und Technologie zu erhalten. Und das nicht etwa, um es für sich zu behalten, sondern um ihre Fähigkeit, zu lehren und zu helfen, zu bewahren. Die Kachinas beschützten die Indianer bei Gelegenheit und führten die auserwählten Clans. Das hervorstechende Merkmal in der Beziehung zwischen Kachinas und Indianern jedoch ist die Belehrung. Die immer wiederkehrende Mahnung, zu lernen und sich zu erinnern, ist wirklich auffallend und kann nur als ernsthafter Wunsch angesehen werden, den einzigen Unterschied, der die beiden Gruppen trennte, zu beseitigen.

Natürlich klingt das in unseren Ohren ganz und gar unglaubwürdig. Was aber können wir über eine Kultur wissen, die viel älter und fortschrittlicher war als unsere ist? Was gibt uns das Recht, ein Urteil zu fällen? Alles, was wir sagen können, ist, daß die technologischen Fähigkeiten der Kachinas in unseren Augen »natürlich« unnatürlich gewesen sein müssen, und ihr geistiger Standard ist für uns ebenso unbegreiflich. Hinsichtlich des letzteren können wir aus eigener Beobachtung hinzufügen: Aus naheliegenden Gründen kann eine unbegreiflich schädliche Zivilisation nicht für lange Zeit am Leben bleiben. Wenn eine langlebige Kultur besteht, muß sie uns im positiven Sinn bei weitem übertreffen.

Die Mühen der Belehrung hatten niemals einen vollen Erfolg, und als die Kachinas aus der Geschichte entschwanden, begann, was an Kenntnissen aufgenommen worden war, zu verkümmern. Aber in vielen indianischen Stämmen finden sich noch immer Spuren davon: die Art zu denken, nobel und hochherzig, was wir erst jetzt zu entdecken und anzuerkennen beginnen. Und wieder werden wir an die Bemerkung des Weißen Bären erinnert, die übrigens auf alle Indianer zutrifft: »Du mußt uns verstehen, bevor du unsere Geschichte verstehen kannst.«

Mehr als dies alles bewahrt neben einer ungewöhnlichen historischen Erinnerung der Stamm der Hopi[266]. Um die Bedeutung dieses Satzes ganz zu verstehen, müssen wir uns der Weltgeschichte erinnern, wo seit unvordenklichen Zeiten Krieg, Töten und Brutalität unser »normaler« Alltag ist. (Denken Sie an das Wort von Oswald Spengler, daß Friede die Ausnahme ist und Krieg die normale Bestimmung der Menschheit.) Es ist dann fast eine Erschütterung, wenn wir von einem kleinen Stamm hören, der inmitten von alledem nicht nur das Gesetz der Kachinas kannte, das sagt: »Du sollst nicht töten«, sondern dieses Gesetz auch befolgte, mit ihm durch ungezählte Generationen hindurch lebte und immer noch das Töten menschlichen Lebens als schlimmstes Verbrechen betrachtet[267].

Wenn wir alle diese Überlegungen nebst weiteren Einzelheiten, die wir aus den Überlieferungen kennen, zusammenfassen, dazu die Anzeichen einer bedeutenden Technologie bedenken, dann erscheint es unmöglich, die Anwesenheit und den geistigen Einfluß der Kachinas leugnen zu wollen. Das bringt uns unmittelbar zur Frage ihrer Herkunft.

Wir haben nicht die Spur eines Beweises, daß eine menschliche Kultur diesen Ranges jemals existierte. Wollen wir sie dennoch rechtfertigen, müssen wir auf einen versunkenen Kontinent wie Kásskara zurückgreifen. Weitere zusätzliche Beweise gibt es nicht.

Andererseits haben wir neben den Überlieferungen der Hopi eine Fülle anderer aus der ganzen Welt, die uns eindringlich von jenen erzählen, die vom Himmel kamen. Die Bedeutung dieser Unmenge von Berichten wurde auf ausgezeichnete Weise von Dr. L. Navia in seinem Buch »A Bridge to the Stars« abgehandelt[268] und macht irgendwelche weiteren Bemerkungen meinerseits überflüssig.

Machen wir einen Schritt über die theoretischen Überlegungen hinaus, um nachzuweisen, daß diese Dinge eine Realität sind, die wir früher oder später anerkennen werden. Ich will auf zwei Berichte zurückkommen, die ich früher erwähnt habe. Sie enthalten persönliche Beobachtungen von Europäern. Der eine Bericht stammt von Andagoyas Buch, der andere aus dem Tagebuch des Kolumbus[269]. Die Episoden beschreiben das Verhalten der Indianer beim Erscheinen der weißen Menschen, das bei den ersten Begegnungen beobachtet wurde. Die Bedeutung dieser Berichte liegt in der Tatsache, daß sie sozusagen den jungfräulichen Geisteszustand der Eingeborenen widerspiegeln.

In beiden Fällen waren die Eingeborenen nicht im geringsten überrascht, weiße Männer zu sehen. Sie betrachteten es als selbstverständlich, daß die Fremdlinge »vom Himmel kamen« oder auf irgendeine andere Art von dort kamen. Im Fall von Andagoya scheinen die Eingeborenen besonderen Anteil an der Verwundbarkeit der Spanier genommen zu haben. Kolumbus wurde mit offenen Armen als Stellvertreter eines höheren Wesens im Himmel empfangen.

Es wird allgemein angenommen, daß erste Begegnungen mit Außerirdischen in menschlichen Wesen Furcht auslösen oder auslösen würden. Viele alte Berichte bestätigen das. Was auch immer die wirklichen Tatsachen in den berichteten Kontakten mit UFO-Bemannungen unserer Tage sein mögen, wieder ist Furcht die erste Reaktion. Fehlende Furcht in den von uns erörterten Begegnungen würde damit andeuten, daß die Eingeborenen durch frühere Erfahrungen an weiße Männer gewöhnt waren. Offensichtlich muß eine derartige Erfahrung verhältnismäßig jüngeren Datums gewesen sein, da sie noch nicht zu einem mystischen Wissen von Stammesältesten und Häuptlingen (Fürsten) verwandelt hatte, sondern eine lebendige Erinnerung des ganzen Stammes war. Und wenn wir uns in der Tat hinsichtlich der Palátquapi-Zeit an den Vergleich archäologischer Kenntnisse und Hopi-Überlieferungen halten, mögen sich solche Begegnungen nur wenige 100 Jahre zuvor ereignet haben und nicht etwa in einer unbekannten, dunklen Vergangenheit. Sollten die früheren Besucher Wikinger oder legendäre Mönche aus Irland gewesen sein oder etwa Angehörige einer Kultur aus Kásskara, dann hätten die Eingeborenen die Erklärungen des Kolumbus über seine Herkunft verstanden und wären nicht eigensinnig bei ihrer inneren Überzeugung geblieben. Auch hätte es an der Landenge von Panama keine Frage hinsichtlich der Verwundbarkeit der weißen Männer gegeben.

Diese beiden Berichte werden daher, aufrichtig und geographisch isoliert wie sie sind, zu Prüfsteinen für die Überlieferungen im allgemeinen. Es bleibt keine andere vernünftige Lösung, als in den Berichten Nachwirkungen von tatsächlichen Begegnungen zu erkennen, Begegnungen mit Menschen, die vom Himmel gekommen waren.

Die Schlußfolgerung ist dann, daß in grauer Vorzeit eine hochentwickelte Kultur eines unbekannten Planetensystems auf Kásskara und Taláwaitíchqua eine Kolonie gegründet hatte. Das waren die Kachinas. Fortgeschritten an Kenntnis und Weisheit, weit über unser Verständnis hinaus, blieben sie auf Erden für eine Zeitdauer, die gleichermaßen außerhalb unserer Erkenntnis liegt. Selbst Sterbliche, entdeckten sie eine Verwandtschaft in diesen einfachen Geschöpfen, die sie hier vorfanden und die gerade begonnen hatten, die lange Leiter geistigen Wachstums zu erklimmen. Sie erforschten die Erde, lebten ihr eigenes Leben, von dem wir fast nichts wissen, fühlten aber auch eine Verpflichtung, jenen zu helfen, die sich »Menschen« nannten. Was wir von ihnen wissen, stammt aus dem Blickwinkel und der begrenzten Sicht unserer erdgebundenen Vorfahren, die zu jenen aufschauten, die vom Himmel gekommen waren.

Erklärungen dieser Art und die darin verwickelten Fragen werden nun seit Jahren erörtert, insbesondere seit E. von Däniken mutig und erfolgreich buchstäblich die ganze Welt auf diese Probleme aufmerksam machte. Noch immer sind die Debatten ziemlich heiß, und häufig sind die Gegenargumente auf einer wenig intelligenten Stufe. Zweifellos wird das vorübergehen, und die Vernunft wird die Oberhand gewinnen. Ein ausgezeichnetes Beispiel einer wissenschaftlichen Behandlung dieses Themas wurde kürzlich in »Science« veröffentlicht, einer Zeitschrift von verdientermaßen hohem wissenschaftlichen Ruf. In ihrem Artikel »Searching for extraterrestrial Civilizations« (Suche nach außerirdischen Kulturen)²⁷⁰ erörtern die Autoren Möglichkeiten und Wahrscheinlichkeiten derartiger Kontakte. Eines ihrer Ergebnisse ist die eindeutige Wahrscheinlichkeit, »daß die Milchstraße vollständig besiedelt ist«²⁷¹, was besagen würde, daß »eine fortgeschrittene Kultur wahrscheinlich Repräsentanten irgendwo in der Nachbarschaft des Sonnensystems haben würde«. Wissenschaftliche Einsicht beginnt sich den alten Überlieferungen anzuschließen.

Wir wollen uns hier nicht auf Vermutungen über den Zweck solcher Kolonien einlassen oder auf ihren Einfluß auf Völker von anderen Kontinenten. Alles, was wir erkennen, ist, daß die Kachinas bemerkenswert lange auf Erden blieben. Nach ihrer Ankunft fanden sie eine primitive Menschheit vor, die, wenn sie auch bis zu einem gewissen Grad beeinflußt werden und manches an Weisheit aufnehmen konnte, doch die Neigung zeigte, in ihren primitiven Zustand zurückzufallen, wenn ihr nicht fortwährend Anleitung gegeben wurde.

Und damit kommen wir schließlich zurück zur Warnung des Weißen Bären. Man kann gewiß den Schöpfer von vielen Seiten aus sehen und auf manche verschiedene Art, und wir haben angefangen, zu verstehen, daß seine Mittel und Wege, an sich ähnlich, sich oft in der Erscheinung unterscheiden. Darauf, daß die Warnung noch zur Zeit gekommen ist, können wir unsere Hoffnung gründen.

Ich möchte mit einer persönlichen Bemerkung schließen: Ich habe mir große Mühe gemacht, die Überlieferungen der Hopi auf der Grundlage unseres Wissens zu studieren und zu verstehen. Die Schlußfolgerungen ergeben sich aus einer Schritt für Schritt vorgenommenen Bewertung der vorliegenden Einzelheiten. Ich habe sie nicht leichthin aufgenommen, noch habe ich sie leichthin niedergeschrieben. Jedoch bin ich von unserer Verpflichtung überzeugt, Ergebnisse zu erkennen und darzustellen, wie sie sind, nicht, wie ein gebräuchliches Vorbild sie haben möchte.

Anhang A

Der zweite Fall ist faszinierend durch seine wörtliche Übereinstimmung der Überlieferungen der Hopi und der Bewohner der Oster-Insel. Wie F. Felbermayer berichtet, sagen die Oster-Insulaner, daß ihre frühen Vorfahren auf Maori Nuinui (Groß-Maori) lebten, einer mythischen fruchtbaren Insel irgendwo im Pazifik. Ihr König sah, daß er das Heimatland verlassen mußte, weil es langsam im tiefen Meer versank. Männer, Frauen und Kinder ertranken; drei Orte versanken innerhalb zweier Monde. Der König fand eine Insel, zu der er sein Volk bringen konnte. Er nannte sie »Nabel der Welt«, und wir kennen sie heute als Oster-Insel.

Ein weiteres, damit zusammenhängendes Geschehen beschreibt das Versinken des Heimatlandes anschaulicher als alles, was wir jemals von anderen Völkern hörten. – Einige Zeit nach der Ankunft auf der neuen Insel wurden sechs Männer nach Groß-Maori zurückgesandt, um einen gewissen Stein zu holen. Die Einsamkeit des verlassenen Landes erfüllte die Männer mit Furcht, und sie sahen, daß bereits ein großer Teil ihrer früheren Heimat bei Flut überschwemmt wurde.

In ihrer schlichten und unkomplizierten Art gibt diese Beschreibung der Zustände, welche die Männer antrafen, und der verständlichen Angst, mit der sie darauf reagierten, ein lebendiges Bild der zweifellos unheimlichen Lage, in der sie sich befanden. In allen ihren Einzelheiten unterstreichen diese Berichte die Realität eines Vorgangs, der auf gleiche Weise von zwei Völkern beschrieben wird, die Tausende von Kilometern voneinander entfernt leben, eines auf einer Insel, das andere umgeben von Wüsten.

Anhang B

Eine Wanderung am Rand der Geschichte

Es war der bedeutende Archäologe Dr. Irwing Rouse von der Yale-Universität, der die Arawak auf den Westindischen Inseln studierte[272]. Ihre frühesten Spuren, etwa 2100 v. Chr., fand er im Orinoco-Becken; er glaubt aber, sie seien zu einer unbekannt früheren Zeit von weiter südlich, vom Amazonas, dorthin gekommen. Dr. Rouse wies die Anwesenheit der Arawak in der Gegend von Trinidad, Venezuela, für etwa 300 v. Chr. nach, und er konnte ihre fortschreitende Wanderung in nördlicher Richtung entlang der Inselkette mit folgenden Daten belegen: Puerto Rico 120 bis 270 n. Chr., Jamaica 700, Kuba 900, und schließlich die Bahamas ungefähr 1200 n. Chr. Es ist bemerkenswert, daß diese Wanderung zeitlich nahezu mit jener in Zentralamerika zusammenfällt (vgl. Abb. 17). Überdies arbeitete Dr. Rouse mit Sprachforschern zusammen, die ebenfalls eine Verbindung zwischen den Völkern am Amazonas und denen in der Karibik für wahrscheinlich halten.

Die Tatsache dieser Wanderung entlang einer Inselkette erinnert an die Fluchtroute der Hopi-Vorfahren von Kásskara nach Táotoóma, und es ist naheliegend, einen Vergleich zwischen diesen beiden langen Wanderungen anzustellen. Zwei Kriterien können zu diesem Zweck benutzt werden – eines von allgemeiner, das andere von sehr spezifischer Natur.

Die von Dr. Rouse angegebenen Daten zeigen lange Zeiten der Seßhaftigkeit, welche die Wanderungen unterbrachen – ein Ergebnis, das der Aussage der Hopi entspricht, nach der ihre Vorfahren manchmal lange »ausruhten«.

Das zweite Kriterium betrifft die Dauer der Wanderungen. Die Hopi sprechen von der überraschend langen Zeit von 4000 Jahren, während der sie eine Entfernung von etwa 4800 Kilometer zurücklegten. Die Arawak sind in rund 3300 Jahren etwa 3800 Kilometer gewandert. Die einzige Möglichkeit, diese Daten zu vergleichen, besteht in der Ermittlung eines Durchschnittswertes für ihr Vorwärtskommen während dieser Zeiten. Obwohl das natürlich kein wirklich realistischer Wert ist, gibt er doch zumindest einen allgemeinen Anhaltspunkt.

Wie sich herausstellt, liegen beide Werte bei etwa 1,2 Kilometer pro Jahr! Obwohl Zeitspannen in runden Zahlen angegeben sind und Entfernungen geschätzt wurden, ergibt sich also für beide Wanderungen eine praktisch gleiche Fortschrittsrate. Auf diese Weise vermittelt uns diese fast unbekannte Wanderung der Arawak, außer einer weiteren Bestätigung für die allgemeine Völkerbewegung von Süden nach Norden, eine eindrucksvolle Bestätigung für den Realismus der Hopi-Überlieferungen.

Anmerkungen

1 Frank Waters: Book of the Hopi, The Viking Press, New York 1963.
2 Siehe Abb. 1 und 2.
3 In der Hopi-Gesellschaft ist die Rolle der Mutter und Großmutter eine andere als in unserer westlichen Kultur. Der sehr bedauerliche Beigeschmack, den »Großmutters Geschichten« in unserer Gesellschaft haben, ist hier nicht vorhanden. Außerdem wird dem Alter mit seiner Erfahrung und – manchmal – Weisheit der gebührende Respekt erwiesen (Blumrich).
4 Siehe Abb. 3 und 4.
5 Weiße Wolken über dem Horizont.
6 Hochstehende Sonne.
7 Zur Zeit unserer Geburt besitzen wir ein Drittes Auge oben auf dem Kopf. Es ist die weiche Stelle, die sich in 20 Tagen schließt. Bis zu diesem Tag steht das Kind durch das Dritte Auge mit dem Schöpfer in Verbindung. Manche Menschen können ihr ganzes Leben lang mit dem Dritten Auge sehen. Für sie gibt es keine Grenzen des Wissens und der Erkenntnis – wie dieses Leben begann und was nachher geschehen wird. Sie können die Erschaffung des Lebens und dessen andere Seite sehen. Natürlich können sie alle Dinge sehen, die zu ihrer Zeit existieren, und in sie hineinsehen. Heute würde man so etwas am besten mit den Röntgenstrahlen vergleichen, obwohl das Dritte Auge in gewisser Weise mächtiger ist.
8 Siehe S. 22
9 Siehe z. B. S. 54
10 Siehe Abb. 11a und 11b.
11 Frank Waters: Das Buch der Hopi, Diederichs, sowie H. Courlander: The Fourth World of the Hopi, Crown Publishers, Inc., New York.
12 Aus Rücksicht auf die Einwohner von Oraibi, die ihr Dorf nicht photographieren lassen möchten, wird hier kein Bild dieser wichtigen Ansiedlung gezeigt.
13 Frank Waters: Das Buch der Hopi, Diederichs.
14 Ebd., S. 97.
15 Ebd., S. 301.

16 Ebd., S. 74ff.
17 Hier kann es sich um den Sunset-Krater bei Flagstaff, Arizona, etwa 300 Kilometer südöstlich von der genannten Gegend gehandelt haben. Von Mr. D.R. Crandell, Geological Survey, US-Department of the Interior, habe ich folgende Auskunft erhalten: »...die letzten datierten Ausbrüche fanden dort um 1065 n.Chr. statt. Doch besteht natürlich keine Gewißheit, daß die Ausbrüche des Sunset-Kraters im Vierländereck zu jener Zeit die *einzigen* waren, deren Asche mit dem Aufwind herangetragen wurde; es kann auch andere Ausbrüche anderer Schlote zu anderen Zeiten gegeben haben, die sich ebenso auswirkten. Hinsichtlich der Dauer der Ausbrüche besteht praktisch keine Begrenzung. Der Paricutin in Mexiko war mit Unterbrechungen etwa neun Jahre lang aktiv.«
18 Zeremonienraum der Hopi-Indianer.
19 Hólolo ist ein Kachina, keine Gottheit des Wolken-Clans; er erscheint noch nachts im Gemeinschaftstanz.
20 Es war Pawáyokassi, eine hohe Gottheit des Wolken-Clans.
21 Siehe S. 146.
22 Augusto Cardich: Peruvian Times, 17. Mai 1974, S. 15.
23 Associated Press, 18. Februar 1974.
24 J.C. Kraft und R.A. Thomas, Science, Bd. 192, 21. Mai 1976, S. 756.
25 S.A. Ahler et al., Science, Bd. 184, 13. April 1973, S. 905.
26 Hans Gsaenger: Die Kommenden, 10. Juli 1974.
27 A. Linn, Smithsonian, August 1973, S. 58.
28 J.L. Dada et al., Science Bd. 184, 17. Mai 1974, S. 791.
29 B. Rensberger, The New York Times, 16. August 1976.
30 L.G. Lumbreras (book review), Science, Bd. 184, 4. April 1975, S. 44.
31 Ders.: Los Origines de la Civilizacion en el Peru, Editorial Milla Batres, 1974, S. 61.
32 Ebd., S. 91.
33 M.D. Coe: America's First Civilization, American Heritage Publishing Comp.
34 Wupatki National Monument literature.
35 E.W. Hauri, National Geographic Magazine, Mai 1967, S. 670ff.
36 G.E. Stuart, National Geographic Magazine, Dezember 1972, S. 783ff.
37 J.A. Eddy, Science, Bd. 184, 7. Juni 1974, S. 1035, sowie 10. Januar 1975 und 18. April 1975.
38 Ders., National Geographic Magazine, Januar 1977, S. 140.
39 Encyclopedia Britannica, Bd. 15, S. 406.
40 Ebd., Bd. 12, S. 1053d.

41 H. Ubbelohde-Doering: Auf den Königsstraßen der Inka, Verlag Ernst Wasmuth, Berlin 1941.
42 A. Marshak in »Archaeoastronomy in pre-Columbian America«, hrsg. von A.F. Aveni, University of Texas Press, 1975, S. 341.
43 D.C. Grove et al., Bd. 192, 18. Juni 1976, S. 1203.
44 L.G. Lumbrera: Los Origines de la Civilizacion en el Peru, Editorial Milla Batres, 1974, S. 131.
45 Encyclopedia Britannica, Bd. 1, S. 889.
46 A. Posnansky: Tiahuanacu, Bd. II, J.J. Augustin Publisher New York 1945, S. 101.
47 Pedro de Cieza de Leon: Chronicle of Peru, Erster Teil, Hakluyt Society, London 1864, S. 1.
48 Fernando Montesinos: Memorias antiguas historiales del Peru, Hakluyt Society, London 1920.
49 Siehe S. 145.
50 Inka Garcilaso de la Vega: Royal Commentaries of the Inka, Erster Teil, Hakluyt Society, London 1869, S. 120.
51 Ebd., S. 62.
52 Ebd., S. 109.
53 Ebd., S. 71.
54 Ebd., S. 102.
55 Ebd., S. 217.
56 Ebd., S. 211.
57 Ebd., S. 168.
58 Ebd., S. 285.
59 Ebd., S. 282.
60 Ebd., S. 280.
61 P.H. Kuelb: Geschichte der Entdeckung und Eroberung Perus, Verlag der Cotta'schen Buchhandlung 1843, S. 228.
62 Ollanta. Peruanisches Original-Drama aus der Inka-Zeit. Albrecht Graf von Wickenburg, Wien 1876.
63 Royal Commentaries, S. 310.
64 Ebd., S. 342.
65 Pater Christobal de Molina: An account of the fables and rites of the Inka, Hakluyt Society, London 1873.
66 Ebd., S. 4–11.
67 Pedro de Cieza de Leon: Chronicle of Peru, Hakluyt Society, London, 2 Bde., 1864–1883. Deutsch: Auf den Königsstraßen der Inka, Stuttgart 1971.
68 Ebd., S. 132ff.
69 Bis hierher: Auf den Königsstraßen der Inka, S. 134, Mitte.
70 Dies ist eine Anmerkung des Übersetzers der Chronik, nicht des Autors dieses Buches.

71 Zárate, Augustín de: Historia del descubrimiento y conquista de la provincia del Peru, Madrid 1853.
72 Francisco de Avila: A narrative of the errors, false gods and other superstitions and diabolic rites in which the Indians of the Province of Huarochiri lived in ancient times, Hakluyt Society, London 1873.
73 Pachacuti-yamqui Salcamayhua: An account of the antiquities of Peru, Hakluyt Society, London 1873.
74 Im Jauja-Tal, nördlich von Guamanga.
75 Pascual de Andagoya: Narratives of the Proceedings of Pedrarias Davila, Hakluyd Society, London 1865.
76 Joseph de Acosta: The natural and moral history of the Indies Hakluyt Society, London, 2 Bde., 1880. Neudruck einer Übersetzung von Edward Grinston, 1604.
77 Zitiert bei Heyerdahl in American Indians in the Pacific, S. 259, Victor Pettersons Bokindustriaktiebolag, Stockholm 1952.
78 Polo de Ondegardo, Report, S. 151, Hakluyt Society, London 1873.
79 Das geschieht sogar noch heute; siehe z. B.: Bei den Indianern am Titicacasee, Valac Šolc, VEB F. A. Brockhaus Verlag, Leipzig 1967, S. 61.
80 E. v. Däniken: Meine Welt in Bildern, Econ Verlag, Düsseldorf 1973, S. 168.
81 T. Heyerdahl: American Indians in the Pacific, Victor Pettersons Bokindustriaktiebolag, Stockholm 1952, S. 254.
82 The Journal of Christopher Columbus, Hakluyt Society, London 1893.
83 E. v. Däniken, Aussaat und Kosmos, Econ Verlag, Düsseldorf 1972, S. 8.
84 Der Stern, Nr. 41, 25. Jg., 1972.
85 »Junge Welt«, Berlin, 4. Januar 1972.
86 Antonio Vazquez de Espinoza: Description of the Indies, Smithsonian Institution Press, 1968, S. 182.
87 Etwa gleich der Entfernung zwischen Chicago, Illinois, und Atlanta, Georgia, oder zwischen Hamburg und Mailand.
88 A. Posnansky: Tiahuanacu, The Cradle of American Man. J. J. Augustin Publisher. New York 1945.
89 Siehe S. 149.
90 L. Spence: The Problem of Lemuria, Rider & Co., London 1932, S. 131.
91 James Churchward: The Lost Continent of Mu, Paperback Library, 1959.
92 Frank Waters: Book of the Hopi, The Viking Press, New York 1963.
93 J. Terrel: Book review, Science, Bd. 182, 7. Dezember 1973, S. 102.

94 T. Heyerdahl: American Indians in the Pacific. The Theory behind the Kon-Tiki Expeditions, London/Oslo 1952. Deutsch: Amerikaner und Alt-Asiaten im Pazifik. Das Abenteuer einer Theorie, Wien 1966.
95 Maraes sind rechteckige Plattformen mit senkrechen Seitenwänden.
96 T. Heyerdahl: American Indians in the Pacific, S. 402.
97 E. v. Däniken: Meine Welt in Bildern, Econ Verlag, S. 236, und National Geographic, Mai 1967, S. 702.
98 T. Heyerdahl: American Indians in the Pacific, S. 375.
99 L. Spence: The Problems of Lemuria, S. 31.
100 J. Cowan: Fairy Folk Tales of the Maori, Whitcomb & Tombs, Ltd., London 1930, S. 34.
101 Ebd., S. 4.
102 Ebd., S. 2.
103 W. Y. E. Wentz, zitiert von L. Spence in British Fairy Origins, Watts & Co., London 1946, S. 194.
104 Dr. D. K. Kanjilal, Kalkutta, Indien, persönliche Mitteilung.
105 T. Heyerdahl: American Indians in the Pacific, S. 191.
106 L. Spence: The Problem of Lemuria, S. 82f.
107 T. Heyerdahl: American Indians in the Pacific, S. 238; siehe auch S. 151 des vorliegenden Buches.
108 T. Heyerdahl, ebd., S. 422.
109 L. Spence, The Problem of Lemuria, S. 36.
110 T. Heyerdahl: American Indians in the Pacific, S. 739.
111 Ebd., S. 432.
112 C. Renfrew: Before Civilization, A. A. Knopf, 1973.
113 W. G. Solheim, National Geographic, März 1971, S. 330.
114 Turning the Clock back, Time, 31. Mai 1976, S. 48.
115 T. A. Wertime: Science, Bd. 182, 30. November 1973, S. 875.
116 W. G. Solheim: National Geographic, März 1971, S. 339.
117 T. Heyerdahl: American Indians in the Pacific, S. 415.
118 J. Batchelor: Ainu Life and Lore, Kyobunkwan, Tokio.
119 Es ist zweifelhaft, ob es sich hier um eine historische oder eine legendäre Zeitangabe handelt.
120 H. Watanabe: The Ainu Ecosystem, University of Tokyo Press, 1972, S. VIII.
121 Ebd., S. VII.
122 Ebd., S. VII.
123 Leider ist weder sein Name noch seine Adresse bekannt.
124 J. Batchelor: The Ainu and their Folklore, S. 35.
125 Ebd., S. 2.
126 Ebd., S. 578.
127 Ebd., S. 10.

128 Ebd., S. 8.
129 Ebd., S. 414.
130 F. Waters: Book of the Hopi, S. 208.
131 J. Batchelor: The Ainu and their Folklore, S. 482.
132 Ebd., S. 414.
133 T. D. Kendrick: The Druids, Methuen & Co. Ltd., London 1927, S. 123.
134 J. Batchelor: The Ainu and their Folklore, S. 256.
135 Ebd., S. 267.
136 Transactions of the Asiatic Society of Japan, Bd. XVIII, S. 27.
137 Dass., Bd. XX, S. 220.
138 B. H. Chamberlain: Ainu Folk Tales, The Folk-Lore Society, 1888, S. 53.
139 H. Watanabe: The Ainu Ecosystem, S. 170.
140 Platon: Timaeus and Critias, Penguin Book, 1971.
141 T. de Chardin: Der Mensch im Kosmos, C. H. Beck, München 1959.
142 P. Tompkins und C. Bird: The Secret Life of Plants, Harper & Row, New York 1973.
143 W. R. Corliss: The Unexplained: A sourcebook of strange phenomena, Bantam Books, New York 1976, S. 3. Siehe auch vom gleichen Autor: Strange Artifacts, Bd. M–1.
144 J. M. Brown: The Riddle of the Pacific, T. Fisher Unwin Ltd., London 1926, S. 43.
145 Ebd., S. 44.
146 C. Hapgood: Maps of the Ancient Sea Kings, Chilton Books, Philadelphia 1966, S. 79 u. 100.
147 J. M. Brown: The Riddle of the Pacific, S. 42.
148 Ebd., S. 41.
149 Siehe z. B. National Geographic Society, Atlastafel 61, April 1962.
150 L. Spence: The Problem of Lemuria, S. 58 u. 122.
151 Nicht immer, denn im Kriegsfall ist das Töten gesetzlich vorgeschrieben.
152 A. David-Neel: Magic and Mystery in Tibet; A Penguin Book, Baltimore 1973 (deutsch: Heilige und Hexer, 1936). Ihre wissenschaftliche Einstellung steht außer Zweifel. Sie studierte an der Sorbonne und wurde später für ihre Arbeit mit der Goldmedaille der Geographischen Gesellschaft von Paris ausgezeichnet und zum Ritter der Französischen Ehrenlegion ernannt.
153 A. David-Neel: Magic and Mystery in Tibet, S. VII.
154 K. Nowak: Einführung in die Photonentheorie des Lichtes und der Materie, Neue Physik Nr. 3/4, 1964/65, sowie Licht- und Materiewelle, Elektronen-Ruhespin und Verhältnisse der atomaren Lichtemission, Neue Physik Nr. 1/2, 1968/69, Wien. Außerdem persönliche Mitteilung.

155 Jean-Pierre Hallet: Kongo Kitabu, Fawcett Crest, New York, S. 77.
156 F. A. Bandelier: American Anthropologist, Juli 1905, S. 250.
157 Platon: Sämtliche Werke, Bd. 5, in Rowohlts Klassiker der Literatur und Wissenschaft, 1959–1969, S. 152.
158 Ebd., S. 219.
159 Ebd., S. 230.
160 Ebd., S. 148.
161 Für einen guten Überblick siehe Berlitz: Das Bermuda-Dreieck, Wien, 1976.
162 Jean-Pierre Hallet: Pygmy Kitabu, Fawcett Crest 1973, S. 30.
163 C. Renfrew: Before Civilization. A. Knopf, New York 1973, S. 125.
164 G. Herm: Die Kelten, Econ Verlag, Düsseldorf 1975, S. 144.
165 T. G. E. Powell: Prehistoric Art. Praeger, New York 1966, Abb. 24–40.
166 R. Charroux: One Hundred Thousand Years of Man's Unknown History. Berkley Publishing Corp., New York 1970, S. 15.
167 C. Berlitz: The Mystery of Atlantis, Avon Bks, New York 1956, S. 195.
168 C. Berlitz: Mysteries from Forgotten Worlds. Doubleday Garden City, New York 1972. Siehe auch Abb. 3 (Deutsch: Geheimnisse versunkener Welten, Frankfurt a. M. 1973).
169 C. u. S. Robert, New York Times Magazine, Dezember 1976.
170 S. Roberts, New York Times, Dezember 1976.
171 Siehe z. B. Antonio Galvano: The Discoveries of the World. Hakluyt Society, London 1862, S. 27.
172 E. v. Däniken: Meine Welt in Bildern, Econ Verlag, Düsseldorf.
173 D. K. Kanjilal: Decipherment of the Cuenco Scripts. Ancient Skies, Park Ridge, Ill. Bd. 2, Nr. 6, Januar–Februar 1976. Der Autor hat ein M. A. (Gold Medallist) und ein Ph. D., B. Litt. von der Oxford University, England. Er ist derzeit im West Bengal Educational Service, Sanskrit College, Calcutta, und auch ein Mitglied der Asiatic Society, Calcutta.
174 Siehe auch: Ancient Skies, Bd. 4, Nr. 3, Juli–August 1977.
175 T. Chase: Sea Floor Topography of the Eastern Pacific. National Marine Fisheries Dept. 1968.
176 Leider sind keine Angaben über den Verlauf des Rückens in Richtung der Osterinsel verfügbar.
177 T. Chase: Sea Floor Topography of the Eastern Pacific.
178 Siehe S. 33.
179 Science, Bd. 189, 15. August 1975, S. 507.
180 Ebd.
181 A. P. Okladnikov: Der Mensch kam aus Sibirien. Verlag Molden, Wien 1974, S. 13, 81, 82.

182 Science, Bd. 189, 15. August 1975, S. 515.
183 Um ein Beispiel zu bringen: 1920 nannte der Präsident einer angesehenen wissenschaftlichen Gesellschaft die Theorie einen »vollendeten, verdammten Quatsch«.
184 Genannt FAMOUS für French-American Miocean Undersea Study.
185 Science, Bd. 190, 10. Oktober 1975, S. 103; also: National Geographic, Mai 1975, S. 586.
186 National Geographic, August 1976, S. 228.
187 Das ist eine notwendige und logische Schlußfolgerung, die interessante Auswirkungen hat. Es hat sich erwiesen, daß die gegenwärtigen Kontinente sich einer nach dem anderen von einer ursprünglich riesigen Landmasse mit dem Namen Pangaea trennten (siehe z. B. National Geographic, Januar 1973, S. 6; oder Scientific American, August 1976, S. 53). Die Auflösung Pangaeas begann etwa vor 200–300 Millionen Jahren. Von dem, was wir soeben erörtert haben, sollte es keinen Zweifel geben, daß dieser Superkontinent in einer viel früheren Zeit als Ergebnis einer anderen Periode »kontinentaler Drift« geformt wurde. Natürlich hatten diese früheren Kontinente unterschiedliche Umrisse, und es mag deren weniger oder mehr gegeben haben als heute. In unserer gegenwärtigen Geographie gibt es viele Merkmale, die als Spuren dienen können. Auf jeden Fall ist Pangaea in geologischer Hinsicht nicht alt genug, um als das wirklich erste Land auf der Erde gelten zu können.
188 US-Program for the Geodynamics Project. National Academy of Sciences, 1973.
189 Science, Bd. 191, 12. März 1976, map S. 1014.
190 Frank Waters: Book of the Hopi, S. 25.
191 Fray Diego Duran: The Aztecs. Orion Press, New York 1964.
192 Popol Vuh: englische Fassung von D. Goetz und S. G. Morley. University of Oklahoma Press, 1950.
193 Fray Diego Duran: The Aztecs, S. 6.
194 Ebd.
195 Ebd., S. 330, Fußn. 5.
196 Ebd., S. 13.
197 Die restliche Unsicherheit hinsichtlich der Landesart, d. h. Höhlen oder Städte, wird später behandelt werden.
198 Es ist wirklich erstaunlich, daß in der wissenschaftlichen Literatur Huitzilopochtlis Schwester dem Planeten Venus gleichgestellt wird.
199 Fray Diego Duran: The Aztecs, S. 18 f.
200 Ebd., S. 133.
201 Ebd., S. 134.
202 Die geographische Lage dieser Stadt oder des Gebietes wurde nie ermittelt.

203 Popol Vuh, D. Goetz u. S. G. Morley, S. 136.
204 Ebd., S. 188.
205 Ebd., S. 189.
206 Fray Diego Duran: The Aztecs, S. 4.
207 Siehe z. B. National Geographic, November 1976.
208 Fray Diego Duran: The Aztecs, S. 133.
209 Das Gefälle der Nazca-Platte in den Atacamagraben beträgt etwa 1:70.
210 Zitiert in I. Velikovsky: Earth in Upheavel, Delta Book 1955, S. 85.
211 E. Kiss: Das Sonnentor von Tiahuanaco und Hoerbigers Welteislehre, Koehler und Amelang, Leipzig 1937, S. 20.
212 Ebd., S. 32.
213 A. Garbovski: Nauta i žižji, 1963, Nr. 1–6. Ich erhielt diese Auskunft von Prof. Dr. E. Imamovic, Sarajevo, der jedoch einige Zweifel an ihrer Richtigkeit äußerte.
214 Geologische Formationen im Altiplano und andere von A. G. Ogilvie in »Geography of the Central Andes«, American Geographical Society, New York 1922, erwähnte sichtbare Merkmale könnten hier zusätzlich angeführt werden.
215 A. Posnansky: Tiahuanaco, J. J. Augustin, New York 1945, Bd. 2, S. 100.
216 In Wirklichkeit wurde für diese Zeichnung die 4000-Meter-Höhenlinie benutzt, doch Tiahuanaco liegt dieser Höhe so nahe, daß kein bemerkenswerter Fehler entstand.
217 A. G. Ogilvie: Geography of the Central Andes, American Geographical Society of New York, 1922, S. 38.
218 Ebd., S. 40.
219 E. Kiss: Das Sonnentor von Tiahuanaco, S. 107.
220 A. G. Ogilvie: Geography of the Central Andes, S. 40 u. 45.
221 A. v. Humboldt: Researches, concerning the institutions and monuments of the Ancient Inhabitants of America, Longman, Hurst et al., London 1821, S. 12.
222 Die folgenden Karten wurden benutzt: Blatt SD–19, 1952; SE–19, Serie 1301, 1952; SF–19, Serie 1301, 1947; American Geographical Society of New York, Copyright 1922, gedruckt durch den Army Map Service, Corps of Engineers. Maßstab 1:1 000 000.
223 Frank Waters: Book of the Hopi, S. 20.
224 A. G. Ogilvie: Geography of the Central Andes, S. 15, 21.
225 Ebd., S. 36.
226 E. Kiss: Das Sonnentor von Tiahuanaco..., S. 93.
227 Meine Anfrage bei der American Geographic Society of New York wurde ausweichend beantwortet. Es sei auch bemerkt, daß in Ogilvies sehr eingehendem Buch keine geneigten Küstenlinien erwähnt sind.

228 E. Kiss: Das Sonnentor von Tiahuanaco…, S. 20.
229 Ebd., S. 10.
230 Ebd., S. 20.
231 A. G. Ogilvie: Geography of the Central Andes, S. 138. Er spricht nicht vom Großen See, sondern vom Titicacasee.
232 E. Kiss: Das Sonnentor von Tiahuanaco…, S. 31.
233 A. G. Ogilvie: Geography of the Central Andes, S. 138.
234 A. Posnansky: Tiahuanaco, Bd. II, S. 127.
235 Es können mir natürlich andere Veröffentlichungen entgangen sein, die sich mit den Bauproblemen im einzelnen befassen, doch Posnansky scheint der einzige Forscher zu sein, der sich eingehend mit den Gebäuden als solchen beschäftigt hat.
236 A. Posnansky: Tiahuanaco, Tafel I. u. III, Bd. II, Abb. 75.
237 I. Velikowsky: Earth in Upheaval, A Delta Book, Dell Publ. Corp., New York 1955, S. 178.
238 A. G. Ogilvie: Geography of the Central Andes, S. 37.
239 Es sind noch Ruinen ganzer Städte zu finden, wie die vor kurzem erfolgte Entdeckung von Iskanwaya nordöstlich des Titicacasees an den Osthängen der Anden in etwa 1500 Meter Höhe gezeigt hat; Daily Pilot, Orange County, California, 8. November 1976, S. A–3.
240 Die genaue Zahl ist 28,1 Prozent.
241 Sir C. R. Markham, Introduction to Inka Garcilaso de la Vega, S. XVIII, Hakluyt Society 1869.
242 The Journals of Lewis and Clark. Houghton Mifflin Co., Boston 1953.
243 Der letztgenannte Grund ist auch noch in den heutigen »Wanderungen« anzutreffen.
244 S. G. Morley, An Introduction to the Study of Maya Hieroglyphs. Dover Publ., Inc. N.Y. 1975, S. 2–5.
245 Hier möchte man die Frage stellen, warum die Kachinas überhaupt blieben, da sie ja immer noch fliegen konnten. War ihre Macht im Schwinden? War ihre Mission noch nicht abgeschlossen? Wir können nur vermuten, wir wissen es einfach nicht.
246 C. R. Markham, Introduction to Inka Garcilaso de la Vega, S. 42–44.
247 A. Vazquez de Espinoza. Description of the Indies, S. 65.
248 R. Garvin, The Crystal Skull. Pocket Books, New York 1974.
249 Wissenschaft ist hier in ihrer wahren Form planmäßiger Vermehrung, Begründung und Darstellung allgemeiner Naturgesetze gemeint, jedoch nicht in der jetzt allgemein angewandten Form, so z. B. in Schulen, wo ein einfacher Lehrgang in Physik bereits Wissenschaft genannt wird. Das erschreckende Ausmaß an Entartung, an dem dieser Begriff jetzt leidet, fand kürzlich einen höchsten Grad

in der Ausdrucksweise in einem College mit der Ankündigung eines Lehrgangs für Registratur, Kurzschrift usw. unter der Überschrift »Bürowissenschaft«.
250 Das gilt, ob wir uns auf archäologische Datierung oder die der Hopi beziehen.
251 G. M. Phillips, Ancient Skies. Park Ridge, Ill., März–April 1977.
252 C. Hapgood. Maps of Ancient Sea Kings, S. 97.
253 National Geographic, November 1976, S. 615.
254 L. G. Lumbreras, Los Origines de la Civilizacion en el Peru, S. 61.
255 L. E. Navia, A. Bridge to the Stars. Avery Publ. Group, Inc. 1977, Qayne, N.J., S. 126.
256 Die Haare dieser Mumien wurden von Wissenschaftlern untersucht und das Blond als Originalfarbe ermittelt. Man muß erwähnen, daß andere das Gegenteil behaupten und es für ausgebleichtes, ursprünglich schwarzes Haar halten. Zwei Tatsachen sprechen dagegen: Die Mumien weisen eine große Vielfalt blonder Haare auf (in Abb. 33 sind zwei Schattierungen zu sehen), und immer ist die Farbe auf dem Kopf wie über die ganze Länge der Haare gleichmäßig blond. Das ist nicht möglich, wären chemische Reaktionen aufgrund von Feuchtigkeit oder dergleichen eingetreten. Das gibt uns das Recht, für die Angabe einzutreten, die besagt, daß die Haare der Mumien die Originalfarbe vorweisen.
257 The Codex Nuttal. Dover Publ. Inc., New York 1975.
258 Ebd., S. 45.
259 Ebd., S. 69.
260 Die einzige Ausnahme sind die Azteken, die durch die Spanier ihr Ende fanden und deren Beginn wir durch Pater Duran kennen.
261 F. Waters, Book of the Hopi, S. 35.
262 Ebd., S. 3 u. 19.
263 Siehe M. Zanot: Die Welt ging dreimal unter, P. Zsolnay Verlag, Wien 1976, S. 100.
264 Siehe auch eine Erörterung dieser Frage in J. F. Blumrich: The Spaceship of Ezekiel, Kap. 9, Bantam.
265 An dieser Stelle könnte man auch fragen, welcher Art die Beziehungen zwischen jenen hellhäutigen »Göttern« und den vielen Schattierungen der »weißen« Rasse von heute gewesen sein mögen. Wir hörten, daß die Kachinas auf ihre Heimatplaneten zurückkehrten, so daß unmittelbare Verbindungen nicht bestehen können. Es läßt sich jedoch sagen, daß der Einfluß ihrer »Kinder« noch immer mit uns ist. Er ist in Menschen mit einer ursprünglich unterschiedlichen Gesichtsfarbe sichtbar wie bei den Polynesiern, einigen südamerikanischen Indianern und den Ainu. Es ist von Bedeutung, daß die entsprechenden geographischen Regionen unter dem Einfluß

Kásskaras standen. Im Vergleich dazu leben im Mittelmeerraum und in Europa hellhäutige Menschen, so daß irgendeine Rassenmischung wenige oder gar keine sichtbaren Folgen hatte. Das war jedoch das Gebiet von Taláwaitíchqua/Atlantis. Zusammen mit einer vielleicht unmerklichen physischen Veränderung kam dessen verhängnisvolle geistige Erbschaft, die sich ausbreitete, »Geschichte machte« und die wir bis zum heutigen Tag nicht auszurotten vermochten.

266 Wir sollten jedoch nicht vergessen, daß die von uns gewonnene Einsicht aus dem überlieferten Vermächtnis des Hopi-Stammes nur von einer begrenzten Zahl von Menschen bewahrt wird und nicht in allen Punkten und Einzelheiten allgemeine Kenntnis ist. Die gleiche Erscheinung gibt es in unseren Gesellschaften: Seien es Glaubensbekenntnisse, nationale oder politische Bewegungen, es wird immer nur ein kleiner Kreis sein, der die Geschichte kennt und die Wurzeln wirklich versteht wie auch die Bedeutung, die Folgen und Verpflichtungen des geistigen Erbes. Die Schönheit und Weisheit, die wir in den Hopi-Überlieferungen fanden, sollte niemand verleiten, da draußen auf ihren »mesas«, eine Gemeinschaft von Heiligen, zu erwarten. Auch sie haben ihre Neigungen und Abneigungen, ihre Übereinstimmungen, ihre Meinungsverschiedenheiten und Feindseligkeiten. Sie sind genauso menschlich, wie wir es sind.

267 Die Hopi wurden schließlich als Kriegsdienstverweigerer anerkannt.

268 L. E. Navia, A Bridge to the Stars, Our ancient Cosmic Legacy. Avery Publ. Group, Inc. Wayne, N. J. 1977.

269 Ebd., S. 147, 159.

270 T. V. H. Kuiper and M. Morris, Science, Vol. 196, 6. Mai 1977, S. 616. Diese Studie wurde im Jet Propulsion Laboratory (Strahlantriebs-Laboratorium) und dem Owen Valley Radio Observatory (Funk-Beobachtungsstation) im Zusammenhang mit dem SETI-Programm (Search for Extra-Terrestrial Intelligence, Suche nach Außerirdischen Intelligenzen) durchgeführt, was eine der möglichen Zukunftsaufgaben der NASA ist.

271 Ebd., S. 617.

272 Dr. Irving Rouse, Yale University; Associated Press Report, April 1979.

Personenregister

Áapa (Seher des Dachs-Clans) 52, 214f.
Abdias (Prophet) 119
Acosta, Joseph de (Pater) 106, 118, 145–149, 329
Adam 146
Adlerschlange (Historiker) 260f.
Aioina (Ainu-Gottheit) 194
Alcobasa, Diego (Pater) 122
Andagoya, Pascual de 144, 152, 155, 158, 354
Aristoteles 200
Artaum, Don Sebastian de 127
Atahualpa 120
Athene 223
Avila, Francisco de 140ff., 158 165, 171, 325, 336

Backster, C. 202
Bajon, Garcia 276
Baraza (Pater) 328
Batchelor, J. 193f.
Berrio, Don Fernando de 329
Blas Valera (Pater) 123
Blumrich, J. F. 355
Buddha 237

Cabrera, J 192
Cari (Häuptling) 132, 136, 165 336
Cháckwaina 58ff.
Chardin, Teilhard de 201f.
Chase, T. 240
Chipiripa (Inka-Gottheit) 144
Churchward, James 179
Cieza de Leon, Pedro de 122, 131, 134, 136f., 139f., 153, 156, 166, 325
Colla (Inka-König) 121
Coniraya (Viracocha) 141f.
Cowan, J. 183
Coya Mama Ocllo Huaco 120ff., 126, 160

Daedalus 226
Däniken, Erich von 237, 355
Darwin, Charles 276

David-Neel, Alexandra 213, 215
Davis, John 209
Duran, Fray Diego (Pater) 254–260, 271, 302

Einstein, Albert 119
Éototo (Kachina/Gottheit) 42ff., 272
Eva 146
Ezechiel (Prophet) 355

Fawcett, P.H. 335
Fernandez, Juan 209
Franz von Assisi 148

Garcilaso de la Vega (Vater des Inka Garcilaso de la Vega) 119ff.
Gomara, Francisco Lopez de 149, 174, 286
Gould, A. 178
Guanacaba (Fürst) 145

Habakuk (Prophet) 146
Hadji-Ahmed 209
Háhäwooti 57–60
Hakluyt-Gesellschaft, London 117
Hallet, Jean-Pierre 214f.
Hapgood, C. 209, 311
Hehéya 92–95
Héoto 58f.
Herakles 206
Hesiod 225
Heyerdahl, Thor 154, 177, 180, 182f., 342
Hoerbiger, H. 277f.
Hólolo 85
Homer 225
Homet, Marcel 349
Hualpa Tupac (Bruder des Inka Huayna Capac) 120
Huallallo Caruincho (Huaca) 140
Huarivilca (Huaca) 129, 134, 325
Huitzilopochtli 256–260, 272f., 346
Humboldt, Alexander von 139, 280

Ihenga 184
Ikarus 226
Iman (Viracocha) 153
Inka Garcilaso de la Vega 113, 115, 119–122, 124f., 137, 148, 153, 159,

161f., 171, 220, 272 28D, 287, 294, 296, 302
Inka Huayna Capac 120
Inka Manco Capac (Inka-König) 113, 120–123, 126ff., 134, 147, 159ff., 164f., 173, 175
Inka Viracocha 126, 131, 134, 137, 145, 148f., 165
Inka Yahuar-huacac 126
Inka Yupanaqui 131
Inti (peruanische Gottheit) 329f.
Isabella (Mutter des Inka Garcilaso de la Vega) 120

Johann von Österreich 120

Káatoóya (Gottheit = Schlange) 54f.
Kanjilal, D. K. 237
Kleito 222f., 351f.
Kolumbus, Christoph 156, 158, 354
Kritias 199, 206, 219–223, 225. 229, 232
Kuelb, P. H. 125

Lewis and Clarke, The Journals of 316
Lucero (Pater) 328
Lumbrera, L. G. 112

Macháqua (Gottheit des Stirn-Clans) 70
Machíto 66
Mama Ocllo Huaco s. Coya Mama Ocllo Huaco
Manco Capac s. Inka Manco Capac
Markham, Sir C. R. 137, 314, 328ff., 335
Massáo 38, 345
Mendoza, Don Antonio de 139
Mitchell-Hedges 331
Moctezuma 260, 262
Molina, Christobal de (Pater) 177, 152, 162. 169f., 172, 292, 300
Montesinos, Fernando 113ff., 159
Morizc, Juan 162
Morley, S. G. 321

Naomi (Frau des Weißen Bären) 10
Navia, L. 353
Noah 144. 147, 293
Nowak, K. 214f.

Okladnikov, A. P. 242
Olochepa 186
Olochipa 186
Omoteotl (Höchstes Wesen der Azteken) 257
Ondegardo, Polo de 150, 318
Oronteus Finaeus 209

Pachacámac (Viracocha) 120, 148
Pachacuti-yamqui s. Salcamay hua
Pachayachachi (Tecsiviracocha) 129
Pahána 74
Palöngawhoya 253
Panáyanem 86, 89
Pariacaca (Idol) 140ff.
Pedrarias 144
Péntewa, Otto 19
Pericard, L. 231
Philipp II., span. König 148
Philippi, H. 279
Pinahua (Inka-König) 121
Pirua Pacari Manco (Erst Inka-König) 114
Pizzaro, Francisco 144, 329
Platon 199f., 205, 221, 224ff., 230, 237, 334, 338
Pöqanghoya 253
Poseidon 220, 222, 224, 236, 334, 351f.
Posnansky, Arthur 113 167f., 253, 278, 286, 299, 301, 303f., 307

Qöch-hongva (vom Sonnen-Clan) 45

Roggewein (holländischer Admiral) 210
Rotokuhu (Häuptling) 184

Saáviki (Gottheit des Bogen-Clans) 55, 63
Salcamayhua 142, 166–169, 283f., 325
Santa Clara, Pedro Gutierrez de 149, 174, 286
Sapana (Häuptling) 136, 165, 336
Sauer, Carl 192
Sclater, Lutley Philip 178
Silíomoho 80ff., 83ff.
Sixtus V. (Papst) 148
Sokrates 199, 226

Solheim, W. G. 191f.
Solon 199, 219, 225
Sotuknang (Neffe Táiowas) 347
Southy (zitierter Autor) 328
Spengler, Oswald 353
St. Thomas (Apostel) 143
Sudasa 238
Sundt, L. 280

Taaroa (Tangaroa) 186f.
Táiowa (Gottheit der Hopi) 19, 47, 64, 187, 347
Tangaroa (Tiki) 186
Tawáquaptíwa (Hauptling) 18
Tecsiviracocha 151
Te Rangitamai (Häuptling) 184
Terrazas, Bartolomé de 133
Tewáletsíwa (vom Bogen-Clan) 45f.
Ticiviracocha (Tyapaca/Arnau an) 120, 133f., 148, 151, 186
Timai 199
Tlacaélel (Erster Minister des Moctezuma) 260
Tocapo Viracocha 129, 151
Tocay (Inka-König) 121
Tohil (Gottheit der Quiché-Maya) 266, 272
Tonapa (Viracocha) 143, 151, 153, 167
Tongakohu (Häuptling) 184
Trilles, Henry 214
Tuehu (Häuptling) 184
Tupac Amaru 328

Ulloa 139
Urochombe 134

Velazco 328
Velikovsky, Immanuel 207, 221

Wafer, L. 209
Watanabe (Professor) 193, 195
Waters, F. 253
Wegener, Alfred L. 246
Weißer Bär 10ff., 17, 150, 154 174, 176, 187, 194, 200, 203ff., 214f., 234, 239, 252, 258, 289, 292, 307f., 318–322, 352, 356
Woods Hole Oceanographic Institute 247

Ximenes, Francisco (Pater) 263

Ymaymana Viracocha 128f., 151

Zárate, Augustin de 139, 149, 174, 286
Zeus 220

Sachregister

Aása-Clan (Ástak-Clan) 58, 68
Aberglaube 136, 203
»A Bridge to the Stars« (L. Navia) 353
Achacallas (Teufel) 143
Adler-Clan 31, 290
–, Symbole des 65
Ägypten 225, 230
Ägypter 35, 106, 200, 219, 221
Afrika 23, 35, 198, 215, 221, 230, 252f., 275, 349
Augustín, Steinstatuen von 337
»Ahlen-Volk« (Móochi) 69
Ainu 192, 194f., 236, 355
–, Luftkrieg der Vorfahren der 195
–, Religion der 193
–, Sprache der 192f.
Akapana 299, 303, 305, 325
Alaska 242, 316
Alëuten-Inseln 242
Alpen 249, 307
Altiplano (Hochfläche) 279
–, Überlieferungen vom 176
Amautas (Philosophen und Gelehrte des Inka-Staates) 123
»American Indians in the Pacific« (Heyerdahl) 180
Amerika 188, 217
– (Entwicklung) 241
Amerikaner 314
Anden 108, 110ff., 115, 140, 233, 249, 251, 275–278, 313, 326f., 329
–, Hebung der 252, 283
Anhänger, olmekische 331
Antarktis 209
Archäologie 98, 106ff., 114f., 196,

374

211, 231, 243, 272, 278, 296, 315, 319, 321f., 332, 342, 349f., 354
Arche Noah 146, 293
Architektur 181ff., 195, 332f.
–, mesoamerikanische 108
Arizona 108
Ascotan 284
–, Tal von 285f.
Asien 188, 195, 198, 237, 242f., 245, 349
Asoka-Periode (Indien) 237
Astenosphäre 247, 251f.
Astronauten 27, 60
Atacames, Indianergräber in 137
Athen 220, 222, 295
Atlanter 31, 35, 227, 230
Atlantis
– (des Kritias) 232
– (Talawaitíchqua) 21–26, 30, 35, 181, 189, 199f., 204ff., 222–230, 234, 237, 245, 252, 262, 321, 334, 349, 351, 355
– Forschung 199
–, Lage von 205
– Sage 222, 225f.
–, Untergang von 219
Atomkrieg 72
»Átvila« 38, 345
Augenzeugen 144
Außerirdische 351, 354
Azoren, unterseeische Bauwerke bei den 231
Aztak Clan 257
Azteken 68, 245, 254–262, 270ff., 330, 346
–, Herkunft der 274
–, Kulturen der 108
–, Überlieferungen der 256, 258, 260, 262, 268, 272
Aztlan 255, 261

Bären-Clan 17f., 41f., 45, 66f., 69, 73, 194, 345
Bahamas, unterseeische Bauwerke bei den 231
Bakávi 69
Ballspielplatz 109
Barbarei 168, 170
Baumringdatierung 190

Baures-Indianer 328
Bautätigkeit 294
Bautechnik 137
Bauwerke 97f., 114, 122, 136, 181, 207f., 218. 220, 224, 256, 295, 297–300, 302, 305, 324
–, megalithische 160, 182f.
–, unterseeische 231
–, unvollendete 303
Begräbnisstätten s. Grabstätten
Berber 230f.
Beringstraße 105, 180, 242f., 315, 349
– Theorie 105, 146
Bevölkerungsdichte 316
Bibel 119, 147
Big Wheel (Wyoming) 109
Bilderhandschriften 256
Bildhauer 321
Bilokation 214
Bodensee 307
Bogen-Clan 20, 24, 31, 33, 42, 45ff., 55f., 60–63, 96, 290ff. 320
Bohrkerne 247
Bolivien 295, 315
»Book of the Hopi« (Waters) 10, 12, 34, 73, 179, 283
Botanik 293
»Brennende Zone zwischen den Wendekreisen« 118
Britische Inseln 349
Bronze 298
– geräte 191
Brücken 224
Buddhismus 213
Buenos Aires 107
»Bund der zwölf Planeten« 27

Cacha 133
Cajarmarca, Steinblöcke von 129
Callac-pacha (Tutayac-pacha; Anfang der Zeit) 142
Callo-Straße 129
Cañares-Indianer 130
Canaribamba 130
Canas 133, 136
Canches 136
Cañon de Chelly 85
Caranaca 329
Casas Grande 64f., 70, 108, 320

Cayman-Rinne 247
Cavubabas 328
Celebes, Stufenpyramiden auf 192
Chacamarca 143
Chaco Cañon 257, 260, 272, 274
Chalcatzingo 112
–, Altar von 111, 332
»champi« (Kampfaxt) 128
Chavín 333, 337, 340
–, Kulturen von 108, 110, 334, 336, 339
Chiápa (mexikanischer Staat) 47
Chichen Itza (Hauptstadt von Yukatan) 55
Chichicapa-Minen, Höhle bei den 163
Chile 209
Chimú 108
China 190ff., 237
Chi-Pixab (Berg) 264
Chiwáwchukha (Straße) 73
Christen 51
Chronisten 120, 147, 149, 174, 176f., 268, 286, 330
–, spanische 117, 330
Chucuito 132
Chunchu 328f.
Cibola, Städte von 272
Clans 17f., 20, 31, 33, 37, 40, 43, 47f., 55f., 57f., 61, 63f., 67, 69f., 194, 266, 269, 272, 289, 291, 316–320, 326, 343, 345f., 352
–, Aufbau der 53
– Symbole 320
–, Wanderungen der 18
Colhuacan 261
Colla (Inkastamm) 122
Colla-suyu(Provinz) 121, 135f., 143, 165
Collao (Provinz) 132
Colorado River 295
Concha, Orakelsteine von 110
Condorcoto (Berg) 141
Copacavana 123, 287
Coquimbo 132
Cordillera Real 280, 282, 286, 310
Coyoten-Clan 17, 32, 34f., 68, 319
Cuertlavaca, Höhle bei 163
Cunti-suyu (Provinz) 121
Curacas

– (von Asillu und Hucuru) 144
– (von den Huancans) 144
Cuzco 120ff., 126f., 131, 136, 140, 145, 149ff., 160f., 164f., 175, 181, 295, 324, 328
–, Bauwerke von 110, 145
–, Gärten und Tempel von 220, 273, 330
–, Sonnentempel mit Kunstwerken von 124

Dachs-Clan 52
Deep Sea Drilling Project (DSDP) 247
»Der Mensch im Kosmos« (Chardin) 210
Desaguadero-Fluß 308
Dokumente (Timaios und Kritios) 199
Dreizack 339
Druiden 195

Echolotung 245
Ecuador 46, 110, 116, 138, 337
Eidechsen-Clan 290
Eiszeit 233, 310ff., 335, 349
El Dorado (Paytiti) 255, 327–330
– Gerücht 328
Elefantenknochen (fossile) 280
Encyclopedia Britannica 112
Energie 96
–, elektrische 214
– versorgung 290
England 230f.
Enim, Reich von 328
Equáchi 343
Erdbeben 235
– zentren 252
Erdrotationen 253
Eroberungen (spanische) 217, 238, 254, 274, 328ff
Europa 23, 35, 189ff., 198, 205, 221, 228, 231, 243ff., 349
–, frühe Kunst in 231
Europäer 184, 188, 354
–, Ankunft der 106f., 334, 336
Expeditionen 272, 326, 328f.

Fachliteratur 242
Fanatismus 106
»Feen« (Stammesbezeichnung) 185

Felsinschriften 97
Felszeichnungen 60, 63, 70
»Festung« 151
Feuer-Clan 31, 42, 57f., 70, 72, 75, 290
»Fliegender Schild« (Raumschiff) 29ff., 37ff., 74, 277
Flöten-Quelle 86ff., 94f.
Flötenzeremonie 241
Florida 147
Flugkörper 29, 38, 140, 153, 166, 173, 301, 343
Flugzeuge 21, 30, 224
Forschung 108, 164, 177, 272, 274, 286, 296f., 310, 329
Fossilien 280
Frankreich 230f.
Funde 192, 237, 242, 278, 297, 315, 331
Fundstätten 107, 109
Fußspuren, fossile 206

Galapagosinseln 209
Garten Eden 190
Gebäude s. Bauwerke
Gebräuche 181
Gedichte 125
Geister-Clan 67
–, Symbole des 65
Geographie 107, 109, 197, 200, 204, 208, 232, 237, 245f., 248, 267, 278, 289, 296, 306, 311, 317, 324, 333, 338
Geologie 201, 206. 279, 284, 305, 349f.
Georgia, Fundstätten von 109
Geotektonik 247
Gesellschaftsinseln 182
Gibraltar 206
Gold 272, 274, 328
– fieber 106
– Städte 329
Grabbeigaben 357
Grabhügel (mounds) 109
Grabstätten 190, 337
Griechen 199f., 204f., 221–226, 228, 295, 301
Große Schule der Gelehrsamkeit (Kachinas) 48, 53, 65, 318, 341

Großer See 279, 281ff., 285ff., 289, 295, 297, 306f., 310ff., 314f.
–, Teilung des 308
Guanale (Insel) 162
Guatemala 316
Guoquílhoya (Heilige Decke der Hopi) 88

Hahá-i (Kachina-Frauen) 81f., 90–94
Haiti 157f.
Hanancusco (Geschlecht der Inka) 147
Hapi-nunu (Dämon) 142ff.
Hawaii 34, 182, 189
Heiden 166
Heiliger Krug (der Hopi) 79
Henge-Monumente (megalithische) 190
Hieroglyphen 321
Himalajagebirge (Entstehung) 248
Historiker 98, 114, 254, 290
Höhlen 162f., 337
Hokkaido 193
Hotevilla 56, 69
Huaca-ynan (Berg) 130
Huacas 128, 140, 166
Huari 108
Huarochire-Indianer 280f.
Huarochiri (Provinz) 336
Húck'ovi 70, 72

Iesus del Monte (Riese) 149
Illimani-Berg, Terrassen am 294
»Inao« (hölzerne Stäbe) 194
Indien 190, 192, 196, 349
Indonesien 237
Inka 114, 117, 120, 122ff., 127 132, 136f., 143, 159ff., 165f. 181, 212, 217, 222f., 271, 300, 318, 328ff., 334f., 339, 343
–, Berichterstattung der 116
–, der erste 147
–, Eroberungen der 328
–, frühe Geschichte der 145f.
– Helm 237
– Herrschaft, Beginn der 164
– Herrscher, Begräbnisse der 137
– Reich 108, 144
– Schätze 328
–, Sprache der 120, 125, 217
– Tempel 150

–, Traditionen der 120
–, Überlieferungen 127, 149, 336
–, Ursprung der 121
–, Vorläufer der 333
– Zeit, Arbeitsgewohnheiten während der 150
Inschriften
–, brahmanische 237
– (Ecuador) 237
–, nordsemitische 237
Interessengruppen (Gegenstücke zu den alten Clans) 291
Interpolation 282
Invasion, japanische (600 v. Chr.) 193
Irland 230f., 354
Italien 146
Itenez 328

Jap 182
Japanische Inseln 196
Jauja, Steinblöcke von 129
Java, Stufenpyramiden auf 192
Jesuiten 145
Juan-Fernandez-Rücken 209
Juli (um 1570 Hauptsitz der Jesuiten) 351
Jungfernzeugung 351
Jupiter 5 1

Kachina Point (Gipfel einer Felsenklippe) 89
Kachinas 26-31, 33, 35f., 39–48, 52f., 56–60, 64f., 67, 69, 71, 73, 76, 81, 84, 86, 90ff., 94f., 99, 185, 194, 211f., 215f., 218, 222ff., 227f., 234ff., 258, 271, 275, 287ff., 292, 298, 311f., 316ff., 322–325, 327, 331, 334, 336, 338, 340f., 346, 348, 350f., 356
–, Erkundungsfluge der 326
–, Ethik der 211, 352
–, geistiger Einfluß der 217
–, Gesetz der 353
–, Lehren der 346, 352
–, Nachrichtenverbindungen der 326
–, Philosophie der 212, 218
–, Planetensystem der 326, 341f., 350, 355
–, Sprache der 343

– Tänze 343
–, Technik der 213, 224
Kalasasaya (Bauwerk in Tiahuanaco) 113, 299, 305
Kalifornien 249, 316
Kanalsysteme (der Hopi) 225
Kanarische Inseln, unterseeische Bauwerke bei den 231
Kap Santa Elena 138f.
Kapverdische Inseln, unterseeische Bauwerke bei den 231
Karibik 232
Kartographie 245
Katmai (Berg), Eruption des 270
Kayapo-Indianer, Überlieferungen der 152
Kenko, Steinbearbeitungstechniken von 110
Kentucky (Fundort fossiler Fußspuren) 206
Keramik 97, 110, 192, 298
Kíishiva (Quelle im Schatten) 91, 94f.
Kippvorgang 307f.
Kirche, katholische 203
Kisch, Gräber von 191
Kiuschiu, Inseln von 193
Kiva (Wohngebäude der Kachinas) 84, 86, 90–93, 98
Kleidung 231
Klima 233, 266, 294, 297, 310, 312, 324, 327, 336
Knochenfunde bei Tierra Dentro 337
Knossos (Kreta) 232
Kodex Muttall (mixtekisches Dokument) 339
Königsliste (der Inka-Herrscher) 113f.
Kolossalköpfe s. Olmeken-Köpfe
Kolumbien 110, 337, 344
Konquistadoren 227, 330
Kon-Tiki-Fahrt 177
Kontinent, pazifischer 178f.
Kontinentalbewegung 305
Kontinentalplatten 275
Kontinentalverschiebung, Theorie der 246
Kordilleren (frühere Vulkantätigkeit) 284
Korruption 100, 200, 203, 227
Kowawayma, Ruine mit Gemälde in 73

Krakatau (Vulkanausbruch) 270
Kriege 55f., 61ff., 142, 168, 200, 213, 222, 226f., 319ff., 326, 340ff., 353
Kristallschädel von Lubaantun 331f.
»Kritias«, Buch 199
Kuba 156, 158
Küstenlinien, Spuren früherer 276
Kulturen, präkolumbianische 176
Kupferwerkzeug (Südostasien) 191
Kurilen 193
Kyákotsmovi 69

Lacco, Höhle von (Steinbearbeitungstechniken) 110
Laguna Beach, Mensch von 107
»Lagune«, Begriff der 174
La Jolla-Mensch (Kalifornien) 345
Lamaismus 213
Landproblem (der Hopi) 24
Landwirtschaft 290
–, Alter der 296
La Paz (Bolivien) 116, 282
Lascaux, Höhlen von 231
Leben, künstliches 22
Legenden 29, 61, 75, 123, 127–130, 161, 181, 184, 188, 204, 211, 216, 298, 301, 342
–, ozeanische 235
Lemura (Mu) 20
Lemuren, Auftreten der – in Asien und Afrika 178
Lemuria 178
Lieder 125, 128, 150, 189, 348
Lima 113, 139, 145, 158, 281
–, Drittes Konzil der Bischöfe in (1582) 145
Lithosphäre 247ff., 251
Los Angeles 295
Lubaantun (Belize), Ruinen von 331
Lügendetektor 202
Lussac-les-Chateaux, Zeichnungen von 231

Machu Picchu 294, 311
»Magic and Mystery in Tibet« (David-Neel) 213
Mais-Clan 75
–, Symbole des 65
Malerei 231

Malta 231
Manoa 329
Manta, Gräber in 137
Maori 184f., 188, 235
Maraes (Steinplatten) 182, 186, 192
Mars 51
Mastodon-Knochen 280
»Mauer aus Eis« 345
Maxubi-Indianer 335
Maya 321
–, Kulturen der 108f., 114, 322, 331
Meeresböden, Erforschung der 246
Meeresströmungen 188
Megalithbauten 230f.
Megalithkultur, frühamerikanische 185
Melanesier 186, 197
Menschheit, Entwicklung der 245
Metallbearbeitung 110, 191
Mexiko 107f., 110, 149, 182, 255, 257, 262, 274, 315, 338, 342, 344
– Stadt 111, 139
Mikronesier 197
Milchstraße, Besiedlung der 356
Mississippi 316
»mitima« (Siedler) 173
Mitla (Provinz Zapotecas) 163
Mixteken 319, 339
Mochíca, Kulturen der (etwa 100 v. Chr. bis 700 n. Chr.) 108
Móenkopi 69
Mohole (Projekt) 247
Mond 51f., 277
Mord 100, 213, 258
Moxos 328
Mu s. Lemura
Museen 106
Mythen 142. 189

Nachrichtenwesen 290
Naga-Hügel, Steinplatten der 192, 237
Naher Osten 106, 190f.
Nahúyangowasha 73
nakwách (Verbrüderungszeichen) 74
Nan Matol (Insel Ponape) 182, 186
Naquáchimat 343
Nata (Provinz des Staates Panama) 144
Nationalbibliothek (Madrid) 255
Naturkatastrophen 167, 170, 200f., 305

Navajos 73
Navatikiovi (Schneebedeckter Berg) 89, 95
Nazca 163
–, Kulturen der 108
– Mumien 339
– Platte 249, 275
– Platte, Abwärtskrümmung der 251
– Rücken 210, 283
– Scholle 277
Nebraska 107
Neue Hebriden 182
Neuguinea 182f.
Neu-Kaledonien 183
Neuseeland 182ff., 186, 218, 235
New Mexico 107
Ngati-Rua (Patu-paiarehe-Stamm) 183
Ngongotaha (Berg) 183
Nicaragua (Fundort fossiler Fußspuren) 206
Nigeria 230
Niman-Kachina-Zeremonie 194

Oaxaca (Stadt) 163
»Ollanta« (Drama) 125
Ollantaytambo, Maurerarbeiten von 110
Olmeken 331, 337, 340
–, Altäre der 112
– Haupt 237
– Köpfe 110, 192, 196, 238
– Kopf (Sumatra) 334
– Kultur 108, 318f., 333f., 336, 339
–, Niedergang der 333
–, Technologie der 110ff., 334
Ophir (biblisches Land) 119
Opoa 186
Oraibi 18, 32f., 37, 45, 47, 56, 58, 63, 66 71, 73f., 85f., 88–94, 105, 257, 318, 347
–, Steinzeichnung von 21, 30
Orinoko 329
Osterinsel 34, 182f., 186, 189, 205, 208ff., 239f., 337, 340
–, Legenden der 208
Otarunai, Höhle bei 195
Otuzco (Ausgangsort peruanischer Tunnel) 162
Ozeanien 178, 180–183, 185, 188f., 194, 197, 207, 218, 236, 350

–, Bauwerke und Legenden von 179
–, Mauertechnik von 181f.

Pachacamac, Steinblöcke von 129
–, Ruinen von 137
Pahóki (Altar) 95
Palamides, Legende von 232
Palátquapi (Palénque) 47f., 53–58, 63, 69f., 316–319, 322, 326, 341, 343, 345f., 350
–, Niedergang von 320ff., 342
– Zeit 354
– Zeit, Kriege der 323
Palénque s. Palátquapi
Palátupka (Cañon de Chelly) 75
Pamísky (Stadt) 46
Pampas 280
Panama 146, 152, 155, 158
–, Landenge von 317, 337, 355
Paracás, Kulturen der (etwa 100 v. Chr. bis 700 n. Chr.) 108
Paracás Mumien 339
Pariacaca 140, 171
Patu-paiarehe (Stamm) 184
Paucar-tampu (Felsenöffnung) 121
Pawámuya-Zeremonie 63
Peru 108, 119f., 139, 142, 182, 209, 295, 329
–, Entdeckung von 144
– Chile-Graben 251
Pflanzen, Verständigung mit 201f.
Pflanzenfunde 296
Pflanzenkultivierung, erste – der Welt 192
Pflanzenverbreitung 188, 196
Philosophie 350
–, atlantische 341
Piri-Reis-Karte 311
Pisco, Bucht von 339
Pitcairn 182
Planeten 23, 28f., 37, 51, 77, 85
–, Bund der 60
–, tote 51
– system 53, 60
Plattenbewegung 248f., 252
–, vertikale 251f.
Plattendeformierungen 252
Plattentektonik 246f., 252f., 277, 281, 305

Polbewegung 253
Polynesien 180, 182, 186, 207, 217, 234, 342
Polynesier 197, 217, 233
–, Überlieferungen der 187
Poopó-See 294, 308
Popol Vuh 254, 263, 266
Poquen Cancha (Haus an der Sonne) 127
Potosi 142, 283f.
Powámu, Stamm der 32
Pucara, Steinblöcke von 129
pucaras (Festungen) 136
Pueblo-Stämme 68
Puma Punku 299, 303, 305
–, Hafen von 304f.
Puna-Bett (Hochfläche) 279f.
Puna-Gebiet, Hebung des 280
Purunpacha (Prä-Inka-Zeit) 141, 166
Purus 329
Pygmäen 214
Pyramiden 109, 344
Pyramiden, amerikanische 182
–, polynesische 182
–, Stufenzahl der 98

Quecksilber 96
Quiché-Maya 245, 254, 265–272, 274, 278, 285, 292, 300f.
–, Überlieferungen der 289
–, Vorfahren der 263, 265
Quiché-Sprache 263
Quichua (Sprache) 127
Quipus (Berichterstattung der Inka) 116
Quito (Königreich) 130
Quito (heutige Hauptstadt von Ecuador) 116, 145

Radiokarbondatierung 190
Raketen 22
Rassen 263, 265
– trennung 216
– unterschiede 51
– vermischung 197, 217, 223f., 351
Raumfahrer 31
Raumschiffe 23, 29, 64
Religion 11, 19, 23, 64, 116, 147, 166, 211f., 320f., 350
– (polytheistische) 258

Reservate 25, 337
Riesen 149
–, Existenz von 138ff.
Riesenschildkröten 280
Rimini (Unterwasserarchäologie) 243
Rio Apurimac 280
Rio Grande 73
Riten 36
Ritzzeichnungen 231
Römer 165
Ruinen 36, 64, 67, 69, 73, 98, 115, 167, 174, 236, 244, 253, 272, 288, 296–300, 304, 321, 337f., 342
–, unentdeckte 311
Rumicolla 311

Sachalin 193
Sacsayhuaman 131
–, Orakelsteine von 110
Sahara 230
Salamanca 149, 329
Salápa (Mesa Verde) 91
San Ambrosio (Insel) 210
San-Andreas-Verwerfung 249
San Felix (Insel) 210
San Salvador 156
Santa Cruz 144
Santa-y-Gomez (Felszug) 210
Santiago Tlatelolco 256
Santorin (Insel) 232
Sapporo 193
Sarasota (Florida) 107
Science (Zeitschrift): »Searching for extraterrestrial Civilizations« 355f.
»Sea Floor Topography of the Eastern Pacific« (Chase) 240
Sechsköpfige(n) Schlange, Symbol der 61
Seher 52
Selbst-Anästhesie 214
Shingópovi 56, 66
Sieben Höhlen (Teocolhuacan) 255ff., 273
Sieben Städte (Cibola) 255
Sikiá'ova (»Gelber Stein«) 73
Sikyátki 68
Silber 272, 274
Sintflut 130, 136, 141, 144, 147, 173, 175, 264, 277
–Sage, pazifischer Ursprung der 349

Sitten 116, 218, 313
Sklavenarbeit 47
Skulpturen 60, 63, 98, 210, 300
Smaragde 137
Snaketown (Fundstätte) 108f.
Sonnen-Clan 45, 70, 75
Sonnenenergie 96
Sonnenpyramide 98
Sonnentempel (Cuzco) 124
Sonnentor (Kalasasaya) 303f., 324
Sóomody (= 1000 Jahre) 37, 309
South Carolina, Fundstätten von 109
Soyál-Zeit 73
Spanien 132, 146, 230f.
Spanier 69f., 73ff., 105f., 116, 119, 124, 136, 144, 148, 150, 152, 156ff., 272, 274, 316, 339, 354
–, Ankunft der 108, 273f.
–, Invasion der 123
Spinnen-Clan 31, 42, 65, 67, 290
Sprache 128f., 230, 314
–, baskische 231
–, geschriebene 97
Sprachentrennung 264
Sprachschwierigkeiten 265
Südostasien 190f.
Sumatra 192, 237
– Skulpturen und Stufenpyramiden 192
»suntur-paucar« (Inka-Kopfschmuck) 128
Sutren 238
Symbole 11, 21, 54, 60, 97ff., 116, 120
Schiffsdocks, unterirdische 224
Schilf-Clan 75
Schlangen-Clan 31, 54ff., 60–63, 67, 290, 320
–, Symbole des 65
Schöpfungsgeschichte, biblische 268
Scholle, südamerikanische 277
Schollentektonik 277
Schollenverschiebung 278
»Schrein aus Schilf« 258
Schweden 230f.
Staatsgrenzen 207
Städte, versunkene 231
Statuen 133, 220
–, polynesische 183

Steinbearbeitung 163
Steinblöcke 129
Steinköpfe 300f.
Steinplatten 192, 303
Steinskulpturen 183
Stirn-Clan 70, 72
St. Louis (Fundort fossiler Fußspuren) 109, 206
Strukturen, soziale 116
Stufenpyramiden 182, 192

Tagebuch des Kolumbus 354
Tahiti 182, 186
Tahitier 189
Tahuantin-suyu 142f.
Taláwaitíchqua s. Atiantis
Tambo (Höhle) 147
Táotoóma 36ff., 46f., 52f., 70, 74, 105f., 176f., 198, 218, 233f., 239, 241, 244, 275, 281, 288f., 293, 297, 302, 309–312, 314, 316f., 323f., 338, 341, 343f.
–, Ruinen von 40
–, Zerstörung von 313, 326f., 330, 345
Tapuya-Indianer 335
Technik 182, 224, 294f., 331
Technologie 137, 333, 350, 352f.
Telepathie 214, 326
Tempel 123f., 133, 136, 145, 190, 256, 272, 299f., 330, 344
Tennessee (Fundort fossiler Fußspuren) 206
Teocolhuacan (s. auch Aztlan) 255
Teotihuacan 98, 315
–, Kulturen von 108
Tequiztpec, Höhle bei 163
Terrassenbauten 158, 170f., 174, 183, 288, 294ff., 298f., 310f.
Thailand 191, 237
–, Funde von 236
»The Batchelor's Delight« (Schiff) 209
»The Lost Continent of Mu« (Churchward) 179
Thera, Fresken von 232
»The Secret Life of Plants« (Backster) 202
»The Spaceship of Ezechiel« (J. F. Blumrich) 355

Tiahuanaco 121f., 127ff., 133, 143, 151, 161ff., 167–174, 181, 222, 246, 278f., 282f., 286, 288, 295–301, 305ff., 309, 311, 315, 324f., 335
–, Aufbau von 114
–, Bauten von 166, 168
– (Bauabschnitte) 301
–, Berechnung des Alters von 253
–, Häfen von 302
–, Knochenansammlung bei den Ruinen von 297
–, Kultur von 112, 115, 170
–, Mauerarbeiten von 110
–, Periode 113
–, Ruinen von 38, 303
–, Stammesordnung in 170
–, Technologie von 115
–, Überlieferungen über 167, 170
–, Zerstörung von 168, 307f., 310, 325
Tibet 213, 215
Tibetaner 214
Tierfunde 296
Tierra Dentro 337
Tikal (Hauptstadt des Bogen-Clans) 55, 63
–, Skulpturen von 320
»Timaios«, Buch 199
Titicaca (Insel, Felsen) 122, 128, 136f., 143, 149, 152, 175, 287, 330
Titicaca, Inseltempel auf 123f.
Titicacasee 38, 120, 122, 136, 147, 158, 160, 168f., 175, 196, 279, 282, 284f., 308, 310, 312, 314, 338, 349
–, Überlieferungen vom 164
Tokóonavi (Erstarrter Berg) 91
Tolteken, Kulturen der 108
Tonga, Stufenpyramiden auf 182
Topographie 273, 304f., 306, 348
Toxodon-Knochen 280
Traditionen 11, 115, 117, 211, 231, 269
Trau de Chaleux, Höhlen von 231
Ttahuantin-suyu (Königreich der Inka) 121
Tuareg 230f.
Tula 269, 272f.
–, Tempel von 258
Tulan 265ff.
–, die Sieben Höhlen (Schluchten) von 264, 269

Tunesien 230
Tuunel 161f., 164
Tuwánassáwi (Mittelpunkt des Universums) 69

Ucayali 328
Überlieferungen 142, 157, 159, 169, 171, 174f., 189, 196, 198, 201, 204, 206f., 211, 216, 218, 225, 228, 230f., 241, 245, 256, 258, 262, 271ff., 279, 281, 287, 292, 295f., 300ff., 305
UFO-Bemannungen, Kontakte mit 354
Untergrundsysteme (im südlichen Mexiko) 163
Unterwasserarchäologie 232
Ur, Gräber von 19
Uran 71
Utah 107

Valladolid 149, 329
Valparaiso 276
Venezuela 230
Venus 51
Vereinigte Staaten 25, 193, 255, 316

Viñaque, Bauten von 137
Viracochas 147f., 150–156, 158f., 164, 166, 168, 172–175, 194, 216, 222ff., 288, 298, 300, 324ff., 338, 350
–, Einfluß der 150
–, Forschungen über die 151
–, Lebensalter der 216
Völkerkunde 105
Vrincusco (Geschlecht der Inka) 147
Vulkanausbrüche 235, 308
Vulkane 247, 285, 306
–, unterseeische 241
Vulkanismus 284
Vulkantätigkeit 252, 270, 278, 284f.

Waffen 62, 74, 128, 152, 226
–, elektrische 73
Wandbilder 11
Wasser-Clan 290
Wasserversorgung 290
Watlings-Insel 156
Weltall 39, 50
Weltanschauung 200

Welten (der Hopi):
- Erste Welt 19f., 26f., 42, 57, 70, 98
- Zweite Welt (Tokpa) 19f., 26, 30, 42, 98, 205f.
- Dritte Welt (Kásskara) 19ff., 22, 26f., 31, 34f., 42, 50, 70, 96, 98, 100, 105, 177, 189, 216, 220, 232, 244, 291, 293, 323
- -, Zerstörung der 24f., 31, 61
- Vierte Welt (Tóowákachi) 17, 19, 26, 30–33, 36f., 40ff., 71f., 98ff., 177, 189, 216, 244, 274, 283, 323, 342
- Fünfte Welt 30, 69, 98f.
- Siebente Welt 60, 61, 98f.
- Achte Welt 51
- Neunte Welt 49, 51, 98

Weltraum 60
Werkzeuge 208
Wiedergeburt 26, 28
Wikinger 354
Wissenschaft 61, 66, 105, 107, 178, 188, 195, 215, 231, 242f., 246, 279, 292, 297, 332, 351, 355
Wolken-Clan 75
Wüste 280
Wupatki (Fundstätte) 108f.
Wyoming 107

Yamquesupa (Yamquisupaloiga) 143, 152
Yananamca Intanamca (Huacas) 140
Yucca-Clan 75, 80
Yukatan 54, 57, 63, 230, 267, 316, 319–322, 326, 341f.
- Verfall von 322
Yunca (Anden) 140, 171, 280
Yunga (Indianerstamm) 137, 142
Yungas (Wälder) 280
Yungyachaivi 89

Zahlen, symbolische 98
Zapoteken 319, 339
- Kultur der 108, 318
Zeit 109

Zeremonie der Gefiederten Schlange 56
Zeremonien 17, 28, 33, 43–46, 50, 57–60, 63, 67f., 71. 79, 86, 88, 90, 92, 99, 194, 219, 239, 243, 253, 256, 313, 347f.
Zeugnisse, materielle 244
Zeugung (ohne sexuelle Verbindung) 29, 335, 351
Zivilisation 109, 236
Zunfte 291
Zwei-Horn-Leute 96

Bildnachweis

1–4: Privatbesitz Weißer Bär; Fot. R. B. McGrew. 5: Fot. Weißer Bär. 6, 8, 9, 11b, 13: Gemälde Weißer Bär. 7: History Division, Los Angeles Connty Museum of Natural History. 18a, 19a: T. van der Hoop, Megalithic Remains in South Sumatra; W. J. Thieme & Cie., Zutphen, Holland. 20: J. Bachelor, The Ainu and their Folklore. 30: Fot. Heinrich Ubbelohde-Döring; Auf den Königsstraßen der Inka; Wasmuth Verlag, Berlin. 34, 35: Codex Nuttall; Dover Publications, Inc., New York. Die Abbildungen 27 bis 29, 31 wurden nach Angaben des Verfassers im Büro seines Sohnes, »Christoph Blumrich Illustrations, Inc., New York«, angefertigt und druckreif gemacht, dem an dieser Stelle für die sorgfältige Ausführung besonders gedankt sei. Alle übrigen Fotos, Karten und Skizzen stammen vom Verfasser, der sich hier auch bei Mr. Ron Steinberg, Laguna Beach, für die geduldige Durchführung einiger spezieller Vergrößerungsarbeiten bedanken möchte.